L'ÉCOLE DU RÉEL

DU MÊME AUTEUR

LE RÉEL, TRAITÉ DE L'IDIOTIE, « Critique », 1977 (« Reprise », n° 8).
L'OBJET SINGULIER, « Critique », 1979.
LA FORCE MAJEURE, « Critique », 1983.
LE PHILOSOPHE ET LES SORTILÈGES, « Critique », 1985.
LE PRINCIPE DE CRUAUTÉ, « Critique », 1988.
PRINCIPES DE SAGESSE ET DE FOLIE, « Critique », 1991 (« Reprise », n° 9).
EN CE TEMPS-LÀ, Notes sur Althusser, 1992.
LE CHOIX DES MOTS, 1995.
LE DÉMON DE LA TAUTOLOGIE, « Paradoxe », 1997.
LOIN DE MOI, Étude sur l'identité, 1999.
LE RÉGIME DES PASSIONS et autres textes, « Paradoxe », 2001.
IMPRESSIONS FUGITIVES, L'ombre, le reflet, l'écho, « Paradoxe », 2004.
FANTASMAGORIES, *suivi de* Le réel, l'imaginaire et l'illusoire, « Paradoxe », 2006.
L'ÉCOLE DU RÉEL, « Paradoxe », 2008.
LA NUIT DE MAI, « Paradoxe », 2008.

Chez d'autres éditeurs

LA PHILOSOPHIE TRAGIQUE, P.U.F., « Quadrige », 1960.
SCHOPENHAUER, PHILOSOPHIE DE L'ABSURDE, P.U.F., « Quadrige », 1967.
L'ESTHÉTIQUE DE SCHOPENHAUER, P.U.F., « Quadrige », 1969.
LOGIQUE DU PIRE, P.U.F., « Quadrige », 1971.
L'ANTI-NATURE, P.U.F., « Quadrige », 1973.
LE RÉEL ET SON DOUBLE, Gallimard, 1976.
MATIÈRE D'ART, Hommages, Éditions Le Passeur, Cecofop (Nantes), 1992.
LETTRE SUR LES CHIMPANZÉS, « L'Imaginaire », Gallimard, rééd. 1999.
ROUTE DE NUIT, Épisodes cliniques, Gallimard, 1999.
LE RÉEL, L'IMAGINAIRE ET L'ILLUSOIRE, Éditions Distance (Biarritz), 1999.
LE MONDE ET SES REMÈDES, P.U.F., « Perspectives critiques », 2000.
ÉCRITS SUR SCHOPENHAUER, P.U.F., « Perspectives critiques », 2001.
PROPOS SUR LE CINÉMA, P.U.F., « Perspectives critiques », 2001.

Sous le pseudonyme de Roboald Marcas

PRÉCIS DE PHILOSOPHIE MODERNE, Robert Laffont, 1968.

Sous le pseudonyme de Roger Crémant

LES MATINÉES STRUCTURALISTES, suivies d'un *Discours sur l'écrithure*, Robert Laffont, 1969.

En collaboration avec Michel Polac

FRANCHISE POSTALE, P.U.F., 2003.

CLÉMENT ROSSET

L'ÉCOLE DU RÉEL

LES ÉDITIONS DE MINUIT

© 2008 by LES ÉDITIONS DE MINUIT
7, rue Bernard-Palissy, 75006 Paris
www.leseditionsdeminuit.fr
© Éditions GALLIMARD 1984
pour la nouvelle édition revue et augmentée
du *Réel et son double*

En application des articles L. 122-10 à L. 122-12 du Code de la propriété intellectuelle, toute reproduction à usage collectif par photocopie, intégralement ou partiellement, du présent ouvrage est interdite sans autorisation du Centre français d'exploitation du droit de copie (CFC, 20, rue des Grands-Augustins, 75006 Paris). Toute autre forme de reproduction, intégrale ou partielle, est également interdite sans autorisation de l'éditeur.

ISBN : 978-2-7073-2019-3

AVANT-PROPOS

Ce livre n'est pas une refonte (hormis cependant des retouches) mais une réunion des textes que, depuis une trentaine d'années, j'ai écrits sur la question du réel et de ses doubles fantomatiques. Estimant qu'ils formaient une suite d'écrits portant sur le même problème, une série de thème et variations dont *Le Réel et son double* serait le thème original et nombre des livres qui ont suivi des variations, au moins partiellement, il m'a paru souhaitable de les réunir dans un livre dont ils sont autant de chapitres isolés. Je n'ai pas cru utile d'en modifier la chronologie et ai pris les textes dans l'ordre où ils sont venus, éliminant tous ceux qui ne se rattachaient pas directement à la question du réel, afin d'obtenir un volume consacré à un sujet unique.

Ce sujet unique n'est au fond que l'exposé d'une conception particulière de l'*ontologie*, du « savoir de ce qui est » comme l'indique l'étymologie du mot. Ma quête de ce que j'appelle le réel est très voisine de l'enquête sur l'être qui occupe les philosophes depuis les aurores de la philosophie. À cette différence près que presque tous les philosophes s'obstinent à marquer, tel naguère Heidegger, la différence entre l'être et la réalité commune, alors que je m'efforce pour ma part d'affirmer leur identité.

2007

I
LE RÉEL ET SON DOUBLE

INTRODUCTION

L'ILLUSION ET LE DOUBLE

> *Je veux parler de sa manie de nier ce qui est, et d'expliquer ce qui n'est pas.*
>
> E. A. Poe

Rien de plus fragile que la faculté humaine d'admettre la réalité, d'accepter sans réserves l'impérieuse prérogative du réel. Cette faculté se trouve si souvent prise en défaut qu'il semble raisonnable d'imaginer qu'elle n'implique pas la reconnaissance d'un droit imprescriptible – celui du réel à être perçu – mais figure plutôt une sorte de *tolérance*, conditionnelle et provisoire. Tolérance que chacun peut suspendre à son gré, sitôt que les circonstances l'exigent : un peu comme les douanes qui peuvent décider du jour au lendemain que la bouteille d'alcool ou les dix paquets de cigarettes – « tolérés » jusqu'alors – ne passeront plus. Si les voyageurs abusent de la complaisance des douanes, celles-ci font montre de fermeté et annulent tout droit de passage. De même, le réel n'est admis que sous certaines conditions et seulement jusqu'à un certain point : s'il abuse et se montre déplaisant, la tolérance est suspendue. Un arrêt de perception met alors la conscience à l'abri de tout spectacle indésirable. Quant au réel, s'il insiste et tient absolument à être perçu, il pourra toujours aller se faire voir *ailleurs*.

Ce refus du réel peut revêtir des formes naturellement très variées. La réalité peut être refusée radicalement, considérée purement et simplement comme non-être : « Ceci – que je crois percevoir – n'est pas. » Les techniques au service d'une telle négation radicale sont d'ailleurs elles-mêmes très diverses. Je puis anéantir le réel en m'anéantissant moi-même : formule du suicide, qui paraît la plus sûre de toutes, encore qu'un minuscule coefficient d'incertitude lui semble malgré tout attaché, si l'on en croit par exemple Hamlet : « Qui voudrait porter ces fardeaux, grogner et suer sous une vie accablante, si la crainte de quelque chose après la mort, de cette région inexplorée, d'où nul voyageur ne revient, ne troublait la volonté et ne nous faisait supporter les maux que nous avons par peur de nous lancer dans ceux que nous ne connaissons pas ? » Je peux également supprimer le réel à moindres frais, m'accordant la vie sauve au prix d'un effondrement mental : formule de la folie, très sûre aussi, mais qui n'est pas à la portée de n'importe qui, comme le rappelle une formule célèbre du docteur Ey : « N'est pas fou qui veut. » En échange de la perte de mon équilibre mental, j'obtiendrai une protection plus ou moins efficace à l'égard du réel : éloignement provisoire dans le cas du *refoulement* décrit par Freud (subsistent des traces du réel dans mon inconscient), occultation totale dans le cas de la *forclusion* décrite par Lacan. Je peux enfin, sans rien sacrifier de ma vie ni de ma lucidité, décider de ne pas voir un réel dont je reconnais par ailleurs l'existence : attitude d'aveuglement volontaire, que symbolise le geste d'Œdipe se crevant les yeux, à la fin d'*Œdipe roi*, et qui trouve des applications plus ordinaires dans l'usage immodéré de l'alcool ou de la drogue.

Toutefois, ces formes radicales de refus du réel restent marginales et relativement exceptionnelles. L'attitude la plus commune, face à la réalité déplaisante, est assez différente. Si le réel me gêne et si je désire m'en affranchir, je m'en débarrasserai d'une manière généralement plus souple, grâce à un mode de réception du regard qui se situe à mi-chemin entre l'admission et l'expulsion pure et simple : qui ne dit ni oui ni non à la chose perçue, ou plutôt lui dit à la fois oui et non. Oui à la chose perçue, non aux conséquences qui devraient normalement s'ensuivre. Cette autre manière d'en finir avec le réel ressemble à un raisonnement juste que viendrait couronner une conclusion aberrante : c'est une perception juste qui s'avère impuissante à faire embrayer sur un comportement adapté à la perception. Je ne refuse pas de voir, et ne nie en rien le réel qui m'est montré. Mais ma complaisance s'arrête là. J'ai vu, j'ai admis, mais qu'on ne m'en demande pas davantage. Pour le reste, je maintiens mon point de vue, persiste dans mon comportement, tout comme si je n'avais rien vu. Coexistent paradoxalement ma perception présente et mon point de vue antérieur. Il s'agit là moins d'une perception erronée que d'une perception *inutile*.

Cette « perception inutile » constitue, semble-t-il, un des caractères les plus remarquables de l'*illusion*. On aurait probablement tort de considérer celle-ci comme provenant principalement d'une déficience dans le regard. L'illusionné, dit-on parfois, ne voit pas : il est aveugle, aveuglé. La réalité a beau s'offrir à sa perception : il ne réussit pas à la percevoir, ou la perçoit déformée, tout attentif qu'il est aux seuls fantasmes de son imagination et de son désir. Cette analyse, qui vaut sans aucun doute pour les cas proprement cliniques de refus ou d'absence de perception, paraît très sommaire dans le cas de l'illusion. Moins encore que sommaire : plutôt à côté de son objet.

Dans l'illusion, c'est-à-dire la forme la plus courante de mise à l'écart du réel, il n'y a pas à signaler de refus de perception à proprement parler. La chose n'y est pas niée : seulement déplacée, mise ailleurs. Mais, en ce qui concerne l'aptitude à voir, l'illusionné voit, à sa manière, tout aussi clair qu'un autre. Cette vérité apparemment paradoxale devient sensible dès que l'on songe à ce qui se passe chez l'aveuglé, tel que nous le montre l'expérience concrète et quotidienne, ou encore le roman et le théâtre. Alceste par exemple, dans *Le Misanthrope*, voit bien, parfaitement et totalement, que Célimène est une coquette : cette perception, qu'il accueille chaque jour sans broncher, n'est jamais remise en question. Et pourtant Alceste est aveugle : non de ne pas voir, mais de ne pas accorder ses actes à sa perception. Ce qu'il voit est mis comme hors circuit : la coquetterie de Célimène est perçue et admise, mais étrangement séparée des effets que sa reconnaissance devrait normalement entraîner sur le plan pratique. On peut dire que la perception de l'illusionné est comme *scindée en deux* : l'aspect *théorique* (qui désigne justement « ce qui se voit », de *théorein*) s'émancipe artificiellement de l'aspect *pratique* (« ce qui se fait »). C'est d'ailleurs pourquoi cet homme après tout « normal » qu'est l'illusionné est au fond beaucoup plus malade que le névrosé : en ceci qu'il est lui, et à la différence du second, résolument incurable. L'aveuglé est incurable non d'être aveugle, mais bien d'être voyant : car il est impossible de lui « refaire voir » une chose qu'il a déjà vue et qu'il voit encore. Toute « remontrance » est vaine – on ne saurait en « remontrer » à quelqu'un qui a déjà sous les yeux ce qu'on se propose de lui faire voir. Dans le refoulement, dans la forclusion, le réel peut éventuellement revenir, à la faveur d'un « retour du refoulé » apparent, si l'on en croit la psychanalyse, dans les rêves et les actes manqués. Mais, dans l'illusion, cet espoir est vain : le réel ne reviendra jamais, puisqu'il est déjà là. On remarquera au passage à quel point le malade dont s'occupent les psychanalystes figure un cas anodin et somme toute bénin, en comparaison de l'homme normal.

L'expression littéraire la plus parfaite du refus de la réalité est peut-être celle offerte par Georges Courteline dans sa célèbre pièce *Boubouroche* (1893). Boubouroche a installé sa maîtresse, Adèle, dans un petit appartement. Un voisin de palier d'Adèle avertit charitablement Boubouroche de la trahison quotidienne dont est victime ce dernier : Adèle partage son appartement avec un jeune amant qui se cache dans un placard chaque fois que Boubouroche rend visite à sa maîtresse. Fou de rage, Boubouroche fait irruption chez Adèle à une heure inhabituelle et découvre l'amant dans le placard. Colère de Boubouroche, à laquelle Adèle répond par un silence mécontent et indigné : « Tu es si vulgaire, déclare-t-elle à son protecteur, que tu ne mérites même pas la très simple explication que j'aurais aussitôt fournie à un autre, s'il eût été moins grossier. Le mieux est de nous quitter. » Boubouroche admet aussitôt ses torts et le mal-fondé de ses soupçons : après s'être fait pardonner par Adèle, il n'a plus qu'à se retourner contre le voisin de palier, l'odieux calomniateur (« Vous êtes un vieux daim et une poire »). Cette piécette se recommande immédiatement à l'attention par un caractère singulier : contrairement à ce qui se passe souvent, la dupe ne se repaît ici d'aucune excuse, d'aucune explication. Le spectacle de son infortune n'est voilé par aucune ombre. Il y a en somme impasse à la tromperie : la dupe n'a pas besoin d'être trompée, il lui suffit bien d'être dupe. C'est que l'illusion n'est pas du côté de ce qu'on voit, de ce qu'on perçoit : ainsi s'explique qu'on puisse, comme Boubouroche, être dupe, tout en n'étant dupe *de rien*. Et pourtant Boubouroche, tout en jouissant d'une vision correcte des événements, tout en ayant surpris son rival dans sa cachette, n'en continue pas moins à croire à l'innocence de sa maîtresse. Cet « aveuglement » mérite qu'on s'y arrête un peu.

Imaginons qu'au volant de ma voiture je sois, pour une raison ou une autre, très pressé d'arriver à destination, et rencontre sur ma route un feu rouge. Je puis me résigner au retard qu'il m'occasionne, stopper mon véhicule et attendre que le feu passe au vert : acceptation du réel. Je puis aussi refuser une perception qui contrarie mes desseins ; je décide alors d'ignorer l'interdiction et brûle le feu, c'est-à-dire que je prends sur moi de ne pas voir un réel dont j'ai reconnu l'existence : attitude d'Œdipe se crevant les yeux. Je peux encore, toujours dans l'hypothèse d'un refus de perception, estimer rapidement que cet obstacle placé sur ma route entraînera un chagrin trop cruel pour mes facultés d'adaptation au réel ; je décide alors d'en finir en me suicidant à l'aide d'un revolver placé dans ma boîte à gants, ou « refoule » l'image du feu rouge dans mon inconscient : ainsi enterré, ce feu rouge brûlé n'en viendra jamais à surnager dans ma conscience, à moins que ne s'en mêlent un psychanalyste ou un policier. Dans ces deux derniers cas (suicide, refoulement), j'ai opposé un refus de perception à la nécessité de m'arrêter où m'aurait placé la perception du feu rouge. Mais il existe encore un autre moyen d'ignorer cette nécessité, qui se distingue de tous les moyens précédents en ce qu'il rend justice au réel, s'accordant ainsi, en apparence du moins, avec la perception « normale » : je perçois que le feu est rouge – *mais en conclus que c'est à moi de passer.*

C'est exactement ce qui arrive à Boubouroche. Le raisonnement qui le rassure pourrait s'énoncer à peu près ainsi : « Il y a un jeune homme dans le placard – donc Adèle est innocente, et je ne suis pas cocu. » Telle est bien la structure fondamentale de l'illusion : un art de percevoir juste mais de tomber à côté dans la conséquence. L'illusionné fait ainsi de l'événement unique qu'il perçoit deux événements qui ne coïncident pas, de telle sorte que la chose qu'il perçoit est mise ailleurs et *hors d'état de se confondre avec elle-même.* Tout se passe comme si l'événement était magiquement scindé en deux, ou plutôt comme si deux aspects du même événement en venaient à prendre chacun une existence autonome. Dans le cas de Boubouroche, le fait qu'Adèle ait dissimulé un amant et le fait qu'il soit cocu deviennent miraculeusement indépendants l'un de l'autre. Descartes dirait que l'illusion de Boubouroche consiste à prendre une « distinction formelle » pour une « distinction réelle » : Boubouroche est incapable de saisir la liaison essentielle qui unit, dans le *cogito*, le « je pense » au « je suis » ; liaison modèle dont une des innombrables applications apprendrait à Boubouroche qu'il est impossible de distinguer *réellement* entre « ma femme me trompe » et « je suis cocu ».

Autre exemple remarquable d'une telle illusion, tout à fait analogue à celle de Boubouroche, chez Proust, dans *Un amour de Swann*. Un jour où il se dispose à expédier sa « mensualité » ordinaire à Odette (qu'on lui avait présentée d'abord comme femme entretenue, qualité qu'il avait oubliée dès lors qu'il en était devenu amoureux), Swann se demande soudain si l'acte auquel il est en train de procéder ne revient pas précisément à entretenir une femme ; si le fait pour une femme de recevoir de l'argent d'un homme, comme Odette en reçoit de lui-même, ne coïncide pas justement avec le fait d'être ce qu'on appelle une « femme entretenue ». Perception fugace du réel, que l'amour de Swann pour Odette a tôt fait de biffer : « Il ne put approfondir cette idée, car un accès d'une paresse d'esprit qui était chez lui congénitale, intermittente et providentielle, vint à ce moment éteindre toute lumière dans son intelligence, aussi brusquement que, plus tard, quand on eut installé partout l'éclairage électrique, on put couper l'électricité dans une maison. Sa pensée tâtonna un instant dans l'obscurité, il retira ses lunettes, en essuya les verres, se passa les mains sur les yeux, et ne revit la lumière que quand il se retrouva en présence d'une idée toute différente, à savoir qu'il faudrait tâcher d'envoyer le mois prochain six ou sept mille francs à Odette au lieu de cinq, à cause de la surprise et de la joie que cela lui causerait. » Une telle « paresse d'esprit » consiste essentiellement à séparer en deux ce qui ne fait qu'un, à distinguer entre femme aimée et femme payée ; et Proust a bien raison de dire de cette paresse qu'elle est « congénitale ». Mais il faut ajouter que cette paresse n'est propre ni à Swann ni à la passion amoureuse. Elle intéresse aussi l'ensemble du genre humain, dont elle figure le cas principal d'illusion : de faire d'un seul fait deux faits divergents, d'une même idée deux idées distinctes, – l'une pénible mais l'autre « toute différente », comme l'écrit justement Proust.

L'aveuglement exemplaire de Boubouroche (et de Swann) met sur la piste du lien très profond qui unit l'illusion à la duplication, au *Double*. Comme tout illusionné, Boubouroche scinde l'événement unique en deux événements : il ne souffre pas d'être aveugle, mais bien de *voir double*. « Tu as vu double », lui dit d'ailleurs à un moment Adèle, en un sens il est vrai quelque peu différent, mais qui n'en est pas moins étonnamment prémonitoire et significatif. La technique générale de l'illusion est en effet de faire d'une chose deux, tout comme la technique de l'illusionniste, qui escompte le même effet de déplacement et de duplication de la part du spectateur : tandis qu'il s'affaire à la chose, il oriente le regard *ailleurs*, là où il ne se passe rien. Ainsi procède Adèle à l'intention de Boubouroche : « Il est bien vrai qu'il y a un homme dans le placard – mais regarde à côté, là, comme je t'aime. »

L'essai qui suit vise à illustrer ce lien entre l'illusion et le double, à montrer que la structure fondamentale de l'illusion n'est autre que la structure paradoxale du double. Paradoxale, car la notion de double, on le verra, implique en elle-même un paradoxe : d'être à la fois elle-même et l'autre.

Le thème du double est généralement surtout associé aux phénomènes de dédoublement de personnalité (schizophrénique ou paranoïaque) et à la littérature, notamment romantique, où l'on en trouve des échos multiples : comme si ce thème concernait essentiellement les confins de la normalité psychologique et, sur le plan littéraire, une certaine période romantique et moderne. On verra qu'il n'en est rien, et que le thème du double est présent dans un espace culturel infiniment plus vaste, c'est-à-dire dans toute forme d'illusion : déjà présent par exemple dans l'illusion oraculaire attachée à la tragédie grecque et à ses dérivés (duplication de l'événement), ou dans l'illusion métaphysique inhérente aux philosophies d'inspiration idéaliste (duplication du réel en général : l'« autre monde »).

1. – L'ILLUSION ORACULAIRE :
L'ÉVÉNEMENT ET SON DOUBLE

C'est un caractère à la fois général et paradoxal des oracles que de se réaliser tout en surprenant par leur réalisation même. L'oracle fait la faveur d'annoncer l'événement à l'avance : en sorte que celui auquel cet événement est destiné a le loisir de s'y préparer et éventuellement de tenter d'y parer. Or l'événement s'accomplit tel qu'il avait été prédit (ou annoncé par un songe, ou quelque autre manifestation prémonitoire) ; mais cet accomplissement a la curieuse fortune de décevoir l'attente au moment même où celle-ci devrait s'estimer comblée. A est annoncé, A se produit, et on ne s'y retrouve pas. Du moins pas exactement. Il y a, entre l'événement annoncé et l'événement accompli, une manière de subtile différence qui suffit à désemparer celui qui s'attendait pourtant précisément à ce à quoi il assiste. Il reconnaît bien, mais ne s'y reconnaît plus. Cependant, il ne s'est rien passé que l'événement annoncé. Mais celui-ci, inexplicablement, est *autre*.

Une fable d'Ésope, *Le Fils et le Lion peint* – fable dont il existe de nombreuses autres versions tant anciennes que modernes –, illustre cette particularité généralement attachée à la réalisation des oracles :

Un vieillard craintif avait un fils unique plein de courage et passionné pour la chasse : il le vit en songe périr sous la griffe d'un lion. Craignant que le songe ne fût véritable et ne se réalisât, il fit aménager un appartement élevé et magnifique, et il y garda son fils. Il avait fait peindre, pour le distraire, des animaux de toute sorte parmi lesquels figurait aussi un lion. Mais la vue de toutes ces peintures ne faisait qu'aug-

menter l'ennui du jeune homme. *Un jour, s'approchant du lion : « Mauvaise bête, s'écria-t-il, c'est à cause de toi et du songe menteur de mon père qu'on m'a enfermé dans cette prison pour femmes. Que pourrais-je bien te faire ? » À ces mots, il assena sa main sur le mur, pour crever l'œil du lion. Mais une pointe s'enfonça sous son ongle et lui causa une douleur aiguë et une inflammation et aboutit à une tumeur. La fièvre s'étant allumée là-dessus le fit bientôt passer de vie à trépas. Le lion, pour n'être qu'un lion de peinture, n'en tua pas moins le jeune homme, à qui l'artifice de son père ne servit de rien* [1].

De quoi s'agit-il ici, si l'on fait abstraction de la morale donnée par Ésope, qui se contente de noter qu'« il faut accepter bravement le sort qui nous attend, et ne point ruser avec lui, car on ne saurait y échapper » ? Il est ici question, bien évidemment, du *destin*, et, en l'occurrence, de ses *tours* : c'est-à-dire que le réel – l'ensemble des événements appelés à l'existence – est donné comme inéluctable (destin), appelé donc à se produire envers et contre tous les efforts entrepris pour y porter obstacle (fût-ce par le détour d'un « tour »). S'il advient qu'on soit averti à l'avance de cette nécessité inhérente à tout événement, et donc théoriquement en état d'y parer, le destin répondra par une ruse qui déjouera l'effort de parade et s'amusera même parfois – c'est là son *ironie* – à faire de la parade le moyen même de sa réalisation, en sorte qu'en de tels cas celui qui s'efforce d'empêcher l'événement redouté se fait l'ouvrier de sa propre perte, et que le destin, par élégance ou par paresse, commet ici à ses victimes le soin de faire tout le travail à sa place. C'est bien là, on l'a toujours justement dit, le sens le plus manifeste de ce genre de fables. Mais il y a sans doute, au-delà de ce sens premier, un autre sens, plus riche et plus général. À preuve le fait que cette fable – et toute histoire analogue – continue à intéresser, à signaler à l'attention de

---

1. Fable 295, trad. É. Chambry (Les Belles Lettres).

celui qui l'écoute quelque vérité profonde, indépendante donc de toute prise en considération du destin et de ses tours. Qui sait bien qu'il n'a jamais rien existé qui ressemblât à du destin et à de l'inéluctabilité – tel La Fontaine qui, reprenant la fable d'Ésope, tire de l'apologue une morale inverse et assimile les effets du destin à des « effets du hasard [2] » –, qui reconnaît dans toute fable brodant sur ces thèmes une reconstitution faite après coup et destinée à marquer du sceau de la nécessité ce qui n'a été qu'enchaînement occasionnel et hasardeux, celui-là n'en reconnaît pas moins dans ces peintures du destin l'écho d'une certaine vérité. Quelque chose, semble-t-il, se dit dans ces histoires.

Ce quelque chose est manifestement lié tout d'abord au sentiment d'avoir été *joué*. On n'a été, dit-on, qu'un jouet entre les mains du destin ; passée l'illusion du destin, demeure le sentiment d'avoir été un jouet, c'est-à-dire d'avoir été joué. Exactement dans le sens où l'on est, à l'escrime ou ailleurs, surpris par une feinte. On s'est gardé à gauche alors qu'on était attaqué à droite. Et, en se protégeant, on a laissé sans défense l'endroit précisément vulnérable, en sorte que le geste de l'esquive est venu se confondre avec le geste fatal. Encore n'est-ce pas assez dire : le geste de l'esquive et le geste fatal ne sont qu'un seul et même geste, comme la mystérieuse route d'Héraclite, qui à la fois monte et descend [3]. L'oracle ne s'est accompli qu'à la faveur de cette fâcheuse précaution, et c'est l'acte même d'éviter le destin qui vient coïncider avec son accomplissement. Si bien que la prophétie n'annonce en somme rien d'autre que le geste d'esquive malencontreux. Cette structure ironique, ou plus précisément elliptique, de la réalisation des oracles est très fréquente et constitue même un des thèmes favoris de la littérature oraculaire.

On peut remarquer en premier lieu que ce défaut de la « défense » n'est qu'un aspect assez banal de la finitude

---

2. « L'horoscope », *Fables*, VIII, 16.
3. « La route qui monte et celle qui descend sont une et identique » (fragment 60).

humaine. Pour se garder efficacement, pour être en toute sûreté, il faudrait pouvoir songer à tout à la fois. Or on sait que l'homme, s'il possède le privilège de penser, n'a pas reçu le don d'ubiquité intellectuelle : il pense quelque chose à un moment donné, et rien d'autre à ce moment-là. C'est en quoi il peut toujours constituer une proie facile : car, tandis qu'il se garde ici, il y aura toujours un millier de là par où le prendre. Cette fragilité, qui fait le sujet du *Terrier* de Kafka, donne sa profondeur au mot des Nzakara, habitants de la République centrafricaine, tel que le rapporte Mme Retel-Laurentin : « Qui sait ce qui peut arriver par *l'autre* bout du village [4] ? »

Cependant, la duperie attachée à la mauvaise défense de l'homme face à son destin n'est pas seulement l'indice d'une finitude. Elle signifie aussi une duperie d'un tout autre ordre, qui porte non plus sur le destin – celui-ci absent et inexistant – mais sur la conscience même de celui qui s'éprouve comme dupé. Il est évident qu'il n'y a pas de destin ; il est également évident qu'il y a, en l'absence de tout destin, ruse, illusion et tromperie. Celles-ci ne pouvant être imputées à un destin irresponsable puisque non existant, il reste à en chercher une origine plus responsable et plus tangible. S'il est vrai que l'événement a surpris l'attente alors même qu'il la comblait, c'est que l'attente est coupable, et l'événement innocent. La duperie n'est donc pas du côté de l'événement, mais du côté de l'attente. L'analyse de l'attente déçue révèle qu'il se crée en effet, parallèlement à la perception du fait, une idée spontanée selon laquelle l'événement, en se réalisant, a éliminé une autre version de l'événement, celle-là même à laquelle précisément on s'attendait. C'est là une impression très forte, pour reprendre, en en modifiant quelque peu le sens, les termes de Hume : car il est remarquable que cette impression d'avoir prévu autre chose que ce qui s'est réellement produit – impression qui pourrait trouver un semblant de fonde-

---

4. *Divination et Rationalité*, Éd. du Seuil, p. 303.

ment dans le cas d'oracles du type de celui de la fable d'Ésope citée plus haut : le fils du roi aurait pu périr sous la griffe d'un lion fait de chair et d'os –, il est remarquable, donc, que cette impression d'avoir prévu autrement l'événement persiste même dans les cas où l'on peut établir qu'aucune version de l'événement n'était réellement prévue ni représentée, ni d'ailleurs prévisible ou représentable, avant que l'événement ait eu lieu.

Trois autres exemples suffiront à illustrer cette étrange faculté qu'a l'oracle de surprendre tout en ne décevant aucune attente réelle : la légende d'Œdipe d'après l'*Œdipe roi* de Sophocle ; l'histoire de Sigismond dans *La vie est un songe* de Calderón ; un conte arabe rapporté par Jacques Deval dans sa pièce *Ce soir à Samarcande*.

Légende d'Œdipe : Un oracle a prédit aux souverains de Thèbes, Laïos et Jocaste, que leur fils Œdipe tuerait son père et épouserait sa mère. Abandonné à sa naissance sur les flancs d'une montagne, Œdipe est recueilli par les souverains de Corinthe, Polybe et Mérope, qui en l'absence de tout autre héritier l'adoptent et l'élèvent comme leur fils. Apprenant la prédiction qui le menace, Œdipe quitte précipitamment Corinthe et ses parents supposés, essayant de fuir son destin. Il rencontrera en chemin son véritable père et le tuera, résoudra l'énigme du Sphinx et entrera dans Thèbes en triomphateur, pour y épouser sa mère, veuve du souverain défunt.

Histoire de Sigismond : Basile, roi de Pologne, a dressé l'horoscope de son fils Sigismond lors de la naissance de celui-ci, et y a lu que les étoiles destinaient son fils à devenir le monarque le plus cruel qui ait jamais été – « un monstre sous forme humaine » – dont le premier soin serait de retourner sa force sauvage contre le roi son père pour le fouler aux pieds. Effrayé par ces augures sinistres, il fait enfermer Sigismond dans une tour isolée d'où celui-ci n'a aucune possibilité de contact avec les humains, mis à part son précepteur Clotalde. À sa majorité, il le libère pour un jour et le fait présenter à sa cour, afin de vérifier la vérité de l'horoscope. Rendu furieux par vingt années de captivité, Sigismond se conduit conformément à la prédiction. Ramené dans sa tour, puis bientôt libéré par une insurrection populaire, Sigismond – qui ne sait plus désormais s'il rêve ou s'il est éveillé – accomplit jusqu'au bout la prédiction de l'horoscope : ayant pris la tête de l'insurrection, il vainc son père, lequel n'a d'autre recours que de se jeter à ses pieds pour en appeler à son improbable pitié. Mais l'horoscope avait arrêté ses prédictions en cet instant, et, selon l'habituelle structure oraculaire, le drame se terminera de manière à la fois inattendue et conforme à la prédiction, puisque la fin du drame surprend l'attente tout en s'accordant précisément avec l'oracle : devenu sage par son doute quant au réel, Sigismond relève son père et lui rend les honneurs dus à son rang royal.

Conte arabe : Il y avait une fois, dans Bagdad, un Calife et son Vizir... Un jour, le Vizir arriva devant le Calife, pâle et tremblant : « Pardonne mon épouvante, Lumière des Croyants, mais devant le Palais une femme m'a heurté dans la foule. Je me suis retourné : et cette femme au teint pâle, aux cheveux sombres, à la gorge voilée par une écharpe rouge était la Mort. En me voyant, elle a fait un geste vers moi. [...] Puisque la Mort me cherche ici, Seigneur, permets-moi de fuir me cacher loin d'ici, à Samarcande. En me hâtant, j'y serai avant ce soir. » Sur quoi, il s'éloigna au grand galop de son cheval et disparut dans un nuage de poussière vers Samarcande. Le Calife sortit alors de son Palais, et lui aussi rencontra la Mort : « Pourquoi avoir effrayé mon Vizir qui est jeune et bien-portant ? » demanda-t-il. Et la Mort répondit : « Je n'ai pas voulu l'effrayer, mais en le voyant dans Bagdad, j'ai eu un geste de surprise, car je l'attends ce soir, à Samarcande [5]. »

L'analogie structurale des trois histoires est évidente. Dans les trois cas la prédiction s'accomplit par le geste même qui s'efforce de la conjurer : Œdipe, Basile, le Vizir

---

5. Jacques Deval, *Ce soir à Samarcande*, acte I.

rencontrent leur destin pour avoir voulu l'éviter. C'est en quittant Corinthe qu'Œdipe va à la rencontre de ses véritables parents, c'est en enfermant son fils que Basile a fait de celui-ci le monstre qu'a prédit l'horoscope, c'est en courant vers Samarcande que le Vizir se dirige vers la mort qu'il essaie de fuir. Mais cette structure est commune à la plupart des histoires mettant en scène des réalisations d'oracles. L'attention se porte ici sur une autre particularité, plus singulière et plus profonde : sur le fait que les trois héros de cette même mésaventure seraient également incapables, si on les en priait, de donner des précisions sur la nature de leur déconvenue. Tous les trois ont été trompés, mais aucun ne saurait dire quel est l'événement attendu que l'événement réel est venu biffer de manière inattendue, ou encore « oblique », pour reprendre l'adjectif qualifiant l'oracle de Delphes, Apollon Loxias. L'événement redouté a eu lieu, mais s'est produit *en trompant l'attente du même événement*, dont on estime certes qu'il devait bien avoir lieu, mais de manière autre. Toutefois, il est impossible de dire en quoi consiste cette « autre » façon.

Si l'on éprouve des doutes sur ce point, on n'a qu'à consulter les intéressés eux-mêmes, et leur demander de bien vouloir préciser quelle était dans leur esprit la version de l'événement redouté, avant que s'y soit substitué l'événement réel. Interrogé, le Vizir répondra qu'il s'attendait bien à mourir ce soir-là, mais pas de cette façon, ni en ce lieu (Samarcande) : il craignait de mourir d'une *autre* façon, et en un *autre* lieu. Quelle autre façon, quel autre lieu ? Je ne sais ; mais ni ce soir, ni à Samarcande. Le roi de Pologne, Basile, répondra qu'il savait bien que son fils userait de violence et lui ferait toucher terre : pas toutefois de cette manière, complètement inattendue, qu'a revêtue l'événement. De quelle autre manière donc ? Basile ne pouvait attendre l'événement que là même où il l'avait contré et espérait en avoir rendu l'exécution impossible : on n'aura pas à le forcer pour lui faire admettre qu'ayant rendu impossible l'événement dans des conditions « normales » il ne redoutait aucune réalisation précise de l'horoscope, et que sa surprise devant la manière dont celui-ci s'est trouvé accompli ne prend pas son relief sur la négation d'une autre possibilité d'accomplissement. La version réelle des faits, dans l'esprit du roi, ne contredit donc aucune autre version, ou du moins ne semble en contredire qu'une version fantomatique, jamais pensée. Le cas d'Œdipe paraît, à première analyse, plus complexe. Œdipe tue son père et épouse sa mère sans connaître leurs identités respectives ; en quoi la réalisation de l'oracle contredit une version de l'événement dotée, cette fois, d'un contenu précis : le meurtre de Polybe et le mariage avec Mérope, les souverains de Corinthe, qu'Œdipe croit être ses parents. Cependant, il s'agit là d'une vue abstraite, incapable de se concrétiser dans une histoire réelle : puisque averti de la menace qui pèse sur sa destinée et quittant Corinthe en toute hâte, Œdipe a décidé de ne porter la main ni sur Polybe ni sur Mérope. Dès lors demeure la question : comment Œdipe pourrait-t-il s'y prendre pour tuer son père et épouser sa mère, sauf à tuer par hasard un homme et à épouser par circonstance une femme qui seront justement son père et sa mère, tout en n'étant ni Polybe ni Mérope ? On insistera, cependant : la manière dont Œdipe réalise la prophétie est un tour signé du destin. Soit ; mais quel autre tour envisager ? On attendrait en vain une réponse précise à cette question oblique elle-même : sinon celle qui consiste à réaffirmer obstinément que l'événement était attendu ailleurs, et d'une autre façon, sans qu'on puisse jamais préciser la nature de cet ailleurs et de cette autre façon. On pourrait, il est vrai, envisager l'hypothèse extrême selon laquelle, Polybe et Mérope étant les véritables parents d'Œdipe, ce dernier viendrait à tuer l'un et à épouser l'autre par accident ou par méprise. On peut par exemple imaginer un accès de colère maniaque, une crise de somnambulisme, ou encore un déguisement ou grimage quelconques qui interdiraient à Œdipe de reconnaître Polybe dans celui qu'il tue, et Mérope dans celle qu'il épouse. Ce thème du déguisement est d'ailleurs profondément présent – mais à un niveau symbolique – dans le destin réel d'Œdipe, puisque ses parents véritables se sont en quelque sorte déguisés sous des traits étrangers, empruntant aux visages de Polybe et de Mérope un masque vivant sous lequel ils dissimulent leur propre personne. Mais, dans l'hypothèse selon laquelle Polybe et Mérope sont bien les parents d'Œdipe, ceux-ci n'apparaîtraient pas déguisés sous les traits d'autres personnes vivantes ; ils seraient simplement grimés de telle manière, ou interviendraient dans des circonstances telles, qu'Œdipe ne les reconnaîtrait pas – un peu comme dans la légende de saint Julien l'Hospitalier, qui essaie lui aussi d'échapper à une prédiction et finit par l'accomplir en tuant ses parents par erreur. L'hypothèse, dans le cas d'Œdipe, est de toute façon peu crédible ; car Œdipe a quitté Corinthe et ses parents pour n'y plus jamais revenir : où donc pourrait-il rencontrer ses parents déguisés ? Il faut alors admettre que Polybe et Mérope partent à la recherche de leur fils en fuite, abandonnant leur charge royale. Cette nouvelle hypothèse encore plus crédible, ne suffit d'ailleurs pas à rendre possible le meurtre de l'un et le mariage avec l'autre : car Œdipe fuira toujours ses parents, où que ceux-ci finissent par le découvrir. La prophétie ne saurait donc s'accomplir à la faveur d'un accès de colère ou de somnambulisme : le temps y manquerait – Œdipe sera toujours déjà loin. Ne reste donc que la possibilité d'une méprise, à la faveur d'un déguisement parfait. Œdipe un soir, au sortir d'une taverne thébaine où il a abusé du vin, rencontre Polybe qui cherche son fils *incognito*, protégé par un grimage qui le rend méconnaissable ; il se prend de querelle avec lui et le tue. Quelques jours plus tard, pris à nouveau de boisson, il rencontre une pauvresse dans la rue, s'éprend d'elle et la prend pour femme : c'était Mérope, si bien déguisée qu'après plusieurs mois de vie conjugale il n'a toujours pas reconnu sa mère dans sa nouvelle épouse. Cette version des faits est, à la rigueur imaginable ; on pourrait d'ailleurs imaginer encore bien d'autres formes possibles de réalisations de l'oracle. Mais que de tels itinéraires soient possibles et imaginables n'explique en rien la surprise qui accompagne la découverte du biais pris, dans la réalité, par la réalisation de l'oracle : surprise liée au sentiment confus que l'événement réel a pris la place d'un événement *plus attendu* et *plus plausible*. Or, toutes les versions possibles apparaissent comme finalement beaucoup plus improbables encore que la version réelle qui a pourtant surpris : si Polybe et Mérope sont bien les parents d'Œdipe, la réalisation de l'oracle devra passer par des chemins beaucoup plus compliqués et inattendus que ceux qu'a empruntés la version réelle. L'hypothèse d'une paternité d'emprunt, selon laquelle Polybe et Mérope ne sont pas les véritables parents d'Œdipe, est en somme la voie *la plus simple* pour passer de l'oracle à sa réalisation. Si donc la réalisation de l'oracle surprend, ce n'est pas parce que sa forme est inattendue par rapport à une autre forme qui le serait moins. Comment un événement A pourrait-il être réputé hautement improbable par rapport à un événement B, s'il s'avère que cet événement B est lui-même, et dans la meilleure des hypothèses, beaucoup plus improbable encore ? À supposer que se soit réalisée cette autre version du destin d'Œdipe, apparemment plus conforme à l'oracle, ne trancherait-elle pas à son tour sur mille autres versions dont on entreverrait alors, et plus justement, la plus grande probabilité ? La réalisation du destin d'Œdipe – tel qu'il a été scellé par l'oracle – n'élimine donc aucun possible de probabilité égale ou supérieure à celui finalement élu par la réalité : tout ce qui est ici imaginable étant plus compliqué et plus improbable que ce que sera l'événement réel. Si la parole de l'oracle peut être dite « oblique », la voie par laquelle Œdipe réalise son destin est en revanche la voie droite par excellence : il n'est passé par aucun détour, et c'est peut-être justement là ce qu'on appelle le « tour » du destin – d'aller droit au but, de ne pas s'attarder en chemin, de tomber pile sur soi-même.

Persiste cependant, malgré cette analyse, l'impression d'avoir été pris au jeu d'une fatalité omnipotente et rusée, qui déjoue tous les moyens mis en œuvre pour la contrecarrer. Mais cette fatalité prend maintenant un sens plus précis, en ceci qu'on en a reconnu le vague : l'événement fatal prend de court en ce qu'il biffe un autre événement dont on n'a jamais rien pensé, dont on n'a jamais eu aucune idée. La surprise présente ici un caractère lui-même surprenant : elle consiste en effet à réfuter l'événement réel au nom d'un événement qu'on n'imaginerait jamais, d'une réalité qui n'a jamais été et ne sera jamais pensée. L'événement a pris la place d'un « autre » événement, mais cet autre événement n'est lui-même rien. Se précise ainsi la duperie dont est victime celui qui s'attend à un événement mais s'étonne de voir celui-ci survenir : il y a bien tromperie quelque part, et ce quelque part réside précisément dans l'illusion d'être trompé, de croire qu'il y a « quelque chose » dont la réalisation de l'événement aurait en somme pris la place. C'est donc le sentiment d'être trompé qui est ici trompeur. En se réalisant, l'événement n'a rien fait que se réaliser. Il n'a pas pris la place d'un autre événement.

On ne saurait nier pour autant, bien entendu, l'ambiguïté inhérente à la parole prophétique, ni les jeux de double sens qui reviennent constamment dans les oracles comme dans la tragédie. Il s'agit seulement de comprendre que cette ambiguïté ne consiste pas dans le dédoublement d'une parole en deux sens possibles, mais tout au contraire dans la coïncidence des deux sens dont on ne voit qu'après coup qu'ils sont deux en apparence, mais un en réalité. L'*Œdipe roi* de Sophocle abonde en illustrations de cette ambiguïté, dont la plus élémentaire et la plus profonde est la parole par laquelle Œdipe laisse entendre qu'il est à la fois celui qu'il est et cet autre qu'il recherche : « En remontant à mon tour, déclare fièrement le roi Œdipe, à l'origine (des événements demeurés inconnus), c'est moi qui les mettrai en lumière, ἐγὼ φανῶ. Le scoliaste ne manque pas d'observer qu'il y a dans cet *ego phanô* quelque chose de dissimulé, qu'Œdipe ne veut pas dire, mais que comprend le spectateur "puisque tout sera découvert dans Œdipe lui-même, ἐπεὶ τὸ πᾶν ἐν αὑτῷ φανήσεται". *Ego phanô* = c'est moi qui mettrai en lumière le criminel – mais aussi : je me découvrirai moi-même criminel [6]. » Il est évident qu'en disant ἐγὼ φανῶ – « je montrerai », et « j'apparaîtrai » – Œdipe dit deux choses à la fois ; mais il est non moins évident que ces deux choses sont une et identique. Ce qui compte ici est qu'on n'entend qu'une seule vérité alors qu'on croit en entendre deux. Tragédie de la coïncidence, et non de l'ambiguïté, la pièce de Sophocle se déroule dans le sens d'un retour implacable vers l'unique qui élimine, scène par scène, l'illusion d'une duplication possible. En sorte que le tragique sophocléen n'est pas du tout lié au double sens, mais, tout au contraire, à l'élimination progressive de celui-ci. Le malheur d'Œdipe est d'être seulement lui-même, et non pas deux. C'est méconnaître son malheur, et tomber en quelque sorte dans le piège même dans lequel se prend Œdipe dans Sophocle, que de dire comme J.-P. Vernant : « Qu'est donc Œdipe ? Comme son propre discours, comme la parole de l'oracle, Œdipe est double, énigmatique [7]. » Car le mystère d'Œdipe est justement d'être un, et non pas double, tout comme le mystère du Sphinx, résolu par Œdipe en une sorte d'avant-première de son propre destin, est de renvoyer à soi-même, et non à l'autre.

Il en va au fond de même lors de la réalisation de tout oracle. L'événement attendu vient coïncider avec lui-même, d'où précisément la surprise : car on attendait quelque chose de différent, quoique voisin, la même chose mais pas exactement de cette façon. C'est à cette coïncidence rigoureuse du prévu avec l'effectivement arrivé que se résument en dernière analyse tous les « tours » du destin. Lequel délivre l'événement lui-même, ici et maintenant, alors qu'on l'attendait un peu différent, un peu ailleurs et pas tout de suite. Telle est la nature paradoxale de la surprise face à la réalisation des oracles, que de s'étonner alors qu'il n'y a préci-

---

6. J.-P. Vernant et P. Vidal-Naquet, *Mythe et tragédie en Grèce ancienne*, Maspero, p. 107.
7. *Ibid.*, p. 107.

sément plus lieu de s'étonner, le fait ayant répondu exactement à la prévision : l'événement qu'on attendait s'est produit mais on s'aperçoit alors que ce qu'on attendait n'était pas cet événement-ci, mais un même événement sous une forme différente. On croyait attendre le même, mais en réalité on attendait l'autre.

Il est temps de reconnaître enfin dans cet « autre événement » – « attendu » peut-être mais ni pensé ni imaginé – que l'événement réel a biffé en s'accomplissant, la structure fondamentale du *double*. Rien ne distingue en effet cet autre événement de l'événement réel, hormis cette conception confuse selon laquelle il serait à la fois le même et un autre, ce qui est l'exacte définition du double. On découvre ainsi un rapport très profond entre la pensée oraculaire et le fantasme de la duplication, qui explique l'énigmatique surprise attachée au spectacle de l'oracle réalisé. La réalisation de l'oracle surprend en somme en ce qu'elle vient gommer la possibilité de toute duplication. En s'accomplissant, l'événement prévu rend caduque la prévision d'un double possible. En venant à l'existence, il élimine son double ; et c'est la disparition de ce pâle fantôme du réel qui surprend un moment la conscience lorsque s'accomplit l'événement. C'est en quoi la formule qui ponctue habituellement la découverte de ce qui était attendu – « c'était bien cela » – implique à la fois une reconnaissance et un désaveu. Reconnaissance du fait annoncé et désaveu du fait que l'événement ne s'est pas accompli d'une autre façon. Reconnaissance et désaveu sont ainsi inséparables l'un de l'autre et signifient au fond la même chose : soit un regard sur la « structure » de l'*unique*. L'unique comble l'attente en se réalisant, mais la déçoit en biffant tout autre mode de réalisation. C'est d'ailleurs là le sort de tout événement au monde.

Dans un passage de son étude sur « Le souvenir du présent et la fausse reconnaissance », Bergson confirme ce lien entre la structure oraculaire (prévision, sentiment de l'inévitable) et le thème du double. Analysant l'illusion selon laquelle certains sujets dédoublent leurs perceptions et ont l'impression de vivre en quelque sorte deux fois, une fois sur le mode du présent et une fois sur le mode du souvenir, Bergson ne manque pas de retrouver le thème du destin : « Ce qui se dit et ce qui se fait, ce qu'on dit et ce qu'on fait soi-même, semble "inévitable". On assiste à ses propres mouvements, à ses pensées, à ses actions. Les choses se passent *comme si* l'on se dédoublait, sans pourtant qu'on se dédouble effectivement. Un des sujets écrit : "Ce sentiment de dédoublement n'existe que dans la sensation ; les deux personnes ne font qu'un au point de vue matériel". Il entend sans doute par là qu'il éprouve un sentiment de dualité, mais accompagné de la conscience qu'il s'agit d'une seule et même personne. D'autre part, comme nous le disions au début, le sujet se trouve souvent dans le singulier état d'âme d'une personne qui croit savoir ce qui va se passer, tout en se sentant incapable de le prédire [8]. » On remarquera en outre que le thème de la prédiction apparaît, ici, comme partout ailleurs, lié au thème de la surprise (on prévoit la chose, sans pouvoir s'attendre pour autant à sa réalisation concrète, qui aura donc toujours de quoi étonner).

Cependant toute duplication suppose un original et une copie, et on se demandera qui, de l'« autre événement » ou de l'événement réel, est le modèle, et qui le double. On découvre alors que l'« autre événement » n'est pas véritablement le double de l'événement réel. C'est bien plutôt l'inverse : l'événement réel qui apparaît lui-même comme le double de l'« autre événement ». En sorte que c'est l'événement réel qui est, finalement, l'« autre » : l'autre c'est ce réel-ci, soit le double d'un autre réel qui serait lui le réel même, mais qui échappe toujours et dont on ne pourra jamais rien dire ni rien savoir. L'unique, le réel, l'événement possèdent donc cette extraordinaire qualité d'être en quelque sorte *l'autre de rien*, d'apparaître comme le double

---

8. *L'Énergie spirituelle*, in *Œuvres*, éditions du Centenaire, Presses universitaires de France, p. 921.

d'une « autre » réalité qui s'évanouit perpétuellement au seuil de toute réalisation, au moment de tout passage au réel. L'ensemble des événements qui s'accomplissent – c'est-à-dire la réalité dans son ensemble – ne figure qu'une sorte de « mauvais » réel, appartenant à l'ordre du double, de la copie, de l'image : c'est l'« autre » que ce réel a biffé qui est le réel absolu, l'original véritable dont l'événement réel n'est qu'une doublure trompeuse et perverse. Le réel véritable est ailleurs : il résiderait, pour reprendre les trois exemples donnés ci-dessus, dans un parricide et un inceste différents de ceux qui attendent effectivement Œdipe, dans une agression de Sigismond étrangère aux circonstances qui ont effectivement été celles de son enfance et de sa jeunesse, dans une mort hors de Samarcande. Quant aux événements réellement arrivés, ils sont comme des singeries de ce réel ; et l'ensemble des événements réels apparaît ainsi comme une vaste caricature de la réalité. C'est en ce sens que la vie n'est qu'un songe, une fable mensongère, ou encore une histoire racontée par un idiot, comme le dit Macbeth. Le sentiment d'être dupé par la réalité – qui exprime la vérité la plus générale des histoires d'oracles –, d'être constamment trompé par ce faux réel qui se substitue *in extremis* au véritable réel, qu'on n'a jamais vu et qui n'aura jamais lieu, ce sentiment d'être joué pourrait être rendu par l'expression populaire selon laquelle certaines réalités, certains actes, ne sont, précisément, « pas de jeu ». Pas seulement d'ailleurs certaines réalisations ou certains actes : c'est toute chose qui, en s'accomplissant, se met ainsi « hors jeu ». C'est d'ailleurs là une vérité qu'avaient déjà dite les philosophes de Mégare et qu'a approfondie Bergson dans les trois premiers chapitres de *La Pensée et le Mouvant* : *c'est le sort de toute réalité que de se situer en dehors du jeu du possible*. On dira donc que l'événement réel est en quelque manière truqué, qu'il triche avec le réel. Et, pour user d'une terminologie naïve en accord avec des sentiments naïfs eux-mêmes, on pourra dire que l'événement qui s'est produit n'est pas le « bon » ; le bon événement, l'événement qui aurait seul le droit de se dire véritablement réel, est justement celui qui n'a pas eu lieu, étouffé avant de naître par son double truqué. L'événement réel, au sens courant du terme, est ainsi toujours « l'autre du bon ».

On remarquera ici que toute réalité, même si elle n'a pas été annoncée par un oracle, ou prévue à la suite d'une prémonition quelconque, est de toute façon de structure oraculaire, dans le sens défini ci-dessus. C'est en effet le sort de toute chose existante que de dénier, de par son existence même, toute forme de réalité autre. Or le propre de l'oracle est de suggérer, sans jamais la préciser, une chose autre que la chose qu'il annonce et qui se réalise effectivement. Mais cette suggestion déçue peut se manifester en toute occasion, car tout événement implique la négation de son double. C'est en quoi toute occasion est oraculaire (réalisant l'« autre » de son double), et toute existence un crime (d'exécuter son double). Tel est le sort inévitablement attaché au réel, et qui fait dire à Sigismond enfermé dans sa tour que « le plus grand crime de l'homme est d'être né [9] » ; ou encore, à E.-M. Cioran, que « nous avons tout perdu en naissant », d'où « l'inconvénient d'être né [10] ». À ce compte-là, tout événement est en effet à la fois meurtre et prodige : si par exemple, attendant l'autobus, je tire un numéro d'attente, mettons le numéro 138, j'élimine en un seul coup pas moins de 998 autres possibilités. C'est là un inconvénient et c'est là un prodige, à condition d'oublier qu'un événement, s'il peut à la rigueur se produire de n'importe quelle façon, doit néanmoins nécessairement se produire d'une manière *quelconque*. Je ne puis être à la fois Cioran et un autre que Cioran, même s'il m'apparaît confusément que ce n'est que par l'effet d'un arrêt arbitraire, et somme toute assez décevant, que je suis justement Cioran, et pas un autre.

On pourra remarquer sur ce point que la réalisation d'un événement, non pas prédit par un oracle, mais simplement

---

9. *La vie est un songe*, I, 2.
10. *De l'inconvénient d'être né*, Gallimard.

prévu par le bon sens, observant la conjoncture et un ensemble de signes avant-coureurs, est toujours surprenante dans le sens même où l'oracle peut surprendre : c'est-à-dire que la surprise, dans les deux cas, se résume à ceci que A est bien A, et non pas B. Tel est le tour du destin, comme celui de la prévision raisonnable, que de faire s'escamoter le double de l'unique. On annonce un matin, à la radio, que M. le président est au plus mal ; annoncée dans la soirée, la mort du président surprend (c'était donc bien cela, A était donc bien A). C'est d'ailleurs en raison de cette nature toujours surprenante de l'événement que la notion du destin, suggérée par les oracles, prend un sens réel et universel. Car il s'agit bien en définitive du destin dans les légendes oraculaires, mais en un sens plus profond que le sens immédiatement apparent. Il y a bien quelque chose qui existe et qui s'appelle le destin : celui-ci désigne, non pas le caractère inévitable de ce qui arrive, mais son caractère imprévisible. Il est en effet un destin indépendant de toute nécessité et de toute prévisibilité, indépendant donc de toute manifestation oraculaire quoique en un certain sens l'oracle l'annonce à sa façon, et c'est le destin de l'homme comme de toute chose existante. La signification de ce destin apparemment paradoxal, puisqu'il est étranger à la notion de nécessité qui semble pourtant en fournir la principale, sinon la seule assise, est liée à une notion exactement inverse : à la certitude de l'imprévisibilité. Mais c'est justement de cette certitude-là que parle, à mots couverts, la littérature oraculaire. On sera toujours certain d'être surpris, on pourra toujours s'attendre, de pied ferme, à ne jamais pouvoir s'attendre à.

En somme, la profondeur et la vérité de la parole oraculaire sont moins de prédire le futur que de dire la nécessité asphyxiante du présent, le caractère inéluctable de ce qui arrive *maintenant*. La prédiction à l'avance a valeur surtout symbolique : simple projection dans le temps de ce qui attend l'homme à chaque instant de sa vie présente. À tout moment, il aura affaire à cela, et à rien d'autre :

que la circonstance soit gaie ou triste, qu'il triomphe ou qu'il meure, il est de toute façon acculé. Pas d'échappatoire – pas de double : c'est cela qu'annonçait l'oracle à l'avance, et avec raison. « On n'échappe pas au destin » signifie tout simplement qu'on n'échappe pas au réel. Ce qui est est et ne peut pas ne pas être. C'est à peu près ce que dit Lady Macbeth à son époux, autre illustre victime de la littérature oraculaire : *What is done is done*. Ce qui existe est à jamais univoque : les doubles se dissipent à l'orée du réel, par enchantement ou par malédiction, selon que l'événement est favorable ou défavorable. Ne reste que l'événement coïncidant avec lui-même, comme à la fin de *Macbeth*, lorsque se réalise la prédiction, et que « la forêt de Birnam marche sur Dunsinane » : A vient se confondre avec A, comme Œdipe se confond avec lui-même, à la fin d'*Œdipe roi*.

Avant de se lancer dans un dernier combat contre son propre destin, c'est-à-dire contre lui-même, Macbeth prononce les paroles fameuses : « La vie est une histoire racontée par un idiot, pleine de bruit et de fureur, qui ne signifie rien. » La pensée du chaos et de l'insignifiance prend ainsi le dessus au moment du contact avec le réel. C'est que jusqu'à l'instant ultime Macbeth, comme d'ailleurs tout homme, par exemple à l'heure de la mort, s'attend à ce que A diffère un tant soit peu de A, que l'événement ne soit pas exactement ce qu'il est. La coïncidence du réel avec lui-même, qui est d'un certain point de vue la simplicité même, la version la plus limpide du réel, apparaît comme l'absurdité majeure aux yeux de l'illusionné, c'est-à-dire de celui qui, jusqu'à la fin, a misé sur la grâce d'un double. Un réel qui n'est que le réel, et rien d'autre, est insignifiant, absurde, « idiot », comme le dit Macbeth. Macbeth a d'ailleurs raison, sur ce point : la réalité est effectivement idiote. Car, avant de signifier imbécile, idiot signifie simple, particulier, unique de son espèce. Telle est bien la réalité, et l'ensemble des événements qui la composent : simple, particulière, unique – *idiotès* –, « idiote ».

Cette idiotie de la réalité est d'ailleurs un fait reconnu depuis toujours par les métaphysiciens, qui répètent que le « sens » du réel ne saurait se trouver ici, mais bien ailleurs. La dialectique métaphysique est fondamentalement une dialectique de l'ici et de l'ailleurs, d'un ici dont on doute ou qu'on récuse et d'un ailleurs dont on escompte le salut. Décidément, A ne saurait se réduire à A : ici doit s'éclairer d'un ailleurs. « L'Asie a maintes fois pressenti que le problème capital de l'homme est de saisir "autre chose" », écrit par exemple André Malraux [11], faisant écho au mot romantique de Wagner, dans les *Wesendonk-Lieder* : « Notre monde n'est point ici. » Ce n'est plus un double de l'événement qui est alors requis, mais un double de la réalité en général, un « autre monde » appelé à rendre compte de ce monde-ci qui resterait à jamais idiot, à le considérer tel qu'en lui-même.

L'illusion oraculaire – dédoublement de l'événement – trouve ainsi un champ d'expression plus vaste dans le dédoublement du réel en général : dans l'illusion métaphysique.

---

11. *Lazare*, Gallimard, p. 131.

2. – L'ILLUSION MÉTAPHYSIQUE : LE MONDE ET SON DOUBLE

La duplication du réel, qui constitue la structure oraculaire de tout événement, constitue également, considérée d'un autre point de vue, la structure fondamentale du discours métaphysique, de Platon à nos jours. Selon cette structure métaphysique, le réel immédiat n'est admis et compris que pour autant qu'il peut être considéré comme l'expression d'un autre réel, qui seul lui confère son sens et sa réalité. Ce monde-ci, qui n'a par lui-même aucun sens, reçoit sa signification et son être d'un autre monde qui le double, ou plutôt dont ce monde-ci n'est qu'une trompeuse doublure. Et c'est le propre de l'image « métaphysique » que de faire pressentir sous les apparences insensées, ou faussement sensées, la signification et la réalité qui en assurent l'infrastructure et expliquent précisément l'apparence de ce monde-ci, qui n'est que « la manifestation à la fois primordiale et futile d'un étonnant mystère [12] ».

Cette structure de la réitération, où l'autre occupe la place du réel, ce monde-ci la place du double, n'est autre, encore une fois, que la structure même de l'oracle : le réel qui s'offre immédiatement est une doublure, comme l'événement qui a véritablement lieu est une imposture. Il double le réel, comme la réalisation de l'oracle est venue « doubler » l'événement attendu. Peut-être cette impression d'avoir été « doublé » constitue-t-elle non seulement la structure de la métaphysique, mais encore l'illusion philosophique par excellence. On remarquera en effet qu'elle est présente au sein même de philosophies qui prétendent récu-

---

12. J.-P. Attal, *L'Image « métaphysique »*, Gallimard, p. 178.

ser toute métaphysique : par exemple chez Marx, qui s'efforce de repérer dans le réel apparent la loi réelle qui en explique à la fois le sens et le devenir, en une démarche donc doublement oraculaire (à la duplication du visible et de l'invisible, qui prétend faire le partage entre un Faux et un Vrai, s'ajoute ici la prédiction, l'annonce du futur). C'est toutefois, bien évidemment, dans l'œuvre de Platon que cette parenté structurale entre philosophie oraculaire et philosophie tout court apparaît le plus manifestement. Le mythe de la caverne, celui d'Er le Pamphylien, la théorie de la réminiscence sont les expressions les plus précises de ce thème de la duplication de l'unique qui fait du platonisme en général une philosophie d'essence oraculaire.

On pourrait ici, en se fondant sur certains passages de Platon [13], objecter que le platonisme n'est pas une philosophie du double, mais bien une « philosophie du singulier », fondée précisément sur l'impossibilité du double [14]. Il est vrai qu'un des caractères de tout objet, pour Platon, est d'être inimitable, de ne pouvoir être deux. Ainsi Socrate montre-t-il dans le *Cratyle* que la parfaite reproduction de Cratyle aboutirait, non pas à un double (deux fois Cratyle), mais à une absurdité ; car c'est l'essence de Cratyle que d'être un, et non pas deux : cette essence-là, qui définit la singularité, est par définition imitable, mais non duplicable, car elle ne peut donner lieu qu'à des images qui n'auront précisément jamais le caractère du double. La question est cependant de déterminer si l'impossibilité de la duplication ou encore la nécessité du singulier aboutissent bien chez Platon à une philosophie de l'unique. Il faut ici distinguer deux niveaux de duplication : le niveau sensible, le niveau métaphysique. On a en fait affaire à deux impossibilités de duplication : d'une part l'impossibilité pour l'objet sensible de se dupliquer en un autre objet sensible qui serait en même temps lui-même (thèse du *Cratyle*) ; d'autre part l'impossi-

---
13. *Cratyle*, 432 *a* sq. ; *Parménide*, 132 *d* sq.
14. Cf. V. Descombes, *Le Platonisme*, Presses universitaires de France, p. 40 sq.

bilité pour l'objet sensible d'apparaître lui-même comme le double d'un modèle réel et suprasensible (thèse énoncée au début du *Parménide*). Dans le premier cas, on a affaire à la non-répétition au niveau des objets sensibles : l'essence de l'objet sensible est de ne jamais pouvoir se répéter, c'est-à-dire de ne pouvoir jamais reconstituer ailleurs, en un autre temps, ce même objet sensible. Cette impossibilité de se répéter résume du reste l'essence du sensible et en souligne du même coup la finitude. C'est justement la marque de ce que le sensible, abandonné à lui-même, a de constitutionnellement insatisfaisant que de ne jamais pouvoir « redonner » la chose, à tel point que Kierkegaard, dans *La Répétition*, fait de cette inaptitude à la répétition la source principale de l'éloignement – d'inspiration platonicienne – dans lequel il est des choses de ce monde : il ne saurait « aimer ce que jamais on ne verra deux fois [15] ». Dans le second cas, on déduit de l'impossibilité où est l'objet sensible (c'est-à-dire l'ensemble des choses de ce monde) de répéter un modèle suprasensible (c'est-à-dire l'Idée, ou le réel absolu) la pensée du caractère décevant du réel par rapport à cet autre Réel qu'il est incapable de doubler. Dans les deux cas, le caractère non duplicable de la réalité aboutit à une dépréciation de l'objet sensible, auquel il est précisément reproché de ne pouvoir être le double, ni de lui-même en tant que sensible, ni de l'autre en tant que réalité primordiale. Ce qui signifie que l'impossibilité du double vient paradoxalement démontrer que ce monde-ci n'est justement qu'un double, ou plus précisément un mauvais double, une duplication falsifiée, incapable de redonner ni l'autre, ni elle-même, bref une réalité apparente, entièrement tissée dans l'étoffe d'un « moindre être » qui est à l'être ce que le succédané est au produit véritable. Le fait que la duplication soit réputée impossible par Platon n'implique donc pas du tout que le platonisme ne soit pas une philosophie du double, mais bien le contraire.

---

15. Vigny, *La Maison du berger*.

La vérité du platonisme demeure donc bien attachée au mythe de la caverne : ce réel-ci est l'envers du monde réel, son ombre, son double. Et les événements du monde ne sont que les répliques des événements réels : ils constituent les seconds moments d'une vérité dont le premier moment est ailleurs, dans l'autre monde. Tel est, on le sait, le sens de la théorie de la réminiscence, qui enseigne qu'il ne saurait jamais y avoir, en ce monde, d'expérience véritablement première. Rien n'est jamais découvert : tout est ici retrouvé, revenu à la mémoire à la faveur d'une retrouvaille avec l'idée originale. Le petit esclave du *Ménon* ne découvre pas mais re-découvre. La volonté elle-même ne peut que re-vouloir ce que la nécessité a ordonné déjà de l'autre monde, comme l'enseigne le mythe d'Er le Pamphylien ; et, dans cette manière qu'ont les dieux de faire prendre en charge par la responsabilité humaine ses propres décrets, se retrouve l'ironie de la prédiction oraculaire, qui est de commettre à ses victimes le soin de la réaliser eux-mêmes, comme dans la fable d'Ésope citée plus haut.

Comme toute manifestation oraculaire, la pensée métaphysique se fonde sur un refus, comme instinctif, de l'*immédiat*, celui-ci soupçonné d'être en quelque sorte l'autre de lui-même, ou la doublure d'une autre réalité. On pourrait dire que c'est la notion même d'immédiateté qui apparaît ainsi comme truquée : on se méfie de l'immédiat précisément parce qu'on doute qu'il soit bien l'immédiat. Cet immédiat-ci se donne comme premier ; mais ne serait-il pas plutôt second ? Telle est peut-être l'origine de cette défiance ancestrale à l'égard du « premier », dont Talleyrand livre un écho significatif lorsqu'il dit qu'il faut se méfier du premier mouvement, « car c'est en général le bon ». Une analyse de ce mot profond révèle qu'on se défie de son premier mouvement, qu'on ne le prend pas pour le « bon », précisément parce qu'on se refuse à le prendre pour le « premier » : n'est-ce pas déjà une « élaboration secondaire », n'ai-je pas laissé à mon intelligence le temps de se laisser surprendre par telle ou telle interprétation trompeuse, émanant de mon désir et image donc de la réalité telle que je préférerais qu'elle soit, non de la réalité elle-même ? C'est probablement dans cette direction qu'il faut chercher l'origine de toutes les manifestations d'interdit pesant sur les premières expériences : car un *Noli me tangere* interdit à l'homme le contact aveuglant avec le réel de la première fois, comme il est montré dans *La vie est un songe* de Calderón, qui est la tragédie du refus de l'immédiat, de l'impossibilité d'accéder à l'immédiateté. La réalité humaine semble ne pouvoir commencer qu'avec la « seconde fois ». *Une mesure pour rien* : telle est la devise de cette vie au second degré, qui amène l'agriculteur à sacrifier le premier boisseau de sa récolte, les jeunes Romains à faire à Jupiter le sacrifice de leur première barbe, les époux carthaginois à sacrifier leur premier enfant en l'honneur du dieu Baal. Le réel ne commence qu'au deuxième coup, qui est la vérité de la vie humaine, marquée au coin du double ; quant au premier coup, qui ne double rien, c'est précisément un coup pour rien. Pour être réel, en somme, selon la définition de la réalité d'ici-bas, double d'un inaccessible Réel, il faut copier quelque chose ; or ce n'est jamais le cas du premier coup, qui ne copie rien : il ne reste donc qu'à l'abandonner aux dieux, seuls dignes de vivre sous le signe de l'unique, seuls capables de connaître la joie du premier. En quoi Talleyrand a bien raison de dire que le premier était le bon : mais si bon qu'il n'est bon que pour les dieux, dont il définit la part.

Privée d'immédiateté, la réalité humaine est, tout naturellement, également privée de *présent*. Ce qui signifie que l'homme est privé de réalité tout court, si l'on en croit là-dessus les Stoïciens, dont un des points forts fut d'affirmer que la réalité se conjuguait au seul présent. Mais le présent serait par trop inquiétant s'il n'était qu'immédiat et premier : il n'est abordable que par le biais de la représentation, selon donc une structure itérative qui l'assimile à un passé ou à un futur à la faveur d'un léger décalage qui en érode l'insoutenable vigueur et n'en permet l'assimilation que sous les espèces d'un double plus digeste que l'original dans sa crudité première. D'où la nécessité d'un certain coefficient d'« inattention à la vie », au sein même de la perception attentive et utile ; c'est seulement lorsque s'exagère cette part d'inattention que se produisent les phénomènes de paramnésie (fausse reconnaissance, sentiment du déjà vu), tels que les décrit Bergson dans l'étude déjà citée plus haut : « Brusquement, tandis qu'on assiste à un spectacle ou qu'on prend part à un entretien, la conviction surgit qu'on a déjà vu ce qu'on voit, déjà entendu ce qu'on entend, déjà prononcé les phrases qu'on prononce – qu'on était là, à la même place, dans les mêmes dispositions, sentant, percevant, pensant et voulant les mêmes choses –, enfin qu'on revit jusque dans le moindre détail quelques instants de sa vie passée. L'illusion est parfois si complète qu'à tout moment, pendant qu'elle dure, on se croit sur le point de prédire ce qui va arriver : comment ne le saurait-on pas déjà, puisqu'on sent qu'on va l'avoir su ? Il n'est pas rare qu'on aperçoive alors le monde extérieur sous un aspect singulier, comme dans un rêve ; on devient étranger à soi-même, tout près de se dédoubler et d'assister en simple spectateur à ce qu'on dit et à ce qu'on fait [16]. » Bergson voit dans ces sortes d'illusions des « souvenirs du présent » qui redoublent anormalement la perception actuelle : « Le souvenir évoqué est un souvenir suspendu en l'air, sans point d'appui dans le passé. Il ne correspond à aucune expérience antérieure. On le sait, on en est convaincu, et cette conviction n'est pas l'effet d'un raisonnement : elle est immédiate. Elle se confond avec le sentiment que le souvenir évoqué doit être simplement un duplicatum de la perception actuelle. Est-ce alors un "souvenir du présent" ? Si l'on ne le dit pas, c'est sans doute que l'expression paraîtrait contradictoire, qu'on ne conçoit pas le souvenir autrement que comme une répétition du passé, qu'on n'admet pas qu'une répétition puisse porter la marque du passé indépendamment de ce qu'elle représente, enfin qu'on est théoricien

---

16. *L'Énergie spirituelle, op. cit.*, p. 897.

sans le savoir et qu'on tient tout souvenir pour postérieur à la perception qu'il reproduit. Mais on dit quelque chose d'approchant, on parle d'un passé que nul intervalle ne séparerait du présent : "J'ai senti se produire en moi une sorte de déclenchement qui a supprimé tout le passé entre cette minute d'autrefois et la minute où j'étais." [F. Gregh, cité par E. Bernard-Leroy, *L'Illusion de fausse reconnaissance*, p. 183.] Là est bien, en effet, la caractéristique du phénomène[17]. » L'analyse de Bergson consiste à faire de cette illusion un phénomène de déconnexion semi-morbide, un abandon à ce « souvenir de luxe » qu'est le souvenir du présent, alors que seuls sont utiles, à la perception actuelle, certains souvenirs du passé. Il y a probablement quelque chose de plus général, et de plus normal, dans ce phénomène de double perception : non pas seulement une distraction momentanée à l'égard du présent, caractérisant « la forme la plus inoffensive de l'inattention à la vie[18] », mais bien une *dénégation du présent*, déjà sensible dans toute perception normale. Il est à noter que cette dénégation du présent qui relègue celui-ci dans le passé (ou le met, au contraire, au futur) intervient parfois dans des circonstances qui ne prêtent précisément à aucune « inattention » : lorsque l'heure est grave, et que le présent devient soudain ouvertement inassimilable. Le rejet automatique du présent dans le passé ou dans le futur est le plus souvent le fait d'un sujet qui ne pense pas à autre chose venant accaparer son attention, mais est au contraire fasciné par la chose même, présente, dont il tente désespérément de se distraire, et n'y réussit qu'en la reléguant, comme par magie, dans un passé ou dans un futur proche, peu importe où ni quand pourvu que la chose ne soit plus au présent ni ici – *anywhere out of the world*, comme dit Baudelaire. Un double, par pitié, semble chercher le sujet que le présent étouffe : lequel double trouve sa place naturelle un peu avant ou un peu après.

---

17. *Ibid.*, p. 921-922.
18. *Ibid.*, p. 929.

Un roman de Robbe-Grillet, *Les Gommes*, dont l'inspiration est ancienne puisqu'elle reprend le thème sophocléen de l'identité du détective et du meurtrier, exprime très précisément ce rejet du présent et son dédoublement erratique, qui aboutit ici à présenter l'événement comme ayant déjà eu lieu mais aussi comme devant avoir lieu : car tandis que le détective raisonne sur le meurtre de la veille, le meurtrier – qui n'est autre que le détective lui-même – se représente à l'avance le meurtre qu'il va commettre. Meurtre dont le véritable « héros » – qui n'est au fond ni détective ni meurtrier (pas encore détective, ni déjà meurtrier, ou vice versa) – donnera le lieu temporel à la fin du roman, qui claque aussi sec que le coup de feu qui termine le livre : le *présent*. Mais le présent est justement ce qui est non perçu, invisible, insupportable ; et c'est de très bonne foi que le meurtrier assure à la police qu'il n'a pas tué : car le crime a eu lieu au présent – je n'y étais pas. Le passé ou le futur seront toujours là pour *gommer* l'imperceptible et insupportable éclat du présent. C'est d'ailleurs aussi en ce sens qu'une certaine philosophie peut aider à vivre : elle gomme le réel au profit de la représentation. Et c'est toujours en ce sens que Montaigne décrit le caractère à jamais indigeste du réel, qui fait le bénéfice des souvenirs comme des prévisions : « Notable exemple de la forcenée curiosité de notre nature, s'amusant à préoccuper les choses futures, comme si elle n'avait pas assez à faire à digérer les présentes [19]. »

Mettre l'immédiateté à l'écart, la rapporter à un autre monde qui en possède la clef, à la fois du point de vue de sa signification et du point de vue de sa réalité, telle est donc le but principal de l'entreprise métaphysique. Les versions de cet autre monde peuvent varier ; sa fonction – écarter l'immédiat – demeure toujours la même : la fonction oraculaire, qui duplique l'événement, faisant de ce dernier l'image d'un autre événement dont elle ne figure qu'une imitation plus ou moins réussie, car plus ou moins truquée.

---

19. *Essais*, I, chap. XI, Des prognostications.

Il arrive toutefois, un peu comme dans l'exemple des deux Cratyle, que l'imitation soit si bien réussie qu'elle en vient à ne plus pouvoir se distinguer de son original, en sorte que l'autre monde n'est autre que ce monde-ci, sans qu'on renonce pour autant à l'idée selon laquelle ce monde-ci demeure bien la copie de cet autre monde, lequel n'en diffère pourtant en rien. Cette version particulière de l'autre monde définit assez précisément la structure de la métaphysique de Hegel, dont le nouveau est de faire coïncider ce monde-ci et ce monde-là, obtenant ainsi – au prix d'une réitération tautologique – un « concret » apparemment délivré de l'illusion métaphysique, puisqu'il contient déjà en lui-même tous les caractères qui définissent également l'autre monde. La dialectique de l'unique et de son double semble ici s'affoler, au sens où l'on dit d'une aiguille de boussole qu'elle est folle ; ce en quoi la subtilité hégélienne apparaît ici, non pas « un peu vaine » et « forcée », comme l'écrit son commentateur, Jean Hyppolite, mais au contraire très révélatrice de la folie inhérente à la duplication de l'unique. Analysant le concept de force [20], Hegel distingue en somme entre deux formes d'illusion : l'illusion grossière, qui consiste à prendre les choses pour ce dont elles ont l'apparence, et l'illusion métaphysique – que Hegel prétend dépasser – et qui consiste à reléguer le réel dans un autre monde complètement distinct du monde de l'apparence. Il faut donc distinguer non pas deux mondes, mais bien trois : en premier lieu le monde des apparences sensibles, en deuxième lieu le monde suprasensible considéré en tant qu'il est différent du monde sensible (« premier monde suprasensible »), en troisième et dernier lieu ce même monde suprasensible, mais considéré cette fois en tant qu'il coïncide finalement avec le monde premier des apparences (« deuxième monde suprasensible »). Ce troisième monde, qui prend le contrepied du second en ce qu'il annule la

---

20. *Phénoménologie de l'esprit*, Ire sect., chap. III (« Force et entendement ; Manifestation (ou Phénomène) et monde suprasensible »).

différence que celui-ci prétendait instituer entre lui-même et le monde sensible, mais ne se confond pas pour autant avec le monde immédiat (ce dernier étant incapable de « se penser », pour n'avoir pas encore parcouru l'itinéraire de sa mise en doute radicale – métaphysique – et du retour à lui-même), est ce que Hegel appelle le « monde renversé » : c'est-à-dire un double de l'unique qui serait justement l'unique lui-même, mais seulement au retour d'une *galipette* qui n'aurait accompli le tour métaphysique que pour mieux ramener au point de départ. Tour qui n'est pas sans bénéfice : car on était parti des apparences sensibles, simple écorce du réel ; alors que, une fois terminée la galipette, on retombe sur « l'intérieur ou le fond des choses ». On découvre alors que le sensible n'est autre que la concrétisation progressive de l'au-delà suprasensible, dont il constitue ce que Hegel appelle le « remplissement » – tout comme le double, selon la structure oraculaire, peut être considéré comme la réalisation, le « remplissement », de l'unique. En convient Hegel : « Mais l'Intérieur ou l'au-delà suprasensible a *pris naissance*, il *provient* du phénomène, et le phénomène est sa médiation ou encore *le phénomène est son essence*, et en fait son remplissement. Le suprasensible est le sensible et le perçu posés comme ils sont *en vérité* ; mais la vérité du sensible et du perçu est d'être *phénomène*. Le suprasensible est donc le *phénomène comme phénomène*[21] » ; tout comme l'explique son commentateur : « Arrêtons-nous encore à cette expérience que Hegel nomme curieusement celle du "monde renversé". C'est parce que le premier monde suprasensible – élévation immédiate du sensible à l'intelligible – se renverse ou s'inverse en lui-même que le mouvement s'introduit en lui, qu'il n'est plus seulement une réplique immédiate du phénomène, mais rejoint complètement le phénomène qui ainsi se médiatise soi-même en soi-même et devient manifestation de l'essence. Nous comprenons ce que voulait dire Hegel

---

21. Trad. J. Hyppolite, Aubier-Montaigne, t. I, p. 121-122.

en prétendant qu'il n'y avait pas deux mondes, mais que le monde intelligible était le "phénomène comme phénomène", la "manifestation" qui est dans son devenir authentique seulement manifestation de soi par soi [22]. » En d'autres termes, ce monde-ci est l'autre d'un autre monde qui est justement le même que ce monde-ci : car cet itinéraire mystérieux, au cours duquel le phénomène se médiatise soi-même pour devenir manifestation de l'essence, n'est autre que le chemin qui conduit de A à A en passant par A. Cette étrange coïncidence de ce monde et de l'autre monde (qui exprime seulement la coïncidence de l'unique et de son double) n'échappe pas à Hegel qui y voit le dernier mot du mystère philosophique, c'est-à-dire du mystère qui fait que les choses sont justement ce qu'elles sont, et non pas autres. D'où l'idée, ouvertement aberrante cette fois-ci, que la coïncidence du réel avec le réel est l'effet d'une ruse : « La grande ruse, disait Hegel dans une note personnelle, c'est que les choses soient comme elles sont. [...] L'essence de l'essence est de se manifester et la manifestation est manifestation de l'essence [23]. » Cette identité de l'apparence et du réel qu'elle cache est à la fois une ruse du destin et une trouvaille de Hegel : elle fournit en effet une explication à jamais satisfaisante du caractère invisible de l'autre monde, propre à troubler les esprits incrédules. L'autre monde est invisible parce qu'il est précisément doublé par ce monde-ci, qui interdit de le voir. Si ce monde-ci différait un tant soit peu du monde suprasensible, ce dernier serait en quelque sorte plus tangible : on pourrait le repérer, dans l'écart même qui le ferait différer du monde sensible. Mais, justement, cet écart n'est pas. Le monde suprasensible est l'exacte duplication du monde sensible ; il n'en diffère aucunement. Et c'est pourquoi on peine tant à l'apercevoir : il sera toujours dissimulé par son double, c'est-à-dire par le monde réel. On ne saurait rêver de meilleure cachette. La

---

22. *Genèse et structure de la « Phénoménologie de l'esprit » de Hegel*, par J. Hyppolite, Aubier-Montaigne, t. I, p. 132.
23. *Ibid.*, p. 122.

philosophie hégélienne apparaît ainsi comme l'essence même de la pensée oraculaire : elle annonce dans le réel la manifestation d'un Réel autre dont on ne saurait douter, puisqu'il est déjà tout entier présent au niveau du réel immédiatement perçu. Et peu importe que, chez Hegel, ce réel et ce Réel ne soient qu'un ; tout au contraire : cette duplication rigoureuse n'en épouse que de plus près la structure oraculaire, dont la fin est de faire coïncider, en un événement unique, la surprise et la satisfaction de l'attente. Cette structure oraculaire caractérise d'ailleurs, on le sait, toutes les philosophies du XIXᵉ siècle. On en trouve un écho particulièrement évocateur chez Fichte principalement, qui, si l'on en croit Schopenhauer, répétait obstinément à ses étudiants que c'est justement parce que les choses sont ainsi qu'elles sont ainsi (« *Es ist, weil es so ist, wie es ist* »).

Cette structure oraculaire du réel se manifeste également dans les philosophies du XXᵉ siècle, notamment dans certaines philosophies considérées comme d'avant-garde pour n'avoir pas été encore rapprochées des pensées de jadis, dont elles ne diffèrent souvent que par la forme, ou des détails. Ainsi la structure hégélienne du réel se retrouve-t-elle en toutes lettres dans la structure du réel selon J. Lacan. Peu importe que chez Lacan le réel ne soit pas garanti, comme chez Hegel, par un autre réel, mais plutôt par un « signifiant » qui « n'est de par sa nature symbole que d'une absence [24] ». Ce qui compte est l'égale insuffisance du réel à rendre compte de lui-même, à assurer sa propre signification comme chez Lucrèce ; l'égal besoin de rechercher « ailleurs » – fût-ce en une « absence » plutôt qu'en un « au-delà » – la clef permettant de déchiffrer la réalité immédiate. Ce qui compte est que le sens ne soit pas ici, mais bien ailleurs – d'où une duplication de l'événement qui se dédouble en deux éléments, d'une part sa manifestation immédiate, et d'autre part ce que cette manifestation manifeste, c'est-à-dire son sens. Le sens est justement ce qui est fourni

---

24. *Écrits*, Éd. du Seuil, p. 25.

non pas par lui-même, mais par l'autre ; c'est en quoi la métaphysique, qui recherche un sens au-delà des apparences, a toujours été une métaphysique de l'autre. C'est l'autre du sensible qui explique, chez Hegel, le sensible, comme c'est l'autre du pénis (le « phallus ») qui donne, chez Lacan, son sens au pénis. L'analogie se renforce d'ailleurs ici de cette même et étrange intuition – chez Lacan comme chez Hegel – selon laquelle l'autre ainsi recherché n'est justement rien d'autre que le même. Hegel : sans le suprasensible, le sensible n'a aucun sens ; donc, le suprasensible existe ; et c'est justement le sensible lui-même. Lacan : sans le phallus le pénis n'a aucun sens ; donc le phallus existe ; or le phallus n'est autre, précisément, que le pénis, comme chacun sait. La structure oraculaire de l'ambiguïté est la structure même que Lacan privilégie entre toutes, comme l'annonce *Le Séminaire sur « La lettre volée »*, le réel n'y étant « signifiant » que pour autant qu'il « manque à sa place » (tout comme l'événement annoncé par l'oracle n'est en fait attendu que pour autant qu'il est autre). Ainsi doit-on comprendre le sens de ces énigmatiques schémas « L » – « qui pour certains font casse-tête [25] » – d'où il ressort que le moi n'est justement pas le moi, et que l'autre diffère précisément de l'autre. On y retrouve la structure hégélienne de l'itération tautologique, qui se complique seulement du rejet du signifiant dans un éternel à-côté par rapport à la chose qu'il signifie (alors que la signification hégélienne vient finalement « remplir » le réel et coïncider avec lui). D'où, chez Lacan, un incessant aller-retour entre l'unique et son double : le pénis est le phallus pour autant qu'il n'est pas lui, et vice versa ; l'être n'est pas l'être, ou plutôt ne l'est que pour autant qu'il n'est pas lui ; le blanc n'est le noir que pour autant qu'il ne l'est pas, ou alors ne l'est que dans la mesure où le noir est justement le blanc [26].

---

25. *Ibid.*, p. 42.
26. Soit dit sans méconnaître pour autant, ni la profondeur (et l'originalité) des analyses lacaniennes du désir et du fantasme, ni celles de nombre d'analyses hégéliennes.

Ces considérations jettent une lueur intéressante sur la structure psychologique de ce que, depuis la seconde moitié du XIXᵉ siècle, on appelle en France le *chichi*. Le chichi se caractérise d'abord, bien entendu, par un goût de la complication, qui traduit lui-même un dégoût du simple. Mais il faut comprendre le *double sens* de ce refus du simple, dût-il sembler qu'on tombe ainsi soi-même dans le travers qu'on prétend étudier de l'extérieur. En un premier sens, le dégoût du simple exprime seulement un goût de la complication : à l'attitude simple on préfère la manœuvre compliquée, même si le but visé est le même, et qu'on se prépare d'ailleurs à le manquer par cet excès de complication. Mais en un second sens, qui n'élimine pas le premier mais au contraire l'approfondit et l'élucide, le dégoût du simple désigne un effroi face à l'unique, un éloignement face à la chose même : le goût de la *complication* exprimant d'abord un besoin de la *duplication*, nécessaire à l'assomption en dérobade d'un réel dont l'unicité crue est instinctivement pressentie comme indigeste. Ainsi entendu, ce refus du simple permet de comprendre pourquoi les « précieuses » font des « chichis » : moins pour briller dans le monde que pour atténuer la brillance du réel, dont l'éclat les blesse par son intolérable unicité. La chose n'est tolérable que médiatisée, dédoublée : il n'est rien ici-bas qui puisse se prendre ainsi, « de but en blanc ». C'est ce qu'exprime très clairement Magdelon, dans Molière, lorsqu'elle déclare à son père qu'elle ne saurait « en venir de but en blanc à l'union conjugale » et qu'elle a « mal au cœur de la seule vision que cela [lui] fait [27] ». On sait le sens, confirmé par l'étymologie, de l'expression française « de but en blanc » : aller droit à la cible, viser directement l'unique sans le secours du double. La complication n'est ici qu'un pis-aller, qu'une attitude de protection contre l'inéluctabilité de l'unique, auquel le chichi, qu'il soit d'essence précieuse ou métaphysique, et à supposer que ces deux essences diffèrent l'une de l'autre,

---

27. *Les Précieuses ridicules*, sc. IV.

n'apportera jamais qu'un obstacle provisoire, ou du moins illusoire. Provisoire s'il s'agit seulement d'un chichi passager ; de toute façon illusoire, même s'il s'agit d'un chichi obstiné et définitif : car le refus de l'unique ne s'accompagnera jamais de la préhension d'un double, en sorte que la recherche du double auquel on a sacrifié l'unique est vouée de toute façon à l'échec, puisqu'elle est la recherche du « rien » dont on s'imagine follement que le réel est l'« autre ». Le chichi est ainsi en relation avec une angoisse très profonde, qu'on peut décrire sommairement comme l'inquiétude à l'idée qu'en acceptant d'être cela qu'on est on accorde du même coup qu'on n'est que cela. L'unicité implique en effet à la fois un triomphe et une humiliation : triomphe à être le seul au monde, humiliation à n'être que ce seul-même, c'est-à-dire presque rien, et bientôt plus rien du tout. La préciosité voudrait du triomphe sans humiliation et c'est en quoi elle traduit non pas seulement un goût de la complication, mais plus profondément un dégoût de soi en tant qu'unique. Cette profondeur psychologique du chichi confère un sel substantiel à un célèbre passage de La Bruyère : « Que dites-vous ? Comment ? Je n'y suis pas ; vous plairait-il de recommencer ? J'y suis encore moins. Je devine enfin : vous voulez, Acis, me dire qu'il fait froid ; que ne disiez-vous : "Il fait froid" ? Vous voulez m'apprendre qu'il pleut ou qu'il neige ; dites : "Il pleut, il neige." [...] – Mais, répondez-vous, cela est bien *uni* et bien clair[28]. »

On pourra remarquer cependant, avant de conclure, que le thème de la duplication n'est pas forcément lié à une structure de pensée métaphysique. À côté de la structure métaphysique du double, qui aboutit à déprécier le réel (privant l'immédiat de toutes les réalités autres, vidant le présent de tous les faits passés comme de toutes les possibilités futures), on peut concevoir une structure non métaphysique de la duplication, qui aboutit au contraire à enri-

---

28. *Caractères*, « De la société et de la conversation », 7. Je souligne.

chir le présent de toutes les potentialités, tant futures que passées. C'est le thème, à la fois stoïcien et nietzschéen, du retour éternel, qui vient paradoxalement combler le présent de tous les biens dont le prive la duplication métaphysique. En sorte que le présent, l'ici deviennent le plein, et que l'autre temps, l'ailleurs, prennent la place du vide auquel était condamnée l'immédiateté selon la perspective inverse. Cela à la faveur d'un « déclenchement » ressemblant assez à ce qu'évoque F. Gregh ci-dessous, lorsqu'il déclare : « ... j'ai senti se produire en moi une sorte de déclenchement qui a supprimé tout le passé entre cette minute d'autrefois et la minute où j'étais [29]. » Il est probable que ce déclenchement à la faveur duquel le présent se réhabilite en s'enrichissant soudain de tous les biens dont il était jusque-là privé apparaît plus clairement dans la poésie que dans la philosophie, fût-elle d'affinité poétique, comme l'est la philosophie de Nietzsche. *Les Chimères* de Gérard de Nerval, pour s'en tenir à ce seul poète, suggèrent bien ce thème de la duplication du présent en tout passé et en tout futur, mais pour la seule gloire et la seule célébration du présent lui-même. La réitération, thème général des *Chimères*, tourne ici à l'avantage d'elle-même, et non à celui de ce qui est réitéré. Ce qui compte, c'est que tout est à jamais *premier*. La treizième fois elle-même sera toujours la première, et la seule, comme le disent les deux premiers vers d'*Artémis*. L'itinéraire nervalien est ici l'inverse de l'itinéraire métaphysique : Nerval ne biffe pas le présent au bénéfice du passé ou du futur, mais, tout au contraire, biffe le passé et le futur au bénéfice du présent, qui se trouve ainsi enrichi, ou mieux « rempli » comme dirait Hegel, de tout ce qui a eu lieu et de tout ce qui aura jamais lieu. Ce sens de la duplication aboutit donc, non pas à une échappée de l'ici vers l'ailleurs, mais au contraire à une convergence quasi magique de tout ailleurs vers l'ici. Cette convergence, entrevue par Nerval à la fin de sa vie, définit l'*état de grâce*. D'où

---

29. *L'Énergie spirituelle*, voir *supra* p. 44.

le caractère bienheureux de la duplication nervalienne dans les *Chimères*, qui, loin de priver le présent de la réalité propre, lui ajoute au contraire la série infinie des réalités autres. Le présent est, à chaque instant, l'addition de tous les présents ; cette expression de « présent » devant s'entendre ici dans son double sens de don de l'instant (don de ce présent-ci) et d'offrande absolue (don de tout « présent », c'est-à-dire de toute durée). Et le retour final à l'immobilité, à cet unique qui vient sceller, à la fin de *Delfica*, la série de tous les instants passés dans le seul instant présent, n'oublie aucune réalité. Il les affirme au contraire toutes à la fois, car il rapporte dans ses bagages la totalité de tout ce qui est, sera et a été, dotant ainsi chaque instant de la vie de toute la richesse de l'éternité :

La connais-tu, Dafné, cette ancienne romance,
Au pied du sycomore, ou sous les lauriers blancs
Sous l'olivier, le myrte, ou les saules tremblants,
Cette chanson d'amour qui toujours recommence ?...

Reconnais-tu le Temple au péristyle immense,
Et les citrons amers où s'imprimaient tes dents,
Et la grotte, fatale aux hôtes imprudents,
Où du dragon vaincu dort l'antique semence ?...

Ils reviendront, ces dieux que tu pleures toujours !
Le temps va ramener l'ordre des anciens jours ;
La terre a tressailli d'un souffle prophétique...

Cependant la sibylle au visage latin
Est endormie encor sous l'arc de Constantin
— Et rien n'a dérangé le sévère portique.

Sois ami du présent qui passe : le futur et le passé te seront donnés *par surcroît*.

3. – L'ILLUSION PSYCHOLOGIQUE : L'HOMME ET SON DOUBLE

« Je est un autre »

Dans le *Cratyle* de Platon, Socrate montre que la meilleure reproduction de Cratyle implique nécessairement une différence d'avec Cratyle : il ne peut y avoir deux Cratyle, car il faudrait qu'à chacun des deux appartînt paradoxalement la propriété fondamentale de Cratyle, qui est d'être lui-même et non pas un autre. Ce qui caractérise Cratyle, comme toute chose au monde, est donc sa singularité, son unicité. Cette structure fondamentale du réel, l'unicité, désigne à la fois sa valeur et sa finitude : toute chose a le privilège de n'être qu'une, ce qui la valorise infiniment, et l'inconvénient d'être irremplaçable, ce qui la dévalorise infiniment. Car la mort de l'unique est sans recours : il n'y en avait pas deux comme lui ; mais, une fois fini, il n'y en a plus. Telle est la fragilité ontologique de toute chose venant à l'existence : l'unicité de la chose, qui constitue son essence et fait son prix, a pour contrepartie une qualité ontologique désastreuse, jamais plus qu'une très faible et très éphémère participation à l'être.

On peut toutefois imaginer réalisé le paradoxe de Socrate (non le concevoir, puisque la chose implique contradiction, mais se figurer qu'on le conçoit) : il y aura donc deux Cratyle, et l'un sera le double exact de l'autre, en sorte qu'ils ne différeront en rien l'un de l'autre et qu'il sera même impossible de parler à leur propos d'un « un » et d'un « autre ». Cette image, qui ne fait que concrétiser l'habituel fantasme de la duplication de l'unique, présente cependant une particularité remarquable : ici l'unique doublé n'est plus un objet ou événement quelconque du monde extérieur, mais bien un homme, c'est-à-dire le sujet, le moi lui-même. Ce cas particulier de la duplication de l'unique constitue l'ensemble des phénomènes dits de dédoublement de personnalité, et a donné lieu à d'innombrables œuvres littéraires, comme à d'innombrables commentaires d'ordre philosophique, psychologique et surtout psychopathologique, le dédoublement de personnalité définissant aussi la structure fondamentale des plus graves démences, telle la schizophrénie. Le thème littéraire du double apparaît avec une insistance particulière au XIXe siècle (Hoffmann, Chamisso, Poe, Maupassant, Dostoïevski en sont les illustrateurs les plus célèbres) ; mais son origine est évidemment très ancienne, puisque les personnages de *Sosie* ou de frère jumeau indiscernable tiennent une place importante dans le théâtre antique, comme dans l'*Amphitryon* ou *Les Ménechmes* de Plaute. Le double – au sens de dédoublement de la personnalité – n'est d'ailleurs pas lié à la seule expression littéraire : il est aussi à son affaire dans la peinture, dont il constitue même un thème essentiel et décisif du point de vue psychologique, s'il est vrai, comme on a pu le soutenir, que tout peintre a pour mission fondamentale de réussir ou de manquer son « autoportrait » (cela à l'occasion de n'importe quel genre de peinture, et en l'absence même de toute tentative de se faire figurer lui-même sur sa toile). Le double intéresse enfin la musique et est par exemple présent, au début du XXe siècle, dans trois grandes œuvres musicales, qui serviront ici d'illustration : *Petrouchka* de Stravinski, *L'Amour sorcier* de Manuel de Falla sur un argument de Martinez Sierra, *La Femme sans ombre* de Richard Strauss sur un livret de Hofmannsthal.

Petrouchka : Petrouchka est une marionnette, le double ridicule du véritable Petrouchka qui aime la Ballerine, et qui ne peut agir lui-même qu'en double, c'est-à-dire en pantin qu'il est. Assassiné par le Maure, autre marionnette qui, par jalousie, le déchire d'un coup de sabre, Petrouchka retrouve en mourant son âme, récupérant ainsi l'original qu'il n'avait pu jusqu'alors que singer : et c'est son être réel qu'on voit gesticuler soudain au-dessus du toit, de manière fantomatique, et narguer son maître qui s'enfuit tandis que le rideau tombe.

L'Amour sorcier : La belle gitane Candelas aime le jeune Carmelo, mais, chaque fois qu'elle veut se jeter dans ses bras, elle voit apparaître le spectre d'un homme qu'elle aima jadis et qui continue à la tourmenter même après sa mort. Une amie dévouée, Lucia, accepte de détourner sur elle l'attention du spectre, libère ainsi Candelas qui retrouve Carmelo et disparaît avec lui, tandis que les cloches du matin annoncent l'aube et que s'évanouissent tous les maléfices nocturnes.

La Femme sans ombre : En expiation d'un forfait commis par son père, une princesse a été privée d'ombre et aussi de fécondité : elle ne peut devenir mère. Un subterfuge consisterait à acheter l'ombre d'une pauvresse, privant ainsi cette dernière de fécondité. La princesse s'y refuse *in extremis*, émue par le sort qu'on destine à la malheureuse. Cet instant de pitié est aussitôt récompensé par une grâce surnaturelle qui efface la malédiction et restitue à la princesse son ombre et sa fécondité.

Seul de ces trois exemples, *Petrouchka* présente le thème du dédoublement de soi sous une forme simple et immédiate. Dans *L'Amour sorcier*, Candelas n'est pas hantée par son double, mais plutôt par le double de celle qu'elle a été, et qui apparaît dans le spectre de son amant mort. L'amoureuse d'aujourd'hui est troublée par l'amoureuse d'hier ; mais l'amour au présent finit heureusement par l'emporter, comme dans la *Chanson du mal-aimé* d'Apollinaire, ou encore dans un autre opéra de Richard Strauss et Hofmannsthal, *Ariane à Naxos*. Dans *La Femme sans ombre*, l'ombre ne représente pas le double mais en constitue au contraire comme l'envers. L'ombre symbolise ici la matérialité, l'incarnation de l'héroïne dans l'unicité d'un ici et d'un maintenant, et par voie de conséquence l'aptitude à vivre et à reproduire la vie. En sorte que la femme avec ombre, qu'elle redevient à la fin de l'opéra, est la femme délivrée du maléfice du double qui aboutit dans tous les cas à situer le réel d'une personne précisément en dehors d'elle-même. La femme sans ombre est le double de la femme qu'elle est, car être sans ombre signifie qu'on n'est qu'une ombre soi-même, qui ne vaut que pour le réel qu'on double sans pouvoir y coïncider. À la faveur du miracle terminal, la coïncidence a lieu : devenue enfin elle-même, la princesse cesse de doubler quiconque et retrouve son ombre. Le passage de la femme sans ombre à la femme sans double n'est autre que le retour de l'autre vers soi, de l'ailleurs vers l'ici, qui marque la reconnaissance de l'unique et l'acceptation de la vie.

Une célèbre étude d'Otto Rank [30] aboutit à mettre en rapport le dédoublement de personnalité avec la crainte ancestrale de la mort. Le double que se représente le sujet serait un double immortel, chargé de mettre le sujet à l'abri de sa propre mort. La superficialité du diagnostic provient ici de ce que Rank n'a pas saisi la hiérarchie réelle qui relie, dans le dédoublement de personnalité, l'unique à son double. Il est vrai que le double est toujours intuitivement compris comme ayant une « meilleure » réalité que le sujet lui-même – et il peut apparaître en ce sens comme figurant une sorte d'instance immortelle par rapport à la mortalité du sujet. Mais ce qui angoisse le sujet, beaucoup plus que sa prochaine mort, est d'abord sa non-réalité, sa non-existence. Ce serait un moindre mal de mourir si l'on pouvait tenir pour assuré qu'on a du moins vécu ; or c'est de *cette vie même*, si périssable qu'elle puisse être par ailleurs, dont vient à douter le sujet dans le dédoublement de personnalité. Dans le couple maléfique qui unit le moi à un autre fantomatique, le réel n'est pas du côté du moi, mais bien du côté du fantôme : ce n'est pas l'autre qui me double, *c'est moi qui suis le double de l'autre*. À lui le réel, à moi l'ombre. « Je » est « un autre » ; la « vraie vie » est

---

30. *Le Double*, in *Don Juan et le Double*, Payot.

« absente »[31]. De même, dans Maupassant, *Lui* ou *Le Horla* ne sont-ils pas des ombres de l'écrivain, mais l'écrivain réel et véritable, que Maupassant ne fait que singer de manière pitoyable : ce n'est pas Lui qui imite moi, c'est moi qui imite *Lui*. Le réel – dans ce genre de troubles – est à jamais du côté de l'autre. Et la pire erreur, pour qui est hanté par celui qu'il prend pour son double mais est en réalité l'original qu'il double lui-même, serait de chercher à tuer son « double ». En le tuant, c'est lui-même qu'il tuera, ou plutôt celui qu'il cherchait désespérément à être, comme le dit bien Edgar Poe à la fin de *William Wilson*, lorsque l'unique (apparemment le double de Wilson) a succombé sous les coups de son double (qui est le narrateur lui-même) : « Tu as vaincu et je succombe, cependant, à partir de maintenant, toi aussi tu es mort. Mort pour le monde, pour le ciel, pour l'espérance ! En moi tu as vécu, et maintenant que je meurs, vois dans cette image qui est la tienne propre, comment tu t'es tué toi-même. »

La solution du problème psychologique posé par le dédoublement de personnalité ne se trouve donc pas du côté de ma mortalité, qui est de toute façon certaine, mais au contraire du côté de mon existence, qui apparaît ici comme douteuse. Qui suis-je, moi qui prétends être, et mieux encore être moi, m'autorisant ainsi de cette « fausse évidence dont le moi se fait titre à parader de l'existence » dont parle Lacan ? Il ne suffit pas de dire que je suis unique, comme l'est toute chose au monde. À y réfléchir de plus près, je possède le privilège, qui est aussi une malédiction si l'on veut, d'être unique à un double titre : car je suis ce cas particulier – et « unique » – où l'unique ne peut se *voir*. Je sais bien l'unicité de toutes les choses qui m'entourent, et la proclame sans qu'on ait trop à me forcer : c'est qu'il m'est au moins donné de la voir, de la poser comme une chose que je puis observer ou manipuler. Il n'en va pas de même de moi, que je n'ai jamais vu ni

---

31. Rimbaud.

ne verrai jamais, fût-ce en un miroir. Car le miroir est trompeur et constitue une « fausse évidence », c'est-à-dire l'illusion d'une voyance : il me montre non pas moi mais un inverse, un autre ; non pas mon corps mais une surface, un reflet. Il n'est en somme qu'une dernière chance de me saisir, qui finira toujours par me décevoir, quelle que soit la jubilation que j'ai pu éprouver, à dix mois, en comprenant (mais non en voyant) que cette image qui s'agitait devant moi avait une vague relation avec ma personne. C'est pourquoi la quête du moi, notamment dans les troubles de dédoublement, est toujours liée à une sorte de retour obstiné au miroir et à tout ce qui peut présenter une analogie avec le miroir : telle l'obsession de la symétrie sous toutes ses formes, qui répète à sa manière l'impossibilité de jamais restituer cette chose invisible qu'on cherche à voir, et qui serait le moi en direct, ou un autre moi, son double exact. La symétrie est elle-même à l'image du miroir : elle donne non pas la chose mais son autre, son inverse, son contraire, sa projection selon tel axe ou tel plan. Le sort du vampire, dont le miroir ne reflète aucune image, même inversée, symbolise ici le sort de toute personne et de toute chose : de ne pouvoir éprouver son existence à la faveur d'un *dédoublement réel* de l'unique, et donc de n'exister que problématiquement. Le vrai malheur, dans le dédoublement de personnalité, est au fond de ne jamais pouvoir vraiment se dédoubler : le double manque à celui que le double hante. L'assomption du moi par le moi a ainsi pour condition fondamentale le renoncement au double, l'abandon du projet de faire saisir moi par moi en une contradictoire duplication de l'unique : en quoi la réussite psychologique de l'autoportrait, chez le peintre, implique l'abandon de l'autoportrait lui-même ; comme chez Vermeer dont un des profonds secrets fut de se représenter de dos, dans le célèbre *Atelier*[32].

---

32. Cf. Magdeleine Mocquot, article sur Vermeer in *Club français de la Médaille*, 1968, n° 18 : « Vermeer et le portrait en double miroir. »

La « blessure narcissique », qui fait la fortune de ce qu'on appelle un tempérament d'acteur, est ici : dans un doute quant à soi, dont ne libère qu'une garantie réitérée de l'autre, en l'occurrence du public.

On sait que le spectacle du dédoublement de personnalité chez autrui – thème abondamment illustré par le roman et le film d'épouvante – est une expérience à l'effet terrorisant toujours assuré. On croyait avoir affaire à l'original, mais on n'avait en fait jamais vu que son double trompeur et rassurant ; voici soudain l'original en personne, qui ricane et se révèle comme à la fois l'autre et le vrai. Peut-être le fondement de l'angoisse, apparemment lié ici à la simple découverte que l'autre visible n'était pas l'autre réel, est-il à chercher dans une terreur plus profonde : de n'être pas moi-même celui que je croyais être. Et, plus profondément encore, de soupçonner en cette occasion que je suis peut-être non pas quelque chose, mais rien.

Le lien entre l'épouvante et le double apparaît de manière exemplaire dans un film célèbre de Cavalcanti, *Dead of night* (*Au cœur de la nuit*, 1945). Tous les événements de ce film sont présentés comme ayant déjà vaguement eu lieu (sentiment de fausse reconnaissance), et ce n'est qu'à la fin que le spectateur découvre avec angoisse que tout ce qu'on lui a montré comme répétant un insaisissable et onirique passé était en fait la prémonition d'un futur imminent : éparpillement du présent selon le double axe du passé et du futur, naufrage vertigineux du réel auquel vient à manquer tout ici et tout maintenant. Un épisode remarquable du film met d'ailleurs directement en scène l'homme et son double : séquence d'un ventriloque aux prises avec son mannequin qui échappe progressivement au contrôle de son maître et en vient à s'approprier la réalité de celui-ci. Scène hallucinatoire de dédoublement schizophrénique, dans laquelle un homme périt étouffé par son double, dévoré par sa propre image.

La reconnaissance de soi, qui implique déjà un paradoxe (puisqu'il s'agit de saisir ce qu'il est justement impossible de saisir, et que la prise en charge de soi-même réside paradoxalement dans le renoncement même à cette prise en charge), implique aussi nécessairement un exorcisme : l'exorcisme du double, qui met un obstacle à l'existence de l'unique et exige que ce dernier ne soit pas seulement lui-même, et rien d'autre. Pas de soi qui ne soit que soi, pas d'ici qui ne soit qu'ici, pas de maintenant qui ne soit que maintenant : telle est l'exigence du double, qui en veut un peu plus et est prêt à sacrifier tout ce qui existe – c'est-à-dire l'unique – au profit de tout le reste, c'est-à-dire de tout ce qui n'existe pas. Ce refus de l'unique n'est d'ailleurs qu'une des formes les plus générales du refus de la vie. C'est pourquoi l'élimination du double annonce au contraire le retour en force du réel et se confond avec la joie d'un matin tout neuf, comme celui qui résonne si allègrement à la fin de *L'Amour sorcier*. En chassant le spectre du double, l'aimable Lucia a dissipé les maléfices de la nuit, dont le principal est de cacher le réel sous l'irréel, en dissimulant l'unique derrière son double. Mais ici le voile se lève, permettant à Candelas de célébrer enfin, tandis que le jour se lève, les heureuses retrouvailles de *soi avec soi*.

Cette coïncidence de soi avec soi finit d'ailleurs toujours par prévaloir, mais pas toujours aussi gaiement. Le retour de soi à soi emprunte des chemins souvent plus compliqués encore que les artifices mis en œuvre par Candelas pour se protéger de son double. Il est certain qu'on n'échappe pas au destin qui fait que le soi est le soi, et que l'unique est l'unique. On sera donc soi, de toute façon. Mais deux itinéraires sont ici possibles : le simple, qui consiste à accepter la chose, voire à s'en réjouir ; le compliqué, qui consiste à la refuser, et qui y revient avec usure, en vertu du vieil adage stoïcien selon lequel *fata volentem ducunt, nolentem trahunt*. Si l'on emprunte le second itinéraire, on cherchera à éviter la coïncidence de soi avec soi par une esquive semblable à celles que transmet la littérature oraculaire, et dont le sort général est de précipiter l'événement. L'esquive soulignera donc le travers qu'on voulait éviter ou du moins cacher ; mieux, elle le constituera de toutes pièces, comme Œdipe fabrique son destin avec les efforts par lesquels il s'efforce d'y échapper. C'est en refusant d'être le ceci ou le cela qu'on est, ou encore de le paraître aux yeux d'autrui, qu'on devient précisément le ceci ou le cela, et qu'on apparaît comme tel aux yeux d'autrui. Rien de plus crétin que de vouloir montrer qu'on ne l'est pas, pour s'en tenir à un seul exemple. Ce qui importe est seulement que la qualité qu'on prétend cacher ou dénier, par une mise au loin de soi, est justement constituée par cet écart même ; écart qui contribue, d'autre part, à rendre cette qualité à jamais invisible aux yeux de son possesseur. Comment serais-je ceci, moi dont toute la vie consiste justement à m'en être écarté ?

La mise à l'écart de soi par soi, qui aboutit à se confirmer à jamais dans son soi-même, est également sensible dans la mise à l'écart d'autres que soi, dès lors qu'il apparaît que ceux-ci sont à la fois indésirables et ressemblants. C'est le cas, en particulier, de certains grands rôles du théâtre. Qui apparaît sur le théâtre comme trop ressemblant au soi qu'on a décidé de ne pas être sera aussitôt *dédoublé* lui-même, selon la structure de la duplication qui a déjà, croit-on, fait ses preuves en ce qui concerne le moi : en lieu et place de la personne théâtrale telle qu'en elle-même, apparaît un autre personnage qui relègue la personne fâcheusement ressemblante dans une sorte d'extériorité magique, dont le moi n'a plus rien à craindre pour être sans rapport avec elle. Tartuffe, par exemple, n'est pas ici, mais ailleurs ; il n'est ni vous ni moi, mais un autre : c'est là ce qu'on veut dire lorsqu'on déclare qu'il n'est pas sincère, mais bien *hypocrite*. De la même manière le procureur Maillard, dans *La Tête des autres* de Marcel Aymé, n'est pas du tout le banal « monsieur bien » qu'il est de toute évidence, mais une crapule grotesque, ou encore un « salaud » – pour s'inspirer ici du diagnostic sartrien, intéressant en ce qu'il illustre assez cette fatalité qui, *volens nolens*, voue à la ressemblance celui-là de préférence qui s'efforce de ne pas ressembler : l'auteur de *L'Être et le Néant* ayant précisément en commun avec le procureur Maillard la propriété fondamentale d'être un « monsieur bien ».

Le spectacle de l'aveuglement chez autrui – de cette assurance où il est d'être ailleurs alors qu'il est ici, de cette certitude d'avoir évité un moi indésirable alors qu'il y tombe en plein – est source tout à la fois de réjouissance comique et de légère angoisse psychologique. On aurait volontiers tendance à ouvrir la bouche pour faire remarquer une erreur aussi manifeste : vous vous trompez – le double que vous vous êtes fabriqué n'est qu'une répétition fâcheuse de votre unicité, dont elle aggrave d'ailleurs le caractère déplaisant. Car on vous pardonnerait volontiers d'être indésirable, c'est-à-dire vous-même, si vous n'y ajoutiez cette bouffonnerie de vous prendre pour un autre. Mais c'est là oublier qu'on ne se rend indésirable qu'en travaillant à ne pas l'être, et que demander à l'autre de convenir qu'il est indésirable revient à vouloir supprimer son indésirabilité même. Car « être soi-même » coïncide ici avec « se prendre pour un autre » ; de sorte qu'en croyant critiquer sa grimace, c'est lui-même que je critique en personne. En lui remontrant qu'il est autre qu'il ne croit, j'espère secrètement qu'il est autre qu'il n'est, concevant confusément qu'il pourrait bien être non pas lui-même, mais justement un autre. Mon avertissement serait donc aussi illusoire que l'illusion qu'il critique. À y insister, je ne ferais qu'entrer dans l'illusion d'une duplication de l'unique, au moment où je prétends la repérer chez l'autre et lui en faire grief : tombant ainsi moi-même dans le panneau que je voulais lui signaler [33]. C'est ici, dans cette évidence si tautologique qu'elle n'apparaît pas toujours, que l'apologue dit de la paille et de la poutre prend

---

33. Ces remarques me semblent apporter une solution (partielle sans doute) au problème que pose le caractère à la fois énigmatique et absurde de la colère qui peut saisir tout un chacun face à une personne jugée stupide ou à un propos jugé inepte ; question qui a retenu l'attention de Montaigne (*Essais*, III, 8) et de Pascal (célèbre aphorisme sur les boiteux, *Pensées*, fgt 80 de l'édition Brunschvicg). Montaigne et Pascal expliquent cette colère par l'impuissance à prouver à l'autre qu'il a tort, d'où s'ensuit l'impossibilité de se prouver à soi-même qu'on a raison. Je pense que cette colère implique aussi le sentiment confus qu'un autre pourrait être autre qu'il n'est et penser autrement qu'il ne pense, illustrant ainsi la force quasi irrésistible du fantasme du double. Cette colère n'est au fond qu'une expression parmi d'autres du refus de la réalité.

sa signification essentielle – plutôt que dans la leçon de morale tiède qu'on y fait habituellement miroiter.

Cette fantaisie d'être un autre cesse tout naturellement avec la mort, car c'est moi qui meurs, et non mon double : le mot célèbre de Pascal (« On mourra seul ») désigne bien cette unicité irréductible de l'être face à la mort, même s'il ne l'a pas principalement en vue. La mort signifie la fin de toute distance possible de soi à soi, tant spatiale que temporelle, et l'urgence d'une coïncidence avec soi-même ; c'est ici que la thèse de Rank trouve un sens profond, et plus encore le proverbe d'André Ruellan dans son *Manuel du savoir-mourir*[34] : « La mort est un rendez-vous avec soi : il faut être exact au moins une fois. »

Il y a pourtant une manière de manquer cet ultime rendez-vous, tout en y sautant d'ailleurs à pieds joints : celle que raconte Mallarmé dans le premier de ses *Contes indiens*, qui est à la fois une des plus curieuses histoires de double et l'illustration la plus parfaite qui soit de la structure oraculaire. L'impossibilité d'être à la fois ceci et cela, soi-même et l'autre, est le sujet principal de ce conte cruel, dont la cruauté réside paradoxalement dans sa réussite même : car, à gagner cela, on perd nécessairement ceci. Un roi vieillissant soupire après sa jeunesse perdue : que n'est-il jeune à nouveau, que ne ressemble-t-il, par exemple, à ce beau jeune homme dont la reine lui a montré le portrait ? La métamorphose est possible, lui fait-on accroire, grâce à la magie : car ce portrait est enchanté, et le roi pourra s'y identifier rien qu'à s'y contempler intensément, lors d'une cérémonie initiatique dont les sorciers, par l'entremise de la reine, lui préciseront le détail. Le moment venu, apparaît l'original du portrait, c'est-à-dire l'amant de la reine en chair et en os, qui a trouvé là un bon moyen de se substituer sans frais au monarque, à la faveur d'un assassinat nocturne : « D'un coup de cimeterre, prompt, il perce le corps du misérable qui, peut-être, crut, le temps d'un éclair, au fulgurant

---

34. Éd. P. Horay, p. 37.

accomplissement de sa métamorphose : du moins, par charité, le suppose, celui que le tyran prenait pour une hantise de sa beauté prochaine, et qui était le héros lui-même[35]. » La structure oraculaire est ici réduite à son expression la plus simple, par un raccourci ironique qui mène directement de la chose qu'on veut éviter à la chose qu'on veut obtenir, car *c'est la même*. L'événement s'est produit tel qu'il était désiré et annoncé : « je » est devenu « un autre », et le monarque remis à neuf est riche de toutes les qualités qu'on attendait de la métamorphose : jeune, aimable et beau. Le voyage enchanté qui mène de l'un à l'autre, de l'unique à son double, est ici parvenu à son terme ; mais, dans l'intervalle, le voyageur est mort.

On y était presque, cependant. Il ne manque qu'un rien au nouveau roi : d'être resté lui-même tout en devenant l'autre. Il lui manque seulement un peu de mémoire pour garantir la continuité de l'unique à son double ; de cette mémoire dont Leibniz dit, dans son *Discours de métaphysique*, qu'elle est partie intégrante et nécessaire de la substance, car « l'immortalité qu'on demande importe le souvenir[36] ». Et Leibniz illustre cette définition de l'unique par une histoire chinoise qui pourrait servir d'épigraphe au conte indien de Mallarmé, et qui nous tiendra lieu, quant à nous, d'épilogue : « Supposons que quelque particulier doive devenir tout d'un coup roi de la Chine, mais à condition d'oublier ce qu'il a été, comme s'il venait de naître tout de nouveau ; n'est-ce pas autant dans la pratique, ou quant aux effets dont on se peut apercevoir, que s'il devait être anéanti et qu'un roi de la Chine devait être créé dans le même instant à sa place ? Ce que ce particulier n'a aucune raison de souhaiter. »

Cela veut dire que tout ce qui est est un et qu'il n'y a pas de double de l'unique : qu'il faut donc se résoudre, toute autre option étant exclue, à être « particulier », ou à n'être pas.

---

35. *Le Portrait enchanté*, in *Œuvres complètes*, Gallimard, coll. « Bibl. de la Pléiade », p. 595-596.
36. Article 34.

De la bêtise

La sécurité où s'enferme la victime d'une prophétie est semblable à celle sur laquelle se repose la personne qui cherche dans l'autre un personnage de rechange et une échappatoire au sort qui la voue à elle-même : dans les deux cas, la sécurité est un piège qui achève de lier le héros tragique à son destin et d'enfermer l'homme en lui-même. La mise à l'abri, l'esquive s'expriment par un geste qui constitue précisément, et de toutes pièces, le dommage dont on voulait se garer. C'est en voulant éviter de tuer son père qu'Œdipe se précipite sur la voie du meurtre, c'est en voulant à tout prix être un autre que l'homme se confirme habituellement en lui-même. De sorte que la sécurité dont se croit protégé celui qui a entrepris d'esquiver son destin constitue le moteur même de sa perdition. L'ailleurs apparent n'est autre que l'ici dont on se croyait éloigné, et la protection sur laquelle on comptait se révèle comme ce qui a justement causé la perte ; telle la montre du pêcheur, dans la *Descente dans le Maelström* d'Edgar Poe, qui doit signaler l'heure dangereuse de la marée et dont on s'aperçoit trop tard qu'elle s'est arrêtée à sept heures. La fausse sécurité est plus que l'alliée de l'illusion ; elle en constitue la substance même et est au fond l'illusion en personne, comme le dit Hécate dans *Macbeth* : « La sécurité est la plus grande ennemie des mortels. »

Cette sécurité illusoire est également caractéristique d'un phénomène voisin mais distinct de l'illusion, la bêtise. Plus exactement, elle caractérise une certaine forme de bêtise dont elle éclaire à la fois le mécanisme et l'inattaquable vigueur.

De manière générale, la bêtise peut être considérée de deux points de vue : celui de son contenu, et celui de sa forme. La question du contenu de la bêtise pose un problème de recensement apparemment insoluble, qui est d'ailleurs étranger à la problématique de l'unique et de son double. On peut donc se contenter ici de décrire sommairement le *contenu* de la bêtise comme toute manifestation d'attachement à des thèmes dérisoires, ceux-ci inépuisables en nombre comme en variété. Mais, à contenu identique, la bêtise peut revêtir deux *formes* assez différentes, selon que l'adhésion au thème dérisoire est immédiate et spontanée, ou au contraire n'intervient que de manière différée et réfléchie. Dans le premier cas, le thème est admis d'emblée, par hérédité ou environnement culturels, sans que soit posé le problème général de la bêtise, c'est-à-dire la question de savoir si le thème est intelligent ou non : *bêtise du premier degré*, irréfléchie et spontanée. Dans le second cas, le thème n'est admis qu'après mûre réflexion, c'est-à-dire qu'ici le problème de la bêtise a été envisagé soigneusement, et apparemment résolu – du moins du point de vue de l'intéressé – puisque le thème retenu n'a été sélectionné qu'à l'issue d'un examen critique des plus sévères, en sorte que le thème auquel on s'attache paraît définitivement à l'abri de la critique : *bêtise du second degré*, intériorisée et réflexive. Dans cette seconde forme de bêtise, on a pris conscience du problème de la bêtise ; on sait qu'il faut éviter d'être bête, et, à la lumière de ce scrupule, on a choisi une attitude « intelligente ». Naturellement, cette attitude n'est autre que la bêtise en personne, dont on pourrait dire, en paraphrasant Hegel, qu'elle est la « bêtise devenue consciente d'elle-même » : mais non point dans le sens où elle serait consciente d'être bête, consciente au contraire d'être intelligente, de constituer un relief de lucidité sur le fond de bêtise jadis menaçante, dont elle s'estime désormais définitivement affranchie.

Cette bêtise du second degré, apanage des personnes généralement considérées – à juste titre d'ailleurs – comme intelligentes et cultivées, est évidemment incurable : en quoi elle constitue une forme de bêtise absolue, à la différence de la bêtise du premier degré. On peut toujours espérer que cette dernière, immédiate et spontanée, est virtuellement intelligente : on peut l'imaginer détrompée un jour, à l'occasion d'une plus ou moins hypothétique prise de conscience. Cet espoir est vain dans le cas de la deuxième forme de bêtise : puisque la prise de conscience y a *déjà eu lieu*. L'imbécillité confirmée se trouve ainsi dans une impasse voisine de celle de l'illusion : incurable de trop bien raisonner, comme Boubouroche est incurable de trop bien voir, dans la pièce de Courteline. Le dernier verrou qui protégeait la personne du choix définitif a sauté, comme un dernier cap que l'on aurait manqué, ou une dernière chance que l'on aurait laissée passer.

L'analogie entre cette forme incurable de bêtise et la structure oraculaire ou psychologique de l'esquive est évidente. Comme Œdipe ou tout un chacun se rencontrent pour avoir voulu s'éviter, de même la bêtise s'établit définitivement en elle-même pour avoir voulu échapper à la bêtise : elle devient stupide par peur d'être stupide, ou, plus simplement encore, devient elle-même pour avoir voulu être autre. Même illusion de sécurité, liée à une même confusion entre l'ici et l'ailleurs : on imagine la bêtise éloignée à jamais et une certaine intelligence ici, alors que la bêtise est ici et l'intelligence ailleurs, à tout jamais. Cette fatalité est également celle du snobisme et, de manière générale, celle de tous ceux qui, doutant d'eux-mêmes, entreprennent de chercher le salut dans un *modèle* : autre magique dont j'espère qu'il me fera échapper à mon sort, alors qu'il m'enferme inexorablement en moi-même.

L'abandon du double et le retour à soi

Une des caractéristiques de l'art de Vermeer – comme peut-être de tout art, parvenu à un certain degré de noblesse – est de peindre des choses, et non des événements. Le monde que perçoit Vermeer n'est pas celui, muet à jamais, des événements insignifiants, mais celui de la matière, éternellement riche et vivante. L'anecdotique, pourrait-on dire, y a chassé l'anecdotique : le hasard d'un moment de la journée, dans une pièce où rien d'important ne se passe, apparaît comme l'essentiel d'un réel dont les événements apparemment notables constituent au contraire la part accessoire. De ce réel saisi par Vermeer le moi est absent, car le moi n'est qu'un événement parmi d'autres, comme eux muet et comme eux insignifiant. Il n'y a d'ailleurs pas d'autoportrait de Vermeer, et la biographie du peintre tient en dix lignes anodines. Cependant Vermeer semble bien s'être peint une fois, par un jeu de double miroir : dans cette toile sans nom précis, aujourd'hui appelée *L'Atelier*[37]. Mais de dos, comme un peintre quelconque, qui pourrait être n'importe quelle autre personne occupée à sa toile. Rien, dans le costume, la taille, l'attitude du peintre, qui puisse être regardé comme signe distinctif, rien donc qui fasse état d'une complaisance quelconque du peintre à l'égard de sa propre personne. Dans le même temps cet *Atelier* – comme toutes les toiles de Vermeer – semble riche d'un bonheur d'exister qui irradie de toutes parts et saisit d'emblée le spectateur, et qui témoigne d'une jubilation perpétuelle au spectacle des choses : à en juger par cet instant de bonheur, on se persuade aisément que celui qui a fait cela, s'il n'a fixé dans sa toile qu'un seul moment de sa joie, en eût fait volontiers autant de l'instant d'avant comme de l'instant d'après. Seul le temps lui a manqué pour célébrer tous les instants et toutes les choses.

Il serait certainement exagéré de faire dériver cette joie du seul abandon de sa propre spécificité, de cette découverte que le moi, en tant qu'être singulier, n'intéresse non seulement personne d'autre, mais pas non plus moi-même, qui n'ai qu'avantage à me passer de mon image. Cette indifférence à soi-même est ici plutôt effet que cause : elle signale une béatitude plutôt qu'elle ne la provoque. Mais le lien entre la jouissance de la vie et l'indifférence à soi n'en est pas moins ici manifeste. Le peintre de *L'Atelier* a en quelque sorte rendu visible l'invisible : il y a peint son absence, mieux

---

37. Cf. *supra*, p. 60 et note ; cf. aussi Dr D. Hannema, *Over Johannes Vermeer van Delft.*

rendue ainsi que s'il s'était simplement contenté de renoncer à toute forme d'autoportrait. Quand rien n'est dit, il est toujours possible d'imaginer quelque arrière-pensée. Tel n'est pas le cas ici : car le rien y est dit en toutes lettres et s'étale, bien à la vue, sur la toile. Sinon le rien, du moins un très peu, un rien de notable.

Ce que peint Vermeer dans son *Atelier*, considéré d'un autre point de vue, est également l'indice d'une plénitude, qui explique l'atmosphère sereine et jubilatoire de l'œuvre. Cette plénitude est celle-là même que connaît Candelas à la fin de *L'Amour sorcier* : la réconciliation de soi avec soi, qui a pour condition l'exorcisme du double. Renoncer à se peindre de face équivaut à renoncer à se voir, c'est-à-dire renoncer à l'idée que le soi puisse être perçu dans une réplique qui permette au sujet de se saisir lui-même. Le double, qui autoriserait cette saisie, signifierait aussi le meurtre du sujet et le renoncement à soi, perpétuellement dessaisi de lui-même au profit d'un double fantomatique et cruel ; cruel de n'être pas, comme le dit Montherlant : « car ce sont les fantômes qui sont cruels ; avec des réalités, on peut toujours s'arranger ». C'est pourquoi l'assomption jubilatoire de soi-même, la présence véritable de soi à soi, implique nécessairement le renoncement au spectacle de sa propre image. Car l'image, ici, tue le modèle. Et c'est au fond l'erreur mortelle du narcissisme que de vouloir non pas s'aimer soi-même avec excès, mais, tout au contraire, au moment de choisir entre soi-même et son double, de donner la préférence à l'image. Le narcissique souffre de ne pas s'aimer : il n'aime que sa représentation. S'aimer d'amour vrai implique une indifférence à toutes ses propres copies, telles qu'elles peuvent apparaître à autrui et, par le biais d'autrui, si j'y prête trop attention, à moi-même. Tel est le misérable secret de Narcisse : une attention exagérée *à l'autre.* C'est d'ailleurs pourquoi il est incapable d'aimer personne, ni l'autre ni lui-même, l'amour étant une affaire trop importante pour qu'on commette à autrui le soin d'en débattre. Que t'importe si je t'aime, disait Goethe ; cela ne vaut que si l'on accorde implicitement que l'assentiment d'autrui est également facultatif dans l'amour que l'on porte à soi-même : que t'importe si je m'aime.

Le peintre de *L'Atelier* est déjà libéré du fardeau dont se débarrasse Candelas à la fin de *L'Amour sorcier* : celui de l'image de soi. Fuite du double, abandon de son image, au profit du soi en tant que tel, c'est-à-dire en tant qu'invisible, inappréciable, et aimable à la seule aveuglette, comme il est de jeu en tout amour.

L'obsession du double, dans la littérature romantique, trahit curieusement un souci exactement opposé. La perte du double, du reflet, de l'ombre, n'est pas ici libération, mais effet maléfique : l'homme qui a perdu son reflet, comme le héros d'un célèbre conte d'Hoffmann [38], n'est pas un homme sauvé, mais bien un homme perdu. Loin de travailler à se débarrasser de son image, de considérer celle-ci comme un fardeau pesant et paralysant, le héros romantique y investit tout son être, et ne vit en somme que pour autant que sa vie est garantie par la visibilité de son reflet, reflet dont l'extinction signifierait la mort. Il est ainsi perpétuellement à la poursuite d'un double introuvable, sur lequel il compte pour lui garantir son être propre ; vienne ce reflet à disparaître, et le héros meurt, comme à la fin de *William Wilson*, de Poe. L'angoissé romantique apparaît donc – du moins dans tous les écrits mettant en scène le double – comme essentiellement défiant à son propre endroit : il lui faut à tout prix un témoignage extérieur, quelque chose de tangible et de visible, pour le réconcilier avec lui-même. Tout seul, il n'est rien. Si un double ne le garantit plus dans son être, il cesse d'exister.

On fera remarquer à cet angoissé qu'il trouvera le reflet qu'il cherche de lui-même non pas dans un miroir ou dans un duplicatum fidèle, mais dans les documents légaux qui établissent son identité. Piètre confirmation, répondra-t-il, car il veut une image de chair et d'os, non une présomption

---

38. *Contes fantastiques*, t. II, chap. II, « L'Histoire du reflet perdu ».

d'être reposant sur des papiers conventionnels, à la fois périssables et falsifiables à plaisir. Mais c'est là trop demander : car la seule image un peu solide qu'on puisse s'offrir de soi-même réside précisément dans ces documents, et dans eux seuls. Les sophistes grecs avaient, semble-t-il, assez profondément compris que seule l'institution – et non une hypothétique nature – est en mesure de donner corps et existence à ce que Platon et Aristote concevront comme des « substances » : l'individu sera social ou ne sera pas ; c'est la société, et ses conventions, qui rendront possible le phénomène de l'individualité. Ce qui garantit l'identité est et a toujours été un acte public : un extrait de naissance, une carte d'identité, les témoignages concordants de la concierge et des voisins. La personne humaine, conçue comme singularité, n'est ainsi perceptible à elle-même qu'en tant que « personne morale », au sens juridique du terme : c'est-à-dire non comme une substance délimitable et définissable, mais comme une entité institutionnelle que garantit l'état civil, et rien que l'état civil. Cela veut dire que la personne humaine n'existe que *sur le papier,* dans tous les sens de l'expression : elle existe bien, mais « sur le papier », elle n'est appréciable de l'extérieur que théoriquement, comme possibilité plus ou moins plausible. Il est facile de reconnaître les limites de cette plausibilité à l'occasion de multiples expériences : chaque fois que, à la suite d'un incident ou d'une crise quelconques, on se trouve hors d'état d'établir son identité. Il est inutile, si l'on est sans papiers, de crier qu'on est soi-même : cela ne dit rien à personne, comme le montre une saynète de Courteline, *La Lettre chargée.* Un employé des postes a reconnu dans un client venu chercher une lettre recommandée une de ses vieilles connaissances : la conversation s'engage, on se rappelle mutuellement des souvenirs communs ; après quoi le client réclame sa lettre. Mais l'employé se rebiffe : pour emporter sa lettre, il faut que le client justifie de son identité. Absurde dévotion au règlement, remarque le client ; mais l'employé rétorque : « Je vous ai reconnu en tant qu'homme du monde ; mais j'ignore qui vous êtes, en tant que fonctionnaire. » Le client exhibe alors différents documents dont l'authenticité est reconnue par l'employé : cependant un petit détail fait que, chaque fois, le papier présenté laisse place à un doute possible et s'avère impuissant à faire la décision, en sorte que la lettre restera finalement aux mains de l'employé, jusqu'au jour où son ami lui aura démontré, de manière irréfragable, qu'il est décidément bien lui-même, et non un autre.

Démonstration impossible : car l'employé têtu ne réclame en somme rien d'autre qu'un double de l'unique. Se fait entendre ici, derrière la satire du formalisme bureaucratique, l'écho assourdi d'une angoisse plus profonde qui porte sur l'identité non pas seulement légale, mais existentielle : suis-je moi, est-ce bien moi qui vis, moi que ne garantit aucun papier, comme vient de me le démontrer cet employé scrupuleux ? Pour m'en assurer, il me faudrait un duplicatum qui me fait justement, et me fera toujours, défaut. J'ai donc bien raison de douter de moi, et je découvre dans mon incapacité à me dédoubler un sérieux motif de m'interroger, non pas seulement sur le caractère éphémère et fragile de mon existence, mais bien sur cette existence elle-même, si éphémère et fragile soit-elle par ailleurs. L'angoisse de n'avoir aucun double où prendre le patron de son être propre n'est pas liée fondamentalement à l'angoisse de devoir mourir, comme le pense O. Rank – encore une fois cette thèse est juste, mais superficielle : car la crainte de mourir n'est qu'une conséquence secondaire de la crainte de ne pas vivre –, mais à celle, plus profonde, de douter de sa propre existence. S'il me faut un double pour témoigner de mon être, et s'il n'est de double que de papier, il me faut conclure que mon être est de papier, ou mon âme, comme l'imagine Michel Tournier, qui raconte à ce sujet un apologue bizarre : un bienfaiteur de l'humanité, qui a dû détruire, au Quai des Orfèvres, un dossier fâcheux le concernant, entreprend, par philanthropie, de brûler la totalité des dossiers et archives de tous les édifices publics, préfectures, mairies, commissariats. Une fois brûlé le dernier dossier, il constate que l'humanité s'est dégradée : les hommes ne savent plus parler, marchent à quatre pattes, flairent le trottoir de leur museau. Étonnement du philanthrope, qui « finit par comprendre qu'en voulant libérer l'humanité, il la ravale à un niveau bestial, parce que *l'âme humaine est en papier*[39] ».

C'est justement cela que pressent et redoute le héros romantique : qu'on ne brûle pas mon double, car je ne suis rien d'autre et n'existe que sur le papier. Brûler le double, c'est en même temps brûler l'unique. Crainte justifiée en un certain sens : non que l'individu soit de papier, mais parce qu'il est incapable de se rendre visible – en tant qu'unique – ailleurs que sur le papier. L'angoisse de voir disparaître son reflet est donc liée à l'angoisse de savoir qu'on est incapable d'établir son existence par soi-même : la dernière preuve, la preuve par la chose même, qu'on croyait se réserver comme atout décisif, est à jamais inopérante. Les preuves ou arguments qu'on avance sont destinés à établir la chose ; or il arrive que, par hasard et par chance, on soit à même de montrer la chose qu'on s'échinait à démontrer : et l'interlocuteur reste de marbre. Cependant je ne cherche pas à le persuader, je lui désigne la chose du doigt. Il se refuse à admettre, par exemple, que la Corse soit visible du continent par temps clair ; après m'être épuisé en savants arguments, je l'emmène sur les hauts de Nice et lui montre la Corse : il ricane, et me demande d'établir la chose plus sérieusement. Dialogue cauchemardesque, qui serait celui de Pascal présentant au libertin non plus des arguments en faveur du dieu d'Abraham et de Jacob mais ce Dieu en personne, visible et rayonnant, sans réussir pour autant à obtenir un assentiment de son interlocuteur.

C'est pourquoi toute pensée raisonnable fait un arrêt obligatoire, dans la conduite du raisonnement, du moment où l'on atteint la chose même. Aristote et Descartes appellent

---

39. *Le Roi des Aulnes*, Gallimard, p. 46.

ce moment du même mot : l'évidence, le directement visible, sans le secours et la médiation du raisonnement. Il y a un moment où cesse le domaine des preuves, où l'on bute sur la chose elle-même, qui ne peut se garantir d'autre part que de par elle-même. C'est le moment où la discussion s'arrête et où s'interrompt la philosophie : *adveniente re, cessat argumentum*.

Il est toutefois un domaine où l'argument ne cesse pas, parce que la chose ne se montre jamais : et c'est justement mon domaine, le moi, ma singularité. Il me manque, pour m'arrêter raisonnablement à moi-même, d'être visible. Sans doute puis-je, si j'en crois sur ce point Aristote, décider que je suis un *homme* ; mais je ne peux, en revanche, réussir à penser que je suis *un* homme, justement celui-là que je suis. L'idée selon laquelle je suis moi n'est qu'une vague présomption, encore qu'insistante : une « impression forte », comme dit Hume. Et Montaigne : « Notre fait, ce ne sont que pièces rapportées. » Et Shakespeare : « Nous sommes faits de l'étoffe des songes » – de songes dont l'étoffe est elle-même de papier : vienne le papier à manquer, comme dans l'histoire de Courteline, et le songe se dissipe.

Une solution, dans ce cas désespéré, consiste à s'accrocher au papier : puisque ma personne est douteuse, qu'au moins les documents qui en font foi soient d'une solidité à toute épreuve. C'est la solution inverse de celle de Vermeer, qui abandonne le moi au profit du monde : ici on abandonne le monde au profit du moi, et d'un moi de papier. Le double effacera le modèle. C'est à peu près ce que veut dire Platon dans le mythe de Theuth [40] : le souvenir écrit prendra la place du souvenir vivant – mieux valant, au gré de certains, un papier solide à une vie incertaine. Désespérant d'être jamais soi-même – et ce non sans quelque raison, en certains cas – on devient ainsi un homme de papier, victime de l'invention maléfique du dieu Theuth. La trace écrite fait office de double où jauger son être, ou plutôt son

---

40. *Phèdre*, 274 sq. ; *Philèbe*, 18.

manque à être. C'est ainsi également qu'on devient ridicule, au sens bergsonien : à ne jamais plus rien dire mais à toujours répéter, à la recherche d'un improbable « patron ». L'angoisse de n'être rien ou presque amène vite à l'absolument rien ; le « je ne sais quoi et le presque rien » de V. Jankélévitch débouche alors sur le je ne sais pas et le rien du tout. D'autant qu'à me contraindre à répéter un moi dont je chercherais en vain le modèle, je me condamne à répéter l'autre : et cet autre que je glose ainsi n'est lui-même que le reflet d'une absence. Jeu de résonance interminable, où se répète à l'infini l'écho d'une incapacité à dire « je », à s'éprouver soi-même comme quelque chose. Telle serait l'essence du malheur de l'intellectuel contemporain, si l'on en croit François Wahl, évoquant ici Jacques Derrida : « la répétition comme absence à jamais d'aucun présent vrai [41] ».

Formule profonde, à condition de la raccourcir et de la radicaliser. Car la répétition est *toujours* absence à jamais d'aucun présent. Qui répète ne dit rien, c'est-à-dire n'est pas même en état de se répéter. L'original doit se passer de toute image : si je ne me trouve pas en moi-même, je me retrouverai encore bien moins dans mon écho. Il faut donc que le soi suffise, si maigre semble-t-il ou soit-il en effet : car le choix se limite à l'unique, qui est très peu, et à son double, qui n'est rien. C'est ce qu'exprime à merveille le langage courant lorsqu'il déclare, sans trop y prendre garde, qu'« on ne se *refait* pas ».

---

41. *Qu'est-ce que le structuralisme ?* Éd. du Seuil, p. 431.

ÉPILOGUE

Les différents aspects de l'illusion décrits ci-dessus renvoient à une même fonction, à une même structure, à un même échec. La fonction : protéger du réel. La structure : non pas refuser de percevoir le réel, mais le dédoubler. L'échec : reconnaître trop tard dans le double protecteur le réel même dont on croyait s'être gardé. Telle est la malédiction de l'esquive, de renvoyer, par le détour d'une duplication fantasmatique, à l'indésirable point de départ, le réel. On voit maintenant pourquoi l'esquive est *toujours* une erreur : elle est toujours inopérante, parce que le réel a toujours raison. On peut certes essayer de se garder d'un événement à venir, si celui-ci est seulement possible ; on ne se gardera jamais d'un événement passé ou présent, ou encore « certain dans l'avenir », comme dans la symbolique oraculaire qui annonce à l'avance une nécessité inéluctable qui a déjà tous les caractères d'une nécessité présente : et le geste par lequel on tente de s'en défaire ne pourra jamais « faire mieux » que reproduire littéralement l'événement redouté, ou, plus exactement même, le constituer. C'est ce qui arrive à Œdipe, comme à tout homme en rupture de ban avec lui-même, c'est-à-dire à tout homme à un moment ou à un autre de son existence. Quelque chose d'analogue, on l'a vu, se passe dans des secteurs très différents de l'illusion : le fantasme du double intéresse, par exemple, le mécanisme élémentaire de la sottise, mais est également présent dans une tendance fondamentale de la métaphysique, ou du moins d'une certaine métaphysique.

L'appartenance de ces diverses illusions au thème du double ne signifie évidemment pas nécessairement que toute forme d'illusion a partie liée avec le double. Il faudrait, avant de tenir pour assurée une telle conclusion, procéder à un recensement complet, par définition impossible, de toutes les manifestations de l'illusion. On remarquera simplement – suivant en cela l'exemple des avocats qui laissent à l'accusation le soin de fournir la preuve – que la thèse ici présentée reste vraie jusqu'à ce qu'on lui ait opposé un cas d'illusion qui ne se ramène pas, de manière directe ou indirecte, à une duplication magique de la chose et à une hésitation confuse entre l'unique et son double. Cas qui reste, semble-t-il, à trouver.

Il aurait peut-être fallu compter, il est vrai, avec les célèbres « illusions des sens », qui n'ont de toute évidence aucun rapport avec le refus du réel par duplication de celui-ci. Mais ce qu'on appelle les illusions des sens sont plutôt des erreurs que des illusions à proprement parler. Ne mettant pas en jeu le désir ou la crainte – et il est difficile de ne pas suivre sur ce point Freud, lorsqu'il relie, dans *L'Avenir d'une illusion*, l'illusion au désir, à la différence de l'erreur –, elles n'impliquent aucune protection à l'égard du réel et peuvent ainsi être assimilées à de simples erreurs de jugement, comme l'avaient déjà remarqué les sceptiques grecs.

C'est également en vain qu'on aurait cherché du côté de certaines formes banales d'illusion – celles que retient quotidiennement le langage courant lorsqu'il dit de tel ou telle qu'« ils se font des illusions » – de quoi contredire la thèse qui relie l'illusion à la duplication. « Se faire des illusions » se dit de situations fréquentes qui peuvent souvent paraître éloignées, il est vrai, du thème du double. Ainsi m'illusionné-je tous les jours, chaque fois que je me figure intelligent, beau, aimable, bientôt riche, bientôt comblé de faveurs et d'honneurs. À première vue, ce genre d'illusion banale paraît dénué de rapport manifeste avec la duplication. Un examen plus attentif montrerait pourtant que, dans tous les cas, la vision optimiste de soi-même et de son sort implique un schisme entre ce qui est perçu et ce qui est déduit de la perception, analogue à celui par lequel on a vu que Boubouroche distinguait entre la pensée de son rival et la pensée de la fidélité de son amie. Le personnage de Bélise, dans *Les Femmes savantes* de Molière, est l'exemple type de cette double vision qui permet d'accorder l'optimisme personnel à une perception somme toute réaliste des faits. Bélise se croit belle, intelligente et aimée ; apprenant que Clitandre – qu'elle compte au nombre de ses amants les plus empressés – est sur le point d'épouser une rivale, elle se persuade davantage des sentiments de Clitandre à son égard. Même attitude lorsqu'on lui fait remarquer que ses autres amants supposés ont tous fui sa présence : rien de plus normal, répond-elle, puisqu'ils m'aiment. Bélise réussit à voir à la fois qu'elle n'est courtisée par personne et qu'elle est aimée de tous, tout comme Boubouroche voit à la fois qu'Adèle a un amant et qu'Adèle lui est fidèle.

Toute autosatisfaction illusoire – devrait-on dire : toute autosatisfaction ? – relève au fond de ce même schéma duplicatoire qui opère un dédoublement paradoxal entre la chose et elle-même. L'aveuglement quotidien du quant-à-soi, illustré de manière caricaturale par le personnage de Bélise, est ainsi une variante parmi d'autres du fantasme du double inhérent à l'illusion. Il n'est qu'une forme dérivée et triviale de l'aveuglement premier et « noble », qu'on a trouvé dans la malédiction de l'oracle et dans la tragédie. Sa structure ne diffère pas fondamentalement de celle de toutes les illusions évoquées ci-dessus, et l'on se hasardera à penser qu'il en va probablement de même de toute illusion.

Il resterait enfin à montrer la présence de l'illusion – c'est-à-dire de la duplication fantasmatique – dans la plupart des investissements psychologico-collectifs d'hier et d'aujourd'hui : par exemple dans toutes les formes de refus ou de « contestation » du réel, dont il est aisé d'établir qu'elles ne parviendraient pas à accuser ce qui existe sans l'appoint d'un double idéal et impensable. Mais cette démonstration risquerait d'entraîner dans des polémiques inutiles et n'aboutirait d'ailleurs, dans le meilleur des cas, qu'à la mise en évidence de vérités somme toute assez banales. Un tel développement serait donc facile mais fastidieux, et on en fera ici l'économie.

ID
POST-SCRIPTUM
AU CHAPITRE PRÉCÉDENT

1. – NOTE BRÈVE SUR LA SOTTISE

Les recherches sur l'« essence » de la sottise, qu'elles soient le fait de littérateurs ou de philosophes, portent presque invariablement sur le problème de l'*intelligence* et de son contraire, lequel contraire serait précisément la définition de l'essence de la sottise, à savoir le contraire de l'intelligence. Peut-être y a-t-il là comme une erreur initiale de diagnostic qui, pour être universellement admise, entraînerait inévitablement les meilleurs esprits sur des chemins stériles, vers des terrains d'exploration où il n'y a justement rien à apprendre au sujet de la sottise. Car il n'est pas du tout évident que la sottise doive être définie en fonction de et par rapport à l'intelligence. Il est possible que la question de la sottise soit une question *autonome*, sans rapports ni frontières communes avec la question de l'intelligence. Ignorer cette hétéronomie des deux questions, poser d'emblée l'implication de la sottise et de l'intelligence (c'est-à-dire faire de la sottise un défaut d'intelligence, assimilant sottise et « inintelligence »), reviendrait ainsi à brouiller les cartes, à entretenir une vieille confusion peut-être responsable tant du caractère impénétrable de la sottise que du caractère généralement décevant des études qui lui sont consacrées.

La sottise est donc généralement assimilée à l'inintelligence, considérée comme le contraire de l'intelligence. Ainsi opposera-t-on volontiers, à l'intelligence *attentive, agile, vigilante*, une sottise considérée comme *endormie, anesthésiée, momifiée* [1]. Aussitôt se présente à l'esprit une première objection : cet être sclérosé qu'on nous présente comme le

---

1. Cf. M. Serres, *L'Interférence*, Éd. de Minuit, p. 203.

sot est une antithèse purement théorique et comme automatique de l'intelligence, mais n'est aucunement le portrait du crétin en chair et en os. Car le crétin que nous connaissons n'est nullement *endormi, anesthésié, momifié* : au contraire, il est actif, se dépense de tous côtés, est perpétuellement sur la brèche. Force est donc d'abandonner ce critère – critère de la différence entre l'intelligence et la sottise – qui ne nous apprend rien : car si l'intelligence est en état d'alerte, on peut être assuré que, sur ce point du moins, la sottise ne lui cède en rien. Rien en effet d'*attentif*, d'*agile*, de *vigilant*, comme la sottise. Bouvard et Pécuchet, héros indiscutables et indiscutés de la sottise vécue et agie, ne sont pas deux endormis mais deux agités : toujours en quête de connaissance, aux écoutes, aux aguets, sur le qui-vive. On serait tenté de dire de la sottise ce que Garcia Lorca disait du vent : qu'elle *ne dort jamais.*

Parallèlement, on remarquera qu'il est vain d'opposer l'inertie de la sottise à l'interventionnisme de l'intelligence : car la passivité de l'inintelligence ne qualifie aucunement les manifestations, toujours actives et entreprenantes, de la sottise proprement dite. Sur le plan du moins de l'activité ou, pour mieux dire, de l'activisme, rien ne distingue l'intelligence de la sottise. Il est certain que, lorsque je ne comprends pas, je reste coi, immobile, inactif : devant des hiéroglyphes, une page de manuel spécialisé, un schéma de psychanalyse avant-gardiste, je suis, en effet, comme endormi et anesthésié. Je n'agis pas, mon cerveau demeure inactif, inemployé. Mais il y a bien de la différence entre ne pas comprendre et être stupide. Il faudrait peut-être ici distinguer entre « sottise négative » et « sottise positive ». La première désigne seulement une non-compréhension, une inintelligence d'une certaine chose : elle n'implique aucune activité, aucune intervention de l'esprit (hors de celle qui consiste à constater : je ne comprends pas) ; elle est pure passivité. La seconde désigne, au contraire, activité et interventionnisme : elle ne consiste pas du tout à ne pas comprendre quelque chose, mais à tirer de son propre fonds quelque idée ou tâche absurdes auxquelles elle entreprend de se dévouer corps et âme ; elle est pure activité. On dit donc sans le savoir une vérité profonde lorsqu'on dit d'un imbécile qu'il est *positivement crétin* : car c'est son activisme qui caractérise l'imbécile, et non la passivité ; en sorte qu'il faut distinguer radicalement entre la simple négativité de l'inintelligence et l'indiscutable positivité de la sottise.

L'inintelligence s'en tient, si l'on veut, à un constat de non-compréhension : elle ne réussit pas à capter un certain nombre de messages. Elle reste coite, silencieuse. Aucun rapport, encore une fois, avec la sottise, qui reçoit et émet un nombre infini de messages. La sottise est de nature interventionniste : elle ne consiste pas à mal ou ne pas déchiffrer, mais à continuellement émettre. Elle parle, elle n'a de cesse d'en « rajouter ». L'inintelligence subit, la sottise agit : elle garde toujours l'initiative. L'inintelligence est en retrait, se dérobe à un message auquel elle n'entend rien ; la sottise, elle, va toujours de l'avant. L'inintelligence n'est qu'un refus, ou plutôt une impossibilité de participation ; la sottise se manifeste, au contraire, par un perpétuel engagement. L'inintelligence ferme des portes : elle signale l'interdiction de certaines voies d'accès à telle ou telle connaissance, rétrécissant ainsi le champ de l'expérience. La sottise ouvre à tout : faisant de n'importe quoi un objet d'attention et d'engagement possible, elle fournit de l'occupation pour la vie (occupation dont Bouvard et Pécuchet font l'expérience grisante). L'inintelligence n'est qu'une privation d'existence, qu'un manque de puissance d'agir. La sottise est une vocation, mieux, un sacerdoce, avec ses idoles, ses prêtres, ses fidèles. Décidément, la question de la sottise n'a rien à voir avec celle de l'intelligence ou de la non-intelligence. Intelligence et inintelligence d'une part, sottise et non-sottise d'autre part, n'ont véritablement rien en commun, pas même d'être contraires.

On se hasardera peut-être à conjecturer que la sottise se caractérise plutôt par l'illusion d'un but à atteindre que par l'inintelligence des moyens mis en œuvre pour atteindre ce but (tout au moins la sottise humaine ; puisque l'animale, à en croire les spécialistes, bute déjà sur le choix des moyens). La sottise de Bouvard et Pécuchet ne consiste pas à ne pas comprendre, par exemple, la chimie (tâche dont ils se montrent à l'expérience assez capables), mais bien à l'*apprendre* : c'est-à-dire à estimer que cette prouesse constitue en soi une fin de nature à les combler. L'apologue de la branche coupée, sur laquelle on est assis et dont la chute s'accompagnera, si elle est haut placée, de son propre trépas, fournit ici une illustration classique. Après tout, le bûcheron distrait n'a pas fait d'erreur quant à l'intelligence des moyens ; mais il ne s'est pas suffisamment interrogé sur l'intérêt de la fin qu'il se proposait d'atteindre à l'aide de moyens somme toute intelligents et efficaces. De la même façon, les imbéciles réussissent généralement dans la tâche qu'ils ont entreprise : ce qui prouve d'abord qu'ils ne manquent pas d'intelligence, thèse que je voulais ici illustrer, et accessoirement qu'ils sont dangereux (du fait précisément qu'étant intelligents ils réussissent dans leur entreprise).

2. – LE FÉTICHE VOLÉ
OU L'ORIGINAL INTROUVABLE

Un fétiche indien nous est présenté à la première page de *L'Oreille cassée*, célèbre bande dessinée de Hergé : c'est une des pièces du Musée ethnographique qui l'a inventoriée et exposée sous le numéro 3542. Le lendemain matin, on s'avise que le fétiche a disparu, volé pendant la nuit. Le surlendemain matin, réapparition du fétiche à sa place habituelle. Mais c'est une contrefaçon grossière : l'oreille droite du fétiche restitué est intacte, alors que celle de l'original était brisée. On finit par retrouver la piste du voleur qui est parti pour l'Amérique du Sud avec le fétiche véritable, ou du moins qu'il croit être tel ; car le fétiche qu'on découvrira dans ses bagages est à son tour un faux, une contrefaçon reconnaissable à son oreille intacte. Où se trouve donc le véritable fétiche ? De longues recherches en Amérique du Sud, dans la patrie d'origine du fétiche, ne donnent aucun résultat décisif. De retour en Europe, on aperçoit inopinément, dans une vitrine d'antiquaire, un fétiche à l'oreile cassée, apparemment donc le fétiche original. Achat immédiat de l'objet qui, comme on va vite s'en apercevoir, n'est malheureusement ni l'original, ni une contrefaçon, mais un double de l'original : il a bien l'oreille cassée mais n'est pas pour autant le fétiche dérobé au musée. Car voici qu'à une autre devanture apparaissent deux doubles du fétiche volé, la paire offerte au prix dérisoire de 17,50 F. Tous deux ont l'oreille cassée, signal de l'authenticité. Trois originaux en tout, donc ; c'est deux de trop. Et même, très probablement, trois de trop. Ce diagnostic pessimiste est bientôt confirmé, car les doubles se mettent soudain à proliférer à l'infini : voici maintenant un magasin entier qui regorge de fétiches à l'oreille cassée. L'original a définitivement disparu, submergé par ses doubles.

Derrière cette prolifération des doubles se profile une histoire compliquée qui ne sera que tardivement – et d'ailleurs incomplètement – élucidée. À l'origine un explorateur, Walker, chef d'une expédition en Amazonie, avait reçu d'une tribu indienne un fétiche en gage d'amitié. Mais Walker a été trahi par son interprète, le métis Lopez, qui a dérobé à la tribu un diamant sacré et l'a dissimulé provisoirement à l'intérieur du fétiche offert à Walker. Ayant découvert le vol, les Indiens poursuivent et massacrent tous les membres de l'expédition ; seuls réussissent à s'enfuir d'une part Walker qui rentre en Europe où il confiera son fétiche au Musée ethnographique, sans se douter qu'une pierre précieuse y a été cachée, et d'autre part Lopez qui, blessé, finit par mourir non sans avoir griffonné un mot signalant l'endroit où il a dissimulé le diamant. Mot qui tombera plus tard entre les mains d'un certain Rodrigo Tortilla, qui part aussitôt pour l'Europe : il dérobe le fétiche au musée, en fait effectuer aussitôt une copie (presque) conforme par un M. Balthazar, artiste spécialisé dans la sculpture exotique ; copie que Tortilla restituera au musée avant de repartir pour l'Amérique avec ce qu'il croit être le fétiche original, et après avoir assassiné Balthazar pour être sûr de son silence. Deux nouveaux voleurs, Ramon et Alonzo, se mettent alors à la poursuite de Tortilla et de son fétiche : ils tuent le premier et récupèrent le second, mais se trouvent grugés à leur tour par un faux fétiche. L'enquête aboutira finalement dans l'atelier de sculpture d'un autre M. Balthazar, frère du sculpteur décédé, qui a retrouvé le fétiche volé dans les affaires de son frère et en fait effectuer des reproductions en série à des fins commerciales. Quant à l'original, il l'a vendu à un riche collectionneur américain qui s'en retourne aux États-Unis à bord d'un paquebot ; c'est là qu'on le découvrira enfin, mais sans réussir pour autant à se saisir, ni du fétiche qui sera brisé à peine découvert, ni du diamant qui roule sur le pont du navire et tombe par-dessus bord. Reste encore à préciser, si l'on veut que l'affaire soit tout à fait claire, un point essentiel de l'intrigue que l'auteur a négligé d'expliciter : à comprendre que le premier Balthazar, le sculpteur, avait réalisé non pas un mais bien *deux doubles* du fétiche, – un pour le Musée ethnographique, un autre pour Tortilla, son commanditaire, qui ainsi de voleur devient dupe, tandis que lui, Balthazar, d'exécutant devient voleur, ou du moins receleur. Pourquoi ce recel, quelle raison avait Balthazar de conserver par devers lui l'objet volé par Tortilla ? L'histoire ne le dit pas et l'on doit se contenter ici de conjectures.

Peu importe, d'ailleurs. L'essentiel de l'histoire consiste en la disparition d'un original et son remplacement par une prolifération accélérée de contrefaçons et de doubles. D'abord une contrefaçon, puis une autre ; ensuite un double, puis deux doubles ; enfin, une infinité de doubles. L'original, quant à lui, a disparu ; mais, dans le même temps, pullulent les faux : on dirait qu'il a suffi que la série soit amputée de son terme initial pour se trouver dotée d'un pouvoir inépuisable de reproduction. L'intrigue trouve ainsi son principal ressort dans cette sorte de lien nécessaire qui semble relier la disparition de l'original à la prolifération des doubles. Comme si l'absence de modèle avait pour contre-partie le pullulement des copies. Et comme si on ne pouvait bien copier que ce qui n'existe plus, – que ce qui n'existe pas.

Sans doute, dans *L'Oreille cassée*, l'original existe-t-il. Mais il est *invisible* : les principaux personnages du récit s'échinent vainement, tout au long de l'histoire, à essayer de poser leur regard sur un objet invisible. Le fétiche, lui, est au fond d'une malle que personne ne s'avise d'ouvrir. Et, circonstance symptomatique, il cessera d'exister – c'est-à-dire sera rompu en mille pièces – dès le moment où il aura été regardé, repéré en tant qu'original. À peine l'a-t-on redécouvert, à la fin du volume, qu'il tombe à terre et se brise en morceaux ; tout ce qu'on pourra restituer au musée ne sera qu'un maladroit collage principalement composé d'agrafes et de ficelles. On dirait que le fétiche – l'original – n'existe qu'à la condition de ne pas être vu : il n'existe qu'invisible, il cesse d'exister dès qu'il est regardé. Est-ce un hasard, ou peut-on y déceler une riche intention symbolique ? Toujours est-il que le gardien de musée chargé de veiller sur lui fredonne, au début et à la fin du livre, un passage de *Carmen* qui illustre à merveille ce lien reliant la fragilité de l'objet à sa faculté d'être vu : « En garde... en garde... un œil noir te regarde. »

Seul en somme est visible le faux ; le vrai cesse d'être vrai dès lors qu'il est vu. Ce lien entre d'une part l'authentique et l'invisible, d'autre part le faux et le visible, est d'ailleurs symbolisé ici de la façon la plus explicite. Qu'est-ce en effet qui caractérise, en fin de compte, l'original par rapport à ses doubles, – qu'est-ce qui distingue le véritable fétiche tant des contrefaçons de Balthazar le sculpteur que des reproductions de Balthazar le commerçant ? Car il ne s'agit plus seulement désormais d'oreille intacte ou cassée. La véritable distinction est livrée par le laboureur de La Fontaine s'adressant à ses fils : vous reconnaîtrez le vrai fétiche en l'ouvrant, en le travaillant, en le retournant de fond en comble, – car « un trésor est caché dedans ». Un trésor en effet : le diamant jadis dissimulé par Lopez. Mais l'accès au trésor a pour condition une destruction de sa cachette : n'aura le diamant que celui qui aura brisé le fétiche. Ainsi le seul moyen d'authentifier la pièce consiste-t-il à la briser pour pouvoir décider après coup, au vu de la présence ou de l'absence du diamant, si la pièce était ou non l'original recherché, – en sorte que la reconnaissance de l'original passe nécessairement par sa disparition même. Étrange et profond statut de l'original, du vrai, de ne se donner à reconnaître qu'une fois défunt.

On peut pousser plus loin l'analyse de cette symbolique. Ce que représente le fétiche à l'oreille cassée est l'original, ce que des philosophes comme Platon ou Hegel appelleraient le « modèle » ou la « chose elle-même » ; les contrefaçons, exactes ou inexactes, figurent le domaine des copies, des ombres, du faux. Le fétiche est le Réel dont les autres objets ne sont que des Doubles : non pas une image de la Chose, mais bien la Chose elle-même. C'est pourquoi il contient un trésor : le diamant qui brille en son sein n'est autre que son label d'authenticité, de non-copie, bref de réalité au sens d'*ens realissimum*. À la différence des autres fétiches, il tire sa réalité non d'ailleurs mais de lui-même. Or cette réalité suprême ne se laisse ni posséder ni même approcher : à peine le diamant a-t-il été aperçu qu'il roule sur le pont et tombe à la mer, comme attiré par un charme inéluctable contre lequel toute cupidité est inopérante (un peu comme cet or du Rhin, dans Wagner, qui finit bon gré mal gré par retourner au fond du fleuve). Les voleurs ont beau se précipiter : le diamant a déjà disparu dans la mer, déjà rejoint le royaume de l'invisible. La chose en soi s'est à nouveau et irrémédiablement dérobée ; il faudra continuer à vivre au milieu des copies et des doubles, se résigner à la perte de l'original et de l'authentique. Car essayez donc de retrouver la Chose elle-même, au fond de l'océan.

Mais qu'a-t-on réellement perdu dans l'opération ? On avait au départ un certain fétiche, situé en un certain endroit ; on retrouve à la fin le même fétiche, au même endroit, simplement un peu rafistolé. Que s'est-il passé ? Rien, presque rien. Rien, sinon que le fétiche a été comme opéré, délesté de son poids métaphysique : en perdant la pierre précieuse qui y était renfermée, il a perdu sa qualité de modèle possible, son statut d'objet premier par rapport auquel certains objets pourraient être dits seconds. Il n'est plus un magique « objet premier », il n'est plus désormais qu'un objet parmi les autres ; mais cette « banalisation » du fétiche est-elle l'indice d'une perte réelle, ou n'est-elle pas plutôt le simple signal d'une désillusion ? Délivré du diamant – au sens où l'on dit d'une accouchée qu'elle est « délivrée » –, le fétiche a certes perdu un certain *éclat du vrai* ; mais en même temps il a retrouvé ce qu'on peut appeler la *densité du réel*. C'est une grande question que de se déterminer en faveur de l'un ou de l'autre. L'éclat du vrai suppose d'une part un monde d'originaux, de l'autre un monde de copies qui doublent plus ou moins adroitement les originaux : il y a éclat du vrai quand se profile l'original au travers de ses copies, – philosophie du Double, philosophie métaphysique, qui tient le « réel » quotidien pour une duplication dont seule la vision de l'Original pourrait lui livrer le sens et la clef. La densité du réel signale au contraire une plénitude de la réalité quotidienne, c'est-à-dire l'unicité d'un monde qui se compose non de doubles mais toujours de singularités originales (même s'il leur arrive de se « ressembler ») et n'a par conséquent de comptes à rendre à aucun modèle, – philosophie du réel, qui voit dans le quotidien et le banal, voire dans la répétition elle-même, toute l'originalité du monde. Aucun objet, aux yeux de cette philosophie du réel, qui puisse être tenu pour « original » au sens métaphysique du terme ; aucun objet réel qui ne soit fabriqué, factice, dépendant, conditionné, « de seconde main ». Tout y est, si l'on veut, doublure, au gré au moins d'une certaine sensibilité métaphysique ; mais ces « doubles » ne copient aucun patron et sont par conséquent chacun des originaux. Pléthore de doubles, pléthore d'originaux : on peut dire indifféremment l'un ou l'autre dès lors que cette pléthore est totale, c'est-à-dire occupe exhaustivement le champ de l'existence. S'il n'y a que des doubles, il n'y a pas d'originaux, et du même coup tous les doubles sont des originaux (à la différence du double fantasmatique évoqué dans le chapitre précédent et par la suite).

Tels sont bien les fétiches de *L'Oreille cassée* : tous des originaux, mais aucun « original » au sens métaphysique, c'est-à-dire objet radicalement premier, point de départ *ex nihilo* à la suite duquel deviendrait possible toute la série des doubles. L'existence d'un tel fétiche original est d'ailleurs proprement inconcevable, à y regarder de plus près. Qu'est-ce en effet qu'un *fétiche*, sinon quelque chose de *fait*, de fabriqué, d'imité à l'image de quelque autre chose, – comme le rappelle l'historique du mot qui dérive du latin *facere* et passe par le portugais *feitiço* et l'espagnol *hechizo* (qui signifie à la fois doublure et sorcellerie) ? Le fétiche est essentiellement un artifice, un *ficticium* : il est l'artifice à la place du naturel, l'idole à la place du dieu, le double à la place du modèle, le mirage ensorceleur à la place de la réalité tangible ; bref, il est, par définition, le trompe-l'œil, le faux. Comment, dans ces conditions, pourrait-il y avoir des fétiches « authentiques », des fétiches originaux, qui ne contreferaient aucun modèle ? Il n'y a pas, il ne peut y avoir de « premier fétiche » ; un tel objet ne saurait rien signifier d'autre qu'une rigoureuse contradiction logique, une *contradictio in terminis*. On ne s'étonnera donc plus que les héros de *L'Oreille cassée*, en quête de fétiche original, c'est-à-dire d'un objet proprement inconcevable, peinent tant à y mettre la main.

Une distinction s'impose ici cependant. En tant que fantasme, qu'objet du désir, la pièce « originale » est naturellement et éternellement ailleurs ; mais, en tant qu'objet réel, elle n'est au contraire jamais ailleurs mais toujours ici. Le fétiche que l'on poursuit en Amérique est en Europe, dans une malle, à portée de la main. De même, dans d'autres albums du même Hergé (*Le Secret de la Licorne*, *Le Trésor de Rackham le Rouge*), le trésor convoité n'est pas situé dans l'océan Atlantique, où on va le chercher, mais chez soi, dans sa propre cave : il suffit d'y mettre le doigt pour le trouver, comme il suffisait d'ouvrir la malle de Balthazar pour y trouver le fétiche. C'est là également, on le sait, le sort de cette *Lettre volée*, d'Edgard Poe, qui échappe à toutes les investigations policières pour être placée bien en évidence sur la table. Le regard du désir est un regard *distrait* : il glisse sur le présent, l'ici, le trop immédiatement visible, et ne réussit à être attentif qu'à la condition de porter son regard *ailleurs*. Et puisqu'il est ici question de fétiches, on remarquera que ce « sort » attaché au regard du désir – de toujours regarder ailleurs, de tout voir hormis ce que l'on cherche à voir – définit le sort de ceux que la psychiatrie appelle, précisément, des *fétichistes*. Le fétichisme reste froid devant la chose elle-même, laquelle lui apparaît comme muette, incolore et sans saveur ; il est ému non par la chose mais par quelque autre chose qui la signale. D'où un refus du présent et de l'ici, c'est-à-dire un refus du réel en général, puisque le présent et l'ici en sont les deux coordonnées fondamentales. On ne peut s'intéresser à la fois au fétiche (c'est-à-dire au réel) et à ce que le fétiche est censé représenter (c'est-à-dire au « vrai », par opposition au double, au faux). Qui cherche le fétiche trouvera le fétiche ; mais qui cherche ce que le fétiche représente ne trouvera rien, et en tout cas pas le fétiche.

Bref : ne cherchez pas le réel ailleurs qu'ici et maintenant, car il est ici et maintenant, seulement ici et maintenant. Mais, si l'on ne veut pas du réel, il est préférable, en effet, de regarder ailleurs : d'aller voir ce qui se passe sous le tapis, ou en Amérique du Sud, ou dans la mer des Caraïbes, n'importe où pourvu qu'on soit assuré de n'y jamais rien trouver. Car on n'y trouvera jamais rien d'autre que ce qu'on y cherchait réellement : c'est-à-dire, précisément, rien.

III

RETOUR
SUR LA QUESTION DU DOUBLE

1. – LE DÉTOURNEMENT DU RÉEL

Un Immortel doit être à ses côtés, les épaules vêtues d'un nuage, et c'est lui qui aura détourné mon trait rapide, à l'instant qu'il touchait le but. Mon trait était parti : je l'avais atteint à l'épaule droite, bien en face, à travers le plastron de sa cuirasse : je croyais le jeter en pâture à Hadès – et je ne l'ai pas abattu [1] !

Telle est la plainte du guerrier Pandaros, dépité d'avoir manqué Ménélas alors qu'il a visé juste et décoché sa flèche à bout portant. Mais un dieu, comme il arrive souvent dans l'*Iliade*, a détourné la flèche de sa trajectoire et dérobé l'objet qu'elle était sur le point d'atteindre. Ainsi le réel légitime est-il en quelque sorte non advenu, remplacé *in extremis* par un autre réel que lui substitue la malignité divine, en l'occurrence celle de la déesse Athéna. Cette intervention divine, ainsi surprise en flagrant délit de « détournement de réel », est une figure exemplaire de la duplication. Il ne s'y passe pas un événement simple et réel (un archer manquant son but), mais bien deux événements, témoins de deux réalités concurrentes dont il n'advient à l'une de devenir « réelle » que pour autant qu'elle chasse l'autre, la « dévie » de son cours et lui fait ainsi manquer son propre avènement : d'une part un archer qui réussit son coup, d'autre part une intervention divine qui, interceptant l'événement en cours de réalisation, fait que le coup réussi est en même temps un coup manqué. L'avènement d'un certain réel a en somme pour condition la mise à l'écart d'un certain autre réel, quelque chose comme l'élimination

---
1. *Iliade*, V, v. 185-191.

d'une autre candidature à l'accession à la réalité, le court-circuitage d'un rival d'autant plus pressant qu'il est plus crédible. En sorte que le réel qui a finalement lieu est l'autre de ce qu'il aurait normalement dû être, ne se produit que moyennant l'appoint (ou la trahison) de cette intervention extérieure à la chose que le langage courant désigne par les expressions de « coup de pouce » ou plus vulgairement de « piston ». Il faut alors reconnaître deux sources, ou deux niveaux de réalité, à l'événement une fois advenu : sa vérité de droit, qui a manqué à être, et sa vérité de fait, qui ne s'est imposée qu'en usurpant les droits de la première. Plus exactement le fait n'est pas en rupture avec le droit (c'est-à-dire en situation de pure altérité), mais procède d'une perversion de son propre droit, lequel a été dévié de sa course par une intervention étrangère. Cette duplication du réel est représentée en personne à partir du chant XX de l'*Iliade*, c'est-à-dire personnifiée par les dieux qui interviennent alors directement dans la bataille et combattent, invisibles, aux côtés des guerriers qu'ils contrarient et protègent tour à tour, tantôt détournant le jet fatal, tantôt dissimulant par un nuage la cible qu'ils offrent à l'ennemi. Le réel auquel participent les humains n'est que l'apparence visible de la réalité invisible : une *présence* divine explique le *présent* terrestre, tout comme la présence de l'*être*, selon Heidegger, délivre la nature présente de ce qui est actuellement *étant*.

Cette figure homérique de la duplication est remarquable en ce qu'elle ne se limite pas, différant en ceci de la plupart des figures littéraires ou psychologiques du double, à une duplication de personne ou d'objet, mais en vient à doubler un *événement*, c'est-à-dire non pas le « ce qui est » ou « celui qui est » mais le « ce qui se passe », affectant ainsi le réel dans sa généralité impersonnelle, simple somme et succession d'événements. Habituellement, le double ne remet pas en question la réalité du monde en général, je veux dire ce privilège d'être réel qui consiste exactement en un *monopole d'existence* ; monopole d'où résulte cette *importance of being* évoquée par le titre d'une pièce d'Oscar Wilde qu'on a d'autant moins de scrupules à tronquer que « l'importance d'être sérieux », son titre intégral, se résume en somme à l'importance d'être tout court. Le double se contente le plus souvent d'évoquer une multiplication insolite de telle ou telle partie qui ne met pas pour autant en cause l'identité de l'ensemble, pas plus que la multiplication anarchique des cellules cancéreuses ne remet en cause l'identité du malade. Mais ici le double révèle un autre et plus profond visage : d'un prétendant à la duplication de toute réalité, non de tel ou tel seulement de ses figurants. Or cette prétention du double, de contrefaire non pas l'existence de tel ou tel mais le fait de l'existence en général, apparaît à l'analyse comme une constante : intéressant tous les cas de suggestion de duplication, y compris les cas les plus fréquents, ceux où l'intention générale, qui est de « doubler » le réel tout comme on double un concurrent indésirable, se trouve dissimulée par l'intention particulière de compromettre par une contrefaçon la crédibilité d'une certaine réalité. Ce dont le double est en définitive la doublure n'est pas telle ou telle figure du réel, mais bien le fait d'exister, soit la réalité de toute figure. Ce qu'il réfute par son effet de doublure n'est pas seulement l'existence de telle personne ou tel objet en tant que singulier – tous objets dont il réfute cependant suffisamment l'existence, le principal caractère en étant la singularité, du simple fait qu'il en propose une inacceptable réplique. Ce qu'il réfute en profondeur est le fait que de tels objets puissent exister, qu'il y ait jamais manifestation irréfutable d'existence, présence d'objets digne d'être pris en considération en tant que réels.

Dès lors qu'il peut récuser l'existence d'un quelconque *ceci*, par la monstration ou plutôt l'évocation fantasmatique de son double, soit d'un objet paradoxal qui serait à la fois ceci et autre que ceci, ruinant ainsi les prétentions de ce ceci à être lui-même et rien d'autre, l'effet de duplication jette en effet une inévitable suspicion sur la somme de tous les ceci, c'est-à-dire sur l'ensemble du réel dont il contrarie, par le doute porté sur un seul de ses exemplaires, la pure et simple prétention à exister. L'imagination d'un seul double entraîne ainsi la mise en doute de toute réalité – ou du moins sa mise à distance, parfois rassurante quoique toujours provisoire. Précisons-le encore une fois : ce qui est mis en cause par le double n'est pas l'existence de *telle ou telle chose*, mais le fait que telle ou telle chose, et par ailleurs n'importe quelle, puisse être tenue pour parfaitement *existante*. L'ombre du double, passant outre la réalité des objets particuliers, se porte sur le fait de l'existence en général. Toute réalité exposable à la duplication cesse par là même d'être crédible. La pensée du double entraîne ainsi une déception à l'égard du réel le plus irréfutable, propre à confirmer à jamais dans ses doutes l'apôtre Thomas : j'ai vu et j'ai touché, et pourtant il n'y avait rien. Dieu n'existe pas : je l'ai rencontré.

Voir juste n'est pas une condition suffisante pour voir le réel, si l'on n'est pas assuré de voir quelque chose ; si ce qui s'offre au regard est douteux de et par lui-même, tel un corps céleste dont la perpétuelle modification interdirait au plus précis des télescopes d'en fixer l'image, toutes les visions qu'on en peut avoir sont nécessairement des visions troubles. C'est précisément là ce qu'inlassablement suggère le thème du double : de n'en jamais croire ses yeux, car rien de ce qu'ils sauraient voir ne participe du réel, pour être exposé à une duplication qui est la marque du non-réel, l'indice de son « peu de réalité », pour reprendre une expression d'André Breton qui résume la philosophie du surréalisme et la nature profonde de son amertume. Rien de ce qu'ils voient n'étant unique, rien n'est non plus réel ; d'où il s'ensuit que tout ce qu'ils voient est spectacle et pur spectacle, sans garantie aucune de la part du réel censé s'y produire. Un des principaux effets du fantasme de duplication consiste effectivement en un trouble affectant la vision ; trouble originel et inguérissable, puisque tout « voyant » est en puissance un « double voyant », capable en chaque circonstance d'une duplicité du regard qui le détourne du spectacle de ce qui est au profit de la suggestion de ce qui n'est pas, déterminant ainsi une sorte d'anesthésie générale à l'égard du réel ambiant. L'*Iliade* illustre abondamment ce trouble de vision : un dieu y aveugle sans cesse le héros, faisant disparaître à ses yeux, à l'aide d'une vapeur ou d'un nuage, la réalité qui l'environne immédiatement, la personne qui se tient en chair et en os devant lui. Inventeurs archaïques de la ruse de l'histoire selon Hegel, qui consiste à inciter les hommes à l'action tout en les laissant dans l'ignorance de ses propres fins, lesquelles ne coïncident pas avec celles de ceux qui travaillent à les réaliser, les dieux homériques ont pour habitude de suggérer aux hommes des mêlées sanglantes dont ils dissimulent tant les motifs réels que les moyens réellement mis en œuvre, jetant un voile sur l'intelligence et la visibilité du réel qui se joue sous leurs yeux et par leur entremise : le réel est là et a toujours été là, là où les hommes s'entretuent apparemment à son propos quoique en fait hors de tout propos, puisque la réalité à laquelle ils participent leur demeure invisible.

Mais c'est ici justement, dans cette invisibilité du réel occasionnée par la fascination à l'égard du double, le point le plus intéressant du fantasme de duplication, la raison pour laquelle le thème du double présente, outre les intérêts psychologiques et esthétiques qui lui ont toujours été reconnus, un intérêt proprement philosophique ; celui-ci non anecdotique, comme on aurait tendance à le présumer, mais bien de tout premier plan. La duplication élimine l'ensemble de ses modèles, vouant ainsi toute réalité à l'invisibilité. Or cette invisibilité du réel, à laquelle aboutit la suggestion du double, n'est pas une invisibilité accidentelle, due à l'entremise occasionnelle d'une duplication fantasmatique. Elle est au contraire un caractère constitutif du réel, tout à fait indépendant de ses éventualités de duplication, encore que le thème du double y soit de certaine façon impliqué. L'objet réel est en effet invisible, ou plus exactement inconnaissable et inappréciable, précisément dans la mesure où il est *singulier*, c'est-à-dire tel qu'aucune représentation ne peut en suggérer de connaissance ou d'appréciation par le biais de la *réplique*. Le réel est ce qui est sans double, soit une singularité inappréciable et invisible parce que sans miroir à sa mesure. Il en résulte que le double, par la manifeste et radicale altération qu'il suggère de l'objet qu'il prétend reproduire, est le biais le plus direct – ou si l'on préfère le moins indirect – par lequel il puisse arriver au réel d'être « visible », je veux dire d'être appréhendé au plus près de sa réalité en apparaissant dans l'évidence de sa non-visibilité. Car la représentation du réel se trouve ici contestée non dans sa qualité ou l'ampleur de ses performances possibles mais dans son principe même. On savait déjà que celle-ci était nécessairement limitée, imparfaite, partielle et partiale ; mais voici qu'il apparaît qu'elle est de toute façon étrangère à ce qu'elle représente et comme hors de son sujet, puisque cette représentation parfaite que serait le double, réplique absolue du représenté, n'aboutit pas à une suggestion du réel mais à la relégation de celui-ci dans la non-existence. Si le double parvient, comme il y parvient en effet de manière incomparable, à « représenter » le réel, c'est justement parce qu'il contredit toute possibilité de représentation et réussit ainsi, si l'on peut dire, la performance de *présenter* le réel en tant que *non représentable*. Mettant en échec la représentation du réel, le double est une voie d'accès privilégiée au sentiment du réel, on peut même dire à la pensée du réel dès lors que l'on définit celle-ci, et apparemment avec raison, comme la prise en considération de son caractère précisément impensable. Le privilège du double est de poser de la manière la plus aiguë la question du réel, de la réalité de ce qu'on se représente comme le réel : d'en être un *révélateur*, dans le sens photographique du terme, soit d'un liquide dans le bain duquel la neutralité inexpressive de la feuille blanche se transmue progressivement en image visible et déterminée. Ainsi le réel en vient-il à se « révéler » par l'intermédiaire du double qui en suggère l'invisible unicité, offrant une réplique improbable et inespérée à un objet par nature non réfléchissant.

Par son absurdité manifeste, consistant à apparaître comme copie à la fois la plus familière et la plus étrange, le thème du double signale par contrecoup le privilège de l'unique, soit un monopole d'existence tel qu'il interdit toute prise de considération quant à lui-même, celle-ci nécessairement étrangère à lui, étrangère donc à quoi que ce soit. C'est là, si l'on peut dire, l'exorbitante tyrannie du réel que de ne tolérer en son palais d'autre flatteur que lui-même : toute image y est interdite de séjour. Et c'est aussi pourquoi il n'y a rien de moins « simple » à penser que précisément le thème du simple, de l'unique. Si le double fait paradoxe, c'est que le simple qu'il s'avère incapable de doubler fait lui-même problème en tant que tel. Ce problème est d'ailleurs bien connu de l'histoire de la philosophie, qui a toujours achoppé sur le caractère impensable et indescriptible de la notion de *même* dès lors qu'il n'est aucun *autre* pour en rendre raison ; aporie à partir de laquelle on est tenté de diagnostiquer, comme y invitent aujourd'hui des philosophes d'inspiration aussi différente que Gilles Deleuze ou Jacques Derrida, l'appartenance originelle de l'identité à la différence, le caractère à jamais improbable donc de toute identité véritable, bref l'éternelle improbabilité du réel. Si le réel est le simple, il manquera toujours à être reconnu, puisqu'une telle reconnaissance implique, de par l'insistance de son « re », l'appoint d'un Autre que sa propre définition exclut.

Ce qui pourrait « expliquer » le monde doit ainsi demeurer étranger au monde qu'il expliquerait, faute d'en troubler, en s'y mêlant, la nature simple – à moins qu'il ne réussisse à respecter celle-ci, mais c'est seulement à la condition de se confondre exactement avec elle : l'expliquant faisant corps avec l'expliqué, comme il advient dans certaines philosophies panthéistes, déistes ou matérialistes, renvoyant alors ce dernier, par le biais d'un détour d'autant plus significatif qu'il reste sur place et n'implique aucun déplacement, à son énigme première. C'est pourquoi la pensée religieuse du salut a pour stricte et paradoxale condition de son efficacité la pensée complémentaire que ce salut ne doit en aucun cas advenir, comme le judaïsme en témoigne de manière tout à fait remarquable et exemplaire. La lumière attribuée à l'Autre doit demeurer le privilège de l'Autre, rester une étrangère à l'égard de ses propres ombres. Comme Platon le précise expressément dans une de ses pages les plus célèbres, le spectacle de la lumière a pour conséquence obligée l'invisibilité du réel. Le prisonnier de la caverne, qui y voit peu et mal, ne gagne à en sortir que de ne plus rien voir : « une fois arrivé à la lumière, il aurait les yeux éblouis de son éclat, et ne pourrait voir aucun des objets que nous appelons à présent véritables [2] ». Aussi désirerait-il regagner aussitôt sa caverne, c'est-à-dire revenir au réel, « retournant aux choses qu'il peut regarder », à ces choses qu'il croirait et aurait toutes bonnes raisons de croire « réellement plus distinctes que celles qu'on lui montre [3] ». De même, l'autorité de tout Messie consiste dans son absence, ou plutôt dans la pensée assurée que sa présence reste et restera à venir. Promettant une explication sans risques, dès lors que la reconnaissance de son caractère à jamais futur en voile le caractère non seulement inconcevable mais encore et plus profondément indésirable, cet « à-venir » du Messie peut suggérer sans dommages une fin du monde qui demeure sans effet sur le cours du monde, une extinction inéluctable de toutes choses qui ne compromet dans l'immédiat aucune chose en particulier. C'est un attribut essentiel de Dieu, et non accidentel au sens aristotélicien, que d'être caché ; Pascal qui s'en lamente dans telle *Lettre à Mlle de Roannez* montre assez, par l'ensemble de ses *Pensées*, toutes les raisons qu'il a par ailleurs de s'en réjouir. Il vaut mieux attendre Godot en toute patience, c'est-à-dire sans aucune impatience d'en voir précipiter la venue : son absence est sans doute regrettable, mais ce serait assurément bien pire s'il arrivait.

---

2. *République*, VII, 516 a.
3. *Ibid.*, 515 e.

Remarquons pourtant que cette ombre portée sur le réel par la déception du double – je veux dire par le fait que le double, venant à manquer son effet, en vient aussi à décevoir l'espérance de voir garantir le réel par une autorité extérieure à lui – n'affecte pas tant la réalité en elle-même que sa possibilité d'être un objet pour la pensée. Sa présence n'apparaît comme douteuse que dans la mesure où elle apparaît comme impensable, pour n'offrir aucun renseignement utile à celui qui entreprendrait d'en établir, et par là d'en concevoir, l'*identité*. Mais c'est le fait de toute identité, du concept d'identité envisagé de la manière la plus abstraite et la plus générale, que d'apparaître comme ainsi inconcevable. Un insurmontable paradoxe est en effet attaché à la notion d'identité, pour désigner à la fois deux qualités dont l'une contredit l'autre. Précisons ici la nature de ce paradoxe, d'autant plus intéressant qu'il signale, outre une difficulté d'ordre logique, une contradiction inscrite dans les choses mêmes, une ambiguïté face à laquelle la pensée n'est amenée à hésiter que pour autant qu'elle se trouve alors confrontée à une « hésitation » du réel en personne. L'identité est un concept ambigu parce qu'il suggère toujours deux espèces hétérogènes d'identité, deux façons différentes et contradictoires d'être identique. L'identique désigne d'abord l'identité, la reconnaissance de celui-ci en tant que celui-ci, *is dem* selon l'origine latine, soit *celui-ci même*. Mais l'identique en vient aussitôt à désigner du même coup – et ce apparemment dans toutes les langues du monde, ce qui incite à présumer la complicité des deux sens – l'équivalence d'un terme à un autre, la reconnaissance de celui-là en tant que celui-ci, *idem* en latin, soit *le même que celui-ci* : sens exactement contraire à celui dont il prend ainsi le relais, puisque substituant l'idée d'égalité à celle de spécificité inégalable, l'idée de reproduction à celle de singularité. On peut imaginer il est vrai que ce second sens est non pas une contradiction mais plutôt une généralisation du premier : si l'on tient compte du facteur temporel qui voue dans tous les cas le même à la différence des temps (passés, présents et futurs), ne permettant l'identification d'un quelconque objet ou individu que si l'on peut affirmer que celui d'hier est le même que celui d'aujourd'hui, que le moi présent est bien le même moi qu'auparavant, que la Joconde reste et restera toujours la Joconde. Ce privilège du même, de demeurer le même malgré les travers du temps, serait ainsi le modèle élémentaire d'identité dont s'inspire la pensée du même en tant qu'égal à un autre. Mais le privilège d'être celui-ci est très différent de celui de demeurer le même, et ne saurait par conséquent être invoqué comme modèle direct de l'idée d'égalité : il y a presque autant de différence entre le ceci et son même dans le temps qu'entre le ceci et tout objet autre dont il puisse lui advenir d'être tenu pour le même, selon le second sens du concept d'identité. Si je suis le même que celui que je serai demain, c'est à peu près au sens où je suis le même que mon voisin : un homme parmi d'autres. On ne peut donc voir, dans cette dérivation supposée de la persistance du même dans le temps à son égalité avec l'autre, qu'un passage forcé d'un aspect accidentel de l'identité au sens premier à une tout autre conception de l'identité : le sens essentiel de l'identité première désignant la reconnaissance d'un ceci à un moment donné, non sa permanence éventuelle dans le cours du temps (celle-ci d'ailleurs douteuse en toute rigueur). Ce qui fait l'identité d'un ceci demeure ainsi étranger à la somme de ses égalités possibles, étranger même à une égalité avec son propre soi considéré à un autre instant du temps, l'écart au présent d'un des deux ceci étant la marque d'une différence qui suffit à faire de cette identification une affaire d'égalité et non d'identité. Ce qui fait l'identité d'un ceci est d'être ceci, non d'être identique ou assimilable à quelque cela que ce soit.

Or c'est le sort de toute réalité en général que d'apparaître en tant que réelle précisément dans la mesure où il est impossible de la reconnaître en tant que semblable à une autre : d'être celle-ci même si et seulement si elle n'est la même de rien. Le concept de « mêmeté » – et la réalité qu'elle désigne – n'intègre ainsi la pensée du même que pour autant qu'il la récuse, ne s'autorisant à présumer d'une chose qu'elle est *telle* que s'il est assuré qu'il ne lui est par ailleurs *rien de tel*, ne connaissant de toute chose d'autre identité que celle qui consiste à n'être identique à rien. Comparable en ceci au dieu Janus, dont le double visage embrasse du regard deux directions diamétralement opposées, la pensée de l'identité rassemble et confond les deux idées contraires du même et de l'autre : désignant à la fois et contradictoirement ce qui est *sans égal* et ce qui est *égal à quelque autre chose*. Impossible, en bref, de penser le même sans penser du même coup son propre contraire, d'imaginer une identification qui ne passerait pas par le biais obligé d'un « ne pas être identique » en quoi se résume paradoxalement sa dernière et meilleure preuve : comme en témoigne la banale carte d'identité qui n'assure de la personne que pour autant qu'elle la présente comme différente de toute autre, non identique à quelque autre personne que ce soit, garantissant ainsi son « identité » particulière par l'exhibition d'un certificat général de « non-identité ».

Cette implication de l'autre dans le même, du différent dans l'identique, ne doit cependant pas s'entendre dans le sens d'une stricte équivalence ou complémentarité. Car le même et l'autre relèvent de deux domaines hétérogènes : le premier appartient au réel, le second à l'irréel – d'où l'on peut s'autoriser à déduire, encore que l'expression de semblable pensée confine d'un peu près à l'obscur, que le même est en lui-même autre, l'identique différent de la différence. En d'autres termes, l'ambiguïté du concept d'identité ne se confond pas exactement avec l'ambiguïté du réel. Si l'ambiguïté du même en tant qu'objet de pensée consiste à osciller, comme on l'a vu, entre les pôles opposés du même et de l'autre, l'ambiguïté du même en tant que réel ne consiste aucunement dans une ambivalence inhérente au réel, mais dans l'impossibilité où se trouve sa singularité d'apparaître en tant que telle, sauf à passer par l'imagination d'une duplication qui la laisse deviner *a contrario*. L'identité du réel ne se donne pas à connaître directement, peut seulement « se donner à penser », à prendre l'expression dans le sens imprécis qui lui est habituellement attaché : invitant en quelque sorte au rêve de ce qu'elle est par la claire perception de tout ce qu'elle n'est pas. De même la mémoire, lorsqu'elle essaie de retrouver un terme oublié, n'appréhende de ce dernier que la certitude qu'il est *différent* de tous les termes proposant alors leur candidature à la reconnaissance : tel un fantôme dont la seule consistance se résumerait à être distinct de tout corps. Car la différence se perçoit mais non ce dont elle diffère, c'est-à-dire l'identité. D'où l'effet immédiatement persuasif de la première, et médiocrement convaincant de la seconde. Montaigne oppose ainsi la pâleur du même à la vigueur de la différence : « La ressemblance ne fait pas tant un comme la différence fait autre [4]. » Cette suprématie de l'effet de différence sur l'effet de ressemblance, du « faire autre » sur le « faire un », traduit non l'inconsistance mais la mauvaise visibilité du réel, soit le manque à paraître de sa visibilité, l'aspect nécessairement problématique, car non directement représentable, de son identité.

Ainsi s'explique la puissance suggestive du masque, dont la nouvelle identité qu'elle propose est d'autant plus crédible que l'identité qu'elle dissimule est incertaine : un masque sur un masque, comme le dit Mercutio dans le *Roméo et Juliette* de Shakespeare. Ainsi s'explique aussi l'éternelle souffrance quant à l'identité dont témoignent au fil des jours telle revendication individuelle, régionale ou nationale : ignorant que toute identité est par définition en souffrance – en attente d'être pensée –, l'individu ou le groupe attribue son manque d'identité à une pression extérieure que Jacques Lacan attribue justement, dans un passage des *Écrits*, à « la faute de l'Autre s'il existait ». Son identité étant peu considérable, au sens propre du terme considérer qui signifie regarder et percevoir, il essaie de suppléer à ce manque

---

4. *Essais*, III, 13.

constitutionnel par un appel à une garantie extérieure, par une demande de *prise en considération* qui ne saurait pourtant jamais être plus qu'un succédané de la visibilité réelle et immédiate à laquelle il aspire.

La recherche de sa propre identité est une entreprise vaine en son principe parce qu'il est impossible de jamais identifier ce qui est réel, le réel étant précisément ce qui, pour être sans double, demeure réfractaire à toute entreprise d'identification. À tous ceux qui s'adonnent à une telle tâche – tel le président d'Égypte Anouar el-Sadate déclarant au début de ses Mémoires : « Comme l'est, je crois, celle de tout être humain, ma vie a été un long trajet en quête de mon identité » –, on peut garantir, en parodiant une célèbre pensée de Pascal, que s'ils se cherchent ils ne se trouveront jamais. Tel est en effet le réel, et sa définition la plus générale : *un ensemble non clos d'objets non identifiables*. Une identification consiste à ramener un terme inconnu à un terme connu ; opération impossible dans le cas du réel qui est seul à être et ainsi, si l'on peut dire, le seul à être seul : « un être unilatéral dont le complément en miroir n'existe pas », a dit de l'univers le physicien Ernst Mach. Le réel est ainsi étranger à toute *caractérisation* ; et c'est précisément là son caractère propre que d'être sans caractéristiques assignables. Il est insolite par nature : non qu'il puisse lui arriver de trancher sur le cours ordinaire des choses, mais parce que ce cours ordinaire est lui-même toujours extraordinaire en tant que solitaire et seul de son espèce.

Considérons par exemple un camembert posé sur mon assiette. Son aspect, sa couleur, sa pâte sont caractéristiques ; son parfum et sa saveur, lorsque j'y goûte, confirment aussitôt la nature de son identité. Je puis donc déclarer, sans aucun risque d'erreur : voilà du camembert. Or qu'est-ce exactement que je dis, lorsque j'identifie ainsi mon fromage, à ne pas m'y méprendre, comme camembert ? Je dis, sans doute, que ce fromage appartient au genre de ceux que j'ai précédemment reconnus comme camemberts : qu'il n'est ni brie, ni livarot, ni pont-l'évêque, ni quoi que ce soit d'autre que du camembert. Mais cela ne m'apprend rien sur la nature spécifique de cette saveur et de ce parfum dont je m'aperçois, à y réfléchir, que je serais bien en peine de la décrire en tant que telle. Que ce camembert évoque irrésistiblement ceux que j'ai déjà dégustés, et puisse ainsi être immédiatement *identifié* comme camembert, ne me renseigne pas quant à l'*identité* de sa saveur : je sais que celle-ci est différente de toute autre saveur, et c'est là tout ce que je sais et peux dire d'elle. Car dans le temps même où je l'ai reconnu comme camembert je l'ai identifié comme *incomparable*, c'est-à-dire précisément non identifiable par le biais d'une équivalence éventuelle. Tout est dit dès lors et il n'y a rien à ajouter ; toute description supplémentaire serait aussi laborieuse et vaine qu'une rédaction de collégien prié, un jour de rentrée, de composer sur le thème de ses souvenirs de vacances. Ainsi reste-t-on coi et sec à l'égard du réel en général, dès lors qu'on entreprend d'en décrire le caractère majeur, je veux dire la singularité : son intérêt et sa saveur sont hors de question, mais l'évocation en est rendue malaisée par la qualité même qui en fait le principal caractère, d'être sans prix parce que sans réplique, sans valeur assignable parce que sans exemple par lequel mesurer celle-ci. Le rapport le plus direct de la conscience au réel est ainsi un rapport de pure et simple ignorance.

De même que la description d'une chose s'épuise dans le nom qui en désigne l'indescriptible réalité, de même la description de son lieu, pour se heurter au même problème de caractérisation, s'épuise dans l'information peu renseignante de son lieu propre : assurant qu'il est ici et non ailleurs mais s'en tenant nécessairement là, tout comme le savoir du camembert se limite à la pensée que le camembert est le camembert. Le réel existe mais il est impossible de préciser quel ; de même ici existe mais il est très difficile de préciser où. Dans le conte le plus célèbre des *Mille et une nuits*, l'histoire d'« Ali-Baba et les quarante voleurs », les deux voleurs que leur chef envoie successivement en reconnaissance sont chargés d'une double mission : d'une part découvrir en ville la porte de la maison d'Ali-Baba, qui y a entreposé leur trésor ; d'autre part la caractériser de manière suffisante pour qu'on puisse la reconnaître lors de l'expédition projetée en vue de récupérer le butin. Or s'ils réussissent dans la première de ces tâches, ils échouent chaque fois dans la seconde : ils ont bien découvert l'ici recherché, mais n'ont, si l'on peut dire, trouvé aucun ailleurs qui permette de désigner assurément cet ici en tant qu'ici. Les marques extérieures sur lesquelles ils comptaient (telle croix sur la porte dont la servante d'Ali-Baba annule l'effet distinctif en la reproduisant sur les portes avoisinantes) se sont évanouies dans la nuit, ou plus exactement ont cessé d'être des marques distinctives ; et cela précisément parce qu'elles étaient des marques extérieures, seulement des marques extérieures, soit quelque chose incapable de signaler un ici en tant que tel pour demeurer nécessairement étranger à lui. Cette mésaventure des deux voleurs, qui la paieront de leur vie, illustre la difficulté générale qu'il y a à dire quoi que ce soit à propos de tout ici – difficulté qui rend vaine en son principe toute prétention à une véritable « reconnaissance des lieux ». L'ailleurs est un repère insuffisant de l'ici, comme l'autre est un repère insuffisant du même. Cette insuffisance universelle est sensible dans les procédés mnémotechniques, dont elle explique le résultat incertain et hasardeux. Le nœud au mouchoir est trop étranger à la chose qu'il prétend signaler pour en garantir la retrouvaille. À cela s'ajoute le fait que l'autre, sur lequel je compte pour revenir au même, devient à son tour un même dont le retour, pour être garanti, devrait être lui-même assuré auprès d'un nouvel autre, et ainsi de suite. Cela, escompté-je, me fera penser à ceci ; mais qu'est-ce qui me fera penser à cela ? J'éprouve par exemple quelque peine à garder en mémoire le numéro de téléphone d'un correspondant : impossible de me mettre dans la tête les chiffres qui composent ce numéro. Mais voici que je m'avise que ces chiffres représentent les numéros minéralogiques de trois départements français : 83,

68, 74, soit respectivement le Var, le Haut-Rhin et la Haute-Savoie. Il me suffira donc désormais de songer à ces trois départements pour retrouver automatiquement le numéro récalcitrant. Or je ne tarde pas à constater l'insuffisance de ce moyen mnémotechnique : car j'ai oublié dans l'intervalle la nature de ces trois départements, et il me faudrait à présent quelque nouveau moyen me permettant de songer automatiquement, et dans cet ordre, au Var, au Haut-Rhin et à la Haute-Savoie. Le signal mnémotechnique ne signale rien : et parce qu'il est autre de ce qu'il signale, et parce qu'il peut à tout moment être lui-même perdu de vue. Ces apories, qui obligent à avouer finalement que ceci et ici se réduisent à être ceci et ici, éclairent en profondeur la nature tautologique du réel. Elles montrent du même coup la profondeur des remarques de M. de La Palice et l'étrange pouvoir de suggestion attaché à l'expression tautologique : unique signal du singulier, la redondance y marque l'insistance même du réel.

C'est cette insistance du réel sur laquelle glisse sans l'atteindre la flèche de l'archer dans l'*Iliade* : le détournement du réel qu'y suggère Pandaros est un détournement du regard, un écart de pensée invitant à prendre en considération non ce qui est mais ce qui n'a pas été. Et c'est de même le sort de toute pensée que de n'avoir à choisir qu'entre la tautologie et l'égarement : de ne sortir de la lapalissade du réel qu'à la condition d'entrer dans le fantasme de son double. Le réel non advenu, dont se recommande Pandaros pour justifier du réel effectivement advenu, est un réel fantomal, tout comme est fantomale l'intervention supposée d'Athéna. Mais du même coup l'inconsistance manifeste de cet autre réel, dont l'invocation sert alors d'alibi, en vient à suggérer de manière tout aussi manifeste l'insistance du réel qu'elle prétend contester, la pâleur du premier y révélant par contraste les vives couleurs du second. C'est en quoi la flèche de Pandaros finit tout de même par atteindre sa cible : à force d'insister sur ce qui n'est pas, d'évoquer l'éventualité de ce qui n'a pas eu lieu, elle réussit à attirer l'attention sur ce qui existe et a effectivement eu lieu, à forcer le regard en direction de la réalité du réel et de la vérité du vrai. Tel est justement le privilège du double que d'évoquer le sérieux du réel par la manifestation de sa propre vanité, d'en suggérer une relative visibilité à partir de l'évidence de sa propre invisibilité. Ce privilège consiste en ceci qu'il autorise – et est apparemment le seul à autoriser – ce que j'appellerai, en souvenir de l'origine grecque du mot qui évoque à la fois l'idée de pensée et celle de spectacle, une *théorie* du réel : c'est-à-dire une prise en considération du réel, une sorte de droit de regard occasionnel, obtenu aux dépens du double par l'entremise de sa propre impertinence.

L'éminence du réel, l'essence même de la réalité, n'apparaît ainsi jamais aussi clairement que dans son incapacité à épouser les contours de quelque double que ce soit. Le réel est ce dont il n'est pas de duplication ; ou plus exactement pas de duplication qui ne soit un leurre, suggérant l'idée d'un double alors qu'il s'agit du réel en personne. Leurre à l'effet comique dans le cas du quiproquo ; à l'effet tragique lorsqu'il suggère la figure trompeuse d'un autre rassurant en lieu et place du redoutable même dont il tient provisoirement le rôle – rôle intenable à terme, la doublure en venant inévitablement à trahir l'original par la contrefaçon même qu'elle en propose. Telle est l'histoire tragique d'Œdipe, comme elle est plus ou moins celle de tout homme : de mettre son identité à l'abri d'un double qui aboutit à la plus sûrement révéler, d'imaginer une autre histoire qui est précisément sa propre histoire, d'invoquer le fantôme d'une autre réalité, d'une doublure optimiste de l'événement qui apparaît finalement comme sa version originale et fâcheuse, tout comme les traits de l'étranger présumé en viennent inéluctablement, dans la pièce de Sophocle, à se confondre avec ceux du propre visage d'Œdipe. Et lorsque la victime du sort prétend avoir été trompée par l'oracle qui lui avait annoncé son destin à mots voilés, c'est toujours après l'avoir pourtant accompli le plus scrupuleusement du monde : de quoi se plaint-elle donc ? Elle a tout fait pour éviter que ne s'accomplissent les prédictions de l'oracle ; malgré cela, celles-ci se sont exactement réalisées : l'oracle n'avait-il donc pas raison ? Non, proteste l'intéressé, car l'oracle n'avait pas dit que l'événement s'accomplirait précisément à la faveur des efforts que j'ai déployés pour en contrarier le cours. Il s'attendait bien à l'événement mais pas par ce biais, bien à cette chose-là mais pas comme cela : la version finalement retenue par le réel lui semble une réalisation suspecte, une version perverse de l'événement, tout comme le tir manqué par Pandaros apparaît à celui-ci comme une perversion de son tir réel. On reconnaît ici un thème fréquent dans la littérature oraculaire : le héros, averti à l'avance de la menace qui pèse sur lui, se protège à l'aide d'un système de défense dont l'effet malencontreux est justement d'en permettre la réalisation, voire d'en précipiter l'événement. D'où sa protestation à l'égard du réel, accusé de procéder par voie de coup bas, de prendre par surprise et comme en traître. Mais c'est oublier là qu'en travaillant à en interdire l'ensemble des réalisations imaginables on relègue toute menace dans une altérité pure qui la prive de toute voie d'accès au réel. Si l'on estime que l'événement redouté aurait dû se produire *de façon autre*, c'est qu'on estime secrètement que cet événement ne devait en fait se produire *d'aucune façon*. En sorte que l'attente où l'on se prétend avoir été est en réalité une fausse attente, soit l'attente d'aucune chose, attente face à laquelle les seuls coups permis, je veux dire les seuls coups envisageables, seront aussi nécessairement des coups bas. L'événement, non pour être tel mais simplement pour être, surprendra toujours une défense ainsi résolue à ne s'attendre à rien.

Cette contestation de l'oracle, dans le temps même où celui-ci se réalise de la façon la plus éclatante, constitue une réaction hautement intéressante et symptomatique. Revenant en somme à refuser à l'événement advenu le plein privilège du réel, en quelque sorte pour vice de forme, elle est un épisode exemplaire de la guerre incessamment livrée à la reconnaissance du réel par la suggestion de son double. L'illusion oraculaire, de s'estimer trompée par l'événement qui lui était précisément annoncé, traduit une désillusion générale à l'égard de la réalité du réel, coupable d'être telle et seulement telle, de se résumer à un même absolument étranger à tout autre. À cette exorbitante prétention du réel, qui interdit toute échappatoire, elle persiste à opposer la série de ses variations possibles, l'éventualité de tel ou tel autre mode de réalisation. Ce refus *a posteriori* de l'oracle une fois accompli illustre de manière symbolique une très profonde et très ordinaire vérité, si ordinaire même qu'elle passe inaperçue pour trop aller de soi : je veux dire la sûreté du réel, son indifférence tranquille à tous les aléas de l'autre (ceux-ci fussent-ils les plus crédibles ou probables), l'ignorance souveraine de toute doublure que lui vaut sa certitude d'exister en version unique. Toute version doublée finira par s'y résoudre, car tous les détours y ramènent comme par enchantement. Ce qu'on appelle destin ou fatalité n'a jamais rien désigné d'autre que le simple caractère *existant* du réel, qui constitue son privilège et à l'occasion sa malédiction : soit le monopole de l'être, qui exclut d'emblée toute rivalité et déboute ainsi toute figure du double de ses prétentions à l'existence.

2. – L'ÊTRE ET LE DOUBLE

Le thème du double, l'invraisemblable duplication du réel qu'il présente un instant comme vraisemblable, est d'un effet ambivalent : suggérant du réel aussi bien une échappatoire éventuelle qu'une possibilité de prise en considération. C'est seulement ce second aspect qui nous intéresse ici. Car le double, s'il ne présente guère d'intérêt en lui-même, sinon celui d'offrir à l'occasion l'incertain recours de l'*alibi*, vaut en revanche par son évocation indirecte de la singularité du réel, alors précisément saisi dans sa résistance à toute *coïncidence*. Étant ce qui est sans double, le réel en vient à être reconnu comme tel par l'inexistence du double, figure d'un envers qui autorise l'imagination de son invisible endroit. En bref, le double, de par son manque à être, porte du même coup la marque de ce qu'il ne réussit pas à doubler, apparaissant ainsi comme signal de l'être. Le contraire direct de l'être, révélateur et témoin formel de la réalité du réel, n'est pas le néant mais le double. Point de néant en bordure de l'être ; mais aux confins du réel commence la région du double, qui est sa négation la plus voisine et la plus immédiate. « Un bonheur c'est tout le bonheur ; deux, c'est comme s'il n'existait plus », écrit Ramuz dans son *Histoire du soldat*. On peut en dire autant du réel en général (dont on sait par ailleurs qu'il est et a toujours été l'unique occasion de bonheur).

La pensée du double, à en mener l'analyse jusqu'à son terme, aboutit ainsi à la pensée d'une *ontologie* en laquelle se résume finalement la recherche philosophique. Ontologie du réel dont la particularité est de ne prendre appui ni sur la pensée de son « être » ni sur celle de son « unité », mais sur la considération de sa seule singularité. Appui qui peut certes apparaître comme à jamais douteux, puisque la considération sur laquelle se fonde semblable ontologie est obscure en son principe : considération d'un réel qui, en tant que singulier, ne saurait jamais être vu ni décrit. Il n'y a rien à répondre à cette objection, et on doit au contraire en confirmer sans cesse le bien-fondé. L'ontologie du réel est une « ontologie négative », comparable aux systèmes que l'histoire de la philosophie a reconnus comme « théologies négatives », tels ceux de Denys l'Aréopagite, de Maître Eckhart et Nicolas de Cuse, dont elle ne diffère en somme que par cette circonstance qu'elle applique au réel les attributs que les théologiens négatifs ont coutume d'attribuer à Dieu. À cette seule mais importante différence près, l'ontologie du réel se rallie aux principes de la théologie négative, persuadée qu'« on ne peut voir que par la cécité, connaître que par la non-connaissance, comprendre que par la déraison », pour reprendre les termes d'une célèbre formule d'Eckhart.

Il est évident que cette ontologie manifeste une rupture à l'égard de l'ontologie classique, laquelle oppose la vérité de l'être à l'ensemble des aspects de l'existence, introduisant ainsi l'idée d'une distinction fondamentale, à laquelle répugne l'ontologie du réel, entre deux « niveaux » de réalité, entre deux façons différentes d'être réel. L'ontologie traditionnelle différencie le fait d'être et le fait d'exister, ne prend en compte le second que dans la mesure où elle le soumet à la dépendance du premier ; d'où il s'ensuit que la réalité de l'existence ne jouit pas de toutes les prérogatives du réel, n'étant pas réelle au sens que l'on assigne, de manière parfaitement mystique d'ailleurs, c'est-à-dire parfaitement inassignable, à la réalité de l'être. L'insuffisance de la réalité existante n'est pas seulement, par exemple, d'être tributaire du temps qui la condamne à ne jamais exister que provisoirement ; elle est aussi et surtout de ne pas exister tout à fait, même à l'occasion de son temps propre. Les exigences de l'ontologie classique réduisent à une apparence d'être le fait de n'être qu'un instant : concluant du manque de durée à un manque de réalité, comme William James qui évoque, dans la *Philosophie de l'expérience*, le « caractère essentiellement *provisoire*, et par conséquent *irréel*, de toutes les choses empiriques et finies [5] ». L'existence présente est alors insuffisante non en tant que seulement présente mais bien en soi ; car il ne servirait à rien d'y ajouter la somme des existences passées et futures, celles-ci n'étant pas davantage consistantes, pour combler son insuffisance originelle : l'addition finale de tous les « étant » n'équivaudra jamais au montant de l'être. De même, l'universalité de l'universel est l'universel en tant que tel, non la somme universelle de ce qui a existé, existe et existera. « Pour caractériser l'universalité de l'universel, écrit Heidegger, Hegel mentionne quelque part le cas suivant. Quelqu'un désire acheter des fruits et entre dans une boutique où il demande des fruits. On lui offre des pommes, des poires, on lui présente des pêches, des cerises, du raisin. Mais l'acheteur refuse tout ce qu'on lui offre. Il veut à toute force avoir des fruits. Pourtant, ce qu'on lui offre, ce *sont* bien chaque fois des fruits et néanmoins il apparaît qu'il n'y a pas de "fruits" à vendre. L'impossibilité est infiniment plus grande lorsqu'on veut se représenter "l'être" comme l'univers opposé à n'importe quel étant [6]. » Telles les actions d'un capital qui représenteraient celui-ci sans en posséder aucune part, les choses existantes témoignent de l'être sans jamais s'y confondre, demeurant ainsi étrangères à leur propre réalité. L'existence signale l'être mais n'en fait pas pour autant *partie* ; pas plus que les fruits sur l'étalage, pour reprendre l'exemple de Hegel, ne font partie du fruit considéré comme essence universelle.

Selon l'ontologie classique, la reconnaissance du réel implique un désaveu de son propre fait, l'aveu d'une réalité en tant qu'éminente ne s'obtenant que de la récusation de sa réalité en tant que singulière (réalités qu'une ontologie

---
5. Flammarion, p. 84 (je souligne).
6. « La constitution onto-théo-logique de la métaphysique », in *Questions I*, tr. A. Préau, Gallimard, p. 300-301.

du réel invite au contraire à confondre) : l'insistance de l'être s'y déduit d'une opération de duplication à la faveur de laquelle on distingue entre ce qui est et ce qui ne peut se recommander que d'une existence singulière. C'est ainsi que tout au long de son œuvre Heidegger oppose l'*étant* à l'*être*, le caractère *présent* de telle ou telle réalité à la *présence* qui s'y signale tout en demeurant dérobée au regard. Analysant par exemple la célèbre formule attribuée à Anaximandre, dans son ouvrage traduit en français sous le titre fautif de *Chemins qui ne mènent nulle part*, Heidegger décrit la nécessité où est tout présent d'être constamment « sorti de ses gonds » par l'attirance d'une perduration qui le rend comme étranger à lui-même en le mettant perpétuellement « hors de lui ». Il entend montrer par là son inconsistance constitutive, son inexistence en tant qu'il serait tel et seulement tel, bref une défaillance caractéristique dont la reconnaissance autorise à réduire toute prestation d'existence au simple rôle de témoin de l'être. Remarquons au passage que l'idée d'un être indépendant de toute existence, thème fondamental de l'ontologie traditionnelle, surgit dans le sillage d'une duplicité présumée du réel, soupçonné de nature double pour exister sous les deux espèces apparemment contradictoires de l'instantané et du durable. La pensée de l'être se fait justement jour, selon Heidegger, dans cette disjointure entre le réel et lui-même, dans cette différence entre la présence et le présent où se résume l'essence ambiguë de toute existence, son incapacité de jamais apparaître comme telle et rien que telle : l'expression d'un quelconque ceci ou ici ne se donnant à considérer que dans la mesure où elle se double d'une allusion à un cela et à un ailleurs.

L'ontologie du réel ne prétend naturellement pas que la réalité se limite au présent, à l'ici et au maintenant : le privilège de la réalité s'étendant nécessairement à tout ce qu'il y a et aura jamais de réel dans le domaine de l'ailleurs comme dans celui des autres temps. Mais elle tient ces autres réels pour autant de parties prenantes d'une même réalité, non pour l'écho d'une présence transcendant tout présent.

Il est bien évident que le réel ne désigne pas seulement ce qui est présent, mais aussi tout ce à quoi il advient d'être présent, c'est-à-dire tout ce qui est « présent présentement et non présentement », comme y insiste longuement Heidegger à propos d'un passage du premier chant de l'*Iliade*[7]. Homère y décrit le savoir du devin Calchas comme « voyance de ce qui est, de ce qui sera et de ce qui a été » ; formule dont l'analyse heideggerienne aboutit à l'enseignement selon lequel le réel ne se résume pas à sa réalité immédiatement perceptible, ni la présence à l'immédiatement présent, ni la voyance au simple fait de voir : débordant largement sur son passé et son avenir, le réel n'apparaît qu'aux yeux de celui qui y a déjà vu et sait y voir à l'avance. Leçon de texte irréprochable, en un certain sens ; car il est de toute façon vrai que l'ici évoque la série de ses ailleurs, le maintenant la suite des instants où il prend place, et de manière générale le même la gamme infinie de tout ce dont il est autre. Mais toute la question est de déterminer la nature de cet autre : s'il est autre parce que simplement passé, ou futur, ou ailleurs, ou s'il est autre indépendamment de tout passé, futur et ailleurs, c'est-à-dire en tant que différent de toute existence. Dans le premier cas, la voyance ci-dessus évoquée se porte sur la somme des ici et des maintenant, sans perdre de vue le réel ; dans le second, elle vise un objet de nature étrangère à tout ici et à tout maintenant, soit l'ajout au réel d'un supplément de réalité.

La pensée de l'autre s'offre donc à deux interprétations concurrentes et contradictoires : effet d'une insuffisance inhérente au réel, selon l'ontologie classique ; effet d'une irradiation du réel en direction de toute réalité, selon une ontologie du réel. La première attend de l'autre, sinon une infirmation du même, du moins un affaiblissement de son état, une diminution de ses prétentions à être : sa reconnaissance en tant que « moindre être », à laquelle invite

---

7. *Chemins qui ne mènent nulle part*, tr. N. Brokmeier, Gallimard, p. 280 et sq.

Platon au sujet de toute existence. Tandis que la seconde n'attend, de toutes les figures de l'autre, qu'une confirmation du même en son état propre. Ainsi l'hôtelier Bonsignor, dans *Le Vaisseau de Thésée* de Valery Larbaud, songe-t-il parfois à l'ensemble des réalités qui sont, ont été et seront à jamais étrangères à la petite zone de réalité à laquelle il a affaire, sans compromettre pour autant, de par cette pensée vertigineuse, la jouissance de son propre réel : car il ne déduit de l'immensité de l'autre aucun manque à être de la part du même, et tient ainsi son réel pour le bon (« Tu as reçu tes biens en cette vie »). Il ne demande au réel que de persister en son état ordinaire, d'une singularité qui se suffit à elle-même par l'incessant apport de sa propre richesse : « Or la vie temporelle continue. Et rien pour la vie éternelle ? Rien, – que nous. Et voici que les trains, les paquebots, les avions, et les voitures par les routes, nous amènent du monde [8]. »

---

8. *Œuvres*, Gallimard, coll. « Bibl. de la Pléiade », p. 1105.

IV

MIRAGES

INTRODUCTION

Le principal réconfort de ceux qui ne veulent pas du monde qui leur est présentement offert, mais ne se résolvent pas pour autant à l'abandonner par voie de suicide, consiste on le sait à annoncer soit sa prochaine et radicale modification, soit sa fin inéluctable et imminente : que tout change, ou que tout finisse. Ces deux options, que les prétextes les plus futiles ont toujours suffi à encourager malgré leur évidente invraisemblance, ne sont naturellement opposées qu'en apparence. Espoir et désespoir font ici cause commune. S'ils divergent quant à la manière selon eux la plus plausible d'en finir, ils s'accordent sur ce point essentiel qu'aucune réalité ne saurait être soufferte telle quelle. Les idées de changement du monde et de fin du monde visent un même exorcisme du réel et jouent pour ce faire du même atout : du prestige fascinant et ambigu de ce qui n'est pas par rapport à ce qui est, de ce qui serait « autrement » par rapport à ce qui est ainsi, de ce qui serait « ailleurs » par rapport à ce qui est ici. Le sortilège attaché à ces notions négatives est de faire miroiter, au-delà de leur propre négativité, l'illusion d'une sorte de positivité fantomale : comme si le fait de signaler que quelque chose n'est ni ici ni ainsi suffisait à établir que ce quelque chose existe ou pourrait exister.

La force invulnérable de la pensée de l'ailleurs et de l'autrement consiste paradoxalement en son impuissance à se définir elle-même : à préciser ce qu'elle désire et ce qu'elle veut. Si ce qui est ici et ainsi peut donner à redire, ce qui se recommande de l'ailleurs et de l'autrement n'offre en revanche guère de prise à une critique qui, n'ayant aucun objet précis à critiquer, fonctionne nécessairement à vide. C'est pourquoi un propos contestataire est toujours, et par définition, incontestable. Le privilège des notions négatives, qui désignent ce à quoi elles s'opposent mais ne précisent pas pour autant ce à quoi elles s'accorderaient, est de se soustraire à toute contestation : elles prospèrent à l'abri de leur propre vague. C'est aussi l'éternel privilège des charlatans : non seulement de parler, comme le suggère l'étymologie du mot, mais encore et surtout de réussir à parler *de rien*.

1. – PROPOS D'OUTRE-MONDE

   Les astres ne parlent pas, ne nous disent rien. L'univers, tel que nous le percevons, est comme une mer de silence bordant de toutes parts un petit îlot bavard, la Terre. Bavardage intense mais sans amplitude ni portée : sitôt quittés les parages immédiats de notre sol, il se brouille et devient imperceptible. Pour prendre un rien de consistance, il lui faudrait un écho, si mince soit-il, dans les astres – comme on le dirait d'un écho dans la presse, seul habilité à donner quelque consistance à un livre. Or cet écho manque : les astres ne répondent pas et ne veulent rien entendre. À la rigueur ils pourraient chanter, si l'on en croit les Pythagoriciens et l'harmonie des sphères ; mais c'est au sens où chante la cigale de La Fontaine, d'un chant qui ne peut intéresser personne, pas même une fourmi. À tendre l'oreille, on ne percevrait d'ailleurs qu'un bruit décevant, un concert discordant fait pour assourdir une oreille incapable d'y percevoir un sens ; Gulliver en fait l'expérience désagréable et longuette lors de son séjour dans l'île de Laputa (car le concert que lui offrent les Laputiens, qui prétendent retranscrire note à note la musique des sphères, dure trois heures). Musique extra-terrestre, à jamais exotique, qui peut, selon les dispositions de l'auditeur, provoquer l'apaisement ou l'angoisse. Angoisse si l'on espérait entendre un message : cas de Pascal – « le silence éternel de ces espaces infinis m'effraie ». Apaisement si l'on craignait d'entendre une semonce : cas d'Épicure – n'attends ni ne crains rien des dieux qui, vivant dans les inter-mondes, se moquent de toi comme de ton monde.
   Reste que le chant du monde – pour autant qu'on puisse

ici parler de « chant » – ne constitue pas un discours, encore moins un message. Les astres ne parlent pas, ne nous parlent pas : c'est un fait. Un fait que d'aucuns peuvent soumettre à bénéfice d'inventaire ; tels ceux qui, depuis le cap Canaveral, expédient à grands frais dans l'espace déclarations de bonne volonté et minicassettes de la neuvième symphonie de Beethoven dans l'espoir d'un éventuel avis de réception. Une telle entreprise semble assurément absurde ; mais elle ne l'est pas en toute rigueur. Car un fait n'est qu'un fait d'expérience, c'est-à-dire à la fois résistant et fragile, et pour la même raison : dès lors que c'est l'expérience qui tranche en matière de vérité, il faudra attendre la fin de l'expérience, c'est-à-dire la fin des temps, pour décider de ce qui est et de ce qui n'est pas vrai. Ce que les philosophes appellent « rationalisme » et « empirisme » se partagent ainsi, à parts également perdantes, l'impossible possession du vrai : ou bien c'est votre raison qui décide de ce qui est vrai, auquel cas celui-ci demeure sous une douteuse et dérisoire tutelle, ou bien c'est l'expérience, auquel cas le vrai demeure à jamais en souffrance. La force du miracle, selon Pascal, est d'être précisément « indécidable » au sens où l'entendent certains logiciens modernes, c'est-à-dire de n'être susceptible de contradiction ni par le verdict de la raison, qui vient trop tôt, ni par celui de l'expérience, qui vient trop tard. Si c'est la raison qui contredit le miracle, je contredirai la raison : entreprise aisée, à la portée de tous. Si c'est l'expérience, j'attendrai la fin de l'expérience : entreprise tout aussi aisée, et raisonnable de surcroît. Raisonnable doublement. D'abord de savoir patienter, d'attendre d'avoir une connaissance entière du dossier pour livrer sa décision : quoi de plus « raisonnable » en effet, même s'il s'ensuit, sur le plan judiciaire par exemple, une injustice permanente (au sens propre : faite pour durer toujours) ? Ensuite de considérer le miracle, qui est à vérifier, comme déjà pris dans le tissu du possible et donc du rationnel. Car soumettre la croyance au miracle à vérification par l'expérience du miracle, c'est tenir d'ores et déjà le miracle pour un fait, donc donner raison au miracle. Pascal a parfaitement « raison » d'écrire qu'« il n'est pas possible de croire *raisonnablement* (je souligne) contre les miracles », et de remarquer à ce sujet : « Quelle raison ont-ils de dire qu'on ne peut ressusciter ? Quel est plus difficile, de naître ou de ressusciter, que ce qui n'a jamais été soit, ou que ce qui a été soit encore ? Est-il plus difficile de venir en être que d'y revenir ? La coutume nous rend l'un facile, le manque de coutume rend l'autre impossible : populaire façon de juger ! » L'*Essai sur les miracles* de Hume développe exactement le même thème et les mêmes raisons ; ce qui montre occasionnellement que la critique de la raison peut être entreprise indifféremment, et avec la même pénétration, par un crédule et un incrédule.

Les astres donc ne parlent pas ; mais ce n'est là qu'une vérité de fait, qu'une vérité vraie jusqu'à plus ample informé, qu'une vérité d'attente – sous attente de parole, en attendant que le monde parle, par la bouche de Godot ou d'un autre. Thèse de Valéry qui oppose, dans une célèbre « variation » à une non moins célèbre *Pensée* de Pascal, évoquée plus haut, l'idée que tout est loin d'être dit et entendu, qu'il convient de se mettre à l'école du sage, ou du savant, pour décider si en fin de compte le monde est silencieux ou non. Cette thèse, que le silence du monde est en quelque sorte provisoire, trouve en Jacques Lacan un nouvel et inattendu interprète. Je fais ici allusion à certaines pages du *Séminaire*, Livre II, paru en 1978 aux Éditions du Seuil. Pourquoi les planètes ne parlent-elles pas ? Lacan reprend la question là où Pascal et Valéry l'avaient laissée, sans l'angoisse de l'un ni l'optimisme forcé de l'autre, avec un mélange d'humour et d'insolence qui caractérise l'auteur. La réponse de Lacan s'inspire des raisons avancées par Freud, dans *La Science des rêves*, lorsque, analysant le rêve fameux de l'injection d'Irma, il en vient à évoquer l'histoire du chaudron percé : le prêteur à qui un voisin a rapporté son chaudron percé, et qui s'en plaint, s'entend répondre que, d'une part, on lui a rapporté le chaudron en bon état ; que d'autre part le chaudron était déjà percé ; enfin que, de toute façon, on ne lui a jamais emprunté de chaudron. De même les planètes ne parlent pas, selon Lacan, pour trois raisons contradictoires, quoique d'ailleurs également valables : « premièrement, parce qu'elles n'ont rien à dire – deuxièmement, parce qu'elles n'en ont pas le temps – troisièmement, parce qu'on les a fait taire ». Ce mutisme des planètes est d'abord attribué, sur la foi des révélations d'un « éminent philosophe » versé dans l'épistémologie, au fait qu'« elles n'ont pas de bouche ». Mais une analyse plus poussée du phénomène incrimine bientôt une autre cause, en apparence tout aussi saugrenue quoique de portée plus profonde : le mutisme des planètes tient à la fixité de leur éclat, qui les caractérise et les différencie du scintillement des étoiles.

D'où le rapport, que développe par la suite Lacan, entre le silence et la fixité. La planète ne parle pas parce que son éclat est fixe (et c'est en quoi elle manque précisément d'éclat). En revanche, l'étoile, apparemment silencieuse, aurait de quoi parler car elle scintille, c'est-à-dire ne se signale pas par un point fixe mais par un éclat, une hésitation, entre deux pôles de lumière, comparables à ce scintillement sonore qui provient de l'hésitation de l'oreille à choisir pour un son ou l'autre quand on lui propose un intervalle de tierce où sont frappées simultanément, aux notes supérieures, la majeure et la mineure, comme dans l'arpège final de la *Sonatine* de Ravel. Si l'étoile, quoique scintillante, se tait, c'est qu'on l'a fait taire, en l'occurrence Newton et son système qui les privent de parole en les inscrivant dans une langue fixe et universelle : la troisième des hypothèses données ci-dessus était plus sensée qu'il n'y paraissait, « on les empêche de parler ». Intervient ici la distinction entre le langage, fixe, et la parole vivante dont la voix signale un écart entre le sort d'être simplement ce qu'on est (éclat mat des planètes) et le fait de briller grâce à une lumière située ailleurs que là où ça brille (éclat scintillant des étoiles). Le scintillement des étoiles, opposé à la lueur fixe des planètes, est une façon d'illustrer ce que Lacan entend par le *symbo-*

lique : soit cette aptitude qu'a toute chose, et en particulier toute parole, d'être signifiante non par la simple manifestation d'elle-même mais par l'allusion à une *autre chose* par rapport à laquelle la chose prend son sens et sa valeur. C'est seulement de cet écart entre une chose et une autre chose qu'elle, c'est-à-dire de sa négation, que provient le don de la chose, c'est-à-dire le fait qu'une chose puisse être signifiante, comme il advient à la chose désirable entre toutes, le sexuel, dont Lacan a affirmé le caractère dialectique et hégélien dans les multiples exposés de ce qu'il appelle « fonction phallique » ou « signification du phallus ». Scintiller, signifier, symboliser sont termes synonymes, « verbes » premiers qui rappellent, comme au début de l'*Évangile selon saint Jean*, qu'aucune chose ne saurait venir à l'existence sans l'éclairage d'un Verbe, qu'aucun « ici » ne saurait prétendre à la présence sans la référence à un « ailleurs ». D'où une curieuse extension cosmologique, d'ordre illustratif et humoristique il est vrai : les astres scintillent, donc ils ne se limitent pas à eux-mêmes, donc ils parlent. Sans doute restent-ils muets à nos questions, comme le disait Épicure ; mais « la question de savoir s'ils parlent n'est pas tranchée de ce seul fait qu'ils ne répondent pas ». Passant de l'astronomie à la microphysique, Lacan invoque les relations d'incertitude de Heisenberg : soit l'impossibilité où se trouve le physicien de « fixer » les caractéristiques d'un élément qui, pour être arrêté par l'observateur dans une de ses dimensions mesurables, envoie valser au diable ses autres dimensions, au grand dam du savant qui n'en recueille que des informations aléatoires et imprévisibles. L'électron scintille comme l'étoile ; l'un et l'autre ne circulent pas dans l'espace sans rendre, à qui saurait écouter, un son propre à retenir l'attention : ni un clair message ni un bruit obtus mais plutôt, entre les deux, un discours à mi-voix, une chanson bas, ou encore, comme le dit Rimbaud du chant des étoiles dans *Ma bohême*, « un doux frou-frou ».

Il est dit, dans un refrain de jadis, que le frou-frou, qu'il provienne des jupons féminins ou d'ailleurs, « de l'homme trouble l'âme ». Un tel trouble vient en fait de très loin et trouble précisément parce qu'il vient de loin, parce qu'il apparaît comme venant d'ailleurs, c'est-à-dire du loin par excellence, même lorsqu'il ne relève pas du proprement lointain. L'idée que les astres pourraient parler, tout comme l'idée lacanienne que le sens ne prend corps qu'à scintiller dans un symbolique étranger à tous les corps et que, de manière très générale, aucun « ici » ne saurait livrer de signification sans l'entremise d'un « ailleurs », implique une décision philosophique (et théologique), pas seulement la patience, rationnelle et humaniste, proposée par Valéry. Inutile de se mettre patiemment à l'écoute des astres : ceux-ci n'ont rien à dire et n'auraient d'ailleurs pas le temps, si quelque chose était à dire, d'en communiquer quoi que ce soit, trop occupés qu'ils sont à parcourir leur orbite et à remplir leur office – tel aussi le chien, ou n'importe quel animal, qui ne parle pas parce que trop occupé à tenir son propre rôle d'animal ; rôle qui on le sait consiste principalement, dans le cas du chien, non pas à parler à son maître mais à en écouter la voix, comme le suggère une célèbre marque de disques. D'où la vérité relative des deux premières hypothèses de Lacan : les planètes ne parlent pas, – parce qu'elles n'ont rien à dire, – parce qu'elles n'en ont pas le temps. La chose, à la considérer en elle-même, est vouée au silence ; si elle vient à parler, c'est par la grâce d'une parole étrangère à elle. Le monde ne s'éclairera pas tout seul, même avec l'appoint de ceux, les hommes, qui, pour y prendre part, y projettent questions et réponses. Autrement dit, la question de l'intelligibilité du monde ne saurait, dans une telle perspective, être liée au seul monde, à l'instar de ce manque à être du moi qui, dit Lacan après Rimbaud dans *Une saison en enfer*, ne peut être comblé que par une référence à l'*autre* – « Je est un autre. » Ou encore : le monde n'honorera jamais l'homme d'un propos quelconque, à moins qu'il ne s'agisse d'un propos venu d'ailleurs que ce dont on attend une réponse, *propos d'outre-monde* – le « je » du monde ne parlera, tel le « je » de Rimbaud, qu'à la condition de refléter les mots soufflés par un autre, mots venus d'ailleurs, ou d'en-haut. Ou enfin : en appeler au symbolique, comme le fait Lacan, pour rendre compte du désir humain, n'est qu'une façon nouvelle d'en appeler au théologique.

Le réel, espace vide en tant que tel, ne prend de consistance qu'à la condition d'être « habité » par un sens venu d'ailleurs qui vient occuper les lieux et, si l'on peut dire, les remplit par la grâce d'une « visitation » aussi miraculeuse que celle rendue à la Vierge, ainsi promue du rôle d'enfanteuse d'homme à celui de fabricante d'autre que l'homme, faiseuse de Dieu. La parole des astres suppose une même transfiguration, transcendant non seulement ceux qui écoutent mais aussi ceux qui parlent, les astres eux-mêmes. Pour être divine la parole dépasse les capacités de celui qui parle ; tout comme le sens qui, par exemple dans l'humour juif tel que Freud s'en fait l'écho dans les « histoires » qui émaillent *Le Mot d'esprit et ses rapports avec l'inconscient*, déborde l'intention du locuteur, prétendant combler par là, par la déception même qu'il occasionne, le désir de l'auditeur – on en dirait autant du désir selon Lacan, qui n'est divin que dans la mesure où il dépasse les capacités de celui qui désire. Ce qui parle dans les astres, au gré de mon attente, ne vient pas des astres mais, au choix, ou de ce qui est autre que les astres, ou des astres en tant que ceux-ci sont considérés comme autres par rapport au monde dont j'ai à connaître. *Anywhere out of the world*, tel est le centre d'attraction autour duquel Baudelaire faisait déjà graviter tout désir. Lieu étrange à jamais car se définissant paradoxalement par l'absence de lieu : un lieu qui n'en est pas un, c'est-à-dire une *utopie*, un « non-lieu » (*ou-topos*). La symbolique lacanienne gravite autour d'un tel centre vide, ne voulant rien entendre à ce qui est sauf à le rattacher à ce qui est autre, c'est-à-dire à ce qui n'est pas (puisque ne tirant son être que d'une dénégation de toute réalité assignable). Elle n'attend des astres, considérés en eux-mêmes, aucune parole ; et ne les entendra parler que s'ils assurent la fonction de l'autre, parlent non en tant que monde ambiant mais en tant qu'outre-monde.

La destinée de cet outre-monde, ou non-lieu – et la condition de sa valeur signifiante, de son efficacité symbolique – est naturellement de ne jamais se confondre avec le monde réel. Les astres ne doivent pas se mettre à parler pour de bon, et Lacan y insiste : « Si les planètes, et d'autres choses du même ordre, parlaient, ça ferait une drôle de discussion, et l'effroi de Pascal se changerait peut-être en terreur. » Terreur, pour Pascal, à entendre parler ce qui n'a rien à dire, plus angoissante que l'écoute du silence de ce qui a été repéré comme muet : dès lors que Dieu s'est caché, il est à tout prendre plus rassurant dans son invisibilité que dans une apparition qui, selon l'hypothèse pascalienne, marquerait la ruine du pari (tout reste à gagner si l'on est apparemment perdant, et seulement si). Inquiétude d'ordre théorique, chez Lacan, à entendre parler la chose même, interdite de parole selon la loi du désir, laquelle ordonne à tout objet d'apparaître comme désirable sous la condition expresse de son absence, et à jamais indésirable dans l'hypothèse contraire. Il est évident, par exemple, qu'un thème de science-fiction, tel celui des soucoupes volantes, n'a d'impact sur le désir que pour autant qu'il se dérobe à toute vérification : non que celle-ci risque d'infliger un démenti à la crédulité, ce serait là un moindre mal, mais, tout au contraire, parce qu'une telle vérification, pour être couronnée de succès, risquerait d'anéantir la charge de désir attachée à la croyance et au vague de son objet. L'objet du désir doit garder ses distances avec le réel, tout en réussissant à y affleurer ; mais sans y toucher, faute de quoi l'ailleurs dont il est investi s'effondrerait – et avec lui toute son efficacité symbolique – dans la morose reconnaissance d'un ici. Un mythe est bien une parole, comme le dit Roland Barthes : seulement une parole. Son efficacité est constamment menacée par le réel, réel dont il doit refuser, sous peine de tomber en désuétude, toute approche ou contact directs. Un « extra-terrestre » se définit par le fait qu'il demeure hors de la terre. De même, la force des soucoupes volantes est de ne jamais atterrir et de se dérober à toute photographie : de tels incidents auraient pour effet fâcheux d'interrompre leur office, puisque celui-ci consiste à signaler un ailleurs rigoureusement tributaire d'une non-coïncidence avec l'ici.

Que donc l'outre-monde vienne habiter ce monde-ci, en cette singulière coïncidence qui ferait arriver ici un objet du désir dont la définition consiste paradoxalement à être ailleurs, voilà une performance qui semble *a priori* défier toute « réalisation ». C'est pourtant une telle réalisation que proposait naguère Steven Spielberg dans son film intitulé *Rencontres du troisième type*. Ce film ne raconte pas une banale histoire de soucoupes volantes ou autre guerre des mondes. Dans la plupart des films ou romans dits de science-fiction, le thème de l'ailleurs est donné d'entrée de jeu comme un ailleurs, une fiction qui n'interfère pas avec l'ici mais en permet au contraire une évasion. Soucoupes volantes et extra-terrestres sont alors sans rapport avec notre monde et sont offerts en tant que tels. Au lieu que, dans le film de Spielberg, le pari d'une équation entre l'ailleurs et l'ici est tenu : il s'agit bien d'une *rencontre*, comme le souligne le titre original du film, *Close Encounters of the Third Kind*, « rencontres de près », du troisième type, c'est-à-dire d'un genre tout nouveau. Les personnages qui y prophétisent la venue prochaine d'un vaisseau extra-terrestre – principalement deux illuminés, un savant français fou, très bien interprété par François Truffaut, et un Américain moyen, Neary – figurent certes deux débiles réels, d'un type courant et répandu tant à l'intérieur qu'à l'extérieur des maisons de santé. On a tout lieu par conséquent de prédire que leurs fantasmes ne prendront jamais corps, tout au moins aux yeux du spectateur. C'est pourquoi l'arrivée effective de la soucoupe, à la fin d'un film où prêtaient constamment à rire ceux qui s'étaient mis en devoir de l'annoncer, est d'un effet saisissant, que rehausse la maîtrise technique et esthétique du réalisateur. On dirait un énorme gâteau aux mille parfums et mille couleurs, une sorte de monstrueuse pâtisserie qui, atterrissant sur le sol élu des États-Unis d'Amérique, vient combler soudain la diversité des désirs et des rêves, rassasier d'un coup la totalité des appétits : approchez et mangez, fourrez-vous-en jusque-là, il y en aura pour tout le monde. On reconnaît sans peine la saveur exacte de cette dégoûtante friandise. Traduisons-la ainsi : voici que le symbolique a cessé de nous faire signe de loin et nous visite à présent d'une chaude étreinte, d'un *close encounter*. Le symbolique, qui suscitait depuis toujours le désir sans parvenir à le satisfaire, est venu enfin se livrer à lui en pâture.

Cette illumination du monde par l'outre-monde est naturellement une vision d'illuminés dont la crédulité ne consiste pas, on le sait, à projeter sur le monde réel les fantaisies de leur imagination, mais tout au contraire à prétendre *recevoir* de ce monde réel les images appelées à conforter leur vision, voire à la constituer de toutes pièces. Ce n'est pas moi qui délire, c'est le monde qui est bizarre : si je me suis mis « ces idées dans la tête », qui vous paraissent folles, c'est parce que, et seulement parce que, j'en ai perçu (à ma grande surprise, d'ailleurs) les images dans ce monde-ci, que vous pourrez observer tout comme moi. La principale finesse de la folie – sa « pointe », comme on dirait d'un coup aux échecs – est de toujours contester la réalité au nom de la réalité même. C'est pourquoi le délirant se définit *obligatoirement* par la dénégation de son délire (puisque ce n'est jamais lui qui délire, mais bien le monde qui dérape). D'où cette inattaquable certitude, qui définit en gros le domaine de la folie et le distingue des simples névroses, d'être toujours persuadée que son savoir dément ne procède pas d'une obsession personnelle mais d'une annonce en provenance directe du monde extérieur. Certitude d'autant plus forte que c'est le sort de n'importe quel objet au monde, perçu sous un certain angle, que de s'offrir comme témoin du thème délirant : ce qui est parfaitement incertain et indéterminé peut trouver des garanties n'importe où et donc partout. Ainsi Neary dans le film de Spielberg qui, dès qu'il considère un objet quelconque, y perçoit le signe même de la chose qu'il pressent sans pouvoir la préciser : « Cela doit signifier quelque chose, et quelque chose d'important », rumine-t-il sans cesse, à la vue d'une assiette de purée, d'un appareil de télévision, de la silhouette d'une colline. Son délire, mais on pourrait en dire autant de toute folie, est moins une fausse connaissance qu'une perpétuelle et illusoire *reconnaissance*.

Lacan, dans le Livre II de son *Séminaire*, décrit et analyse ce phénomène de la reconnaissance ; précisément à propos d'un roman dû à l'un des premiers auteurs classiques de science-fiction, H.-G. Wells : « Je ne me souviens plus très bien dans lequel de ses ouvrages il suppose deux ou trois savants parvenus sur la planète Mars. Là, ils se trouvent en présence d'êtres qui ont des modes de communication bien à eux, et ils sont tout surpris de comprendre les messages qu'on leur module. Ils sont émerveillés, et après ça, ils se consultent entre eux. L'un dit – *Il m'a dit qu'il poursuivait des recherches sur la physique électronique.* L'autre dit – *Oui, il m'a dit qu'il s'occupait de ce qui constituait l'essence des corps solides.* Et le troisième dit – *Il m'a dit qu'il s'occupait du mètre dans la poésie et de la fonction de la rime.* » Lacan a raison d'ajouter aussitôt que « c'est ce qui se passe chaque fois que nous nous livrons à un discours intime ou public », et de commenter un peu plus loin : « Ce que veut dire cet apologue est ceci – c'est dans un monde de langage que chaque homme a à reconnaître un appel, une vocation, qui se trouve lui être révélée. (...) Chaque sujet n'a pas simplement à prendre connaissance du monde, comme si tout se passait sur le plan de la noétisation, il a à s'y retrouver. »

Reconnaître et être reconnu : un tel désir ne peut se contenter de ce monde-ci et doit nécessairement « passer outre », comme le dit Pascal – outre « l'identification de l'être à son image pure et simple », précise Lacan toujours dans le même chapitre de son *Séminaire*. Car prétendre à la reconnaissance implique que l'être, qui y prétend, n'y suffit pas. C'est pourquoi le langage, selon Lacan, n'a de sens que s'il est vivifié par une parole venue d'ailleurs : les propos de ce monde-ci ne deviennent audibles que sous la garantie de propos venus d'outre-monde. D'où la distinction opérée par Lacan entre l'imaginaire, qui n'est jamais qu'un retour analogique au réel, et le symbolique, qui signale une instance tout autre et seule capable, par là même, de procéder à un éclairage du réel. On ne peut manquer de remarquer ici le caractère quelque peu ésotérique d'une telle distinction ; ni, de manière plus générale, le mysticisme foncier d'une pensée lacanienne que Louis Althusser voulait jadis considérer comme « théorique » et « scientifique » – au sens bizarre, il est vrai, et un peu mystique lui-même, qu'accordait Althusser à ces deux qualificatifs. Le sens ne s'y explique pas par ce qu'il énonce mais par ce qu'il suggère (tout comme l'oracle de Delphes, selon Héraclite, qui ne cache ni ne dit rien mais « fait signe »). De même le moi, dans son désir d'être reconnu, ne parvient à ses fins que s'il délaisse sa réalité propre, c'est-à-dire son unicité et sa solitude, au profit d'un être vague et informe auquel il est permis à tout un chacun de se confondre un instant, en raison de son imprécision même. « Nous ne sommes pas seuls ! », affichait la publicité du film de Spielberg, – nous sommes garantis par l'ensemble de ces « autres » auxquels nous ressemblons sans nous y identifier jamais. Le visage de cet Autre, de cet *alter ego* qui hante ainsi le moi propre, nous n'aurons pas de peine à y reconnaître, et Lacan y invite d'ailleurs, les traits à jamais étranges et familiers du *Double*.

Dans un passage particulièrement intéressant du Livre II du *Séminaire*, consacré à l'*Amphitryon* de Plaute et de Molière, Lacan aborde le thème du double qui a partie profondément liée, tout comme celui de l'extra-terrestre, avec la métaphysique considérée comme savoir d'un autre monde. Ces pages sont un modèle d'analyse illustrée, je veux dire de cette façon, où Lacan excelle – comme dans son commentaire à *La Lettre volée* d'Edgar Poe –, d'expliciter des thèmes abstraits par la comparaison avec un récit littéraire qui l'illustre et le confirme ligne à ligne : ici la fragilité du moi, le tribut qu'il paye à l'autre et au miroir, le caractère douteux à la fois de sa reconnaissance par lui-même (« Ne suis-je pas bien moi ? ») et de sa reconnaissance par l'autre (« Ne me vois-tu pas ? »). On connaît l'histoire : Sosie se hâte vers son logis, dépêché par son maître Amphitryon qui l'envoie en avant-garde prévenir Alcmène, épouse d'Amphitryon, du succès de ses entreprises militaires. Mais, alors qu'il s'approche de la maison, il s'arrête net : car sur le seuil l'attend de pied ferme Mercure, métamorphosé en Sosie sur les ordres de Jupiter, lequel entend profiter de l'absence d'Amphitryon pour séduire Alcmène. Un autre se tient à sa place et occupe le lieu de sa résidence ordinaire, oppose au prétendant légitime un droit de propriété aussi usurpé que son identité d'emprunt : détroussant Sosie à la fois de ce qu'il pensait avoir et de ce qu'il croyait être – un peu comme au début d'un célèbre sketch de Raymond Devos : « Hier soir, je suis rentré chez moi plus tôt que d'habitude : il y avait quelqu'un dans mes pantoufles. » Commentaire de Lacan : « Sosie, c'est le moi. (...) La première fois que le moi surgit au niveau du drame, il se rencontre soi-même à la porte, sous la forme de ce qui est devenu pour l'éternité Sosie, l'autre moi. (...) La première fois que le moi apparaît, il rencontre moi. Et qui, moi ? Moi, qui te fous dehors. » Ainsi Mercure en effet interpelle-t-il Sosie :

> Qui va là ? – Moi. – Qui, moi ? – Moi. Courage, Sosie.

Mais entre Sosie et son double le combat est inégal : Mercure, le double, ne tarde pas à l'emporter. Il rosse son original à toute occasion, refuse toute compromission (Sosie : Faisons en bonne paix vivre les deux Sosies ; Mercure : Non, c'est assez d'un seul ; et je suis obstiné à ne point souffrir de partage) et finit par arracher à Sosie, de concession en concession (Sosie : Et de moi je commence à douter tout de bon), une abdication complète, c'est-à-dire un renoncement pur et simple à son identité. Dans une tirade remarquable, adressée à Amphitryon courroucé qui veut savoir qui a empêché son valet d'accomplir sa mission, Sosie trace ainsi le portrait de son double triomphateur :

Faut-il le répéter vingt fois de même sorte ?
Moi, vous dis-je ; ce moi plus robuste que moi ;
Ce moi, qui s'est de force emparé de la porte ;
    Ce moi, qui m'a fait filer doux ;
    Ce moi, qui le seul moi veut être ;
    Ce moi, de moi-même jaloux ;
    Ce moi vaillant, dont le courroux
    Au moi poltron s'est fait connaître ;
    Enfin ce moi qui suis chez nous ;
    Ce moi, qui s'est montré mon maître ;
    Ce moi, qui m'a roué de coups.

On sait que la même mésaventure advient à Amphitryon (doublé lui par Jupiter) qui ne peut récupérer ni son épouse ni son identité, et cela à cause de ceci. Car il s'agit là d'une forme de cocuage très particulière, et très raffinée, impliquant bien cette négation de soi par l'autre qui définit toute jalousie, mais portée ici à un degré extraordinairement cruel : puisque l'autre en l'occurrence n'est autre que soi-même. On interdit à Amphitryon de pénétrer chez sa femme *car Amphitryon y est déjà*, occupé à lui faire l'amour :

MERCURE :
Va-t'en, retire-toi,
Et laisse Amphitryon dans les plaisirs qu'il goûte.
AMPHITRYON :
Comment ! Amphitryon est là-dedans ?
MERCURE :
                                   Fort bien,
Qui, couvert des lauriers d'une victoire pleine,
    Est auprès de la belle Alcmène,
À jouir des douceurs d'un aimable entretien.
Après le démêlé d'un amoureux caprice,
Ils goûtent le plaisir de s'être rajustés.
Garde-toi de troubler leurs douces privautés,
    Si tu ne veux qu'il ne punisse
    L'excès de tes témérités.

On trouve ici, tout d'abord, la situation classique et douloureuse de l'amant évincé (celle que tu aimes ne peut te recevoir, occupée qu'elle est à faire l'amour ; toutefois, on ne t'en veut pas : si tu déguerpis à l'instant même, sans demander ton reste, il ne te sera fait aucun mal). Mais il se produit ici quelque chose qui porte à son comble le mécanisme de l'expulsion qui fait le fond de la souffrance occasionnée par la jalousie : en ceci que le jaloux n'y a même plus à être nié, puisqu'il a cessé tout simplement d'être celui qui aurait à être jaloux, et éventuellement expulsé. On le nierait volontiers, s'il était quelqu'un ; mais voici qu'il n'est plus rien, étant passé de l'état de rival importun à celui de pur non-rival, pour ne pas être (puisque le moi qu'il prétend être est ailleurs, présentement occupé à « se rajuster » en compagnie d'Alcmène). L'amant en titre, le mari, n'a pas de quoi se plaindre : n'est-il pas, en ce moment même, honoré et choyé en tant que tel ? Il n'a pas non plus de rival : ce dernier n'est-il pas justement lui-même ? La jalousie à son paroxysme apparaît comme une souffrance qui n'est même plus à la portée de celui qui souffre, faute d'objet comme de sujet. Égarement de la jalousie qui persiste une fois ôté son motif, et apparemment non sans raison : tel est l'état de rage où l'on peut imaginer Amphitryon trompé mais par personne ; telle est aussi la condition de toute profonde colère, qui ne cède pas à l'élimination des motifs qui l'avaient provoquée. Car à qui s'en prendre, si c'est justement moi qui couche avec ma femme et que pourtant, bizarrement, je n'y suis pas ? Je suis ici nié *in absoluto*, sans recours ni remords possibles. Si un autre prend ma place, je n'en perds pas pour autant la qualité d'être moi : simplement réduit à la condition d'expulsé, si bien décrite par Samuel Beckett (*L'Expulsé*). Car, à tout prendre, un moi défait vaut mieux que pas de moi du tout. Un moi éliminé du jeu trouvera toujours l'accueil d'une remise et d'un véhicule laissé pour compte, comme il advient au héros de Beckett, qui finalement s'en accommode. Tout autre chose est d'être mis ailleurs sans qu'on ait pris la peine de vous expulser, comme il advient à Amphitryon et à Sosie. Aucun lieu ne saurait alors accueillir quelque chose qui n'avait qu'à rester à sa place, mieux qui y est toujours, comme on s'en aviserait facilement en jetant un coup d'œil dans la chambre d'Alcmène, où l'on trouvera Amphitryon, ainsi que dans son vestibule, où l'on trouvera Sosie. Pas même n'est-il possible, et c'est là le point décisif, de chercher refuge dans le lieu de l'autre qui vous a dépossédé de vous-même : car celui-ci n'occupait précédemment aucun lieu, et n'a donc déserté aucun endroit du réel – qu'il laisserait ainsi vacant et offert au premier prétendant, dont au premier titre vous-même – pour venir occuper votre logis.

Dans un conte de Maupassant, un pêcheur de rivière habitué depuis des dizaines d'années à occuper son coin, que tous respectent, voit un matin d'ouverture de pêche son emplacement occupé par un autre. Il essaie de garder son calme, mais son épouse, exaspérée par le nombre de prises opérées par le nouvel occupant, qu'elle soustrait mentalement de son propre garde-manger, perd le contrôle de ses nerfs, se prend de mots avec la femme du pêcheur rival, occasionnant une altercation générale au cours de laquelle l'occupant importun sera précipité à l'eau et, pour ne savoir nager, périra noyé. Aux Assises, les meurtriers présumés auront pour principal atout défensif – parmi d'autres arguments plus solides – le caractère inconnu du couple arrivé plus tôt : on ne savait ni qui ils étaient ni d'où ils venaient (à preuve, le fait justement qu'ils étaient là, en un lieu protégé depuis toujours par une loi non écrite mais bien connue de tous les habitants de la région). En somme, l'occupant inattendu était presque *personne*, puisqu'il venait de *nulle part* (comme il arrive souvent dans Maupassant, l'autre est réduit ici à l'état de mauvais double, de faux moi installé en mes lieu et place, qui me nargue – et à l'occasion m'angoisse – en prenant possession de mes coordonnées spatio-temporelles : ce pêcheur n'est autre que moi-même installé à ma place quelques minutes plus tôt, qu'un fantôme qui n'est personne et n'habite nulle part pour cette bonne raison qu'il est moi et habite dans ma maison). Tel est le privilège de l'occupant sans titre que de venir d'un lieu situé résolument ailleurs, c'est-à-dire de n'avoir d'autre place – autre que celle qu'il occupe, chez vous – qu'ailleurs de tout ici, hors de tout lieu existant ; c'est pourquoi il est impossible, par exemple, de se débarrasser d'un *squatter* en le renvoyant chez lui, puisqu'il n'a précisément pas de chez lui. Tel est aussi, de manière générale, le privilège du double que de hanter son original sans avoir à répondre d'une identité fixe, d'une présence repérable par ailleurs. Ainsi Jupiter peut-il sans coup férir hanter la couche d'Amphitryon : pour être hors de toute suspicion possible, n'étant ni un voisin ni un étranger à la patrie assignable. Car Jupiter est un dieu – et c'est là finalement la vérité profonde d'*Amphitryon*, comme celle du double en général –, un dieu qui, n'étant pas un homme, pas un habitant de la terre, réside nécessairement *ailleurs*. Et si le sort du désir est de viser ailleurs, même s'il se porte sur vous qui êtes ici (lot habituel de votre partenaire sexuel, ainsi que de vous-même), il s'ensuit en toute logique que vous ne serez aimé qu'à la condition d'apparaître à l'occasion comme un autre que vous, et d'être trompé par cet autre que vous signalez à l'attention de votre épouse, qui y recharge la batterie de son désir en le retrempant dans l'eau régénératrice du symbolique. Lacan le dit à juste titre, résumant ainsi la morale de l'histoire : « Assurément, notre femme doit nous tromper de temps en temps avec Dieu. »

Cet autre Sosie qui nargue Sosie du seuil de sa propre maison, comme il narguera plus tard Amphitryon, le maître des lieux, provoque une néantisation du personnage qu'il duplique parce qu'il ne se donne pas à reconnaître, ou plutôt s'annonce comme venant d'ailleurs : personnage venu directement d'outre-monde, tout comme les extra-terrestres de Spielberg ou le pêcheur importun de Maupassant, c'est-à-dire comme tout Autre en tant que tel, dont c'est le sort que de ne venir ni de parler d'un certain monde situé au loin, mais bien d'ailleurs que de tout monde. Ce qui vient à bout de Sosie n'est pas un autre quelconque, venu d'Athènes ou de Corinthe, mais, très précisément, l'autre de Sosie, l'incarnation de son double qui ne vient de nulle part tout en occupant le lieu où il est et a toujours été. Sosie est alors atteint dans ses œuvres vives (et non pas blessé, voire laissé pour mort, par un adversaire qui n'en voudrait qu'à sa santé ou à sa bourse) : par une duplication de sa personne qui ne lui laisse que l'inutile dépouille de son corps, sauf à la rosser à l'occasion. Un corps qui n'est plus bon à rien parce qu'il n'a plus de *place* dans le réel, celle-ci y étant occupée par un autre lui-même. Sosie est un corps sans « lieu », au sens aristotélicien du terme : il a perdu sa place, victime d'un licenciement au regard duquel toute mise en congé fait figure de malheur léger et sans conséquence. Sosie n'est pas un chômeur comme les autres : outre qu'il demeure sans solde ni assistance d'aucune sorte, il lui arrive ceci, inconcevable, qu'il a été mis en congé de sa propre existence. *Dis-moi qui tu veux que je sois*, – implore-t-il en vain face à son double exterminateur, *car encore faut-il bien que je sois quelque chose*. Telle est en effet la cruauté de son sort : non seulement de n'être plus *lui*, mais encore et surtout de ne plus être *quelque chose*. On saisit ici le lien profond qui relie l'existence à la singularité, la faveur d'être *moi* à la faveur d'*être* tout court. La négation du réel apparaît ainsi moins liée à sa disparition pure et simple qu'à l'apparition de son double, comme si le contraire du réel n'était pas le néant mais plutôt sa duplication. En l'occurrence, la négation de Sosie n'est pas le non-Sosie mais bien un autre Sosie, l'autre de Sosie.

Dans l'*Amphitryon* de Plaute, Sosie, confronté à son double, déclare à un moment : « En vérité, l'autre possède tous les traits qui jusqu'à présent m'avaient appartenu. *On me fait de mon vivant ce que jamais personne ne me fera après ma mort* ». Sosie fait ici allusion aux rites funéraires au cours desquels une statuette – le *kolossos*, analysé par Vernant dans ses rapports avec le double – figure les traits de celui qu'on inhume. Mais Sosie est de condition trop humble pour escompter de tels honneurs funèbres ; d'où sa réflexion : comme on n'aura pas à reconnaître le fait de ma mort par des funérailles en bonne et due forme, on n'aura pas non plus à reproduire mon image dans un *kolossos*, il sera inutile de faire mon double –, et pourtant voici que ce double se trouve réalisé dès à présent et « de mon vivant ». Cette réflexion de Sosie illustre les liens subtils qui unissent le thème de la mort au thème du double, liens qui font de la duplication en chair et en os de Sosie, qui la contemple sans pouvoir en croire ses yeux, une véritable « mortification » à vif.

Les mésaventures d'Amphitryon et de Sosie montrent une vulnérabilité inattendue de la part du moi, la maigre résistance qu'il oppose à toute tentative d'investissement bien conduite – celle-ci promise à une victoire assurée dès lors que c'est l'Autre en personne (c'est-à-dire précisément personne, aucun être) qui mène l'attaque. Un autre doublement remarquable puisque, outre sa qualité de n'être personne, il est en même temps moi-même, si l'on ne tient pas compte de cette imperceptible différence qui permet de distinguer le réel de son double, la personne de son image. Un autre à la fois irréel (en tant qu'autre de l'homme) et venu de nulle part (en tant que rebelle à toute localisation) : tel Jupiter qui, étant un dieu, est autre que l'homme et, vivant dans l'Olympe, réside outre-monde. Mais cet autre est en même temps très proche, par l'impossibilité où l'on est de se situer hors de portée de son repaire – repaire qui, faute d'exister, n'occupe aucun lieu par rapport auquel il serait loisible de prendre ses distances. C'est pourquoi on est toujours près de ce qui ne réside en aucun lieu : à proximité immédiate même, toute médiation spatiale se trouvant alors exclue. Le plus proche de mes voisins est celui qui se situe plus loin que tout lieu repérable : car il n'a pas à venir de loin, il n'a aucune distance à parcourir pour venir jusqu'à moi, dès lors qu'il est situé non pas au loin, et si loin soit-il, mais « ailleurs ». S'il vient d'ailleurs, c'est-à-dire d'aucun lieu, le danger qui menace les humains est un danger *immédiat*. Ainsi la prise de possession des humains par des extra-terrestres dans le film de Don Siegel, *L'Invasion des pro-*

fanateurs de sépulture (*The Body Snatchers*), se concrétise-t-elle, non par une destruction des hommes par des créatures venues de mondes lointains, mais par un incompréhensible « devenir-autre » qui s'effectue terre à terre et n'en appelle paradoxalement à aucune instance extérieure, par un irrésistible processus de duplication qui s'empare des hommes et les transforme en jumeaux d'eux-mêmes, privant toute personne de sa réalité vivante – c'est-à-dire de sa singularité – par une réduction forcée à la condition de double. On ne saurait mieux situer l'emplacement exact de l'étrange et de l'aliénation de soi : celui-ci, qu'on chercherait en vain dans les mondes inconnus et les espaces intersidéraux, se trouve ici-bas, et à portée dangereuse – non pas dans l'autre que moi (autre avec lequel je finirai toujours par m'entendre, à la condition qu'il existe) mais dans le moi en tant qu'autre virtuel. Don Siegel voulait d'abord appeler son film *Sleep no more* (« Ne dors plus ») : ne dors plus, sinon c'est un autre qui se réveillera à ta place, un double qui prendra possession de ton être original mais précaire.

Je remarquerai en terminant que la question du double n'aurait en elle-même guère d'intérêt – sinon un intérêt anecdotique et volontiers comique, par les multiples quiproquos engendrés par le double dans la vie comme au théâtre – si elle ne posait directement et de manière exceptionnellement aiguë la question du réel. Le double est en effet le grand *révélateur* du réel, tout à fait au sens photographique du terme : il figure certes un pur non-être, mais c'est par sa négation que le réel vient à être reconnu en lui-même, à l'image du liquide incolore à la faveur duquel le papier blanc, où rien n'est à voir, se transmue progressivement en photographie du réel. Pour en rester à cette illustration empruntée à la technique du développement photographique, je dirai que le « négatif » du réel n'est pas constitué par le non réel mais par son double et que sa positivité ne verrait peut-être pas le jour sans son appoint, n'apparaîtrait en tout cas jamais en si grande lumière que lorsqu'elle émerge de la dissolution de son double, qui est son négatif fantomal. Traduite en termes philosophiques, cette formule signifie que le contraire de l'être n'est pas le néant, mais le double. J'en dirais d'ailleurs autant des instances reconnues par les métaphysiciens comme, non pas contraires, mais différentes de l'être, autres que l'être (le sensible, l'existence, l'« étant », etc.) ; qu'elles sont, elles aussi, des figures du double. Car ce qui est autre que le réel est, de toute façon, une manière de doublure. D'où un caractère fondamental du réel, peut-être le plus remarquable de tous : d'être ce qui est sans double.

Cette caractéristique du réel en dit d'elle-même la fragilité ontologique : de n'être réel qu'« une fois », puisque ne pouvant être authentifié par aucune duplication. C'est ce qu'exprime bien un proverbe allemand : *Ein Mal ist kein Mal.* Une seule fois n'est aucune fois, ce qui n'arrive qu'une fois est comme s'il n'était jamais arrivé : il est aisé de déduire d'un tel dicton, dès lors qu'on tient pour assuré que ce qui existe n'existe que par son unique occasion d'existence, que ce qui existe est indiscernable de ce qui n'existe pas. Mais la force de ce proverbe, qui pourrait servir de devise à tout parti métaphysique, se change en flaiblesse si l'on s'avise que son retournement est tout aussi vrai, et bien davantage même : *Zwei Mal sind kein Mal,* deux fois ne sont aucune fois. Car la chose, à se redoubler, devient à nouveau aucune chose. Le réel peut bien tenter d'échapper à sa pauvreté ontologique en cherchant le renfort du double. Mais cette tentative n'aboutit qu'à aggraver son cas : sans cesser pour autant d'être pauvre, le réel ne gagne à l'opération que d'apparaître pitoyable ou ridicule. L'effet cocasse du dédoublement de la chose en deux, effet néantificateur et assassin comme tout effet comique, a été souligné depuis toujours : par Plaute et Molière dans *Amphitryon,* par Pascal (« Deux visages semblables, dont aucun ne fait rire en particulier, font rire ensemble par leur ressemblance »), par Bergson. La duplication du moi conclut à sa néantification, tout comme l'ambition du *Bourgeois gentilhomme* de ne plus coïncider avec lui-même aboutit à sa transformation en *mamamouchi,* ou noble turc, c'est-à-dire – si l'on tient compte du fait que le Turc, au XVIIe siècle, figure l'Autre absolu – en quelqu'un de tout à fait autre, si autre même qu'il n'est plus personne de concevable, devenu en somme rien par désir d'être un autre. *Star bon Turca, Giourdina,* lui recommande un mufti de fantaisie à la fin de l'acte IV, – sois un bon Turc, Jourdain. Monsieur Jourdain est mort : vive le Turc ! L'alternative est ici aussi grave que drolatique. Ou bien ce nouveau Turc existe : mais alors plus aucune trace de ce que prétendait être monsieur Jourdain. Ou bien il n'existe pas : mais alors demeure un bourgeois français déguisé et plus ridicule que jamais. Ainsi se dissout l'espoir de voir tout être réel échapper à une stricte coïncidence avec lui-même : l'altérité pure à laquelle il aspire se réduisant à une mise ailleurs qui ne laisse d'autre choix à l'intéressé que le sacrifice de sa personne ou le retour bouffon à lui-même.

Post-scriptum

On pourrait se demander comment je concilie la thèse principale de mon chapitre I (« Le Réel et son double ») – qui fait de la catégorie du double une instance éminemment rassurante, destinée à mettre le réel dans une situation d'*alibi* chaque fois que le besoin s'en fait sentir – avec le caractère manifestement inquiétant du thème du double, tel que l'exploitent par exemple la littérature fantastique et le cinéma d'épouvante : d'où l'idée d'une thèse exactement opposée, qui conclurait au caractère terrifiant, quasi diabolique, du double (et, par voie de conséquence, au caractère rassurant de la singularité du réel). Il est en effet indéniable que l'incertitude à l'égard du réel environnant – ce que Freud appelait *Das Unheimliche,* l'« inquiétante étrangeté » –, le soupçon que celui-ci pourrait être tout autre que ce qu'on croit y voir, bref, le thème du double qui fait miroiter autour de toute chose l'*aura* d'une autre chose qu'elle, constituent des motifs d'inquiétude tout autant que, dans d'autres circonstances, des occasions de réconfort. Mais il n'y a, entre les deux phénomènes et les deux thèses, pas de contrariété réelle. Tout dépend ici de l'aspect du réel en cause. Si celui-ci est indésirable, impliquant horreur ou menace, sa duplication entraîne un effet de protection (illusoire). S'il apparaît au contraire comme désirable, sa duplication entraîne naturellement un effet inverse. Quant aux cas de réel « neutre », c'est-à-dire lorsque le réel se présente comme indifférent affectivement, ni particulièrement désirable ni particulièrement indésirable, sa duplication entraîne un simple effet comique, semblable à ceux évoqués ci-dessus. Le double est un personnage à plusieurs faces parce que le réel dont il émane est, lui aussi, ambivalent. D'où les distributions diverses du rôle, selon la nature du réel dont il prend la place : en double qui rassure, si le réel est inquiétant, – en double qui inquiète, si le réel est rassurant, – enfin en double qui amuse, si le réel est indifférent.

2. – ICI ET AILLEURS

Ici rien

Ici et ailleurs : comme dans le film de ce titre, de Jean-Luc Godard, cette formule exprime la différence insurmontable entre la chose qui est là-bas (en l'occurrence, des camps de réfugiés palestiniens) et la « même » chose vue d'ici (par exemple, depuis la région parisienne). Précisément il ne s'agit pas de la même chose : l'ailleurs vu d'ici est à jamais différent de l'ailleurs observé sur place (et cessant, du même coup, d'être ailleurs). Et pourtant l'ailleurs que je vois d'ici me semble confusément être le même, ou y ressembler fort, que celui que je pourrais observer sur place si j'y allais voir. Cette illusion d'une connaissance de l'ailleurs provient principalement de ce que, tout en concevant l'ailleurs comme ailleurs, je déduis vaguement, de cette reconnaissance comme autre, l'idée d'un début d'expérience : comme si on pouvait expérimenter l'ailleurs du seul fait qu'on le reconnaît comme autre qu'ici. Or ceci est très différent de cela. Confondre les deux idées revient à conclure à la perception de ce qu'on reconnaît seulement comme imperceptible. Cette confusion est générale et commune : car tout le monde s'imagine connaître quelque chose précisément de ce qu'il n'y connaît rien (mais sait que cela existe, et en a entendu parler, pour reprendre une expression de Cavanna). C'est pourquoi on est toujours surpris lorsqu'on en vient à expérimenter l'ailleurs qu'on croyait à peu près connaître pour l'avoir repéré comme non ici, lorsqu'on vient à le « visiter » (c'est-à-dire lorsque l'ailleurs devient un ici). C'est pourquoi aussi le monde n'est pas petit et monotone mais vaste et inconnu : outrepassant à jamais, et infiniment, les bornes de tout ce que je pourrai jamais connaître et expérimenter.

Il est vrai que le statut de l'ici pose à l'analyse des problèmes aussi délicats que ceux posés par le statut de l'ailleurs. Si la connaissance de l'ailleurs est illusoire, celle de l'ici l'est tout autant, mais pour des raisons opposées. À la différence de ce qui se passe pour l'ailleurs, l'ici est expérimenté mais il n'est pas repérable. Je sais par exemple que je suis moi, mais suis incapable de décrire ce moi, de dire qui il est, sauf à répéter, comme Sosie face à Mercure qui l'interroge, dans la pièce de Molière : « Qui va là ? – Moi. – Qui, moi ? – Moi. » De même, si l'on interroge quelqu'un sur le lieu où il se trouve, il ne pourra que répondre : *Ici. – Mais où, ici ? – Ici.* Car, s'il est possible de localiser un ailleurs à partir d'un ici, il est en revanche impossible de signaler, sur place, un ici en tant qu'ici. C'est à ce problème que se trouve confronté l'espion envoyé par le chef des voleurs, dans le célèbre conte des *Mille et une nuits*, « Ali Baba et les quarante voleurs », auquel j'ai fait allusion au chapitre 2 [1]. Il s'agit de découvrir la maison du receleur, Ali Baba, le voleur des voleurs qui a surpris le secret de la grotte des brigands et entrepris d'entasser les trésors qu'elle contenait dans sa propre demeure. Grâce à son habileté et à l'innocente complicité d'un guide, le voleur finit par découvrir la maison d'Ali Baba ; mais il découvre en même temps un grave problème auquel il ne s'était pas préparé. On lui avait demandé de *repérer* la maison d'Ali Baba : c'est chose faite en un sens, dès lors qu'il se trouve devant sa porte ; mais, en un autre sens, tout reste à faire. Le voleur croit sa mission terminée alors qu'il n'en a accompli que la première moitié ; laquelle moitié restera sans effet (sinon de provoquer sa mort, car tel est le châtiment qui a été prévu pour lui en cas d'échec) si elle n'est pas complétée par un second succès : réussir à signaler cette maison à l'attention de ses

---

1. Cf. chapitre précédent, p. 112. Sur ce qui suit, cf. V. Descombes, article dans *Critique*, n° 372, mai 1978 : « Une supposition très singulière ou comment désigner la porte d'Ali Baba. »

camarades, lorsque ceux-ci reviendront en bande faire justice à Ali Baba et récupérer le butin dérobé. Or toutes les maisons se ressemblent dans la rue où habite Ali Baba ; et, pire, cette rue ressemble elle-même à toutes les rues du quartier. Le voleur se trouve ainsi en possession du renseignement qu'il recherchait, mais privé de la possibilité de l'utiliser : son savoir est inutilisable parce que ne valant qu'ici et maintenant, qu'*hic et nunc*, sans possibilité d'exportation (un peu comme ces monnaies inexportables que le voyageur imprévoyant doit se résoudre à dépenser sur place, en catastrophe, avant de reprendre le train ou l'avion). La maison qu'il cherche est bien *ici*, – et non ailleurs. Mais comment, une fois qu'on sera soi-même ailleurs, retrouver le chemin qui mène ici ? On sait comment, dans le conte des *Mille et une nuits*, le voleur entreprendra de se tirer d'embarras : en marquant d'une croix blanche la porte d'Ali Baba afin de la différencier de celle de ses voisins. Mais cet expédient est sans effet, l'esclave Morgiane, dévouée à son maître Ali Baba, ayant pris la précaution d'inscrire un signe identique sur toutes les portes du voisinage brouillant ainsi la piste. Un second espion prendra la succession du premier et connaîtra le même funeste sort, s'étant contenté de « sur-signaliser » la porte d'Ali Baba, déjà signalée par une croix blanche, par l'adjonction d'une petite croix rouge, signal devant signaliser le signal, et ainsi de suite à l'infini pour peu qu'un troisième voleur, puis un quatrième, etc., s'essaient à la même stratégie : à cette contre-parade insuffisante Morgiane opposera toujours une contre-parade parallèle. Les voleurs se trouvent mis en échec par le problème de la désignation du singulier : comment s'y prendre pour désigner l'unique autrement que par lui-même, pour localiser un ici à l'aide de signaux extérieurs à la chose qu'ils doivent signaliser ? Une telle tentative paraît vouée à la tautologie, comme en témoignent les tentatives de W.V.O. Quine, dans ses *Méthodes de logique*, qui visent à décrire la singularité tout en se passant de tout nom singulier, de tout nom propre, aboutissant ainsi à des formules bizarres, telle celle qui définit Quine lui-même comme « celui qui est tel que quiconque a écrit *Méthodes de logique* lui est identique [2] ».

Soit dit en passant, on reconnaîtra dans cette aporie le caractère profond et riche des vérités énoncées par M. de La Palice, dans la célèbre chanson ; par exemple :

> Il est mort un vendredi,
> Le dernier jour de son âge ;
> S'il fût mort le samedi,
> Il eût vécu davantage.

Ce qu'on appelle une lapalissade n'est ni une « vérité d'évidence niaise », ni une « affirmation dont l'évidence toute formelle prête à rire », contrairement à ce qu'en estiment, respectivement, les dictionnaires Larousse et Robert. Elle est le strict signal de l'ici, c'est-à-dire la définition de toute réalité : en sorte que, si les propos de M. de La Palice prêtent à rire, c'est que la réalité y prête aussi. C'est pourquoi une tautologie est tout autre chose qu'une fadaise mais exprime au contraire toujours une vérité profonde ; et même, à y regarder de plus près, une vérité plutôt inattendue que trop attendue, à l'image du réel, toujours surprenant, dont elle est le fac-similé. Je reviendrai plus loin sur cette question dans le ch. VII, qui lui est entièrement consacré.

Si donc l'ailleurs n'est pas expérimentable à partir de l'ici, l'ici en revanche n'est pas repérable sans l'intermédiaire d'un ailleurs. Raison pour laquelle toute une philosophie métaphysique s'est attachée, depuis Platon, à lier la connaissance des choses à celle de leurs principes, ceux-ci extérieurs à celles-là ; ne trouvant ainsi d'autre solution à l'appréciation de l'ici que celle qui consiste à l'éclairer d'un ailleurs. Éclairage dangereux toutefois, à y trop insister : dans la mesure où il finirait probablement, s'il en venait à éclairer totalement ce qu'il met en lumière, par se confon-

---

2. Cf. article cité *supra*, p. 473-474.

dre avec lui, en une coïncidence qui, ôtant à la lumière le privilège d'être autre chose que ce qu'elle éclaire, laisserait la chose à son sort énigmatique d'être singulier, d'ici confiné à lui-même. Diderot, dans un bref passage de *De l'interprétation de la nature*, suggère cette hypothèse extrême : « Si l'Éternel, pour manifester sa toute-puissance plus évidemment encore que par les merveilles de la nature, eût daigné développer le mécanisme universel sur des feuilles tracées de sa propre main, croit-on que ce grand livre fût plus compréhensible pour nous que l'univers même [3] ? ». Hypothèse étrange mais hautement révélatrice : l'explication parfaite coïncidant avec la chose à expliquer, plus aucune explication n'a lieu. On saisit ici à la source la raison de l'échec de toute interprétation, de toute explication de quoi que ce soit par une autre chose qui en rendrait compte : l'ailleurs idéal, appelé à expliquer l'ici, est celui qui s'identifie parfaitement à lui, qui le répète terme à terme, ruinant ainsi tout espoir d'interprétation. Rien ne s'est passé, et la chose demeure. L'explication de l'ici se confond avec l'ici à l'issue d'une opération à vide, aussi dérisoire que la solution d'une énigme, à la fin d'un roman policier, dont la complexité serait aussi énigmatique que l'énigme qu'elle se propose de résoudre.

Reste alors, si l'on veut sauver la métaphysique, à tisser un lien mystérieux qui relierait l'ici à l'ailleurs sans pour autant se confondre avec lui, respectant à la fois l'identité et la différence des deux instances. Ainsi Heidegger, qui mêle l'étant à l'être et l'ici à l'ailleurs en une tendre familiarité – telle que l'analyse Heidegger à propos du poète Georg Trakl [4] – qui, pour reprendre les termes de Verlaine, n'est, par rapport à la chose dont elle est la compagne familière, « ni tout à fait la même ni tout à fait une autre ». Toujours à propos de Trakl, Heidegger fait observer que « celui-ci » peut se rendre par le vieux terme allemand *ener*

---

3. *De l'interprétation de la nature*, VI.
4. « La parole », in *Acheminement vers la parole*, tr. F. Fédier, Gallimard, 1976.

qui signifie également *der andere*, « l'autre [5] » : on remarquera ici l'équivalence significative entre *celui-ci* et *l'autre*.

Ce lien invisible, qui relie l'ici à l'ailleurs, est au cœur de l'œuvre de Mircea Eliade. Il constitue en effet la pensée maîtresse d'un auteur selon lequel seule l'autorité d'un ailleurs confère réalité et existence à quelque chose que ce soit, comme le démontre l'analyse du mythe, qui consacre comme réel seulement ce qui peut se recommander d'une origine immémoriale et extra-temporelle, qu'il ne fait que répéter. L'ici se voit aboli au bénéfice de l'ailleurs, ainsi que toute réalité au profit de ce qui la nie en tant qu'elle-même : « L'homme des cultures traditionnelles ne se reconnaît comme réel que dans la mesure où il cesse d'être lui-même (pour un observateur moderne) et se contente d'*imiter* et de *répéter* les gestes d'un *autre* [6]. »

On reconnaît ici la thèse de René Girard, exposée d'abord dans *Mensonge romantique et vérité romanesque*, développée dans *La Violence et le Sacré* et reprise dans *Des choses cachées depuis la fondation du monde* [7] : que le sort du désir est de prendre sa source dans la reconnaissance d'un désir de l'autre (pas au sens où l'entend Lacan, mais au sens strict de la reconnaissance du désir chez mon semblable et de la fascination qui s'ensuit, de ma part, à l'égard de l'objet désiré par lui). D'où le rapport profond entre le désir et l'envie, c'est-à-dire la jalousie, conformément à l'étymologie latine, *invidia*, du mot envie. Désirer quelque chose revient à envier, tout à la fois le privilège qu'elle possède d'être désirée par un autre et le privilège que possède l'autre, de la désirer. Des deux sens de l'envie – désirer et jalouser –, c'est le second qui sert de fondement au premier, encore une fois conformément à l'étymologie latine. Désirer naîtrait ainsi d'une double jalousie, à l'égard de l'autre qui convoite et à l'égard de la chose convoitée par l'autre ; et il n'y aurait pas de désir sans l'intercession de l'autre qui vient me souf-

---

5. *Ibid.*, « La parole dans l'élément du poème ».
6. *Le Mythe de l'éternel retour*, Gallimard, 1949.
7. Ces trois ouvrages chez Grasset.

fler à l'oreille un désir qui, s'il ne fallait compter que sur mes propres pulsions, resterait à jamais en panne. En d'autres termes, et pour rejoindre notre question : l'ici ne commencera à exister que sur les instructions d'un ailleurs. À partir de ces prémisses, Girard instruit le procès d'une illusion qu'il considère comme d'essence *romantique* : soit la pensée illusoire de l'autonomie du désir, qui me porte à croire que c'est bien moi qui désire, et non l'autre dont j'imiterais seulement le désir. On remarquera d'abord qu'une telle illusion apparaît comme plutôt cartésienne que romantique (à moins que le cartésianisme ne préfigure le romantisme, thèse qui reste à établir). D'autre part, il y a ceci de gênant que la théorie du romantisme, chez Girard, semble prise elle-même dans le phénomène qu'elle critique. Je veux dire que la reconnaissance de l'incapacité où serait le désir de désirer sans l'appoint vivifiant de la jalousie exprime elle-même, noir sur blanc, cette fascination de l'ailleurs et cette incapacité à vivre et à désirer ici qui sont le lot, effectivement, de tout héros romantique. En sorte que la thèse de Girard, qui décrit et critique très justement l'illusion romantique, n'en est pas moins une thèse romantique elle-même : dans sa dénégation de l'ici au profit de l'ailleurs, où communient également le héros et son interprète, à un seul niveau de conscience ou d'inconscience près. Il est vrai que cette dénégation de l'ici et cet appel de l'ailleurs, tels que l'expriment la plupart des héros romantiques, sont eux-mêmes assez ambigus et demandent quelques éclaircissements.

Intérieurs romantiques

Dans le rapport de l'ici à l'ailleurs, il semble que le romantisme ait toujours donné la préférence à l'ailleurs, considéré comme seul objet d'attachement et d'intérêt, et affirmé son dégoût de l'ici, considéré comme quotidien et ennuyeux. Mentionnons pour mémoire Baudelaire et son désir d'aller n'importe où, « pourvu que ce soit hors du monde ». Ou Mallarmé, qui écrivait à son ami Cazalis : « Ici-bas a une odeur de cuisine. » Ou encore les plus modernes caricatures du désir d'en finir avec le commun, de madame Bovary à la mademoiselle Anaïs de Marcel Aymé, dans *Le Confort intellectuel*. Ou enfin une pièce oubliée de Villiers de l'Isle-Adam, *La Révolte*, qui date de 1870 et résume assez heureusement ces multiples tentatives de quitter l'ici pour accéder à l'ailleurs. Les trois scènes de son acte unique ont pour protagonistes le jeune banquier Félix et son épouse Élizabeth. Lui est un heureux petit bourgeois aux idées simples, assez satisfait de son sort : ses affaires prospèrent et son épouse, qui le seconde efficacement en tenant ses livres de compte, ne lui donne que des sujets de contentement. Elle, en revanche, en est venue à ressentir de l'éloignement à l'égard de la « vie réelle » ; car il vaut mieux, estime-t-elle, « être dans les nuages que dans la boue ». Quant à la révolte, qui donne son titre à la pièce, c'est, un beau soir, celle d'Élizabeth contre Félix. Alors que ce dernier, fatigué, se dispose à gagner son lit, Élizabeth lui expose sa « théorie du Rêve », à laquelle Félix, bâillant, ne trouve à opposer que d'assez grosses sottises. Là-dessus l'épouse se rebiffe, déclare qu'elle en a fait assez pour son mari en s'occupant de ses affaires pendant ses quatre années de mariage, qu'elle a ainsi bien gagné le droit de s'en aller ailleurs, ce qu'elle va faire, mieux ce qu'elle fait, claquant la porte au nez de son époux qui, resté seul, se réveille et doit improviser, à l'intention de la salle, un assez ennuyeux soliloque. À l'aube, Élizabeth revient, ayant renoncé à son projet (qui était de vivre seule en Islande) ; car, dit-elle, elle a constaté qu'elle ne possédait « plus d'âme » (celle-ci lui ayant été ôtée par Félix). À la grande joie de son époux, elle se remet aussitôt à ses livres de compte, un peu comme Bouvard et Pécuchet, à la fin du roman telle que la prévoyait Flaubert, se remettent, et avec quel bonheur, à leur tâche de copistes.

Lorsqu'on analyse la série de ces cas illustres, on en vient à se demander si cette aspiration au dehors et cette horreur de l'ici ne recouvrent pas une aspiration plus profonde et exactement inverse (qui expliquerait dans une certaine mesure le retour obligé d'Élizabeth à ses foyers ainsi que celui de Bouvard et Pécuchet à leurs écritoires). Il est entendu que le héros romantique aspire à autre chose, mais la question demeure de savoir si cet « autre chose » se caractérise par un désir d'indétermination et d'aventure, comme on le pense généralement, à l'instar des intéressés – ou, tout au contraire, par un appel de précision et de sécurité, cherchées ailleurs parce qu'introuvables dans le vague et l'insécurité du réel lui-même. Il est également entendu que le romantique est brouillé avec le réel et son train quotidien ; mais il reste à déterminer la nature de la « banalité » du réel à laquelle on désire échapper. Qu'est-ce qui rend le réel horrible : d'être banal parce que tout y est prévisible et sans saveur, ou, au contraire, d'être dérisoire parce que rien n'y est assuré ni durable ? Dans le premier cas, la révolte romantique se comprend et s'apprécie. Mais, dans le second, qui d'ailleurs ne s'oppose pas au premier mais plutôt le confirme en lui conférant son véritable sens, cette révolte se comprend encore mieux, et s'apprécie d'autant, quoique négativement. La lassitude à l'égard de l'ici, selon la seconde hypothèse, n'implique ni refus de l'ici en tant que tel, ni amour de l'ailleurs en tant qu'altérité pure, mais le dégoût d'un ici apparaissant comme insatisfaisant : soit, en définitive, un amour de l'ici (moyennant quelques aménagements). Amour déçu, il est vrai, mais amour tout de même. Quant à l'ailleurs, il n'est revendiqué que par dépit, comme ces femmes que l'amant évincé entreprend de courtiser par mesure compensatoire ou vengeresse : objet de nul amour que feint, figuré à l'image de l'autre amour qui se porte vers un autre objet. Auquel cas les termes du désir romantique doivent être radicalement inversés : il ne vise pas à l'ailleurs mais à l'ici, et songe seulement à substituer un « bon » ici, désirable, à l'ici actuel, mauvais et indésirable. Le « mauvais » ici n'a été expédié ailleurs que dans l'attente d'un retour de courrier, qui renverra non pas l'altérité, dont personne ne veut, mais le bon ici, que tout le monde attend.

Or, si l'on se demande ce qui rend le casanier indésirable, aux yeux du romantique comme à ceux de beaucoup d'autres, on s'aperçoit que le casanier pèche, non par son assurance et sa régularité, mais par ses incertitudes et son instabilité ; non par son prétendu bien-fondé mais par sa foncière et très réelle gratuité ; non, pour parler plus abstraitement, par un excès d'être, là où il est, mais plutôt par un manque à être et une dérobade perpétuelle qui empêchent précisément de lui assigner, pour reprendre les termes de Heidegger, un « être-là », – qu'il lui manque donc, pour convaincre, non d'être trop casanier mais bien de l'être *insuffisamment*. Livré à la mouvance de la vie, le casanier ne sera jamais vraiment casanier, car son ici se meut et se modifie sans cesse, au mépris de toute définition de ce qu'il est, d'être un ici et non un ailleurs : ce dont lui veut le romantique qui, à la suite de Platon, désire un peu d'assurance et de certitude et, pour ne pas le trouver dans le vivant ici, ne fait guère de cas, ni de l'ici, ni de la vie. Et, parallèlement, les qualités d'incertitude et d'insécurité que le romantique prétend chercher ailleurs sont celles-là mêmes dont la présence, reconnue ici, dans le train ordinaire de la vie, a provoqué de sa part le divorce d'avec le réel. Madame Bovary, Bouvard et Pécuchet, mademoiselle Anaïs ne jugent pas l'existence trop pesante mais trop *légère* : ils voudraient y trouver un peu plus de teneur en réel, entendons par là un peu plus de fixe et un peu moins de mouvant. Le voyageur romantique a donc pour destination non l'incertain mais le certain, pas du tout l'ailleurs mais bien une sorte d'ici absolu, capable de résister à toute forme d'altération : raison pour laquelle il préfère la relative sécurité de l'imaginaire à la certaine insécurité du réel.

Tels apparaissent les *Voyages extraordinaires* de Jules Verne, qui ne sont pas des voyages mais, pour le dire brièvement, constituent au contraire une entreprise générale de mise à l'abri de l'ici contre toute menace en provenance de l'extériorité. Entreprise couronnée par une réussite exemplaire (dans tous les sens du terme, notamment celui d'une postérité féconde et nombreuse), qui fait de Jules Verne, en quelque manière, l'aboutissement de l'idéal romantique. Le voyageur baudelairien voulait quitter le monde ; le voyageur vernien fait mieux : il le visite de part en part, parcourant mers, continents, entrailles et satellite de la Terre, mais réussissant toujours à passer au travers. Le héros-type de Jules Verne a été justement reconnu dans la figure de Philéas Fogg : celui qui fait le tour du monde en quatre-vingts jours, juste le temps qu'il fallait à l'époque pour être assuré de n'entrer en contact avec aucune des régions qu'on traverse. Mais, à y regarder de plus près, les autres héros de Jules Verne empruntent, *mutatis mutandis*, le même itinéraire. Tandis que Philéas Fogg se mettait à l'abri du monde par la simple vitesse avec laquelle il le parcourait, les autres se protégeront par un lieu magique qui leur sert à la fois de moyen de locomotion et de moyen d'isolation par rapport au monde ambiant : un ballon qui traverse l'Afrique sans y toucher (*Cinq semaines en ballon*), un yacht-forteresse qui fait le tour du monde avec le minimum de contacts (*Les Enfants du capitaine Grant*), une redoute ambulante, véhicule amphibie hésitant entre le train et la canonnière, qui traverse l'Inde sans péril ni dommage, faute de s'y arrêter (*La Maison à vapeur*), une ville-radeau qui glisse sur l'Amazone en crue sans s'inquiéter de ses rives (*La Jangada*), un sous-marin inexpugnable qui sillonne les mers sans faire une seule escale (*Vingt mille lieues sous les mers*). Dans tous ces romans, l'ailleurs ne fait que mettre en valeur l'inébranlable solidité d'un ici, introuvable dans la vie réelle, qui parvient à refuser tout contact avec son environnement : c'est le triomphe de l'ici par élimination de l'ailleurs, – d'un ailleurs qui n'est pas recherché en tant que tel, mais seulement appelé à doter l'ici, par effet de contraste, de la vertu cardinale qui lui fait défaut : la sécurité. Voyages magiques plutôt qu'extraordinaires, qui mettent le voyageur à l'abri de tout pays, fût-il le sien même. On remarquera d'ailleurs que le voyage selon Jules Verne participe aussi peu de l'extraordinaire que du voyage, dans la mesure où le récit s'y ordonne toujours selon une série de coïncidences heureuses qui ressortit moins au hasard qu'à une sorte d'ordre providentiel (dans lequel il est aisé de reconnaître le thème de la sécurité, déjà présent dans le thème du véhicule-abri) : voyage non pas extraordinaire donc, mais plutôt extraordinairement ordonné. Inutile de préciser que ces remarques, qui visent seulement à illustrer le lien qui relie l'idéal romantique de l'ailleurs à la jouissance d'un ici éprouvé, résistant à l'influence extérieure, n'impliquent aucune réserve à l'égard du génie romanesque de Jules Verne.

L'évasion vers l'ailleurs se comprend ainsi comme visée d'un casanier renforcé, d'un ici amélioré. S'évader du quotidien – par exemple, par la lecture d'un roman, d'une bande dessinée, ou par le spectacle d'un film – est une opération qui ne relève pas de l'évasion au sens propre mais, tout au contraire, d'un enracinement délibéré : puisque, loin d'être mis dehors, on est ramené par cette « évasion » dans un dedans inexpugnable, forteresse imprenable dont l'effet n'est pas tant de divertir que de protéger du réel, en en effaçant miraculeusement les caractères mouvants et incertains. On ne se perd alors que pour mieux se retrouver, – pour « se reprendre », *gjentagelsen*, dit Kierkegaard dans *La Répétition* ; et l'appel de l'ailleurs vise un ici imaginaire dont on pourra opposer la solidité à la fragilité de l'ici réel.

On n'aurait pas de peine à multiplier les exemples d'œuvres littéraires où apparaît au premier plan ce triomphe du casanier sur l'environnement, flattant ainsi ce goût, enfantin certes mais qui subsiste à l'âge adulte, de l'inexpugnable. Être au-dessus des dangers comme des lois, mettre son être incertain à l'écart de toute incertitude, placer ainsi la vie à l'abri de la vie même : telle est l'ambition qui anime et confère leur intérêt à toutes sortes d'œuvres, justement recensées comme appartenant à la littérature enfantine, mais que lisent et se remémorent les adultes. Dans un domaine entièrement différent de celui de Jules Verne, la comtesse de Ségur réalise, par exemple, une performance tout à fait comparable : de mettre l'ici hors des atteintes de toute attaque en provenance du dehors. Mentionnons pour mémoire *L'Auberge de l'Ange gardien*, qui recueille deux orphelins égarés et constitue à leur intention une *casa* exemplaire, type par excellence du casanier ; ou encore sa suite, *Le Général Dourakine*. La famille Dérigny y revient de Russie en France dans un équipage de voitures munies de tous les aménagements et provisions désirables, tandis que le prince Romane rend plus délicieux le confort du lieu, rendu déjà sensible par la différence qu'il présente par rapport aux régions infortunées qu'il traverse, en narrant sa terrible expérience du bagne sibérien, auquel il a été injustement condamné et d'où il s'est enfui. Tout le monde tremble en l'écoutant et en jetant de loin en loin un œil sur le paysage désolé ; la tiédeur de la voiture, la saveur du poulet qu'on dévore tout en écoutant le prince ex-bagnard n'en sont que plus agréables. Les passagers du *Duncan*, dans *Les Enfants du capitaine Grant*, de Jules Verne, goûtent une même sécurité délicieuse, au sein de la mer calme qu'ils ont artificiellement provoquée en répandant autour du navire le contenu de tous leurs barils d'huile, tandis que la tempête fait rage aux alentours. De même, le roman policier hérité de Poe et Conan Doyle a habilement exploité ce goût d'une illusoire sécurité du réel, en le flattant par la prise en considération d'une insécurité criminelle toujours soigneusement reléguée à l'extérieur ; à un extérieur dont, au surplus, rien n'est vraiment à craindre, et même si on y était, puisqu'il est entièrement contrôlé par l'intelligence méthodique, à laquelle rien ne saurait échapper, d'un Dupin ou d'un Holmes : double protection donc, et double triomphe de l'ici sur l'ailleurs (jusqu'à sa mise en berne, par les soins du roman noir américain). De même enfin, nombre de bandes dessinées exploitent, depuis quelques dizaines d'années, cet inépuisable filon : la fortune du Gaulois *Astérix*, de Goscinny et Uderzo, qui gîte en un village miraculeusement soustrait à l'emprise romaine par les vertus d'une potion magique, en est aujourd'hui la pépite la plus voyante.

L'endroit du réel

La nature « étrange » de cet ailleurs inventorié par Jules Verne ou la comtesse de Ségur – étrange parce que hypercasanier, plus familier que toute familiarité – évoque immédiatement l'ambiguïté attachée à l'exotisme. L'exotisme peut impliquer simplement le goût des voyages : soit le plaisir à aller d'un ici à un autre ici. Mais il peut aussi désigner un goût de nature toute différente : un goût pour l'idée de voyage, c'est-à-dire un goût de l'ailleurs en tant que tel, que ne rassasiera jamais aucun ici. D'où deux genres de voyage, que différencie la nature du bénéfice escompté. Le voyageur du premier genre attend son plaisir de l'expérience effective d'un ici autre que celui où il est à présent. L'autre voyageur – et même lorsqu'il lui arrive d'aller effectivement là où se rend aussi le premier – entend retirer de l'expérience exotique un bénéfice opposé : il ne recherche pas l'ailleurs, en tant que l'ailleurs finit par se résumer à l'expérience d'un nouvel ici, mais simplement la négation – provisoire – de l'ici où il est. On sait que l'idée de voyage importe infiniment plus, chez le voyageur du second genre, que sa réalisation ; mieux, elle est elle-même sa seule « réalisation » possible, puisqu'il s'agit en l'occurrence de s'offrir le plaisir d'un ailleurs que toute visite réelle, impliquant l'évanouissement de l'ailleurs au profit de sa réapparition sous les auspices de l'ici, ne pourrait que contrarier. C'est pourquoi Des Esseintes, dans *À rebours* de Huysmans, s'arrête à Paris alors qu'il désirait se rendre à Londres : sachant instinctivement que l'« ailleurs londonien » qu'il recherche ne se trouve sûrement pas à Londres même mais peut très bien être découvert à Paris, pour peu qu'on bénéficie d'un temps maussade et pluvieux – ce qui est justement le cas –, qu'on limite ses allées et venues à telle ou telle artère présentant quelque ressemblance avec des paysages londoniens, en ayant soin de ne faire étape que dans des établissements d'allure anglaise, hôtel, *pub* ou salon de thé. Paris devient alors un lieu ambigu, délivré à la fois de la pesanteur de l'ici et de la détermination de l'ailleurs, n'étant plus du tout le Paris réel mais n'étant pas encore tout à fait le véritable Londres : c'est ainsi, et seulement ainsi – en récusant toute présence effective –, qu'on parvient à peu près à se rendre nulle part, c'est-à-dire à trouver asile en un ailleurs dont la consistance ne tient qu'à la dénégation de tout ici.

Ailleurs se dit, en latin, *alibi* : en un autre lieu, en quelque autre part. Le mot est resté dans la plupart des langues européennes, mais a pris une signification plus particulière : il désigne généralement le moyen de défense qu'une personne tire de la preuve de sa présence, au moment du crime ou du délit dont elle est accusée, en un lieu différent de celui où il a été commis ; il peut désigner aussi, de manière plus générale, et par extension de ce sens rigoureusement attaché au domaine juridique et policier, tout prétexte invoqué pour cacher une réalité quelconque à l'aide d'une réalité plausible quoique en l'occurrence irréelle, dont l'invocation sert de couverture à la première. Mais, à y réfléchir, on s'aperçoit que rien n'interdit de généraliser encore davantage, de ramener tout alibi à la très générale idée d'*ailleurs* exprimée par le latin *alibi* ; c'est-à-dire, par voie de réciprocité, de lier fortement l'idée d'ailleurs à l'idée de prétexte, de faux-fuyant. L'alibi n'a pas seulement cours dans la réalité et la littérature policières ; il vaut également pour toute sorte de réalité, quoique de manière moins visible. Aucune réalité en effet qu'on ne puisse rendre évanouissante par le travail de l'alibi, aucun ici qu'on ne puisse rendre douteux par l'invocation d'un ailleurs. Le goût de l'exotique est à l'évidence un exemple de semblable alibi, se contentant d'évacuer, par une allusion à l'ailleurs, la présence d'un ici à l'égard duquel elle ne prend jamais que la fausse distance d'une intention d'aller ailleurs, bien décidée qu'elle est à ne jamais passer outre en s'y rendant effectivement (en ce sens, le héros d'un tel voyage – voyageur du second genre – est bien, exactement, un « faux-fuyant »). Mais l'exotisme n'est qu'un exemple parmi une infinité d'autres. En règle générale, la fonction de l'alibi – de ce jeu subtil qui s'établit entre ici et ailleurs – consiste à opposer à toute présence l'alternative d'un autre part, à toute réalité la possibilité d'une réalité autre. Ainsi l'ailleurs est-il l'ombre tenace de l'ici, son fantôme, et, dès lors que l'ici se fait indésirable, son alibi. De même le double est-il la catégorie la plus générale de la dénégation du réel, son plus ordinaire faux-fuyant. Ici en somme n'est rien : rien que l'ombre de son ailleurs.

Ici rien : c'est ainsi, disent certains, que les premiers cartographes espagnols désignèrent les terres appelées à devenir le Canada, – *aqui no hay nada, aca nada*, d'où *Canada*. La fonction de l'alibi ne consiste pas seulement à dire qu'on n'était pas ici mais ailleurs, mais aussi à néantiser tout ici, à dire qu'il n'y a, de manière générale, rien ici, que ce qui est ici n'est pas, – d'où la nécessité, si par malheur on s'y trouve, de s'enfuir d'ici, comme le recommandent Platon et Plotin. Un coup d'éponge magique prive d'existence le réel, tout comme l'appellation fâcheuse de *aqui nada* (« ici il n'y a rien ») efface le Canada de la mappemonde, le désigne du moins comme indésirable et inhabitable. Mais c'est le sort de tout ici que d'être inhabitable, pour être rien. Ici est lié à la pauvreté, au dénuement : sans ressource parce que sans *site*, sans lieu par lequel passeraient un certain nombre de courants extérieurs. Ici n'a pas de lieu parce qu'un lieu ne se reconnaît que de l'extérieur, qu'à partir de hors d'ici. L'ici réel est un non-lieu, un peu comme l'ailleurs utopique : pas exactement dans le même sens (car l'ici, à la différence du lieu utopique, existe), mais en ceci qu'il est également impossible de leur assigner un site. Ici ne manque pas à sa place, comme l'objet symbolique selon Lacan, mais manque de place, manque quant à sa place. L'œuvre entière de Samuel Beckett est une description de ce manque, de la pauvreté intrinsèque de tout ici. Ainsi dans *L'Innommable* : « Où maintenant ? Quand maintenant ? Sans me le demander. Dire je. Sans le penser [8]. »

Et plus loin : « Je me vois, je vois ma place, rien ne l'indique, rien ne la distingue, des autres places, elles sont à moi, toutes, si je les veux, je ne veux que la mienne, rien ne la signale, j'y suis si peu [9]. » On peut naturellement aménager son ici en tissant alentour un réseau de relations qui lui confère stabilité et consistance, de la même manière que le nouvel arrivé en un lieu ne réussit à y vivre qu'à condition de s'y installer, d'y « faire son trou » (expression empruntée à l'animalité qui désigne, tant chez l'homme que chez l'animal, moins la faculté de s'enterrer que celle d'établir un système de communications avec son environnement, de reconnaître ses itinéraires privilégiés, ses « passes »). On obtient alors un ici habitable parce qu'enrichi, enrichi de rapports extérieurs qui, en lui restituant une place, lui rendent en quelque manière la vie. C'est ainsi que l'idéalisme allemand a tenté d'échapper à la « conscience malheureuse » – qui n'est autre que la conscience de l'ici en sa stricte précarité, séparé de tout ailleurs : en la rattachant au Tout et à l'Absolu.

L'ici pauvre s'oppose à l'ici riche comme le réel s'oppose au fantasme. L'ici pauvre, manquant de tout ailleurs, est à jamais « lointain et solitaire », comme la ville de Cordoue dans un célèbre poème de Garcia Lorca, la *Chanson du cavalier* :

> Cordoue.
> Lointaine et solitaire.
> Cheval noir, lune grande,
> Et des olives dans ma sacoche.
> Bien que je connaisse le chemin,
> Jamais je n'atteindrai Cordoue.
> Par la plaine, par le vent,
> Cheval noir, lune rouge,

---
8. *L'Innommable*, Éd. de Minuit, p. 7.
9. *Ibid.*, p. 107.

> La mort est là qui me regarde
> Du haut des tours de Cordoue.

L'ici dont il est question dans ce poème – je veux dire la ville de Cordoue, car c'est bien évidemment elle qui est ici et non le voyageur, le cavalier, qui s'en trouve définitivement éloigné – est privé de toute relation avec autre chose que lui ; c'est pourquoi le voyageur n'y parviendra pas, – il pourra s'approcher autant qu'il le voudra, il ne sera jamais *ici*, puisqu'il est *là-bas*. Aucune route ne mène d'ailleurs à ici. Ici est hors d'atteinte, se dérobe à toute approche de la part de ce qui n'est pas ici. Du haut de sa tour, il ignore à jamais son ailleurs.

Aux frontières d'ici et d'ailleurs : le lieu de la peur

Une thèse courante tend à distinguer la peur de toute frayeur occasionnée par un objet bien précis et bien réel. La peur serait ainsi une forme particulière de crainte consistant en une appréhension insolite à l'égard non du réel mais de l'irréel : crainte du surnaturel, des ombres, des fantômes, bref, de tout ce qui n'existe pas. Pas nécessairement de ce qui n'a jamais existé ou de ce qui n'a aucune chance d'exister jamais. La peur peut être provoquée par ce qui a existé ou par ce qui existera ; mais c'est alors seulement dans la mesure où l'objet redoutable est absent provisoirement, ne jouit que d'une réalité défunte ou encore à venir, qu'il peut être éprouvé comme redoutable. Maupassant, dont l'œuvre témoigne d'une intime et obsédante connaissance de la peur, insiste à plusieurs reprises sur cette différence entre la peur et toutes les formes de frayeur occasionnées par un objet réel et déterminé ; par exemple dans un conte intitulé précisément « La peur » : « La peur, c'est autre chose. (...) La peur, ce n'est pas cela. (...) La peur (et les hommes les plus hardis peuvent avoir peur), c'est quelque chose d'effroyable, une sensation atroce, comme une décomposition de l'âme, un spasme affreux de la pensée et du cœur, dont le souvenir seul donne des frissons d'angoisse. Mais cela n'a lieu, quand on est brave, ni devant une attaque, ni devant la mort inévitable, ni devant toutes les formes connues du péril : cela a lieu dans certaines circonstances anormales, sous certaines influences mystérieuses en face de risques vagues. »

Pareille distinction – qui isole la peur de tout sentiment de frayeur face à un danger précis – est sans doute suggestive et apparemment convaincante. Un examen critique en révèle cependant vite la fragilité. À trop éloigner la peur de toute chose réellement redoutable, on finit par lui ôter toute substance et toute vigueur. Il est aisé de montrer qu'il doit toujours y avoir quelque chose de bien réel à l'horizon pour que se produise le phénomène de la peur : comme il n'est pas de vertige qui ne soit mêlé à quelque crainte de se tuer en tombant, ni peut-être de mal de mer qui soit tout à fait exempt de la crainte de sombrer. Ayant déjà traité de ce sujet ailleurs, je me contenterai ici de résumer mon argumentation sur ce point : il est bien vrai, comme le dit en gros Maupassant, que la peur est liée au sentiment de l'insolite ; mais il se trouve que la réalité est elle-même toujours insolite, et même la chose insolite par excellence ; toute peur est donc, en dernière analyse, une peur du réel.

Il est cependant vrai que la peur ne se réduit pas à la crainte d'une réalité dès lors que celle-ci est sous les yeux, clairement et précisément représentée. C'est bien toujours, en dernière analyse, le réel qui fait peur ; mais pas lorsqu'il est directement perçu, plutôt lorsqu'il baigne encore dans le flou de l'imagination qui en anticipe la perception. Il est évident que la peur a toujours partie liée avec l'imagination, dont elle est même un des plus remarquables effets trompeurs. Le simple fait que la peur soit d'abord concernée par l'irréel démontre que l'imagination d'un mal l'emporte en puissance d'effroi sur l'épreuve directe du même mal (tout comme l'imagination d'un bonheur à venir contient parfois le meilleur de ce qui en sera jamais éprouvé). Gobineau évoque avec humour et justesse, dans la dernière des *Nouvelles asiatiques*, ce caractère essentiellement imaginatif de la peur : « Elle était en proie à une réaction qui se produit assez ordinairement en Asie, chez les gens peu ou mal trempés. On voit de ceux-ci, pris subitement, et sans autre cause qu'un travail intérieur de leur conscience, par des paniques qui, en s'accumulant les unes sur les autres, s'exagèrent et s'exaspèrent, arriver à la véritable folie. Tel, et des exemples en sont connus, prend tout bonnement le parti de s'enfuir et regagne l'Europe à travers des dangers très réels pour échapper aux plus imaginaires des périls. Tel autre se croit constamment à la minute d'un assassinat. S'il est assis dans sa chambre, dont la porte est close, et qu'il entende des pas dans le corridor, c'est un musulman fanatique qui est là, se colle contre la muraille... se glisse... entre... son poignard est déjà dans sa main... Il va frapper ! La victime sent ses membres se couvrir d'une sueur froide... Il se calme pourtant... Ce n'était rien que son propre domestique qui lui apporte le thé et dépose la tasse sur la table. Mais le malade lui a trouvé l'air singulier. Cet homme couve un mauvais coup. Il n'a pas osé, parce qu'il a vu qu'on était sur ses gardes. Maintenant il reviendra. Il va faire feu de ces deux pistolets par la fenêtre. » La peur semble ainsi moins une angoisse provoquée par ce qui existe, angoisse à laquelle l'événement même peut se charger de porter remède, qu'une inquiétude forcément inapaisable à l'égard de ce qui n'existe pas. C'est en quoi la peur est un vertige, soit une peur du vide au sens le plus strict du terme « vide », un paradoxal souci d'aucune chose. Malaise comparable à celui du philosophe solidement suspendu dans le vide, pour reprendre un des exemples par lesquels Pascal illustre ce pouvoir de l'imagination de susciter une inquiétude sans objet, une peur de rien. Pareil vertige peut paralyser les gestes d'un champion à l'approche de la victoire : peur de gagner qui survient lorsque tous les obstacles ont été éliminés et qu'il n'y a justement plus rien à craindre. Tout cela n'explique naturellement pas pourquoi l'imagination, dont les effets très variés n'ont souvent rien d'effrayant, est aussi capable d'engendrer la peur. Car le fait qu'elle soit attentive à l'irréel ne constitue pas en soi un motif suffisant d'épouvante. Il semble pourtant qu'il y ait dans l'imagination un élément virtuellement terrifiant, même si celui-ci n'entraîne pas nécessairement, ni le plus fréquemment, le phénomène de la peur. Reste à déterminer lequel.

Cet élément est l'incertitude. On sait l'importance du sentiment d'incertitude, de doute quant à la nature de ce à quoi on a affaire, dans le déclenchement de la peur. L'objet terrifiant est toujours un « quelque chose » ou un « quelqu'un » auxquels vient à manquer soudain, pour une raison quelconque, une identité assignable et sûre. C'est pourquoi n'importe quel objet peut devenir terrifiant ; il lui suffit pour cela de troubler un instant la certitude avec laquelle nous tenons généralement pour assuré qu'un pot est un pot et un chat un chat. « J'ai peur des murs, des meubles, des objets familiers », écrit Maupassant dans *Lui ?*. « Qu'est-ce que c'est ? » et « qui est-ce ? » sont les deux grandes questions de la peur. La simple formulation de telles questions implique un tremblement du réel annonçant tous les fantasmes du double, tous les symptômes de la dissociation caractéristiques de la schizophrénie : soit de cette « dé-composition » de l'âme par laquelle Maupassant définit justement la peur. Mais cette incertitude de la peur – incertitude quant à soi et quant à toute chose – est au fond celle de toute imagination, et particulièrement de l'imagination la plus ordinaire du réel, celle qui anticipe sans cesse la réalité au fur et à mesure que celle-ci se réalise, devient présente. La nature de l'événement à venir, de ce qu'on peut appeler la réalité imminente, n'est pas moins douteuse que celle de l'objet terrifiant. Il y a dans la substance du réel quelque chose qu'aucune anticipation ne saurait jamais parfaitement connaître, qui fait que le réel passe nécessairement toute prévision et déçoit toute imagination. Cette imprévisibilité constitutive du réel explique en profondeur le rapport entre l'expérience de la peur et l'expérience de la réalité : elle est la loi générale dont la peur ne constitue qu'une application particulière. Que l'épreuve du réel doive toujours surprendre l'attente qu'on peut s'en faire, c'est ce que vérifie de manière décisive le fait, très remarquable, que la surprise supporte à la rigueur d'être *annoncée*, sans que l'effet de surprise doive beaucoup y perdre. On annonce à quelqu'un qu'on viendra le surprendre dans la soirée : la porte s'ouvrira brusquement et tel ami surgira dans la pièce le visage revêtu d'un certain masque. On sait que la peur sera en gros la même, avec ou sans préavis ; et l'appréhension qui précède l'accomplissement du fait, lorsqu'il y a eu préavis, montre bien le peu de cas qu'on se fait alors, en son for intérieur, de sa faculté d'anticiper l'avenir. En définitive, tous les avis sont ici inopérants et il n'est jamais arrivé à personne d'être véritablement averti à l'avance de quoi que ce soit.

De ce que l'épreuve de la peur se confond avec l'appréhension du réel – de ce qu'il y a en lui de constitutionnellement imprévisible et par conséquent d'inconnu –, il s'ensuit que la peur intervient toujours de préférence lorsque le réel est très *proche* : dans l'intervalle qui sépare la sécurité du lointain de celle de l'expérience immédiate. Quand on est très loin, rien n'est encore à craindre, l'événement à venir étant trop éloigné pour être ressenti comme redoutable, quoi qu'il puisse être. Quand on est arrivé, rien n'est plus à craindre, l'événement redoutable ayant déjà eu lieu. La peur n'a de raison d'être qu'un peu avant l'arrivée : quand le réel n'est ni lointain ni présent, mais tout près. Il en va de même pour les avions de ligne, qui n'encourent guère de risque en vol ou au sol, lorsqu'ils sont déjà loin de la terre ou déjà à terre, mais passent par une courte phase critique au moment du décollage ou de l'atterrissage, lorsqu'ils sont à proximité immédiate de la terre. Qu'y a-t-il donc de si redoutable dans la dimension du « tout près » qu'on puisse y déceler, de manière générale, la dimension même de la peur ? Rien assurément, hormis le simple fait de la proximité qui, pour n'être ni tout à fait loin ni tout à fait ici, suffit à engendrer l'incertitude : expression géographique de l'ambiguïté ontologique où gît toute peur. Tout objet terrifiant est un objet ambigu, dont on vient à douter s'il est ceci ou cela, le même ou un autre ; mais aussi – car cela revient au même – s'il est ici ou là, présent ou absent : or c'est là le cas de tout objet proche. Objet qui peut à la limite n'être autre que soi-même, comme il advient dans le dédoublement de personnalité. Sombrant dans la peur et la folie, Maupassant devient étranger à lui-même pour se percevoir non sous les espèces d'un tout autre mais bien sous celles de son tout proche, de ce double installé en ses lieu et place qu'il a décrit dans *Lui ?* et *Le Horla*. Mais c'est toute proximité qui est inquiétante ; pas seulement celle de soi à soi, qui ne figure qu'un cas extrême. Ainsi la proximité d'une femme aimée vient-elle parfois perturber le cours de l'itinéraire amoureux. Il n'y a pour l'amant de risque d'inhibition sexuelle ni quand son amante est loin, ni quand il est en elle, mais seulement lorsque celle-ci est proche et que vient donc le moment de passer aux actes : moment toujours aléatoire car exposé à la peur, comme le dit si bien Montaigne, qui consacre à ce risque de débandade l'essentiel de son célèbre chapitre sur « la force de l'imagination » (*Essais*, I, 21). D'autres parleraient aussi justement ici de reculade devant le réel ou de minute de vérité : lesquelles surviennent, encore une fois, non pas lorsque la chose est là mais quelques secondes avant d'y passer. Et l'inquiétude est la même dans tous les cas de terreur classique. L'assassin qui guette dans l'ombre n'est que dangereux s'il est loin ou en face de soi ; il est en revanche terrifiant s'il est tout près de soi, sans qu'on puisse l'apercevoir en sa proximité même. Le cinéma d'épouvante exploite souvent, quelquefois avec bonheur, ce ressort de la peur fondé moins sur l'atrocité d'un danger que sur sa proximité, son imminence. Ainsi dans un film récent, *Terreur sur la ligne* : une jeune *baby-sitter* garde des enfants le soir, dans une villa de la périphérie immédiate, les parents dînant en ville. Tandis que les enfants dorment à l'étage, la jeune fille restée au salon reçoit une série d'appels téléphoniques inquiétants : un homme à la voix blanche lui répète qu'il est tout près d'elle et qu'il se dispose à tuer tous les habitants de la villa. Elle avise la police, qui d'abord se rebiffe, puis finit par opérer un contrôle téléphonique de routine. Survient alors un dernier et terrifiant appel téléphonique, qui émane cette fois non du tueur mais de la police : « Soyez sur vos gardes, – nous arrivons immédiatement –, nous avons identifié la ligne : *ces coups de téléphone viennent de chez vous.* » À la faveur d'une double ligne, l'assassin se trouve n'être ni dans les alentours de la villa, ni dans la pièce même, mais *quelque part dans la maison*. Voilà qui illustre bien la peur et son objet : une réaction de panique à l'égard de quelque chose qui n'est ni loin ni ici mais loge en une indéterminable proximité. Et c'est le sort de toute réalité que d'être potentiellement terrifiante en tant qu'elle est proche dans le temps et dans l'espace, sans être encore présente ni visible. On peut certes être plus ou moins sûr de ce qui va se passer, s'appuyer sur les prévisions les plus sensées pour anticiper raisonnablement ; il faudra pourtant toujours attendre l'épreuve du réel en personne, ici et maintenant, pour lever quelque dernier et secret doute, attendre son appréhension en chair et en os pour dissiper les appréhensions de l'imagination. Un joueur de bridge, si sûr soit-il de ses calculs, ne respire absolument à l'aise que lorsque la paire adverse reconnaît sa défaite et abat ses cartes ; de même un joueur d'échecs, lorsque son adversaire abandonne. Nul n'est jamais tout à fait assuré, ni par conséquent rassuré, du côté de l'avenir. Car une voix souffle à l'oreille du rationaliste le plus endurci que la raison est d'essence visionnaire, pour reprendre un mot de Marivaux dans *Marianne* : que le réel est imprévisible par nature et qu'il n'est rien dont on puisse répondre sur sa tête hormis de ce qui advient dans l'instant même et sous les yeux. C'est pourquoi le simple fait de l'invisibilité – et de la nuit – peut suffire à provoquer la peur : tout ce qui est invisible est virtuellement redoutable, si familier et inoffensif qu'il puisse être, dans la mesure où il ne peut être identifié sur-le-champ et à coup sûr. C'est pourquoi aussi la peur est toujours une peur du dernier moment, de l'instant où le réel va rendre son verdict. Peur de la réalité non en tant qu'elle est réelle mais en tant qu'elle menace de le devenir.

Ce n'est donc pas le réel mais plutôt sa proximité qui engendre la peur : son voisinage, son « approche ». Le lieu de la peur est une courte passe dangereuse située dans les parages immédiats de la réalité, un dernier petit seuil qu'il reste à franchir avant de toucher au réel ; et le temps de la peur est le laps de temps qui sépare le réel de sa réalisation, si je puis hasarder cette formulation quelque peu sibylline. Wagner exprime admirablement ce phénomène de proximité dans un passage du premier acte de *Siegfried*. Mime annonce à Siegfried qu'il existe un lieu d'épouvante où il pourra faire l'apprentissage de la peur : Neidhöle, un antre gardé par un dragon terrible. Où se trouve Neidhöle, est-ce loin d'ici ? demande Siegfried à Mime, qui répond alors : « De Neidhöle, le monde est tout près. » J'interpréterais ainsi, pour ma part, cette proximité de la peur partout et toujours menaçante : si le monde est toujours tout près de la peur, c'est que la peur survient justement lorsque le monde est tout près.

Que la source de la peur soit à chercher du côté de l'imprévisibilité du réel explique aussi un autre phénomène : le fait bien connu que dans la peur c'est toujours plus ou moins de soi-même que l'on prend peur, comme Bucéphale, le cheval intrépide qui ne tremble que devant sa propre ombre. C'est ainsi que la peur se nourrit d'elle-même, n'a besoin pour subsister d'aucun secours extérieur, un peu comme la jalousie dont Shakespeare dit, dans *Othello*, qu'elle est « le monstre aux yeux verts qui sécrète le poison dont il se nourrit ». Maupassant écrit, dans *Lui ?* : « J'ai peur de moi ! J'ai peur de la peur. » Le rapprochement de ces deux aveux est remarquable et suggère de lui-même la solution du problème posé par cette auto-alimentation de la peur. Avoir peur de soi, c'est avoir peur de la peur : soit de sa propre peur, de l'épouvante dont on se sait ou se pressent capable. Et cette épouvante est elle-même à proportion de ce qu'il y a d'à jamais inconnu et imprévisible dans toute réalité.

Je remarquerai en terminant que l'angoisse de la mort peut être considérée elle aussi comme une expérience de la peur, comme une crainte du réel en tant que celui-ci est peu ou mal prévisible. C'est un des sens principaux du célèbre monologue de Hamlet que d'annoncer – de s'annoncer à lui-même – qu'il renonce au suicide par peur, en raison du caractère mystérieux, insuffisamment assuré, du sort de l'homme après la mort. On retrouve ici encore, dans cette reculade devant la mort, une trace de cette inquiétude provoquée par l'inaptitude de l'homme à anticiper parfaitement l'avenir, par la mauvaise qualité de ses anticipations du futur, – inquiétude qui est à l'origine de toute peur. Hamlet le dit bien : qui donc accepterait de vivre, se demande-t-il, s'il n'y avait « cette crainte de quelque chose après la mort, mystérieuse contrée d'où nul voyageur ne revient ? Voici l'énigme qui nous engage à supporter les maux présents, plutôt que de nous en échapper vers ces autres dont nous ne connaissons rien. Et c'est ainsi que la conscience fait de chacun de nous un couard ».

3. – VISIONS DE L'ABSENCE

L'état de manque

La récente publication du tome IX des *Œuvres complètes* de Georges Bataille [10] permet de lire ou de relire *La Littérature et le Mal*, recueil d'études consacrées à des écrivains que Bataille considérait à juste titre comme caractéristiques de la modernité littéraire : Emily Brontë, Baudelaire, Michelet, Blake, Sade, Proust, Kafka, Jean Genet. On ne peut manquer de noter l'absence de Lautréamont, dont un pareil sujet – « la littérature et le mal » – semblait imposer l'examen ; mais Bataille s'en explique ainsi, dans une note ajoutée à son avant-propos : « Il manque à cet ensemble une étude sur *Les Chants de Maldoror*. Mais elle allait si bien de soi qu'à la rigueur elle est superflue [11]. » Dont acte ; remarquons pourtant au passage, parce qu'elle est représentative de cette modernité littéraire évoquée dans *La Littérature et le Mal*, l'assimilation ici opérée par Bataille entre le « ce qui va de soi » et le « superflu » : comme si ce qui est évident et immédiatement visible se trouvait du même coup privé de tout intérêt, littéraire s'entend. Ce n'est pas chercher chicane à un auteur pour un chapitre oublié que d'interroger la raison qu'il invoque pour justifier cette lacune, dès lors que cette raison contient en germe, à en pousser les conséquences, la définition *a contrario* de l'intérêt littéraire tel que le conçoit Bataille et avec lui un courant largement majoritaire dans les lettres modernes : soit un intérêt porté préférentiellement à

---
10. Gallimard, 1979.
11. *Ibid.*, p. 172.

ce qui se distingue du lot commun pour n'être jamais évident ni visible. C'est d'ailleurs précisément la « rigueur » à laquelle est astreinte toute littérature vouée à l'évocation du non-visible et du non-présent, de ne se contenter d'aucune visibilité ni d'aucune présence. C'est aussi, il va sans dire, un motif de deuil et une source assurée de chagrin.

Il n'est peut-être pas inutile de rappeler ici ce que Bataille entendait par le « mal » en œuvre dans la littérature : soit, et pour le résumer d'un mot, la *transgression des limites*, telle que l'expose Bataille par ailleurs, notamment dans ses analyses de l'érotisme [12] et de l'économie [13]. La transgression signifie chez Bataille, de manière très générale, que l'amour à l'égard d'un objet quelconque implique une dénégation de cet objet même, c'est-à-dire une transgression de ses limites (transgression qui ne va naturellement pas sans « mal », ni sans violence, au détriment de l'objet ainsi contesté dans son site et ses frontières : comme en témoigne par exemple l'amour selon Sade, prompt à écarteler les membres du corps adoré). Cette dénégation de l'objet aimé dans le temps même où il est perçu comme aimable équivaut, et Bataille y insiste volontiers, à une condamnation à mort, celle-ci inscrite selon lui dans le principe de tout amour : « L'érotisme est l'approbation de la vie jusque dans la mort [14]. » Et de même, dans *La Littérature et le Mal* : « L'homme ne peut s'aimer jusqu'au bout s'il ne se condamne [15]. » Condamnation qui procède d'attendus ouvertement hégéliens ; le creuset commun où se trouve renvoyée toute créature aimée, par une contestation de sa singularité qui commence avec la dénudation et se termine avec le démembrement et la mort, n'étant autre que la totalité du réel offerte au savoir absolu auquel atteint la *Phénoménologie de l'esprit* – à cette seule réserve près, où gît l'ennui des générations post-hégéliennes, que c'est le sort de celui-ci comme de celle-là que de demeurer introuvables.

---

12. *L'Érotisme*, Éd. de Minuit, 1957.
13. *La Part maudite*, Éd. de Minuit, 1949.
14. *Op. cit.*, p. 174.
15. *Ibid.*, p. 189.

Reste donc, en l'absence à jamais provisoire d'une totalité où trouver place, que l'homme, comme toute autre réalité, en est réduit à situer la vérité de son être dans un paradoxal « désaisissement » qui ne reconnaît cet être que pour autant qu'il s'en arrache aussitôt ; et toute la tâche littéraire, à partir de telles prémisses, consiste en somme à « fixer » ce manque à être, à « *saisir* ce *désaisissement* », comme le dit Bataille commentant Baudelaire[16]. Il ne paraît guère possible d'interpréter ce désaisissement dans le sens nietzschéen dont se recommande pourtant souvent Bataille : faisant comme si l'éclatement des limites était inspiré par un surcroît d'amour à l'égard de la chose limitée, soit par une affirmation de la vie si générale et généreuse qu'elle en excéderait l'affirmation de la vie en particulier. L'insatisfaction humaine, que Bataille tient pour essentielle et radicale, exprimerait alors une sorte de trop-plein de la satisfaction, une explosion de contentement qui en vient à déborder les limites de l'objet qui a fourni la matière du contentement. Mais ce n'est pas du tout là ce que pense Bataille, qui répète sans cesse une thèse exactement inverse. S'il y a éclatement de la vie, c'est que la vie est, à la considérer comme telle et seulement telle, indésirable ; s'il y a transgression des limites, c'est que les limites sont insupportables : « Je dirai de l'*être* que nous sommes qu'il est d'abord être fini (individu mortel). Ses limites, sans doute, sont nécessaires à l'être, mais il ne peut toutefois les endurer[17]. » On peut remarquer au passage le contraste entre un tel langage et le nietzschéisme avoué de son auteur, lequel incline, comme d'ailleurs celui de la plupart des nietzschéens français, à avancer imperturbablement, au nom de Nietzsche, les thèses les plus manifestement contraires aux thèses nietzschéennes. L'essence de l'homme ne consiste pas selon Bataille en une affirmation de son être mais dans sa dénégation raisonnée (la « saisie de son désaisissement »). Et, de manière plus générale, l'essence

---
16. *Ibid.*, p. 197.
17. *Ibid.*, p. 214.

du réel consiste en sa propre transgression, sa juste valeur se mesurant non à ce qu'il est mais à tout ce qu'il est susceptible d'évoquer d'autre. En tant qu'elle se propose d'évoquer le réel, l'entreprise littéraire a donc pour principale tâche d'en suggérer le mieux qu'elle peut l'absence notoire, ce qu'on peut appeler, dans tous les sens de l'expression, son *manque d'objet* – tout comme l'entreprise amoureuse ou l'expérience mystique selon Bataille : « Ce que révèle l'expérience mystique est une absence d'objet [18]. »

Une telle thèse est peut-être contestable – on peut contester en particulier que s'y résume la finalité de l'entreprise littéraire, qui serait alors de chanter cela seul qui n'a aucune chance d'exister, l'autre de moi et le non-réel. Mais elle est certainement symptomatique d'un climat culturel et littéraire propre à l'époque présente, témoignant ainsi de l'évidente modernité de Georges Bataille. S'il fallait me hasarder à la résumer d'un mot, je définirais cette sensibilité moderne comme l'expression d'un état de manque – de manque d'objet – dont une conséquence générale est de lier le sort des objets aimables à celui des objets absents, une conséquence particulière de lier l'intérêt littéraire (et philosophique) à l'attrait de l'autre. Évoquer l'objet absent, flatter l'attente du lecteur en travaillant à lui suggérer la vision de ce qui précisément ne saurait être visible, l'imagination de ce dont il ne sera aucune image à jamais témoigner, semble être le but principal visé par la littérature moderne. C'est là, si l'on peut dire, son vice propre : non au sens d'un vice impuni, soit du *vitium* latin auquel se réfère le titre d'un recueil de Valery Larbaud, mais à celui du mal littéraire évoqué par le titre du recueil de Bataille, qui désigne moins le *vitium* que l'homonyme latin du mot français « vice », l'ablatif *vice* – c'est-à-dire l'aptitude d'être « à la place de », de tenir lieu du même tout en étant l'autre. Il serait certainement excessif de soutenir qu'un tel « vice » caractérise l'ensemble de la littérature de notre siècle, plusieurs excep-

---

18. *L'Érotisme, op. cit.*, p. 30.

tions éclatantes opposant à cette prétention un démenti immédiat. Demeure toutefois que ce vice représente une tendance majoritaire dans la culture d'aujourd'hui.

Le deuil mallarméen apparaît ici comme exemplaire, je veux dire comme la source principale à laquelle la plupart des écrivains modernes semblent avoir puisé, d'une manière ou d'une autre, la matière de leur chagrin. Faut-il rappeler que l'objet littéraire selon Mallarmé se définit d'emblée comme le contraire de tout objet réel et existant, devant précisément le privilège de son existence littéraire au fait qu'il manque à l'appel de toute existence réelle, telle la fleur poétique évoquée dans l'*Avant-dire* au *Traité du verbe* de René Ghil, « l'absente de tous bouquets » ? Tous les commentateurs contemporains, et quel que soit le point de vue par où on l'aborde (littéraire par exemple chez Georges Poulet, psychanalytique chez Charles Mauron, philosophique chez Jacques Derrida), s'accordent à reconnaître dans le deuil, c'est-à-dire tant le sentiment de l'objet absent que le sentiment douloureux d'être soi-même abandonné par cet objet manquant, le thème central et obsédant de l'œuvre de Mallarmé. Il n'est d'ailleurs que d'ouvrir au hasard ses Œuvres complètes – exception faite des « besognes » (*Mots anglais, Dieux antiques*) dont Mallarmé écrivait à Verlaine qu'il convenait de ne point parler, leur exécution étant due à des « moments de gêne » – pour tomber immanquablement sur le thème de l'absence ou sur celui de l'orphelin. Mallarmé déclarait à Jules Huret, venu l'interroger en 1891 dans le cadre d'une enquête sur l'évolution littéraire : « Au fond, voyez-vous, le monde est fait pour aboutir à un beau livre. » Cette formule passée à la postérité exprimait parfaitement l'idée que non seulement la littérature n'est en aucun cas au service d'une évocation du réel, mais encore et surtout cette conséquence, typiquement mallarméenne, que l'unique justification du réel consiste en la possibilité littéraire d'évoquer sa propre absence. Plus précisément peut-être qu'aucun autre exégète, Georges Poulet a montré qu'un divorce intraitable d'avec le réel était à la source de toute la poésie mallarméenne, ainsi vouée à n'évoquer d'objet que si celui-ci ne peut s'autoriser que d'une existence strictement négative – l'accession à la « réalité » littéraire ne pouvant s'effectuer que par « le pouvoir magique qui transforme le négatif en être », pour reprendre une expression hégélienne justement mise par l'auteur en exergue de son étude [19]. Pouvoir magique mais occasionnellement très efficace, l'évocation littéraire de ce qui n'est pas réussissant parfois à conférer un indiscutable poids à l'absence, lequel définit d'ailleurs aussi, et assez paradoxalement, le poids de tout chagrin. Car il est au fond étrange que ce qui est absent en puisse venir à vraiment *peser*, malgré ce qu'enseigne, ou semble enseigner, l'expérience quotidienne du chagrin. On peut certes souffrir de ce que quelque chose ne soit pas, ou ne soit plus ; mais il ne semble guère possible, à proprement parler, d'en éprouver positivement l'absence, toute la tristesse liée à ce qui est absent se reconnaissant justement (et cruellement) à ce qu'il est hors d'état de se jamais donner à éprouver. Or cette épreuve impossible est précisément la prouesse assignée par Mallarmé à l'entreprise poétique : de faire ressentir comme présent ce qui est absent, d'infliger à titre d'exploit mais aussi de pénitence poétique la perpétuelle récitation de ce qui n'est pas, d'offrir comme matière à chagrin le poids du rien. Inutile de dire à quel point Mallarmé excelle dans cette transformation du rien en quelque chose, et justement la chose même au gré de sa muse ; transformation dont l'exemple le plus simple, sinon le plus réussi, se trouve dans le quatrième vers du sonnet portant en dédicace *Pour votre chère morte, son ami*. Une épouse décédée s'y adresse, depuis sa tombe que n'orne dans l'instant aucune fleur, à son mari encore vivant et toujours fidèle :

> Sur les bois oubliés quand passe l'hiver sombre
> Tu te plains, ô captif solitaire du seuil,
> Que ce sépulcre à deux qui fera notre orgueil,
> Hélas ! du manque seul des lourds bouquets s'encombre.

---

[19]. *Études sur le temps humain*, t. II, chap. IX, p. 298-355, Plon, 1952.

Impossible de mieux exprimer le poids de l'absence : de mieux dire à quel point celui qui *manque* est précisément le plus *lourd* et le plus *encombrant* des bouquets. Ni de mieux résumer l'essence d'un certain chagrin, lequel se trouve condamné, pour n'accorder de positivité qu'à ce qui n'est pas, à ne jamais émettre que des réclamations sans *motif.*

Si l'objet littéraire consiste en un objet absent, tout l'honneur de la littérature consiste en une pompe funèbre, une célébration de l'autre en tant qu'il est manquant. Mais on sait qu'il y a deux manières, assez différentes, d'être manquant. Ou bien l'objet manque parce qu'éloigné ou disparu, tel un point d'eau dans le désert ou une amie défunte. Ou bien il manque pour n'avoir jamais été ni jamais eu aucune chance d'exister, tel un x dont la résolution serait recherchée en l'absence de toute équation donnée, ainsi qu'y invite la poésie mallarméenne. Au premier manque correspond un chagrin qu'on peut dire occasionnel (même s'il a toutes raisons de se tenir, en l'occurrence, pour inconsolable), au second un chagrin essentiel (pour être tel qu'il est impossible de concevoir une occasion à la faveur de laquelle il puisse lui arriver d'être consolé). C'est ce second chagrin, essentiel et inconsolable dans son principe même, qui caractérise le plus profond chagrin, comme l'a fort bien exprimé Maurice Blanchot, commentant précisément les grandes thèses de Georges Bataille[20]. Car l'état de manque absolu intervient non pas lorsqu'on manque de quelque chose mais lorsqu'il n'est rien dont il y ait manque ; considération dont il est aisé de déduire que l'optimisme radical l'emportera toujours en profondeur sur toute forme de pessimisme, comme en témoignent par exemple la gravité de la philosophie de Leibniz ainsi que l'inconsistance de sa réfutation par Voltaire. Rien de moins satisfait en effet, selon l'humeur commune, que l'homme absolument comblé, celui-ci promis à l'angoisse de ce que Blanchot appelle « l'expérience-limite » : « L'expérience-limite est celle qui attend cet homme ultime, capable une

---

20. *L'Entretien infini*, p. 300-322, Gallimard.

dernière fois de ne pas s'arrêter à cette suffisance qu'il atteint ; elle est le désir de l'homme sans désir, l'insatisfaction de celui qui est satisfait "en tout", le pur défaut, là où il y a cependant accomplissement d'être [21]. » L'affirmation globale se confond ainsi, faute d'objet extérieur à ce qu'elle affirme, à une dénégation globale, à « cette radicale négation qui n'a plus rien à nier [22] ». Une telle affirmation se trouve prise au piège de sa propre positivité ; il lui manque, pour affirmer son désir de tout ce qu'elle a et peut avoir, l'assurance de quelque autre chose à désirer : disons sommairement qu'*elle manque d'objet manquant*. Objet manquant que lui restituent aujourd'hui, pour ne mentionner que certains de ses secouristes les plus voyants, Lacan et son objet *a*, Derrida avec son architrace et son supplément d'origine. Tout le secours qu'on est en droit d'attendre de la littérature et de la philosophie, dès lors que l'objet du deuil est paradoxalement d'être manquant, se réduit à la possibilité tout aussi paradoxale de faire quelque chose de rien : s'épuisant dans l'impossible tâche qui consiste à susciter une *vision de l'absence*.

Il est vrai que ce paradoxe de la vision de l'absence, que je décris ici comme effet d'une certaine modernité, caractérise en fait une aberration de type ancestral et une souffrance qui « vient de plus loin », comme dit Phèdre dans Racine. La vision de l'absence est en effet depuis toujours la marque de la vision passionnelle en laquelle s'allient, à ne les jamais démêler faute de ruiner la règle du jeu et la constitution du désir, l'adoration de l'objet et l'impossibilité de contempler l'objet adoré. Soient par exemple un sujet adorant et un objet adoré : respectivement Phèdre et Hippolyte, dans la *Phèdre* de Racine. On ne peut manquer de remarquer d'emblée, dans une pièce dont toute l'action consiste dans un rapport amoureux entre ses deux principaux protagonistes, l'extrême rareté des rencontres entre Phèdre et Hippolyte : à peine une entrevue, la scène célèbre de déclaration où Phèdre est si

---

21. *Ibid.*, p. 304.
22. *Ibid.*, p. 305.

entière à son propos qu'elle n'a guère le loisir de jeter les yeux sur son vis-à-vis, et une rencontre inopportune avec Hippolyte et Thésée, à laquelle Phèdre coupe court en quittant aussitôt les lieux. Cette circonstance est encore plus remarquable dans la pièce d'Euripide dont s'est inspiré Racine, *Hippolyte*, dans laquelle Phèdre et Hippolyte ne se rencontrent jamais. Tout se passe comme si la perception directe de l'objet aimé frappait l'amour d'inhibition et paralysait toute vision ; Phèdre le déclare d'ailleurs elle-même, évoquant à l'intention de sa confidente l'effet principal de sa première vision d'Hippolyte : « mes yeux ne voyaient plus [23] ». En revanche, il suffit que l'objet aimé s'éloigne du champ de regard – et Phèdre fait précisément tout pour l'en éloigner, l'« évitant partout » et se résolvant enfin à l'exiler – pour qu'il redevienne aussitôt aimable et visible : c'est alors que Phèdre déclare l'« adorer » et « le voir sans cesse [24] ». En bref, l'objet aimé n'est pas un objet qui se donne à voir, mais avant tout un objet dont on parle, une inépuisable matière à évocation et à discours ; c'est pourquoi les chagrins qu'il inspire, qu'on dit d'amour, sont à vrai dire éminemment littéraires, indifférents qu'ils sont à la réalité de l'objet qui les afflige. Car le charme de l'objet absent se reconnaît justement à ceci que sa présence réelle, si vivement qu'on déclare la souhaiter, ne manque jamais d'occasionner quelque secret désappointement, comme l'exprime assez bien Hermione dans une autre pièce de Racine [25] :

> HERMIONE
> Allons. Qu'il vienne enfin.
>
> CLÉONE
> Madame, le voici.
>
> HERMIONE
> Ah ! je ne croyais pas qu'il fût si près d'ici.

---

23. Acte I, sc. 3.
24. *Ibid.*
25. *Andromaque*, acte II, sc. 1.

Images de l'absence

L'œuvre de Raymond Roussel est un exemple parfaitement accompli d'une écriture auto-suffisante qui élimine toute trace de réalité au profit de son propre objet littéraire. Le succès de Roussel se résume en cette gageure, tenue de manière admirable jusqu'à la fin, d'inlassablement écrire sans jamais compromettre son écriture dans quoi que ce soit de réel. Cette mise au ban du réel s'effectue à deux niveaux et en deux temps. Tout d'abord Roussel libère le langage de sa charge habituelle, d'avoir à évoquer le réel, pour en faire son unique source d'inspiration et d'information. Le « procédé » utilisé dans la plupart de ses livres, tel que le dévoile à titre posthume le texte intitulé *Comment j'ai écrit certains de mes livres*, consiste en gros, on le sait, à aller d'une phrase à une autre tout à fait ou presque semblable mais de signification très différente, par la médiation d'un récit dont la seule fonction est de fournir la matière d'une transition plausible entre la séquence initiale et la terminale. Récit de fiction absolue, puisque la fiction se passe ici de son prétexte ordinaire, de présenter les semblants d'une quelconque réalité. Pour que le récit fonctionne, il lui suffit de mettre en rapport deux phrases apparemment sans rapport : d'aller en somme du littéraire au littéraire en passant par le littéraire. Pas de place ici pour le réel ; et, comme le suggère Jean Borzic, les aventures qui s'y jouent sont des aventures de mots : « Les mots sont une réalité suffisante pour imposer leurs combinaisons à la scène et leurs aventures peuvent à bon droit se substituer à celles des hommes [26]. »

Mais d'autre part cette écriture même, dont Roussel fait le premier et dernier mot de la littérature, apparaît moins comme un système de significations, autonome mais logique, que comme une combinaison à jamais arbitraire de pseudo-significations ou de significations aberrantes, le

---

26. *Roussel en Sorbonne*, article paru dans un numéro spécial de la revue *Bizarre* consacré à Raymond Roussel, 2e trimestre 1964, p. 70.

hasard des assonances et des homonymies – le jeu de mots – en constituant l'unique consistance. À la préférence du mot au réel s'ajoute une préférence du jeu au sens (du mot comme jeu au mot comme signification, du mot pour rire au mot pour dire). Roussel opère ainsi une double impasse au réel qui affecte à la fois le réel comme signifié et le réel comme signifiant, c'est-à-dire le langage. Car le langage roussellien se passe de signification intrinsèque comme il se passe de référence à une réalité extérieure : d'une part il n'a rien à dire, d'autre part il ne veut de toute façon rien dire. Non content d'éliminer la réalité au profit du langage, Roussel s'en prend à ce qu'on pourrait appeler la « réalité » du langage lui-même, soit le fait d'apparaître comme système de sens. Il n'y a en bref plus de réalité nulle part, ni hors du langage, ni à l'intérieur du langage. Jean Borzic résume ainsi cette double irréalité de la littérature selon Raymond Roussel : « L'univers roussellien est, lui, tout à fait étranger au réel, même – et je dirai surtout – dans son essence ; il est purement fictif en ce qu'il a ses lois propres et qu'elles sont les lois de l'instrument même de la fiction, le langage ou les rapports entre les mots, mieux encore qualifiés de jeu parce qu'aucune logique ni aucun modèle extérieurs ne leur infligent de contrainte [27]. »

Rien de réel donc qui soit à la mesure du littéraire, et rien de littéraire qui ne puisse se situer hors de la portée du réel, pour peu que l'écrivain soit talentueux, c'est-à-dire génial selon la conception qu'a Roussel du génie littéraire. Inutile d'en appeler ici au jugement d'ailleurs très juste de Pierre Janet, consignant ses observations cliniques du cas du jeune Raymond Roussel, rebaptisé Martial en respect du secret médical : « Martial a une conception très intéressante de la beauté littéraire, il faut que l'œuvre ne contienne rien de réel, aucune observation du monde ou des esprits, rien que des combinaisons tout à fait imaginaires [28]. » Que

---
27. *Ibid.*, p. 68.
28. *De l'angoisse à l'extase*, extrait reproduit dans *Comment j'ai écrit certains de mes livres*, Pauvert, p. 132.

« Martial » ait assigné à la littérature le don magique de passer outre le réel, c'est ce dont témoignent non seulement toute l'œuvre de Roussel mais aussi la vie et mainte déclaration explicite. On sait que Roussel est notamment l'inventeur du voyage à rideaux fermés, qui consiste à parcourir le monde dans l'intérieur clos et confortable d'une roulotte qu'il ne quitte que de loin en loin, le temps de consacrer un quart d'heure à ce qu'il appelle dans une carte postale « une visite sommaire de la ville », lorsque son chauffeur l'avertit qu'il est à Ispahan ou à Pékin. Or le seul pays dont il rapportera des « impressions » littéraires, l'Afrique, est justement une des rares régions du monde qu'il n'ait pas visitée, et il s'en fait gloire. Paul Eluard saluait ainsi ce pouvoir littéraire d'évoquer ce qui n'est pas, qui définit selon lui l'essence du poétique et son efficacité propre, de « faire » quelque chose de rien : « Que Raymond Roussel nous montre tout ce qui n'a pas été. Nous sommes quelques-uns à qui cette réalité seule importe [29]. » Remarquons au passage que ces quelques-uns sont en fait plus nombreux qu'on ne pense. Mais tout cela est bien connu et a déjà fait l'objet de pertinentes analyses.

Ce qui, à ma connaissance, a moins été remarqué jusqu'à présent est l'incidence d'une telle conception de la littérature sur le style de Raymond Roussel, sur sa manière inimitable d'écrire. Ce style a été généralement sévèrement jugé, parfois par ceux-là mêmes qui admirent l'œuvre de Roussel pour ses autres qualités, son imagination insolite ou son surréalisme extravagant. On le trouve volontiers plat, convenu, stéréotypé. En témoigne ce bref constat de Robbe-Grillet : « Sur le plan du langage, Roussel ne répond guère mieux aux exigences de la critique. Beaucoup l'ont déjà signalé, et bien entendu pour s'en plaindre : Raymond Roussel écrit mal. Son style est terne et neutre. Lorsqu'il sort de l'ordre du constat – c'est-à-dire de la platitude avouée : le domaine du "il y a" et du "se trouve placé à une certaine distance" –, c'est tou-

---

29. *La Révolution surréaliste*, n° 4, 1925 ; cité dans *Bizarre, op. cit.*, p. 34.

jours pour tomber dans l'image banale, dans la métaphore la plus rebattue, sortie elle aussi de quelque arsenal des conventions littéraires [30]. » Un tel jugement est à mon sens tout à fait injuste et témoigne d'une relative incompréhension de l'œuvre tout entière. Sans doute retrouve-t-on sous la plume de Roussel, et on a raison de le remarquer, les mêmes figures de style et stéréotypes divers qui encombrent l'écriture de la plupart de ses contemporains. Il suffit de songer au théâtre d'Henry Bataille ou, mieux, à celui de Pierre Frondaie, dont la maladroite adaptation à la scène de *Locus Solus*, et le scandale qui s'ensuivit, valurent à Raymond Roussel un début de réputation fondé sur un complet et durable malentendu. Mais l'effet de ces stéréotypes est très différent selon qu'il apparaît chez ces auteurs ou chez Roussel : tentative d'effet de réel chez les premiers, pur effet de littérature chez le second, qui semble le premier à en rire. Le style de Roussel est d'une platitude paradoxalement admirable parce que sans défaillance ni faiblesse : n'y sont admis, à l'issue d'une sélection sévère, que le lieu commun connu et éprouvé, l'expression usée et convenue, bref, la parole absolument plate et muette ; en est exclu tout ce qui pourrait évoquer le réel, en particulier tout ce qui pourrait renseigner sur les intentions ou la sensibilité de l'écrivain. La performance est remarquable : car n'est pas absolument plat qui veut. Je dirais volontiers de cet art d'écrire qu'il ressemble à celui d'un équilibriste qui réussirait à traverser le gué d'un torrent en crue sans jamais s'y mouiller les pieds : la beauté du style, et son extrême rigueur, est ici de toujours échapper au réel qu'il risque sans cesse d'évoquer.

Cette exclusion du réel est aussi je crois le principe de la qualité la plus précieuse de Raymond Roussel, sans laquelle l'œuvre resterait malgré tout illisible : je veux dire la vertu comique. La loufoquerie des « histoires » racontées par Roussel provient d'abord de leur insignifiance même, qui tient du prodige. Ce qui fait rire ici n'est pas seulement l'insolite et le

---

30. *Pour un nouveau roman*, Éd. de Minuit, p. 70-71.

bizarre mais aussi l'impossibilité où l'on est de procéder à une interprétation quelconque de l'histoire. Si les histoires de Roussel en viennent à être intéressantes, envers et contre tout, c'est justement dans la mesure où elles manquent *complètement* d'intérêt, n'ayant en elles rien qui puisse retenir un instant une attention de quelque ordre que ce soit, psychologique, philosophique, historique, politique. Elles manquent de poids absolument ; leur consistance est nulle. Car Roussel ne se « commet » pas, ne se compromet jamais dans son écriture. Et c'est encore là une performance très grande, et très rare, que de réussir à ne rien dire, à ne pas se découvrir d'un fil, à ne jamais trahir une connivence envers une cause ou un intérêt quelconques. N'est pas insignifiant qui veut.

Il va de soi que cet effet comique est plus particulièrement sensible dans le théâtre de Roussel, où l'absurdité du propos se trouve renforcée tant par la présence du public dans la salle, qui s'attendait à une autre fête et dont on imagine aisément la mine, que par celle des acteurs sur la scène, contraints eux aussi d'écouter gravement les insanités qu'ils se débitent les uns aux autres et d'y faire bonne figure ; mieux encore : d'y répondre et d'en rajouter.

Les Nouvelles impressions d'Afrique outrepassent les *Impressions d'Afrique* en ceci que l'Afrique imaginaire qui tenait lieu de prétexte littéraire à celles-ci a disparu de celles-là : s'avouant désormais sans ambages comme impressions de rien ni d'aucun lieu, pas même de la plus improbable des Afriques. Ces *Nouvelles impressions d'Afrique*, qui sont le dernier ouvrage de Roussel, se présentent on le sait comme un enchevêtrement inextricable de parenthèses et d'incidentes qui interrompent à tout instant le cours d'un récit – ou plutôt d'un chant, car l'œuvre est écrite en vers alexandrins – à la substance assez ténue. Pour gonfler son volume, tel qu'il parut aux éditions Lemerre, Roussel avait décidé de ne faire imprimer qu'une page sur deux et d'y insérer une soixantaine de dessins, en pleine page, illustrant certains passages de son poème ; il avait au surplus imaginé une mise en pages telle que le volume pourrait être intégralement lu sans qu'il soit besoin d'en couper les feuillets pliés, aucun dessin n'étant alors visible. Rien de plus bizarre que ces « illustrations » ainsi reléguées dans l'ombre des pages non coupées, et dues au talent discuté du peintre et dessinateur Zo, que Roussel avait contacté par l'intermédiaire d'une agence de police privée. Tout d'abord ces images commentent le texte de manière strictement ponctuelle, se limitant toujours à illustrer un mot ou une courte incidente du poème, sans jamais prétendre en marquer un moment significatif. Elles composent ainsi une suite autonome, une sorte de conte parallèle au récit écrit et sans communication avec lui : rien donc qui puisse être pris pour une illustration au sens usuel. D'autre part le dessinateur n'avait pas connaissance du livre qu'il illustrait, ni de son auteur, avec lequel il n'est jamais entré en contact ; il s'est contenté d'exécuter ses dessins à partir d'indications sommaires que Roussel lui avait fait parvenir par les soins de l'agence Goron, se trouvant confronté à la tâche paradoxale qui consiste à illustrer quelque chose dont on ignore la nature. On remarquera le hasard calculé qui réunit ici l'œuvre du dessinateur et celle de l'écrivain : hasard dont on sait qu'il est à la clef de toutes les compositions de Roussel, notamment de toutes celles qui utilisent le « procédé ». Enfin, et comme si ces dispositions ne suffisaient pas à éliminer tout risque d'illustration véritable, de contamination propagée sur la réalité imaginaire par la réalité imagée, Roussel a pris soin d'insérer la totalité des dessins dans l'espace invisible des pages non coupées : réservant au connaisseur, qui saura lire sans violer, la primeur d'un texte en son état absolument vierge, saisi dans le court instant de sa pure littéralité.

Il résulte de tout cela des illustrations indiscutablement très « étranges », dans tous les sens du terme. Certains spécialistes de Raymond Roussel les ont jugées « pénibles [31] », « gauches » et « maladroites [32] ». Ces images sont pourtant

---

31. *Bizarre, op. cit.*, p. 123.
32. *Ibid.*, p. 60.

fort intéressantes et suggestives, en raison précisément du fait qu'aucune réalité ne s'y suggère. Il s'agit de dessins sans modèles, d'images de rien, de représentations auto-suffisantes puisque indépendantes d'un objet à représenter : images de l'absence, dans le vide de laquelle les convie un texte étranger lui-même à toute présence. Ainsi cet énigmatique banc de pierre dans le dernier chant du poème, sans dossier ni personne, qui semble résigné à n'attendre aucune visitation de la part du réel : image à vide qui ne montre rien pour illustrer un texte qui n'évoque rien, sorte d'équivalent plastique d'une écriture muette.

La nostalgie du présent

Lorsqu'on s'interroge sur la nature du manque inscrit au centre de notre modernité et de son souci – et peut-être d'ailleurs de toute modernité considérée en son temps –, on est amené à se demander si ce dont manque la modernité n'est pas, plutôt que tel ou tel objet lui faisant effectivement défaut, la simple jouissance de ce qui lui appartient, je veux dire la possession de son propre présent. Il s'agirait-là – et, de fait, il s'agit bien là – de la forme la plus cruelle de nostalgie : d'une paradoxale nostalgie du *présent*, qui se languit non de voir revenir ce qui fut ou survenir ce qui pourrait être, mais simplement de voir advenir ce qui est. Désir douloureux du retour, comme l'indique l'étymologie du mot, mais cette fois-ci décidément sans espoir ni avenir, puisque soupirant après le retour de quelque chose qui ne saurait en aucun cas ni d'aucune manière revenir, pour être déjà là. On trouve dans un recueil de Cioran de justes expressions de cette détresse qui consiste à vivre à l'écart de son propre présent, à être privé non seulement de ce qui n'existe pas mais encore et surtout de ce qui existe : « Il n'y a pas un autre monde. Il n'y a même pas ce monde-ci. (...) Incapable de vivre dans l'instant, seulement dans l'avenir et le passé, dans l'anxiété et le regret ! Or, les théologiens sont formels, c'est cela la condition et la définition même du pécheur. Un homme sans présent [33]. »

La psychopathologie et la psychanalyse connaissent d'ailleurs bien cette souffrance que j'appelle nostalgie du présent et qu'elles appellent psychasthénie ou névrose obsessionnelle. Le temps de l'obsédé apparaît sour le signe de la « procrastination », soit d'un perpétuel renvoi au lendemain, d'une différation à jamais d'un jour qui privent l'obsédé de tout présent, à prendre le mot dans ses deux principaux sens, d'offrande et de présence. Jean-Michel Ribettes, dans son étude du « phalsus »[34], décrit ainsi ce temps et la malédiction qui pèse sur lui : « Quant à la temporalité obsessionnelle, qui décrit de façon conforme à l'économie du doute un report infini des termes du délai, elle décrète une temporisation reconduite incessamment selon les modalités de la procrastination (que définit bien cette formule d'Alphonse Allais : "Ne remettez pas à demain ce que vous pouvez faire après-demain") » – formule dont la célèbre devise d'un chef gaulois, dans les albums d'*Astérix*, donne une version moderne et prosaïque : « C'est pas demain la veille. » Ribettes relève des marques de cette temporalité obsessionnelle dans l'œuvre de beaucoup de littérateurs et de philosophes tels que Proust, Gombrowicz, le Jensen de la *Gradiva* étudiée par Freud, Beckett, Derrida ; c'est en fait tout le vernis de la modernité littéraire qui vient défiler sous la bannière de la névrose obsessionnelle, dont Ribettes résume ainsi le mot d'ordre : *un infini renoncement à* « *vivre vraiment* ». Par exemple Samuel Beckett, que Ribettes cite abondamment, et notamment ceci, fort bien dit, dans *L'Innommable* : « Ça devrait aller, mais non. » Formule typiquement beckettienne (et typiquement obsessionnelle) du oui quoique au fond, à y regarder de plus près, non, telle que l'exprime aussi très bien un paragraphe de l'horoscope de Murphy dans le roman du même nom :

---
33. *Écartèlement*, Gallimard, 1979.
34. « Le phalsus », article paru in *Folle vérité*, Éd. du Seuil, 1979.

« Mars venant de se coucher à l'Orient indique un grand Désir de s'engager dans une Occupation quelconque, et pourtant pas. » Il y a ici l'expression d'un obstacle imprévu mais immédiat qui coupe l'élan dès le premier pas, comme le drap d'un lit monté « en portefeuille », ou un mur de ciment derrière la porte d'un décor de théâtre. Obstacle d'où se déduit aisément, dès lors qu'on s'y est un peu cogné, la pensée d'une remise au lendemain de quelque chose que ce soit, pensée qui constitue, on le sait, tout le sujet d'*En attendant Godot.* Lendemain qui n'advient jamais puisqu'il n'est pas le lendemain de ce jour-ci mais toujours le jour d'après, et quel que soit le jour considéré. Ainsi à l'acte I :

> GARÇON (*d'un trait*). – Monsieur Godot m'a dit de vous dire qu'il ne viendra pas ce soir mais sûrement demain.
> VLADIMIR. – C'est tout ?
> GARÇON. – Oui Monsieur.

Aussi, et de même, à l'acte II :

> VLADIMIR. – C'est de la part de Monsieur Godot.
> GARÇON. – Oui monsieur.
> VLADIMIR. – Il ne viendra pas ce soir.
> GARÇON. – Non Monsieur.
> VLADIMIR. – Mais il viendra demain.
> GARÇON. – Oui monsieur.
> VLADIMIR. – Sûrement.
> GARÇON. – Oui monsieur.

Cette remise au lendemain évoque évidemment, et Ribettes ne manque pas de le remarquer, la sempiternelle différation du présent que Jacques Derrida a voulu résumer dans le concept de « différance ». L'avènement du présent y est hypothéqué par le souci d'une interminable vérification de présence, tout à fait comparable au « cahier d'absences » du lycée, lequel ne consigne jamais de présence complète pour toujours déceler dans la classe un ou deux absents. De même la différance derridienne diffère-t-elle l'avènement de toute chose, de tout réel en général, pour toujours y déceler quelque manque ; et il ne reste plus qu'à interminablement recommencer les vérifications – jusqu'à ce jour improbable où serait enfin recensée ce que Cioran appelle « l'existence, enfin identique à elle-même ». Ainsi Ribettes décrit-il, de son point de vue clinique, le souci de vérification obsessionnelle : « Bien différente de l'improvisation et de la démesure hystérique, qui sont une ouverture sans limites au désir, la discursivité obsessionnelle s'essaie tout au contraire, sans trêve ni répit, à la recollection des signifiants, à leur comptage exhaustif, afin de vérifier la saturation, répertorier les classements, organiser des modèles, refaire la mémoire d'un catalogue, répéter les accumulations, nombrer les réseaux, systématiser la complétion, clore les clôtures, verrouiller les fermetures et, de cela, en administrer la rétention et en faire la catalepse pour (re)trouver celui des signifiants qui y manque(ra) : l'obsessionnel est l'interminable vérificateur indécis, Grand Comptable des signifiants. » Le souci de « vérifier la saturation », de « systématiser les complétions », de « clore les clôtures », dit très précisément cette inquiétude de voir s'enfuir le présent par les défaillances de l'instant qui le constitue : soit le deuil d'un présent perçu comme à jamais manquant à son propre appel. On sait que Proust condamne le présent et donc toute réalité pour cette même raison : « Tant de fois, au cours de ma vie, la réalité m'avait déçu parce qu'au moment où je la percevais, mon imagination, qui était mon seul organe pour jouir de la beauté, ne pouvait s'appliquer à elle, en vertu de la loi inévitable qui veut qu'on ne puisse imaginer que ce qui est absent[35]. » De même le prestige de l'imaginaire chez Raymond Roussel, et la « gloire » qu'il vaut à son auteur selon son propre dire comme selon celui de son médecin, Pierre Janet, sont-ils de présenter à l'imagination du lecteur des images vierges de toute représentation du réel.

À en croire ces témoins à charge du présent, accusé de

---

35. *Le Temps retrouvé.*

ne jamais se présenter, on est fondé à se persuader que tout le bonheur du monde, si tel bonheur il y avait, consisterait en une simple présence du présent, dans le sentiment bienheureux que le réel existe. Cioran le confirme : « Toutes les fois qu'on tombe sur quelque chose d'existant, de réel, de plein, on aimerait faire sonner les cloches comme à l'occasion des grandes victoires ou des grandes calamités. » Au fond, tous s'accordent sur ce point qu'il n'est, ou qu'il n'y aurait, de bonheur qu'ici et maintenant. La seule question consiste à déterminer s'il est un lieu pour l'ici et un temps pour le maintenant. Si oui, l'expérience de la vie est bienheureuse, pour se confondre avec l'expérience du présent et coïncider avec elle-même. Mais, dans le cas contraire, il ne saurait y avoir à proprement parler d'expérience du présent : l'expérience de la vie est alors une expérience cruelle de l'absence au cours de laquelle ni l'ici ni le maintenant ne se donneront jamais à éprouver, sinon par le biais et le regret du déjà loin et du déjà passé.

V

LE PRINCIPE DE CRUAUTÉ

INTRODUCTION

Il n'y a probablement de pensée solide – comme d'ailleurs d'œuvre solide quel qu'en soit le genre, s'agît-il de comédie ou d'opéra-bouffe – que dans le registre de l'impitoyable et du désespoir (désespoir par quoi je n'entends pas une disposition d'esprit portée à la mélancolie, tant s'en faut, mais une disposition réfractaire absolument à tout ce qui ressemble à de l'espoir ou de l'attente). Tout ce qui vise à atténuer la cruauté de la vérité, à atténuer les aspérités du réel, a pour conséquence immanquable de discréditer la plus géniale des entreprises comme la plus estimable des causes, – témoin, par exemple, le cinéma de Charlie Chaplin. Je trouve à cet égard beaucoup de justesse à une remarque d'Ernesto Sábato, dans son roman *Abaddón el exterminador* : « Je désire être sec et ne rien enjoliver. Une théorie doit être impitoyable et se retourne contre son créateur si celui-ci ne se traite pas lui-même avec cruauté. »

Réfléchissant sur cette question, je me suis demandé si on pouvait mettre en évidence un certain nombre de principes régissant cette « éthique de la cruauté », – éthique dont le respect ou l'irrespect qualifie ou disqualifie à mes yeux toute œuvre philosophique. Et il m'a semblé que celle-ci pouvait se résumer en deux principes simples, que j'appelle « principe de réalité suffisante » et « principe d'incertitude ».

1. – LE PRINCIPE DE RÉALITÉ SUFFISANTE

Toute philosophie est une *théorie du réel*, c'est-à-dire, conformément à l'étymologie grecque du mot théorie, le résultat d'un regard porté sur les choses : regard à la fois créatif et interprétatif qui prétend, à sa manière et selon ses moyens propres, rendre compte d'un objet ou d'un ensemble d'objets donnés. Ce compte rendu s'entend dans tous les sens du terme : écho et témoignage d'une part (au sens où l'on établit un rapport sur tel ou tel sujet), évaluation d'autre part (au sens où l'on établit la somme de ce qu'on a reçu en partage afin d'être en état, le cas échéant, de rendre à chacun et à chaque chose la juste monnaie de sa pièce). Le regard philosophique est ainsi et nécessairement interprétatif, par le simple fait qu'il « mesure », – comme le suggère joliment Nicolas de Cuse dans *Le Profane*, rapprochant le mental du mesurable, le fait de penser du fait de mesurer. Et il est toujours aussi créatif, puisque les images qu'il propose de la réalité n'en sont pas des photographies mais des recompositions, lesquelles diffèrent de l'original autant qu'un roman ou un tableau. Il est vrai que le caractère spéculatif et intellectuel de la philosophie en fait parfois oublier l'aspect fabriqué, ouvrier, qui est pourtant primordial. Car une philosophie consiste d'abord et avant tout en une *œuvre*, une création, – création dont les caractéristiques ne diffèrent pas fondamentalement de celles de toute espèce d'œuvre. L'originalité, l'invention, l'imagination, l'art de la composition, la puissance expressive sont l'apanage de tout grand texte philosophique comme ils sont celui de toute œuvre réussie.

Ce qui fait la spécificité de la philosophie et la distingue des entreprises parallèles (art, science, littérature) est ainsi moins le type de technique qu'elle met en œuvre que la nature de l'objet qu'elle se propose de suggérer. Car celui-ci n'est pas un objet particulier, ni un ensemble particulier d'objets, mais l'ensemble de tous les objets existants, qu'ils soient ou non actuellement présents ; bref, la réalité en général, conçue dans la totalité de ses dimensions spatio-temporelles. Il s'agit, pour le philosophe, de rendre compte d'un regard porté non sur telle ou telle chose, mais sur toute espèce de choses, y compris celles qui se situent hors de portée de sa perception (celles-ci naturellement les plus nombreuses, à commencer par celles qui appartiennent pourtant à son monde proche mais qui, étant déjà et infiniment trop nombreuses, excédant déjà et infiniment la capacité d'attention accordée à une vie d'homme, échappent forcément à son observation). Pour le redire après Lucrèce : la réalité se compose, d'une part de ce monde-ci, dont nous pouvons avoir à l'occasion une perception partielle (*haec summa*), d'autre part de l'ensemble des mondes dont nous ne pouvons quasiment avoir aucune perception (*summa rerum*). L'ambition de rendre compte de l'ensemble des objets connus et inconnus définit à la fois la démesure et la spécificité de l'activité philosophique. Encore une fois, celle-ci ne consiste pas essentiellement à être plus « théorique » ou « abstraite » qu'une autre, mais à être plus *générale* : à être une théorie de la réalité en général et non une théorie de telle ou telle réalité particulière (ou ensemble de faits particuliers) comme le sont par exemple un tableau, un roman, un théorème mathématique ou une loi physique. C'est bien toujours le même réel qui est visé ; la seule différence est que les « théories » non philosophiques s'occupent de son détail, alors que la philosophie – théorie de la réalité « en gros » – s'intéresse principalement à son ensemble.

Or, si l'on interroge l'histoire de la philosophie, on s'aperçoit que la plupart des philosophies n'ont pu atteindre leur but, c'est-à-dire la proposition d'une théorie générale du réel, qu'à la condition étrange de dissoudre l'objet même de leur théorie, de le renvoyer à ce quasi-néant que Platon nommait le « moindre être » (*mè on*) propre aux choses sensibles – c'est-à-dire aux choses réelles – censées n'exister qu'à demi et à peine. Comme si la réalité, dont un peintre ou un romancier peut rendre, à l'occasion et à sa façon, le détail, ne pouvait en revanche être saisie dans son ensemble, par le philosophe, qu'à la condition d'être contestée dans son principe même et de se trouver ainsi dépossédée de sa prétention à être justement la réalité, rien que la réalité, toute la réalité. C'est d'ailleurs un sentiment propre à la fois à la philosophie et à la sensibilité la plus commune que d'estimer confusément que les choses sont vraies dans leur détail, à les considérer une à une, mais douteuses dans leur ensemble, à les considérer en général : qu'un fait ponctuel doit être tenu pour réel, mais que l'ensemble des faits ponctuels qui composent la réalité peut être tenu pour incertain, – en d'autres termes, que, s'il est impossible de douter de quoi que ce soit en particulier, il est en revanche possible (et la philosophie en fait le plus souvent profession) de douter de tout en général. L'événement réel est reconnu comme réel mais non la somme d'événements dont il fait partie, ou plutôt ne fait pas vraiment partie : puisqu'il y a perception précise du premier et seulement sentiment vague de la seconde. Ce paradoxe de la certitude du détail jointe à une incertitude de l'ensemble peut s'énoncer sous une forme mathématique (paradoxe d'un élément existant appartenant à un ensemble non existant) ou arithmétique (paradoxe d'une unité reconnue comme égale à une mais incapable de donner deux si on lui ajoute une seconde unité). Sans doute admettrait-on sans peine qu'il n'y ait de réalité que singulière et point de réalité générique, qu'il n'existe que des chiens en particulier et guère de chien en général, comme l'enseignaient les philosophes nominalistes du Moyen Âge. Il est en revanche plus difficile d'admettre que la somme des réalités singulières équivaut à une réalité inexistante ou imaginaire, comparable aux ombres de la caverne telles que les décrit Platon.

Le plus remarquable de cette réticence ancestrale de la philosophie à prendre en considération la seule réalité est qu'elle ne provient pas du tout, contrairement à ce qu'on pourrait présager, d'un désarroi légitime devant l'immensité et donc l'impossibilité d'une telle tâche, mais bien d'un sentiment exactement opposé : de l'idée que la réalité, même à supposer celle-ci entièrement connue et explorée, ne livrera jamais les clefs de sa propre compréhension, pour ne pas contenir en elle-même les règles de décodage qui permettraient d'en déchiffrer la nature et le sens. Considérer la seule réalité reviendrait donc à examiner en vain un envers dont on ignorera toujours l'endroit, ou un double dont on ignorera toujours l'original dont il est la copie. En sorte que la philosophie trébuche habituellement sur le réel non en raison de son inépuisable richesse mais plutôt de sa pauvreté en raisons d'être qui fait de la réalité une matière à la fois trop ample et trop mince : trop ample pour être parcourue, trop mince pour être comprise. Rien en effet dans le réel, si infini soit-il, qui puisse contribuer à sa propre intelligibilité : force est donc d'en chercher le principe ailleurs, d'essayer de trouver hors du réel le secret de ce réel même. D'où l'idée d'une *insuffisance* intrinsèque du réel : lequel manquerait toujours, si je puis dire, et ce dans tous les sens du terme, à sa propre « cause ».

La pensée d'une insuffisance du réel – l'idée que la réalité ne saurait être philosophiquement prise en compte que moyennant le recours à un principe extérieur à la réalité elle-même (Idée, Esprit, Âme du monde, etc.) appelé à la fonder et l'expliquer, voire à la justifier – constitue un motif fondamental de la philosophie occidentale. En revanche, l'idée d'une « suffisance du réel », ce que j'appellerai, en souvenir de Leibniz et de son principe de raison suffisante, le *principe de réalité suffisante*, apparaît comme une inconvenance majeure aux yeux de tous les philosophes, – tous ou presque : on doit naturellement mettre ici à part les cas de penseurs tels que Lucrèce, Spinoza, Nietzsche, et même, dans une certaine mesure, Leibniz lui-même. L'intention de philosopher à propos et à partir du seul réel constitue même, aux yeux de la philosophie et de l'opinion les plus communes, un sujet de risée générale, une sorte d'énorme erreur de base réservée aux seuls esprits parfaitement obtus et incapables d'un minimum de réflexion. D'où les éternels quolibets adressés par la plupart des philosophes à ceux qui avouent s'intéresser à l'expérience immédiate, voire à s'en satisfaire ; ainsi Hegel en ce passage remarquable du début de la *Phénoménologie de l'esprit*, qui situe une telle disposition mentale en dessous même de la sagesse des animaux : « On peut dire à ceux qui affirment cette vérité et cette certitude de la réalité des objets sensibles, qu'ils doivent revenir dans les écoles élémentaires de la sagesse, revenir précisément aux anciens mystères d'Eleusis (de Cérès et de Bacchus), et qu'ils ont d'abord à apprendre le secret de manger le pain et de boire le vin. Car l'initié de ces mystères n'aboutit pas seulement à douter de l'être des choses sensibles, mais encore à en désespérer ; pour une part il accomplit l'anéantissement de ces choses, et pour l'autre il les voit accomplir cet anéantissement. Les animaux mêmes ne sont pas exclus de cette sagesse, mais se montrent plutôt profondément initiés à elle ; car ils ne restent pas devant les choses sensibles comme si elles étaient en soi, mais ils désespèrent de cette réalité et, dans l'absolue certitude de leur néant, ils les saisissent sans plus et les consomment. Et la nature entière célèbre comme les animaux ces mystères révélés à tous ceux qui enseignent quelle est la vérité des choses sensibles [1]. » Cette dépréciation de la réalité immédiate est une expression particulièrement éloquente du « principe de réalité insuffisante » qui constitue le *credo* commun à toute dénégation philosophique du réel ; expression assez comique aussi par l'assimilation qu'y suggère Hegel de l'appétit des animaux à la reconnaissance de la pauvreté ontologique des aliments qu'ils s'apprêtent à dévorer : comme s'il fallait d'abord convaincre le cochon de la

---

1. Tr. J. Hyppolite, Aubier-Montaigne.

maigre teneur en réel de la pâtée qu'on lui offre, de l'« absolue certitude de son néant », pour le décider à y porter la dent.

C'est dans un esprit voisin qu'un hégélien moderne, Éric Weil, se croit autorisé à déclarer d'entrée de jeu, dans un article précisément consacré à la réalité (« Sur la réalité »), que la réalité que nous pouvons expérimenter est dénuée de toute « réalité réelle » : « Ce qui se donne immédiatement n'est pas réel. » On pourrait déclarer tout aussi crânement qu'une boisson qui se donne à boire n'est pas une vraie boisson, ou qu'une femme qui s'offre aux caresses n'est pas vraiment une femme. Pareils propos sont naturellement insensés mais sont aussi, je dirais, hautement « philosophiques », – au sens il est vrai regrettable du terme qui inciterait volontiers à penser, comme le suggère L.-M. Vacher dans un essai récent, que la principale fonction de la philosophie est « d'accréditer des sottises tout en discréditant des évidences [2] ». Force est en effet d'admettre que la philosophie, qui se propose de comprendre et d'interpréter ce qui existe, n'a souvent d'yeux et d'attention qu'à l'égard de ce qui n'existe pas. Rien de plus surprenant, au demeurant, que cet ordinaire et obstiné penchant de la philosophie à vouloir toujours réfuter de préférence ce qui est manifestement vrai, ainsi qu'à déprécier d'instinct ce qui est indiscutablement agréable (ceci étant une suite obligée de cela, la suspicion quant au réel s'étendant nécessairement à ce que celui-ci peut offrir de plaisant). Spinoza résume très bien cette habituelle propension de la philosophie à l'inversion des vérités et des valeurs : « La superstition semble admettre que le bien, c'est ce qui apporte la Tristesse ; le mal, ce qui donne de la Joie [3]. »

Les raisons invoquées par le plus grand nombre des philosophes pour contester le réel, pour tenir en suspicion le fait de sa simple et totale réalité, m'ont toujours semblé

---

2. *Pour un matérialisme vulgaire*, Montréal, 1984, p. 143.
3. *Éthique*, livre IV, Appendice, ch. XXXI.

quant à moi à la fois peu convaincantes et elles-mêmes fort suspectes. Non que celles-ci soient impertinentes ; car il est indéniable que la réalité, ne pouvant s'expliquer par elle-même est d'une certaine façon et à jamais inintelligible, – mais être inintelligible n'équivaut pas à être irréel, de même qu'une femme au comportement indéchiffrable n'équivaut pas à une femme qui n'existe pas, ainsi que l'enseigne quotidiennement la plus banale des expériences amoureuses. La seule mais grande faiblesse des arguments philosophiques tendant à faire douter de la pleine et entière réalité du réel est que ceux-ci dissimulent la véritable difficulté qu'il y a à prendre en considération le réel et seulement le réel : difficulté qui, si elle réside secondairement dans le caractère incompréhensible de la réalité, réside d'abord et principalement dans son caractère douloureux. Autrement dit, je soupçonne fort la brouille philosophique avec le réel de n'avoir pas pour origine le fait que la réalité soit inexplicable, à s'en tenir à elle seule, mais plutôt le fait qu'elle soit *cruelle* et qu'en conséquence l'idée de réalité suffisante, privant l'homme de toute possibilité de distance ou de recours par rapport à elle, constitue un risque permanent d'angoisse et d'angoisse intolérable, – pour peu que se présente une circonstance fâcheuse qui rende, à l'occasion par exemple d'un deuil, la réalité soudain insoutenable ; ou encore qu'en dehors de toute circonstance particulièrement pénible il advienne qu'on jette un regard soudain lucide sur la réalité en général. « Hypocondrie mélancolique », note Gérard de Nerval dans un carnet. « C'est un terrible mal : elle fait voir les choses telles qu'elles sont. »

Par « cruauté » du réel, j'entends d'abord, il va sans dire, la nature intrinsèquement douloureuse et tragique de la réalité. Je ne m'étendrai pas sur ce premier sens, plus ou moins connu de tous, et dont en outre j'ai eu l'occasion ailleurs de parler plus qu'abondamment ; qu'il me suffise de rappeler ici le caractère insignifiant et éphémère de toute chose au monde. Mais j'entends aussi par cruauté du réel le caractère unique, et par conséquent irrémédiable et sans appel, de cette réalité, – caractère qui interdit à la fois de tenir celle-ci à distance et d'en atténuer la rigueur par la prise en considération de quelque instance que ce soit qui serait extérieure à elle. *Cruor*, d'où dérive *crudelis* (cruel) ainsi que *crudus* (cru, non digéré, indigeste), désigne la chair écorchée et sanglante : soit la chose elle-même dénuée de ses atours ou accompagnements ordinaires, en l'occurrence la peau, et réduite ainsi à son unique réalité, aussi saignante qu'indigeste. Ainsi la réalité est-elle cruelle – et indigeste – dès lors qu'on la dépouille de tout ce qui n'est pas elle pour ne la considérer qu'en elle-même : telle une condamnation à mort qui coïnciderait avec son exécution, privant le condamné de l'intervalle nécessaire à la présentation d'un recours en grâce, la réalité ignore, pour la prendre toujours de court, toute demande en appel. De même que ce qui est cruel dans la peine capitale est d'une part d'être condamné à mort, d'autre part d'être exécuté, de même ce qui est cruel dans le réel est en quelque sorte double : d'une part d'être cruel, d'autre part d'être réel, – avec cette différence notable que, dans le cas de la condamnation à mort, l'exécution ne suit pas nécessairement la condamnation, alors que dans le cas de la réalité l'exécution suit automatiquement la condamnation pour ne faire qu'un avec elle, pour, si je puis dire, situer d'emblée ses « arrêts » au niveau de l'exécution. Reste qu'une distinction mentale est ici possible, encore qu'il soit impossible de distinguer dans les faits. Je veux dire qu'on peut assez ordinairement, et même, dans une certaine mesure, assez raisonnablement estimer que la réalité est cruelle par nature, mais aussi, et par une sorte de dernier raffinement de cruauté, bel et bien réelle. C'est à peu près ce qu'exprime Proust au début d'*Albertine disparue* : il est déjà bien triste qu'Albertine m'ait quitté avec armes et bagages, – mais le pire est encore de penser que tout cela est *vrai* (Proust commente cette distinction en écrivant que « la souffrance va plus loin en psychologie que la psychologie » ; il aurait pu à mon sens plus exactement dire que la souffrance va plus loin en réalité que toutes les représentations ou anticipations qu'on peut s'en donner). Un dépressif de ma connaissance exprime volontiers sa plainte sous une forme comparable et hautement significative, encore que celle-ci puisse paraître ne constituer qu'une absurde tautologie : se plaignant, non pas seulement de ce que l'existence soit à ses yeux horrible, mais encore et surtout de ce qu'il ait *raison* de la tenir pour telle. Non seulement la vérité est affreuse, déclare-t-il en substance dans ses crises d'abattement, mais en plus il est vrai qu'elle le soit, – elle est *effectivement* affreuse. Il admettrait en somme, à la rigueur, que la réalité soit triste ; ce qui en revanche l'accable et passe à ses yeux la mesure est un tourment supplémentaire issu de l'idée qu'une vérité triste est en même temps, et pour comble de malheur, une *vérité vraie*, – ou encore, ce qui revient au même, qu'une réalité pénible est aussi, et par comble de cruauté, une réalité réelle. En d'autres termes – et c'est justement ce que je voulais suggérer en évoquant la double cruauté du réel –, il semble que le plus cruel de la réalité ne réside pas dans son caractère intrinsèquement cruel, mais dans son caractère inéluctable, c'est-à-dire indiscutablement réel.

Soit dit en passant : comme beaucoup de tautologies, cette distinction abusive entre « vérité » et « vérité vraie », ou « réalité » et « réalité réelle », est non pas pauvre mais riche en enseignement, illustrant de manière générale la faculté humaine à s'illusionner qui revient, dans tous les cas, à faire de deux ce qui n'est qu'un, à marquer d'un effet de redondance infinie ce qui se présente comme simple et unique. Ainsi notre dépressif, qui affirme qu'il voit tout en noir mais ajoute qu'il a raison de voir tout en noir, devrait encore ajouter qu'il pense avoir raison d'avoir raison, puis qu'il a raison de penser qu'il a raison d'avoir raison, et ainsi de suite. Ainsi d'ailleurs tout illusionné, qui ajoutera toujours à la déclaration d'une vérité ponctuelle la déclaration d'une vérité plus générale, estimée la conforter, puis d'une troisième vérité à l'appui de la deuxième, puis d'une quatrième pour conforter la troisième, et ainsi de suite à l'infini. Ainsi aussi peut-être tout homme, dès lors qu'il se met en peine de rendre compte de son désir ou de sa répulsion : l'ajout d'un commentaire oiseux, censé expliquer un fait dont il n'est que l'expression redoublée et tautologique, accompagnant ordinairement toute manifestation d'amour ou d'aversion. Comme l'amateur de melons tient à expliquer son goût par un savoir de la nature excellente des melons, celui qui ne les aime pas explique son aversion par une connaissance de leur nature exécrable. J'aime les melons, déclare l'amateur de melons – et c'est heureux : car sinon je n'en mangerais pas : quel dommage ! Je n'aime pas les melons, déclare l'autre, – et c'est heureux : car sinon j'en mangerais : quelle horreur ! L'illusion commune aux deux cas, comme d'ailleurs à tous les cas d'illusion, consiste à estimer qu'une réalité ne se suffit pas à elle-même et ne peut s'imposer que par la dénégation de son contraire, ou encore qu'un fait n'existe qu'à la faveur de sa propre redite (celle-ci équivalant le plus souvent à cette même dénégation de son contraire), alors que le propre du réel est justement de se dérober à toute contradiction comme à toute possibilité de répétition.

Pour en revenir à mon sujet, je dirai donc que la réalité, encore une fois à tenir celle-ci pour seule et suffisante, qui outrepasse déjà la faculté humaine de comprendre, outrepasse aussi – et ceci est plus dommageable que cela – la faculté humaine d'être affecté. Il est à noter en effet que, si la faculté intellectuelle de comprendre et la faculté psychologique d'accepter sont chez l'homme également limitées et en définitive débiles, le défaut de la seconde pèse infiniment davantage que celui de la première. En tant qu'incompréhensible, la réalité n'est qu'une gêne qui agace occasionnellement l'esprit mais n'entrave pas l'exercice ordinaire de la vie : ainsi tout un chacun s'accommode-t-il sans trop de peine du temps, de l'espace, du mouvement, bien qu'il s'agisse là de notions qui touchent certes au plus près du réel, mais aussi de notions que personne n'a jamais été capable de concevoir ni de définir. Il en va autrement de la réalité dès lors que celle-ci est ressentie comme intensément douloureuse : s'opposant alors à une *intolérance* de la part de celui qu'elle affecte, alors qu'elle ne suscite, chez celui qui est impuissant à la comprendre, qu'un simple et passager état de perplexité. Autrement dit, et pour me répéter : la réalité, si elle dépasse la faculté humaine de compréhension, a pour autre et principal apanage d'« excéder », et ce dans tous les sens du terme, la faculté humaine de tolérance. Lorsqu'elle se trouve prise en défaut par la réalité, l'intelligence se contente le plus souvent d'un vague compromis avec le réel, d'une mise en délibéré et d'un report à plus ample informé, ceux-ci dussent-ils être éternellement remis à plus tard. Alors que, prise dans le même piège du réel, l'affectivité se rebiffe et déclare forfait ; telle une résistance, au sens électrique du terme, qui saute au passage d'un courant trop fort. C'est exactement ce qui arrive à Swann, dans le passage d'*Un amour de Swann* évoqué au début de ce livre, lorsqu'il en vient à envisager l'hypothèse selon laquelle la femme qu'il aime est une cocotte ; hypothèse qui, ayant le tort de coïncider précisément avec la réalité, a pour résultat d'être immédiatement refoulée à la faveur de ce que Proust décrit justement comme une soudaine et providentielle « panne de courant » (« Il ne put approfondir cette idée, car un accès d'une paresse d'esprit qui était chez lui congénitale, intermittente et providentielle, vint à ce moment-là éteindre toute lumière dans son intelligence, aussi brusquement que, plus tard, quand on eut installé partout l'éclairage public, on put couper l'électricité dans une maison »). En cas de conflit grave avec le réel, l'homme qui pressent instinctivement que la reconnaissance de ce réel outrepasserait ses forces et mettrait en péril son existence même se voit acculé à se décider sur-le-champ, soit en faveur du réel, soit en faveur de lui-même, – car alors il ne s'agit plus de tergiverser : « c'est lui ou c'est moi ». Il s'accorde ordinairement la préférence et condamne ainsi le réel, comme Swann dans le passage cité plus haut. Il peut aussi, il est vrai, accorder la préférence au réel : cas du suicide, – suicide psychologique ou suicide tout court.

L'acceptation du réel suppose donc, soit la pure inconscience – telle celle du pourceau d'Épicure, seul à l'aise à bord alors que la tempête qui fait rage angoisse équipage et passagers –, soit une conscience qui serait capable à la fois de connaître le pire et de n'être pas affectée mortellement par cette connaissance. Il est à remarquer que cette dernière faculté, de savoir sans en subir de dommage mortel, est située absolument *hors de portée* des facultés de l'homme, – à moins il est vrai que ne s'en mêle quelque extraordinaire assistance, que Pascal appelle la grâce et que j'appelle pour ma part la joie. En effet, la connaissance constitue pour l'homme une fatalité et une sorte de malédiction, déjà reconnues dans la Genèse (« Tu ne goûteras pas à l'arbre de science ») : étant à la fois inévitable (impossible d'ignorer tout à fait ce que l'on sait) et inadmissible (impossible également de l'admettre tout à fait), elle condamne l'homme, c'est-à-dire l'être qui s'est hasardé dans la reconnaissance d'une vérité à laquelle il est incapable de faire face (tel un général malavisé qui se lance à l'assaut sans s'être assuré de l'état des forces en présence et de ses possibilités de retraite), à un sort contradictoire et tragique, – tragique au sens où l'entend par exemple Vladimir Jankélévitch (« alliance du nécessaire et de l'impossible »). Ce qu'il y a de plus aigu et de plus notoire dans ce qu'on appelle la condition humaine me semble résider précisément en ceci : d'être munie de savoir – à la différence des animaux ou objets inanimés – mais en même temps d'être démunie des ressources psychologiques suffisantes pour faire face à son propre savoir, d'être dotée d'un surcroît de connaissance, ou encore d'un « œil en trop » comme dirait André Green, qui fait indistinctement son privilège et sa ruine, – bref, de savoir mais de n'en pouvoir mais. Ainsi l'homme est-il la seule créature connue à avoir conscience de sa propre mort (comme de la mort promise à toute chose), mais aussi la seule à rejeter sans appel l'idée de la mort. Il sait qu'il vit, mais ne sait pas comment il fait pour vivre ; il sait qu'il doit mourir, mais ne sait pas comment il fera pour mourir. En d'autres termes : l'homme est l'être capable de savoir ce que par ailleurs il est incapable de savoir, de pouvoir en principe ce qu'il est incapable de pouvoir en réalité, de se trouver confronté à ce qu'il est justement incapable d'affronter. Également incapable de savoir et d'ignorer, il présente des aptitudes contradictoires qui en interdisent toute définition plausible, comme le répète Pascal dans les *Pensées*. On dirait qu'un programmateur divin et universel, à moins qu'il ne s'agisse seulement du hasard des choses comme le suggère Épicure, a commis ici un impair de base, adressant une information confidentielle à un terminal hors d'état de la recevoir, de la maîtriser et de l'intégrer à son propre programme : révélant à l'homme une vérité qu'il est incapable d'admettre, mais aussi, et malheureusement, très capable d'entendre. C'est pourquoi le poème de Lucrèce, qui se propose de guérir l'angoisse humaine par la révélation de la vérité, a et ne peut avoir pour principal résultat que d'accroître encore cette angoisse même. L'administration de la vérité ne vaut rien pour celui qui souffre justement de la vérité ; de même la perception forcée de la réalité, à laquelle invite Lucrèce, est-elle sans effet bénéfique chez celui qui justement redoute avant tout la réalité saisie quant à elle-même, en son état nu et cruel. Le remède est ici pire que le mal : excédant les forces du malade, il ne peut que soigner un cadavre ayant déjà succombé à l'épreuve d'un réel qui était au-dessus de ses forces, – ou occasionnellement conforter un bien portant, qui n'en avait pas besoin. Leopardi analyse parfaitement, dans un passage de son *Zibaldone*, cette inadéquation et contradiction nécessaire qui oppose l'exercice de la vie à la connaissance de la vie : « On ne peut mieux exposer l'horrible mystère des choses et de l'existence universelle (...) qu'en déclarant insuffisants et même faux, non seulement l'extension, la portée et les forces, mais les principes fondamentaux eux-mêmes de notre raison. Ce principe, par exemple – sans lequel s'effondrent toute proposition, tout discours, tout raisonnement, et l'efficacité même de pouvoir en établir et en concevoir de véridiques –, ce principe, dis-je, selon lequel *une chose ne peut pas à la fois être et ne pas être*, semble absolument faux lorsqu'on considère les contradictions palpables qui sont dans la nature. Être effectivement et ne pouvoir en aucune manière être heureux, et ce par impuissance innée, inséparable de l'existence, ou plutôt : être et ne pas pouvoir ne pas être malheureux, sont deux vérités aussi démontrées et certaines quant à l'homme et à tout vivant que peut l'être aucune vérité selon nos principes et notre expérience. Or l'être uni au malheur, et uni à lui de façon nécessaire et par essence, est une chose directement contraire à soi-même, à la perfection et à sa fin propre qui est le seul bonheur, une chose qui se ravage elle-même, qui est sa propre ennemie. Donc l'être des vivants est dans une contradiction naturelle essentielle et nécessaire avec soi-même [4] ». Cioran résume brièvement la même pensée dans un aphorisme de *La Tentation d'exister* : « Exister équivaut à une protestation contre la vérité. »

On ne peut ainsi ordinairement vivre qu'à la condition de tenir en respect la vérité, ou plutôt de la prendre perpétuellement à rebours : tâche épuisante illustrée, entre autres, par l'ancien mythe de Sisyphe. Illustrée aussi par la plupart des entreprises philosophiques, dont la principale visée n'est pas de révéler à l'homme la vérité, mais bien de la lui faire oublier : de faire « passer » sa cruauté comme un médicament fait provisoirement cesser une douleur, d'adoucir l'épreuve de la réalité par une infinie variété de remèdes – plus ou moins improvisés selon que le philosophe a plus ou moins de ressources mentales – qui se ramènent toujours en fin de compte à un exorcisme hallucinatoire du réel, semblable à la déclaration naïve d'Éric Weil évoquée plus haut (« Ce qui se donne immédiatement n'est pas réel »). Le philosophe – encore une fois, pas tous les philosophes, mais un grand nombre d'entre eux – est semblable au méde-

---

4. Du « *Zibaldone* », extraits traduits par M. Orcel, Le temps qu'il fait, p. 91-92.

cin au chevet d'un malade incurable : soucieux d'apaiser à tout prix la souffrance, mais indifférent à la valeur des moyens mis en œuvre pourvu que ceux-ci aient un effet tangible et immédiat. Son premier soin est ainsi d'essayer d'établir coûte que coûte que le réel n'est pas réel, puisque c'est le réel dont on souffre et qui est en somme la cause de tout le mal. De même Marcel Proust, apprenant qu'Albertine est partie, trouve-t-il un remède aussi instinctif qu'absurde dans l'idée qu'Albertine n'est pas vraiment partie : « Ces mots "Mademoiselle Albertine est partie" venaient de produire dans mon cœur une souffrance telle que je sentais que je ne pourrais pas y résister plus longtemps ; il fallait la faire cesser immédiatement ; tendre pour moi-même comme ma mère pour ma grand-mère mourante, je me disais avec cette même bonne volonté qu'on a de ne pas laisser souffrir ce qu'on aime : "Aie une seconde de patience, on va te trouver un remède, sois tranquille, on ne va pas te laisser souffrir comme cela." Et devinant confusément que, si tout à l'heure, quand je n'avais pas encore sonné, le départ d'Albertine avait pu me paraître indifférent, même désirable, c'est que je le croyais impossible, ce fut dans cet ordre d'idées que mon instinct chercha, pour les mettre sur ma blessure ouverte, les premiers calmants : "Tout cela n'a aucune importance parce que je vais la faire revenir tout de suite. Je vais examiner les moyens, mais de toute façon elle sera ici ce soir. Par conséquent inutile de me tracasser." » On remarquera que l'on peut remplacer ici la formule « Mademoiselle Albertine est partie » par la formule « le réel est le réel » sans qu'il soit besoin de changer un seul autre mot dans ce passage d'*Albertine disparue*. Ainsi la philosophie s'obstine-t-elle généralement à remplacer l'idée que « cela est » par l'idée qu'il est impossible et inadmissible que « cela soit » : opposant, au règne souverain et contraignant de l'être, le règne fantasmatique et moral d'un « doit être ».

Puisque j'en suis à évoquer incidemment la propension humaine (et philosophique) au moralisme, j'en profiterai pour répéter une vérité que j'ai déjà énoncée dans un ouvrage de prime jeunesse (*La Philosophie tragique*) : que ce à quoi en a la morale n'est pas du tout l'immoral, l'injuste, le scandaleux, mais bien le *réel*, – unique et vraie source de tout le scandale. Le cas de Platon et de Rousseau, pour m'en tenir à ces deux seuls penseurs soucieux avant tout de morale, est ici très éclairant. Platon ne cesse en effet de représenter comme méprisable et indigne de l'homme ce qui constitue au contraire sa tâche la plus haute et la plus difficile : je veux dire s'accommoder du réel, trouver sa satisfaction et son destin dans le monde sensible et périssable. De même l'égarement de Rousseau consiste-t-il essentiellement à condamner comme immorale toute réalité dès lors que celle-ci est tragique. Rousseau, qui ne se recommande jamais de cette pensée absurde encore qu'il soit sans relâche travaillé par elle, l'avoue cependant et tout crûment, à la faveur probablement d'un moment d'inattention, dans un passage étonnant de sa *Lettre à d'Alembert* : « Qu'apprend-on dans *Phèdre* et dans *Œdipe*, sinon que l'homme n'est pas libre, et que le ciel le punit des crimes qu'il lui fait commettre ? Qu'apprend-on dans *Médée*, si ce n'est jusqu'où la fureur de la jalousie peut rendre une mère cruelle et dénaturée ? Suivez la plupart des pièces du *Théâtre-François*, vous trouverez presque dans toutes des monstres abominables et des actions atroces, utiles, si l'on veut, à donner de l'intérêt aux pièces et de l'exercice aux vertus, mais dangereuses certainement en ce qu'*elles accoutument les yeux du peuple à des horreurs qu'il ne devrait pas même connaître, et à des forfaits qu'il ne devrait pas supposer possibles* (je souligne). » En d'autres termes : il est immoral et choquant de faire connaître à qui que ce soit la vérité, dès lors que celle-ci est déplaisante. Ou encore : la vérité n'est admissible qu'à concurrence d'un certain degré de cruauté au-delà duquel elle se trouve frappée d'interdiction. Le dernier mot de la philosophie de Platon comme de celle de Rousseau me paraît ainsi se résumer à ce simple et aberrant adage : que si la vérité est cruelle, c'est qu'elle est fausse, – et doit par conséquent être à la fois réfutée par les doctes et dissimulée au peuple. Kant, me semble-t-il, s'inspire souvent du même adage : établissant volontiers – ou croyant établir – la validité des thèses qui lui sont chères (comme l'immortalité de l'âme ou la rationalité et la finalité de la nature) sur la seule considération du caractère contrariant des hypothèses inverses. Ainsi cette démonstration étrange de la première proposition de l'*Idée d'une histoire universelle au point de vue cosmopolitique*. Proposition : « Toutes les dispositions naturelles d'une créature sont déterminées de façon à se développer un jour complètement et conformément à un but. » Démonstration : « Car si nous nous écartons de ce principe, nous n'avons plus une nature conforme à des lois, mais une nature marchant à l'aveuglette, et le hasard désolant remplace le fil conducteur de la raison. » Idées vraies et idées fausses se départagent en somme aisément au gré de Kant : les premières se reconnaissent à leur nature agréable, les secondes à leur aspect « désolant ».

On a envie de rétorquer ici : si la réalité peut en effet être cruelle, elle n'en est pas moins réelle. *Dura lex sed lex : realitas crudelis sed realitas*. La dureté de la chose n'empêche pas la chose d'être, parfaitement indifférente à ceux qu'elle tracasse et peut même à l'occasion anéantir. L'expérience de la réalité est ainsi comparable à cette cruauté mêlée de gaieté dont parle Nietzche, dans *Le Cas Wagner*, à propos du *Carmen* de Bizet : « Cette musique est gaie ; mais non pas d'une gaieté française ou allemande. Sa gaieté est africaine ; la fatalité plane au-dessus d'elle, son bonheur est bref, soudain, sans pardon. » Cette observation de Nietzsche vaut pour toute réalité, que celle-ci soit ressentie comme gaie ou triste, – on sait d'ailleurs que la qualité d'être « sans pardon » (*ohne Pardon*), que Nietzsche prête justement à la musique de Bizet dans *Carmen*, est, dans l'usage courant, plus volontiers accolée à un événement ou une décision funestes. Bonheur et tristesse partagent le sort commun à toute expérience de la réalité, d'être immédiate et seulement immédiate. Et la fatalité qui plane au-dessus d'elle, comme dit Nietzsche, ne signifie pas qu'elle soit le fait d'un destin inscrit à l'avance, mais seulement que son immédiateté la rend à la fois inéluctable quant à sa présence sur le moment, et plus qu'incertaine quant à ses chances de durée ou de survie. L'inéluctable, faut-il le rappeler, ne désigne pas ce qui serait nécessaire de toute éternité, mais ce à quoi il est impossible de se dérober dans l'instant même.

Pensée morale et pensée tragique se partagent ainsi l'opinion des hommes, leur suggérant tour à tour l'idée la plus apaisante mais la plus illusoire (principe de réalité insuffisante) et l'idée la plus cruelle mais la plus vraie (principe de réalité suffisante). D'où deux grandes catégories de philosophies et de philosophes, selon que ceux-ci en appellent à un mieux-être ou au contraire s'accommodent du pire. C'est un peu ce que suggère Samuel Butler lorsqu'il écrit, dans un passage d'*Ainsi va toute chair* : « Un très petit nombre d'hommes attachent de l'importance à la vérité, ou pensent qu'il est plus noble et meilleur de croire le vrai que de croire le faux en dépit du fait qu'à première vue il peut sembler plus profitable de croire le faux. Et pourtant c'est de ce petit nombre d'hommes seulement qu'on peut dire qu'ils croient à quelque chose ; les autres ne sont que des incroyants honteux. » Je proposerais quant à moi de distinguer entre deux sortes de philosophes : l'espèce des philosophes-guérisseurs et celle des philosophes-médecins. Les premiers sont compatissants et inefficaces, les seconds efficaces et impitoyables. Les premiers n'ont rien de solide à opposer à l'angoisse humaine, mais disposent d'une gamme de faux remèdes pouvant endormir celle-ci plus ou moins longtemps, capables non de guérir l'homme mais suffisant, dirais-je, à le faire vivoter. Les seconds disposent du véritable remède et du seul vaccin (je veux dire l'administration de la vérité) ; mais celui-ci est d'une telle force que, s'il réconforte à l'occasion les natures saines, il a pour autre et principal effet de faire périr sur-le-champ les natures faibles. C'est d'ailleurs là un fait paradoxal et remarquable, quoique à ma connaissance peu remarqué, et aussi vrai de la médecine que de la philosophie : de n'être opératoire qu'à l'égard des non-malades, de ceux du moins qui disposent d'un certain fond de santé. De même que la philosophie crédible n'est entendue que par ceux qui la savaient un peu à l'avance et n'en ont ainsi pas vraiment besoin, la médecine ne peut et ne pourra jamais guérir que les bien-portants.

2. – LE PRINCIPE D'INCERTITUDE

> Le *besoin d'une foi puissante* n'est pas la *preuve d'une foi puissante*, c'est plutôt le contraire. Quand on l'a, *on peut se payer le luxe du scepticisme*
>
> Nietzsche, Le Crépuscule des idoles

Montaigne suggère, dans un passage de l'*Apologie de Raimond Sebond*, une définition de la vérité philosophique aussi déconcertante que pertinente : « Je ne me persuade pas aisément qu'Épicure, Platon et Pythagore nous aient donné pour argent comptant leurs Atomes, leurs Idées et leurs Nombres. Ils étaient trop sages pour établir leurs articles de foi de chose si incertaine et si débatable. Mais, en cette obscurité et ignorance du monde, chacun de ses grands personnages s'est travaillé d'apporter une telle quelle image de lumière, et ont promené leur âme à des inventions qui eussent au moins une plaisante et subtile apparence : pourvu que, toute fausse, elle se pût maintenir contre les oppositions contraires. » En d'autres termes, la vérité énoncée par les philosophes, et leur vérité la plus aiguë, celle qui sert depuis des millénaires à désigner et à caractériser leur pensée, est en même temps une vérité dont aucun de ceux qui l'ont avancée ne serait disposé à se porter le moins du monde garant, ou « auteur », au sens du latin *auctor*. Je rappellerai brièvement, pour en revenir à l'étymologie latine du mot auteur, que le terme *auctor* signifie à la fois garant et producteur. Or voici que le producteur en question, je veux dire le philosophe, se montre des plus défiants à l'égard de ses propres et meilleurs produits : Pythagore ne croit pas aux nombres, Platon ne croit pas aux idées, Épicure ne croit pas aux atomes. Contrairement au fanatique, il possède assez de sagesse pour ne pas défendre à n'en vouloir démordre une vérité qu'il a certes énoncée mais dont il sait aussi, et probablement mieux que personne, à quel point elle est douteuse, – comme le suggère encore Montaigne, dans un autre passage de l'*Apologie* : « Voire, je ne sais si l'ardeur qui naît du dépit ou de l'obstination à l'encontre de l'impression et violence du magistrat et du danger, ou l'intérêt de la réputation n'ont envoyé tel homme soutenir jusqu'au feu l'opinion pour laquelle, entre ses amis, et en liberté, il n'eût pas voulu s'échauder le bout du doigt. »

Le fait qu'un philosophe soit moins persuadé que quiconque de la vérité dont il se recommande peut sembler hautement paradoxal. Le fait est pourtant indubitable et tient à la nature même de la « vérité » philosophique. On peut naturellement et justement observer qu'il est dans la nature de toute vérité, quel qu'en soit le genre, d'être douteuse. Ainsi tout fait, si simple et si évident soit-il lors de son événement, devient-il incertain et vague dès que celui-ci, une fois passé, se trouve convoqué au tribunal de la justice ou de la mémoire collective. De même une vérité scientifique, quelque certaine qu'elle puisse paraître sur le moment, s'use-t-elle vite au contact des conceptions ultérieures qui l'interprètent d'autre façon, dans le cadre d'une théorie nouvelle qui en modifie radicalement les termes. Aussi n'y a-t-il point, à proprement parler, de « sciences exactes » (hormis les mathématiques, qui renoncent à toute vérité de fait et se contentent d'accorder des conclusions avec des prémisses) : tout comme une vérité historique, une vérité physique est à jamais sujette à caution et à révision. Il n'en reste pas moins que l'historien et le physicien évoquent des faits indubitables, même s'ils sont incapables d'en proposer une version certaine et définitive. Les interprétations de la Révolution française ou de la loi de la chute des corps sont et seront peut-être toujours plus ou moins controversées ; impossible cependant de mettre leur fait en doute, de penser par exemple que la Révolution française n'a pas eu lieu, ou que la chute des corps ne correspond à rien d'observable dans la nature. L'une et l'autre sont vraies : la première quand elle a eu lieu, la seconde quand elle a été conçue. Elles sont vraies dans la mesure où elles ont été vraies en leur temps et peuvent ainsi se recommander, comme dirait Hegel, d'un certain « moment » de vérité. Or le propre des vérités philosophiques, à la différence des autres genres de vérité, est de ne pouvoir jamais se recommander d'un semblable « moment de vérité ». Dans la mesure où la philosophie est une science des problèmes insolubles, ou du moins des problèmes non résolus comme disait Brunschvicg, les solutions qu'elle apporte à ses propres problèmes sont nécessairement et par définition douteuses, – à tel point qu'une vérité qui serait certaine cesserait par là même d'être une vérité philosophique, et qu'un philosophe qui serait persuadé de la vérité qu'il propose cesserait du même coup d'être un philosophe (encore qu'il puisse lui arriver, en revanche, d'être très raisonnablement persuadé de la fausseté des thèses qu'il critique). Ce principe d'incertitude, selon qu'il est respecté ou non, peut servir d'ailleurs de critère pour départager véritables et faux philosophes : un grand penseur est toujours des plus réservés quant à la valeur des vérités qu'il suggère, alors qu'un philosophe médiocre se reconnaît, entre autres choses, à ceci qu'il demeure toujours persuadé de la vérité des inepties qu'il énonce.

On peut naturellement se demander en quoi consiste l'intérêt d'une vérité philosophique nécessairement promise au doute et à l'incertitude, et par conséquent privée de tous les attributs traditionnels de la vérité. Il est à remarquer ici, tout d'abord, que l'intérêt d'une idée ne s'est jamais confondu avec la connaissance assurée de sa vérité, pas plus que l'intérêt d'un fait ne se confond avec la connaissance de sa nature. Ainsi le fait de la sexualité, et l'aveu universel de son intérêt, s'est-il toujours accommodé sans dommage de son caractère hautement obscur et incompréhensible, dont témoignent en toute sincérité ceux qui ont le plus essayé d'en percer les mystères, tels Freud, Georges Bataille, Lacan et avant eux Schopenhauer. D'où l'on peut justement déduire que, comme toute vérité profonde, toute réalité intéressante est foncièrement ambiguë, pour ne pas dire paradoxale : étant à la fois reconnue par tout le monde et inconnue de chacun en particulier. Mais l'intérêt principal d'une vérité philosophique consiste en sa vertu négative, je veux dire sa puissance de chasser des idées beaucoup plus fausses que la vérité qu'elle énonce *a contrario*. Vertu critique qui, si elle n'énonce par elle-même aucune vérité claire, parvient du moins à dénoncer un grand nombre d'idées tenues abusivement pour vraies et évidentes. Il en va un peu de la qualité des vérités philosophiques comme de celle des éponges qu'on utilise au tableau noir et auxquelles on ne demande rien d'autre que de réussir à bien effacer. En d'autres termes, une vérité philosophique est d'ordre essentiellement hygiénique : elle ne procure aucune certitude mais protège l'organisme mental contre l'ensemble des germes porteurs d'illusion et de folie. Et d'autre part cette incertitude même, inhérente aux vérités philosophiques, qui en fait si l'on veut la faiblesse, en fait aussi la force. Le travail du doute n'a en effet de pouvoir que sur ce qui se donne pour certain et assuré ; il est en revanche totalement inefficace contre ce qui se présente de soi-même comme incertain et douteux. Car une vérité incertaine est aussi et nécessairement une vérité *irréfutable* : le doute ne pouvant rien contre le doute. C'est pourquoi Montaigne écrit justement, dans le passage cité plus haut, que le propre de toute grande « invention » philosophique est de « se maintenir contre les oppositions contraires ». Une pensée solide est effectivement une pensée capable de se défendre, non seulement contre toutes les « oppositions » qu'on peut lui faire, mais encore et je dirais surtout contre toute entreprise de dénaturation et d'interprétation erronée, – comme le dit excellemment Samuel Butler dans un passage de *La Vie et l'Habitude* : « Si une vérité n'est pas assez solide pour supporter qu'on la dénature et qu'on la malmène, elle n'est pas d'une espèce bien robuste. » Il en va de même des traductions qui, si détestables qu'elles soient souvent, ne réussissent qu'à amoindrir, mais non point à annuler tout à fait, la puissance expressive du texte qu'elles traduisent, pour peu que celui-ci soit de qualité. C'est d'ailleurs là le signe infaillible de la qualité d'un texte que de résister toujours, au moins partiellement, à l'épreuve de la traduction-trahison.

Je remarquerai en passant que le caractère incertain des plus profondes vérités philosophiques permet d'expliquer le fait, apparemment paradoxal et énigmatique, que des propositions formellement contraires et même contradictoires puissent être tenues pour également pertinentes. Rien de plus juste, par exemple, que ce que disent respectivement de l'amour Platon dans *Le Banquet* et Lucrèce dans le *De rerum natura*, – mais rien aussi de plus diamétralement opposé. Cette coexistence pacifique des vérités contraires s'explique, non par le fantasme hégélien d'un savoir absolu réconciliant en bout de course l'ensemble de tous les énoncés philosophiques, mais par le caractère incertain de chacun de ces énoncés. Considérées comme définitivement acquises, les vérités philosophiques s'excluent nécessairement dès lors qu'elles ne parlent pas de même. Considérées en revanche comme toujours douteuses et approximatives, elles se tolèrent réciproquement. Il n'y a au surplus aucune raison d'interpréter les divergences de doctrine en termes d'opposition, d'estimer qu'une idée est contradictoire avec une autre alors qu'elle en est seulement *différente*. Nietzsche remarque, au début de *Par-delà le bien et le mal*, que le passage obligé de l'idée de différence à celle de contradiction constitue un des principaux dogmes de l'illusion : « La croyance fondamentale des métaphysiciens, c'est *la croyance aux oppositions de valeurs*. Même les plus prudents, ceux qui s'étaient jurés "*de omnibus dubitandum*", ne se sont pas avisés d'émettre un doute sur ce point, au seuil même de leur entreprise, alors que le doute était le plus nécessaire. (...) Il se pourrait (...) que *ce qui* constitue la valeur des choses bonnes et vénérées tînt précisément au fait qu'elles s'apparentent, se mêlent ou se confondent insidieusement avec des choses mauvaises et en apparence opposées, au fait que les unes et les autres sont peut-être de même nature [5] ».

Pour en revenir au fait que la vérité philosophique ne vaut que pour autant qu'elle est incertaine et ne possède en définitive d'autre vertu indiscutable que la vertu médicinale, j'invoquerai brièvement le cas du matérialisme d'Épicure et de Lucrèce. Il va de soi, en effet, et c'est en quoi la doctrine épicurienne est philosophiquement exemplaire, que ce matérialisme est à la fois intenable et salutaire : intenable quant à sa vérité propre, salutaire quant à la somme d'erreurs et d'absurdités qu'il révoque. Les deux maximes fondamentales de l'épicurisme peuvent apparaître à juste titre comme des pensées particulièrement courtes et pauvres. Assimiler la vérité à l'existence matérielle, le bien à l'expérience du plaisir, revient certes à décevoir toute attente d'élucidation en profondeur et à s'en tenir, sur ces deux points, au plus minimaliste des discours. Mais on doit observer, d'un autre côté, que la tentative d'assimiler la vérité à autre chose que la matière, le bien à autre chose que le plaisir, aboutit généralement à des énoncés eux-mêmes beaucoup plus suspects et absurdes que les formules épicuriennes. En tant que philosophie critique, le matérialisme constitue la pensée peut-être la plus élevée qui soit ; en tant que philosophie « vraie », il est en revanche la plus triviale des pensées. Comme le remarque Nietzsche dans un passage de l'aphorisme 9 de *Par-delà le bien et le mal*, qui fait écho direct au propos de Montaigne cité plus haut, une philosophie cesse d'être crédible dès qu'elle commence à croire en elle-même. Ce qui fait la force de la philosophie épicurienne, comme d'ailleurs de toute grande philosophie, n'est pas d'accéder à une vérité profonde et certaine, mais, si je puis dire, de réussir à s'en tenir à *la moindre des erreurs*. Je ne vois pour ma part aucune raison de ne pas souscrire

---
5. Tr. C. Heim, Gallimard.

à la déclaration de foi énoncée par un personnage du *Club des fous* de G.K. Chesterton (encore que l'auteur ait soin de la récuser aussitôt après l'avoir écrite) : « S'il faut être matérialiste ou insensé, je choisis le matérialisme. » Et j'ajouterai ceci, que si une vérité douteuse est préférable à une vérité apparemment sûre, c'est aussi parce que cette dernière incline plus que l'autre à cette folie qui consiste à vouloir obtenir un assentiment universel, au besoin par le fer et le feu. Car une vérité douteuse se passe aisément de toute confirmation ou infirmation de la part du réel, alors qu'une vérité tenue pour certaine se trouve nécessairement exposée au désir démangeant et obsessionnel d'une vérification par les faits, d'une confrontation victorieuse avec l'épreuve de la réalité, – raison pour laquelle l'homme du doute laisse chacun reposer en paix, au lieu que l'homme de la certitude n'a de cesse qu'il n'ait sonné à la porte de tout le monde. La vertu annexe d'un discours minimaliste et incertain est ainsi d'être inoffensif et peu compromettant, de ne pouvoir prêter service à aucune cause, tandis qu'un discours assuré peut être toujours soupçonné de préluder à quelque croisade. Pour me résumer, la « sûreté » d'un discours philosophique, dans les deux sens du terme évoqués ci-dessus, réside dans son caractère à la fois *critique* et *inutilisable*.

Si l'aptitude principale de la philosophie consiste plutôt à dénoncer des erreurs qu'à énoncer des vérités, il s'ensuit ce fait, d'allure paradoxale mais pourtant vrai, que la fonction majeure de la philosophie est moins d'apprendre que de *désapprendre* à penser. La bêtise fournit d'ailleurs une solide contre-épreuve de cet apparent paradoxe, puisque celle-ci ne consiste pas, contrairement à ce qu'on pense généralement et à tort, en une paresse d'esprit mais bien en une débauche désordonnée d'activité intellectuelle, dont témoignent par exemple Bouvard et Pécuchet, héros modernes et indiscutés de la sottise. L'intérêt porté aux « choses de l'intelligence », comme il est dit dans *La Belle Hélène* d'Offenbach, est plus souvent la marque d'un esprit médiocre que celle d'un esprit avisé ; et c'est certainement à juste titre, et non par un effet de coquetterie, que le plus pénétrant des penseurs français, Montaigne, déclare avoir l'esprit lent.

On sait que l'ordinaire surestimation des fonctions intellectuelles est telle que les hommes, qui redoutent pour la plupart et dans leur folie d'être considérés comme impuissants en matière sexuelle, redoutent au moins autant d'être tenus pour des imbéciles : comme si c'était perdre tout honneur et se voir presque rayé de la carte de l'existence que d'avouer un défaut d'intelligence. Descartes illustre très bien, quoique apparemment sans y voir de malice, cette revendication universelle d'intelligence, aussi opiniâtre qu'absurde, dans la toute première phrase du *Discours de la méthode* : « Le bon sens est la chose du monde la mieux partagée : car chacun pense en être si bien pourvu, que ceux même qui sont les plus difficiles à contenter en toute chose, n'ont point coutume d'en désirer plus qu'ils n'en ont. » Je soupçonne fort, pour ma part, cette inflation des valeurs purement intellectuelles, manifeste dans toutes les entreprises de séparation radicale du corps et de l'esprit, d'être principalement attribuable à un fantasme mégalomane issu du souci – dont les psychiatres font aujourd'hui le centre nerveux de la névrose obsessionnelle – de couper les ponts entre la nature de l'homme et la nature de toute autre chose, qu'il s'agisse d'animal ou de matière inanimée. Fantasme de parvenu, dirais-je même : de quelqu'un qui par son intelligence s'est effectivement élevé très au-dessus de son origine animale mais à présent s'efforce de faire oublier son ascendance véritable. Je remarquerai aussi que l'absurdité inhérente à cette volonté d'intelligence avant tout consiste à accorder plus de prix à la représentation des choses qu'à l'expérimentation de ces mêmes choses, à l'épreuve de leur intensité tragique ou jubilatoire : car c'est lâcher la proie pour l'ombre que d'estimer ainsi que la connaissance que l'on peut avoir de la réalité l'emporte sur la richesse de la réalité elle-même. Il existe ainsi une espèce de nombreux faux sages qui n'accèdent à la paix de l'âme que par le fait d'une sorte d'anesthésie générale à l'égard de la réalité, d'une insensibilité au réel qui les rend incapables de craindre comme de désirer ; tel par exemple Paul Valéry, qui en convient d'ailleurs lui-même : « Je confesse que j'ai fait une idole de mon esprit, mais je n'en ai point trouvé d'autre. » On ne saurait mieux dire que l'intérêt porté à la seule intelligence est la traduction d'une incapacité à s'intéresser à quoi que ce soit, – incapacité dont Bouvard et Pécuchet font, avant Valéry, la dure expérience, propre à rappeler, encore une fois, le lien subtil mais tenace qui rapproche, bon gré mal gré, l'intelligence pure de la bêtise absolue. Un personnage d'Hergé, Séraphin Lampion, qui incarne la vulgarité totale, déclare dans *Les Bijoux de la Castafiore* : « Notez que je ne suis pas contre la musique, mais franchement, là, dans la journée, je préfère un bon demi. » Impossible cependant de ne pas faire sienne une telle formule (à la condition naturellement de remplacer le mot « musique » par le mot « intelligence »), tout comme l'aurait certainement adoptée Montaigne qui déclare dans l'*Apologie de Raimond Sebond*, à propos des « gens de savoir » : « Moi, je les aime bien, mais je ne les adore pas. »

Il me reste à dire en quoi le principe d'incertitude se rattache à la cruauté, – mais la réponse à cette question va de soi : si l'incertitude est cruelle, c'est que le besoin de certitude est pressant et apparemment indéracinable chez la plupart des hommes. On touche ici à un point assez mystérieux et en tout cas non encore élucidé de la nature humaine : l'intolérance à l'incertitude, intolérance telle qu'elle entraîne beaucoup d'hommes à souffrir les pires et les plus réels des maux en échange de l'espoir, si vague soit-il, d'un rien de certitude. Ainsi le martyr, incapable qu'il est d'établir et même seulement de définir la vérité dont il se prétend certain, se résout-il à en *témoigner*, comme l'indique l'étymologie du mot martyr, par l'exhibition de sa souffrance : « je souffre, donc j'ai raison », – comme si l'épreuve de la souffrance suffisait à valider la pensée, ou plutôt l'absence de pensée, au nom de laquelle le martyr-témoin se dit prêt à souffrir et mourir. Cette confusion de la cause à laquelle il se sacrifie explique incidemment le caractère toujours insatiable de l'amateur de souffrance (alors qu'il arrive à l'amateur de plaisir d'être comblé) : aucune cause n'étant véritablement en vue, aucune souffrance ne réussira vraiment à l'établir, si fort et si longtemps que l'on vous frappe. D'où la surenchère au supplice, qu'évoquent de manière drolatique A. Aymard et J. Auboyer : « Il y a une psychologie du martyre et elle est éternelle. (...) Aussi y eut-il même des volontaires du martyre, comme ces chrétiens d'Asie qui, sous Commode, se présentèrent si nombreux au proconsul que celui-ci, après avoir prononcé quelques condamnations, les refoula en les invitant à recourir aux cordes et aux précipices [6] ». On ne peut que louer le libéralisme de ce proconsul qui, dans l'incapacité où il se trouve de satisfaire tout le monde, consent toutefois, par charité et dans la mesure de ses moyens, à faire supplicier au moins quelques-uns des suppliants.

Le plus déconcertant de ce goût de la certitude est son caractère abstrait, formel, insensible à ce qui existe réellement comme à ce qui peut être effectivement douloureux ou gratifiant. Nietzsche oppose justement, à la richesse de la réalité, le caractère « pauvre » et « vide » de la certitude : « Accordez-moi une seule certitude, ô dieux, c'est la prière de Parménide, fût-ce une simple planche sur la mer de l'incertitude, tout juste assez large pour y dormir ! Gardez pour vous tout ce qui est en devenir, les formes diaprées, fleuries, trompeuses, charmantes, vivantes, et ne me donnez que la seule, la pauvre certitude toute vide ! [7] ». Peu importe en somme qu'une certitude renseigne sur quoi que ce soit de réel : on lui demande seulement d'être certaine. C'est pourquoi l'adhérent fanatique à une cause quelconque se reconnaît principalement à ceci qu'il est au fond totalement

---

6. *Histoire générale des civilisations*, tome II, Presses universitaires de France.
7. *Naissance de la philosophie à l'époque de la tragédie grecque*, tr. G. Bianquis, Gallimard.

indifférent à cette cause et seulement fasciné par le fait que cette cause lui paraît, à un moment donné, pouvoir être tenue pour certaine. Un marxiste convaincu prête peu d'attention aux thèses énoncées par Marx, un stalinien convaincu peu d'attention à la réalité historique et psychologique de Staline : ce qui compte pour eux est l'idée purement abstraite que le marxisme est vrai ou que Staline a raison, idées tout à fait indépendantes de ce qu'écrit Marx ou de ce que fait Staline. L'adoration d'une vérité se double ainsi toujours d'une indifférence à l'égard du contenu de cette vérité même. Il arrive parfois à de tels fanatiques, lorsqu'ils en viennent à douter de leur idole ou de leurs idoles successives, de ne trouver l'apaisement que dans une dévotion envers une cause humble mais indiscutable, par exemple la vérité arithmétique. Celui qui a cru en tout mais aussi douté de tout peut très bien faire, en fin de carrière, un excellent expert-comptable : l'établissement d'additions justes et de comptes exacts lui offrant enfin l'occasion d'une indubitable et interminable jouissance du vrai. Ainsi Bouvard et Pécuchet, après avoir tâté de tout, devaient-ils en revenir, selon le projet de Flaubert, à leur métier initial de copistes scrupuleux et irréprochables.

La jouissance de nuire à ses proches, souvent ressentie comme prioritaire par rapport à celle de se faire plaisir à soi-même, procède peut-être de cette même idolâtrie de la certitude : du sentiment confus que l'autre éprouvera du déplaisir à coup sûr, alors qu'on n'est pas toujours certain du plaisir qu'on pourrait éprouver quant à soi.

L'indifférence du fanatique à l'égard de son propre fanatisme explique le fait, apparemment paradoxal, que l'entêtement à soutenir une cause se double toujours d'une totale versatilité, qu'il entre dans la nature de la crédulité humaine d'être nécessairement capricieuse et changeante. Car c'est en somme une seule et même chose que d'être crédule et incrédule, fanatique et versatile : puisque l'acte de foi n'est le plus souvent qu'une compensation provisoire de l'incapacité à croire et qu'il est ainsi impossible de distinguer réellement le crédule de l'incrédule ou le fanatique du versatile. En bref, tout fanatique est un sceptique malheureux et honteux de l'être. Ou encore : l'homme est généralement crédule *parce qu'*incrédule, fanatique *parce que* versatile. Spinoza, après Machiavel et Hobbes, remarque bien ce lien entre la crédulité et l'incapacité à croire vraiment, incapacité qui entraîne le crédule à passer perpétuellement d'un objet de croyance à un autre, sans jamais réussir à s'en rassasier : « De la cause [8] que je viens d'assigner à la superstition, il suit clairement que les hommes y sont sujets par nature. (...) On voit en outre qu'elle doit être extrêmement diverse et inconstante, comme sont diverses et inconstantes les illusions qui flattent l'âme humaine et les folies où elle se laisse entraîner ; qu'enfin l'espoir, la haine, la colère et la fraude peuvent seuls en assurer le maintien, attendu qu'elle ne tire pas son origine de la Raison, mais de la Passion seule et de la plus agissante de toutes. Autant par suite les hommes se laissent facilement prendre par tout genre de superstition, autant il est difficile de faire qu'ils persistent dans la même ; bien plus, le vulgaire demeurant toujours également misérable, il ne peut jamais trouver d'apaisement, et cela seul lui plaît qui est nouveau et ne l'a pas encore trompé [9] ».

Je remarquerai en terminant que le goût de la certitude est souvent associé à un goût de la servitude. Ce goût de la servitude, très étrange mais aussi universellement observable depuis qu'il y a des hommes et qu'ils pensent trop, dirais-je pour parodier La Bruyère, s'explique probablement moins par une propension incompréhensible à la servitude pour elle-même que par l'espoir du gain d'un peu de certitude obtenu en échange d'un aveu de soumission à l'égard de celui qui déclare se porter garant de la vérité (sans pour autant, il va de soi, en rien révéler). Incapables

---

8. C'est-à-dire la crainte, soit, dans la philosophie de Spinoza, le principe le plus général de reculade devant la vérité, – principe qui correspond en gros, me semble-t-il, aux principes de reculade devant la réalité dont je parle.

9. *Traité théologico-politique*, préface, tr. Ch. Appuhn, Garnier-Flammarion.

de tenir quoi que ce soit pour certain, mais également incapables de s'accommoder de cette incertitude, les hommes préfèrent le plus souvent s'en remettre à un maître qui affirme être dépositaire de la vérité à laquelle ils n'ont pas accès eux-mêmes : tels Moïse face aux Hébreux, Jacques Lacan face à ses fidèles, le prétendu fils du gardien de prison face aux prisonniers, dans l'aphorisme 84 du *Voyageur et son ombre* de Nietzsche, ou encore un autre gardien, celui qui veille sur la loi dans une parabole célèbre de Kafka et accepte tous les pots-de-vin sans pour autant permettre à quiconque d'en percer le secret, face à l'« homme de la campagne ». Plutôt que d'assumer leur ignorance, ils préfèrent troquer leur liberté contre l'illusion que quelqu'un est là qui pense pour eux et sait ce qu'ils ne réussissent pas à savoir. L'adhésion à une cause, le fanatisme sous toutes ses formes, est ainsi moins l'œuvre de la personne qui s'y rallie que de la personne intermédiaire et fantasmatique au nom de laquelle s'opère le ralliement. Le fanatique ne croit lui-même à rien ; il croit en revanche en celui ou celle dont il pense confusément qu'ils croient à quelque chose. Ce n'est pas moi qui crois, c'est Lui ; et c'est pourquoi je crois en Lui, quoique je ne sache rien de Lui ni de ce qu'Il sait. Cette croyance par procuration en dit long sur la nature de la crédulité humaine : rappelant, s'il en était besoin, que celle-ci ne résulte pas d'une propension naturelle à croire, mais bien au contraire d'une totale et intolérable incapacité personnelle de croire en quoi que ce soit.

3. – APPENDICES

L'inobservance du réel

Dans une scène d'un film de Buster Keaton, *Les Trois âges*, on voit un personnage singulier, mi-astrologue mi-météorologue, plongé dans des calculs compliqués destinés à déterminer le temps qu'il fait au-dehors. S'étant décidé pour un « beau fixe », il grave l'information sur une tablette – la scène est censée avoir pour cadre la Rome antique – et sort afficher son avis. Mais il rentre soudain, surpris par une tempête de neige, et grave un avis de « forte neige » qu'il affiche aussitôt, cette fois-ci sans aucun calcul préalable. Tout le monde rit naturellement du procédé charlatanesque. Mais à la réflexion cet astrologue me semble faire preuve en la circonstance d'une remarquable liberté d'esprit : faisant ainsi passer le fait avant son opinion, et ce sans hésiter une seconde [10].

Beaucoup d'autres, pour ne pas dire la plupart, placés devant un dilemme comparable, choisiraient l'autre voie : préférant l'opinion au fait. Car s'il est une faculté humaine qui mérite l'attention et tient du prodige, c'est bien cette aptitude, particulière à l'homme, de résister à toute information extérieure dès lors que celle-ci ne s'accorde pas avec l'ordre de l'attente et du souhait, d'en ignorer au besoin et à sa guise ; quitte à y opposer, si la réalité s'entête, un refus de perception qui interrompt toute controverse et clôt le débat, aux dépens naturellement du réel. Cette faculté de

---

10. Il est vrai que le charlatan dispose toujours d'un avantage naturel sur ses concurrents honnêtes : spécialiste du faux il sait reconnaître, mieux que quiconque, le vrai au premier coup d'œil.

résistance à l'information a quelque chose de fascinant et de magique, aux limites de l'incroyable et du surnaturel : il est impossible de concevoir comment s'y prend l'appareil perceptif pour ne pas percevoir, l'œil pour ne pas voir, l'oreille pour ne pas entendre. Pourtant, cette faculté, ou plutôt cette anti-faculté, existe ; elle est même des plus banales et il est loisible à tout un chacun d'en faire l'observation quotidienne.

Proust décrit bien la vertu de cette faculté anti-perceptive au début de la *Recherche* lorsqu'il analyse les sentiments et réactions de la grand-tante de Combray à l'égard de Swann. On sait que cette grand-tante se refuse à concevoir que Swann, ami de la famille, vit par ailleurs dans un monde d'un haut niveau social et artistique, sans rapport avec la société de Combray. Mais les faits sont têtus et semblent devoir la rappeler sans cesse au sentiment de la réalité, tant sont nombreux et éloquents les signes qui témoignent de la position réelle de Swann. Cependant, la grand-tante ne s'en laissera jamais conter ; et c'est merveille d'observer avec quel art, avec quel génie presque, elle pervertit le sens des informations qui lui parviennent jour après jour et réussit à les retourner au désavantage de Swann. Il y a ici un jeu d'envois de message et de retours ironiques à l'expéditeur. Message : on apprend à la grand-tante que Swann possède une célèbre collection de tableaux. Réplique de la grand-tante s'adressant à Swann : « Êtes-vous seulement connaisseur ? Je vous demande cela dans votre intérêt parce que vous devez vous faire repasser des croûtes par les marchands. » Autre message : on apprend que Swann a dîné « chez une princesse ». Réplique : « Oui, une princesse du demi-monde ! » Autre message : on apprend que Swann est un intime de Mme de Villeparisis. Réplique de la grand-tante à sa sœur qui lui annonce la grande nouvelle : « Comment ! elle connaît Swann ? Pour une personne que tu prétendais parente du maréchal de Mac-Mahon ! » Cette dernière réplique donne une bonne mesure de la solidité du mur qui protège la grand-tante de toute reconnaissance de l'état social de

Swann : impliquant que toute personne dont on serait forcé d'avouer qu'elle fréquente Swann est du même coup rayée de la liste du grand monde. Avant que Swann ait progressé d'un pas dans l'opinion de la grand-tante, celle-ci aura réduit à l'état roturier toute l'aristocratie européenne. Ce coup-ci était pour Mme de Villeparisis ; le prochain atteindra le prince de Galles, le comte de Paris, et pourquoi pas, s'il le faut, le maréchal Mac-Mahon en personne. Miracle de la faculté anti-perceptive ! On pourra exactement *tout* montrer de la réalité de Swann à la grand-tante ; celle-ci sera cependant toujours assurée, grâce à elle ou à cause d'elle, de n'en jamais *rien* connaître. René Girard commente ici justement, dans *Mensonge romantique et vérité romanesque* : « La vérité, telle une mouche importune, revient sans cesse se poser sur le nez de la grand-tante, mais un revers de la main suffit pour la chasser. » On dirait qu'un verrou est poussé qui bloque toute information et oppose victorieusement une absence de perception aux évidences les plus tangibles et les plus manifestes. Ou encore qu'un rideau de fer est abaissé qui confond la réalité, tout comme la fermeture soudaine d'un musée ou d'un bistrot éconduit sans égards le visiteur attardé : « On ferme, c'est fini, allez-vous-en. » À vouloir faire valoir ses droits légitimes à être perçue, la réalité encourrait un même échec que le visiteur qui prétendrait forcer l'entrée du musée ou du bistrot : « On vous a déjà dit que c'était fermé. » On peut trouver un exemple saisissant de cette « fermeture » de la perception dans la fin du film que Joseph Mankiewicz a tiré de la pièce de Tennessee Williams, *Soudain l'été dernier*. Madame Venable y combat tout au long la version véridique de faits que lui exposent sa nièce et un médecin. Contrainte à la fin au silence devant l'évidence, elle congédie tout son monde et regagne l'étage supérieur de sa villa, disparaissant dans un ascenseur intérieur qui l'isole du monde et renvoie sans appel tant ses interlocuteurs que la réalité en général. Tartuffe usait de même, interrompant un vis-à-vis qui devenait gênant :

Il est, monsieur, trois heures et demie ;
Certain devoir pieux me demande là-haut,
Et vous m'excuserez de vous quitter sitôt.

Un extraordinaire verrou de sûreté prive donc les hommes, en certaines circonstances, de l'exercice habituel de leur faculté perceptive (par « les hommes », j'entends naturellement tous les hommes, imputant les différences d'intelligence et d'acuité perceptive non à la présence ou à l'absence du verrou, mais au fait que le verrou est poussé plus ou moins loin). Il est très malaisé, on le sait, de préciser la nature de ce verrou et ses conditions de fonctionnement ; et je serais tenté de dire, en exagérant, que quiconque connaîtrait à fond le secret de cette serrure connaîtrait l'homme tout entier. Je remarquerai seulement, mais ce n'est là qu'une évidence, que ce verrou consiste en la définition d'un point au-delà duquel on ne percevra rien ; ou encore, et cela revient au même, d'une vérité sur laquelle il est décidé une fois pour toutes qu'on ne reviendra pas. Il marque ainsi les limites d'un territoire inviolable (tel justement le Combray de Proust). Je remarquerai aussi que ce verrou revêt toujours un caractère *anticipé* : il est une dénégation préalable de toute investigation critique ou découverte ultérieure, une sorte de conjuration hallucinatoire du futur, c'est-à-dire de ce qui est par nature éminemment imprévisible et incertain, – encore faut-il ici nuancer et ajouter aussitôt que cette conjuration n'est hallucinatoire qu'à demi, puisqu'elle se révèle opérante à l'expérience, du moins en un certain sens. Il est donc moins une protection contre des dangers présents qu'une « pré-caution », soit une protection à l'avance, une réfutation *a priori* des attaques futures, – réfutation nécessairement contradictoire, puisque les dangers à venir et les mesures de protection adéquates ne seront exactement connus que plus tard. Ainsi Abel Gance entendait-il récuser à l'avance toute objection future adressée à son film *Napoléon*, alors que celui-ci n'était pas encore tourné, déclarant solennellement à l'ensemble de ses collaborateurs, en 1924 : « Je veux sentir en vous contemplant une houle de force qui puisse emporter toutes les digues du sens critique. » On remarquera ici le mécanisme du verrou : j'annonce dès aujourd'hui que le film que je veux réaliser est tel que quiconque le critiquera aura tort. Et, si on le critique par la suite, on prouvera simplement que Gance avait bien raison d'annoncer à l'avance qu'on aurait tort de le critiquer. Le verrou est posé, qui protège le cinéaste tout comme il protège la grand-tante de Combray. Dans l'Athènes antique, la procédure de la *graphè paranomôn* qui interdit aux citoyens, sous peine des sanctions les plus graves, y compris la mort, de remettre en cause une loi précédemment adoptée par l'Assemblée du peuple, offre un exemple similaire de verrou préalable.

Ce qu'il y a toutefois de plus remarquable dans le phénomène de refus de perception est que non seulement l'opinion mise à l'abri du verrou ne soit pas infirmée par les informations contradictoires et les démentis cuisants que lui oppose sans cesse la réalité, mais encore qu'elle soit au contraire généralement confirmée et renforcée par ces démentis mêmes. Tout comme les systèmes rendus autorégulateurs par le dispositif dit du *feed-back*, le système « refus de perception » est si bien organisé que ses propres couacs, au lieu de l'affaiblir, font refluer vers lui une énergie issue de ses conséquences fâcheuses, de ses perpétuels différends avec le réel. Les faux pas qu'il commet nécessairement sont programmés de telle manière qu'ils viennent sans cesse réalimenter la source d'erreur qui les a causés, – en sorte que le refus de perception est un système qui non seulement produit des erreurs mais encore engraisse et prospère par leur entremise. J'invoquerai ici un souvenir de jeunesse : celui d'une étudiante qui s'était persuadée que notre professeur l'adorait en secret, malgré les paroles sarcastiques et souvent fort blessantes par lesquelles celui-ci coupait court à chacune de ses interventions. Or, chaque fois qu'il lui arrivait d'essuyer en public une semblable rebuffade, elle ne manquait pas de se retourner vers nous avec un air de triomphe, semblant nous prendre à témoin et nous dire : « Vous voyez bien que je ne rêve pas : il m'aime. » Je pourrais rappeler aussi le cas du Boubouroche de Courteline, qu'un voisin bien intentionné mais mal inspiré entend persuader de l'infidélité de sa maîtresse. On connaît la suite : Boubouroche surprend chez lui son rival occupé avec Adèle, mais en conclut vite à une fidélité de sa maîtresse encore plus grande que tout ce qu'il avait osé espérer. Le système du *feed-back* a fonctionné ici de manière exemplaire, entraînant chez Boubouroche une conviction sans réplique dont la maxime peut en gros s'énoncer ainsi : « Adèle ne peut pas me tromper. La preuve : elle me trompe. » Boubouroche en était déjà sûr, naturellement ; mais maintenant il a la preuve en main – et, après tout, deux certitudes valent mieux qu'une. Le seul coupable dans cette affaire est le voisin dénonciateur, qui subira une sévère correction. Correction méritée d'ailleurs : car celui-ci aurait dû savoir que toute information contrariante introduite dans un système « refus de perception » se transforme aussitôt en confirmation supplémentaire qui a pour seul effet d'apporter, dans l'esprit du non-percevant, le petit rien de certitude qui lui manquait encore.

L'extraordinaire pouvoir de résistance à la perception qui permet au Boubouroche de Courteline ou à la grand-tante de Combray de ne pas voir ce qui leur passe sous les yeux ne saurait être interprété, contrairement à ce qu'on a souvent tendance à faire, en termes de simple « bêtise ». Un tel aveuglement est trop proche de ce qu'on observe quotidiennement dans les manifestations de démence fanatique ou haineuse pour prétendre constituer un genre à part, nommé bêtise, qui se définirait comme aveuglement innocent, lavé de tout soupçon de participation aux genres voisins de la folie et de la haine. On peut certes et on doit même parler de bêtise dans le cas de Boubouroche et de la grand-tante ; mais à la condition d'ajouter que cette bêtise-là apparaît à la réflexion comme indiscernable de ce qui se passe dans les cas de folie et de haine. Le bon sens semble s'opposer, il est vrai, à cette manière de confondre ainsi des manifestations psychologiques réputées distinctes. Mais il est possible que le bon sens se trompe et distingue là où il n'y a rien à distinguer : imaginant, comme le dirait Descartes, des « distinctions formelles » entre des objets que rien ne permet de distinguer réellement. Une analyse approfondie et exhaustive, telle que saurait seul la mener à terme le Dieu de Leibniz, aboutirait peut-être à démontrer que les trois notions de bêtise, de méchanceté et de folie sont trois mots désignant une même et unique réalité psychologique. Je me contenterai ici de quelques brèves remarques visant à suggérer la fragilité des frontières qui séparent traditionnellement, d'une part la bêtise de la folie, d'autre part la bêtise de la haine.

En ce qui concerne la première frontière, entre la folie et la bêtise, j'observerai d'abord que folie et bêtise sont comme deux alliés naturels qui se prêtent réciproquement main-forte dès qu'un danger se profile à l'horizon ; et ce à tel point qu'il ne me paraît guère possible d'admettre l'existence de l'une sans admettre du même coup l'existence de l'autre. Aucune bêtise ne saurait si je puis dire fonctionner d'elle-même, à l'aide de ses seules forces. Quand elle décide que ce qui s'offre à sa perception se réduit à une réalité nulle et non avenue, il lui faut bien le secours de cette machine à ignorer le réel qui constitue la spécialité de la folie. Et, réciproquement, aucune folie ne saurait fonctionner sans l'appoint d'une certaine bêtise (ni d'ailleurs sans celui d'une certaine dose de haine), appelée à la rescousse en cas d'investigation trop curieuse ou de question trop gênante. L'observation des fous, qu'il s'agisse de grande aliénation ou de légère névrose, confirme amplement le fait : dès qu'il se trouve en difficulté sérieuse, le dérangé mental recourt immanquablement à une justification absurde ou un raisonnement imbécile. Sans le soutien permanent de la bêtise, l'exercice de la folie serait tout simplement impossible : les positions qu'il occupe, étant indéfendables par elles-mêmes, s'effondreraient à la première attaque comme autant de châteaux de cartes.

Il est à peine besoin de faire remarquer par ailleurs que le mur par lequel le fou se protège du réel est exactement de même nature que celui par lequel toute personne réputée normale mais peu intelligente, telle la grand-tante de Combray, se protège des réalités dont la reconnaissance pourrait entraîner un désagrément. Ce que Freud a désigné sous le nom de « refoulement » n'est en somme qu'un cas particulier du verrou qu'on peut observer dans tous les cas « normaux » de refus de perception. Analysant une jeune et intelligente hystérique, Freud note ceci, qu'il consigne dans un article publié en 1920 : « L'analyse se déroula pour ainsi dire sans le moindre indice de résistance : l'analysée était très coopérante du point de vue intellectuel, mais sans se départir de sa tranquillité d'âme. Un jour que je lui expliquais un point de théorie particulièrement important et qui la concernait de près, elle me fit cette repartie sur un ton inimitable : "Ah ! mais c'est très intéressant !" – telle une dame du monde que l'on promène dans un musée et qui considère avec son face-à-main des objets qui lui sont parfaitement indifférents. » Cette fin de non recevoir ou de « non-percevoir », par laquelle un analysé triomphe si souvent et si facilement de son analyste, évoque irrésistiblement tant l'attitude de la grand-tante à l'égard de Swann que celle de madame Venable prenant congé de son médecin, dans *Soudain l'été dernier*, précisément au moment où celui-ci croit enfin toucher au but. Décidément, c'est toujours le plus fort qui perd et le plus faible qui gagne dans ce double jeu de la folie et de la bêtise. Car enfin il n'est pas douteux que celui qui gagne ici est un faible, encore qu'il réussisse à mettre en déroute les forces d'un adversaire autrement plus solide qu'il ne l'est lui-même. Pierre Janet voyait certainement juste et profond lorsqu'il attribuait la source générale de toute folie à une déficience de l'énergie psychique. Mais il faut ajouter que cette débilité se double d'une très grande force, et que l'énergie qui manque au fou pour affronter le réel lui revient avec avantage dès qu'il s'agit de tenir le réel en respect, ou ses représentants supposés. C'est pourquoi le fou (et l'imbécile pour les mêmes raisons) est à la fois très faible et très fort. Très faible : étant hors d'état de souffrir le réel. Mais aussi très fort : pour réussir, à sa façon, à éliminer effectivement ce réel qui l'afflige. Et cette force-là, d'élimination du réel, est, encore une fois, véritablement confondante. On ne voit pas du tout quelle contre-force pourrait jamais contrecarrer une telle puissance. Et on est ainsi nécessairement amené à s'interroger sur le sens et la valeur d'un traitement quelconque des névroses, quelles que puissent être par ailleurs l'intelligence et la compétence du psychiatre ou du psychanalyste. Face à une telle solidité du fou ou de l'imbécile, les forces d'un esprit plus sain ou mieux renseigné paraissent singulièrement dérisoires ; et je me hasarderais volontiers à gager qu'elles seront toujours perdantes.

On pourrait objecter ici, à cette assimilation de la bêtise et de la folie, le fait universellement et justement reconnu de l'extrême intelligence ou astuce dont font preuve à l'occasion la plupart des aliénés. Mais cette objection tombe d'elle-même dès qu'on s'avise que l'ensemble de ces dispositifs stratégiques, qui peuvent il est vrai mettre en œuvre des prodiges de ruse et de pénétration psychologique, on dirait même parfois de divination ou de clairvoyance au sens occulte du terme, reste prisonnier de la « vérité » interne qu'on entend mettre à l'abri des informations en provenance de l'extérieur. En sorte que l'intelligence du fou, tout comme celle de l'imbécile dont les performances peuvent être à cet égard également très remarquables, sert bien à réfuter mais jamais à apprendre ; plus précisément : elle a pour mission paradoxale de se défendre contre l'intelligence même. On sait que le phénomène de la censure, tel que la pratiquent les idéologies collectives et les régimes collectivistes, obéit exactement aux mêmes causes et tend aux mêmes objectifs.

Indiscernable de la folie, la bêtise l'est tout autant de la haine. Cette association de la bêtise et de la haine me paraît quant à moi si évidente par elle-même que je croirais oiseux de la souligner s'il n'y avait cette circonstance singulière et d'ailleurs assez étonnante qu'elle passe le plus souvent inaperçue. On entend en effet déclarer tous les jours, à propos d'une personne dont chaque fait et chaque parole sont autant de persécutions manifestes à l'égard de son entourage, qu'il ne faut pas lui en vouloir car elle est malgré tout, nous assure-t-on, d'un naturel excellent et foncièrement généreux. Simplement, ajoute-t-on, elle est un peu maladroite et ne se rend pas bien compte de ce qu'elle dit et de ce qu'elle fait. Il y a là une distinction fantasmatique entre le fait persécutoire et l'intention supposée, entre une bêtise responsable des faits et une bonté qu'on ne saurait tenir pour responsable des intentions, qui ne résiste guère à l'analyse. J'invoquerai encore ici, une dernière fois, l'exemple de la grand-tante de Combray et de ses perpétuels refus de percevoir la position sociale de Swann. On peut et on doit bien sûr interpréter ces refus en termes de bêtise. Mais comment ne pas les interpréter aussi en termes de jalousie et de haine ? Une réflexion de la grand-tante devrait suffire à éclairer sur ce point le lecteur le mieux disposé à son égard. Évoquant les princes de la Maison de France, elle déclare à Swann : « Des gens que nous ne connaîtrons jamais ni vous ni moi, et nous nous en passons, n'est-ce pas. » Impossible de mieux résumer sa haine, tant à l'égard de Swann qu'elle maintient d'une main de fer à son propre niveau (*ni vous ni moi*), qu'à celui de la famille princière dont elle dédaigne à l'avance une fréquentation qu'elle sait impossible (*nous nous en passons, n'est-ce pas*).

Pascal raille à merveille cette distinction illusoire entre le fait et l'intention lorsqu'il oppose, dans la troisième *Provinciale*, les faits d'hérésie reprochés à Arnauld, dont tous conviennent au fond qu'ils sont inexistants, à ses intentions hérétiques, celles-ci immenses au gré de ses détracteurs : « Ce ne sont pas les sentiments de M. Arnauld qui sont hérétiques ; ce n'est que sa personne. C'est une hérésie personnelle. Il n'est pas hérétique pour ce qu'il dit ou écrit, mais seulement pour ce qu'il est M. Arnauld. C'est tout ce qu'on trouve à redire en lui. » Ici, naturellement, les valeurs respectives du fait et de l'intention sont inversées. Aux yeux des censeurs d'Arnauld, les faits et les dits sont innocents mais les intentions répréhensibles ; au lieu que, dans le cas de la grand-tante, ou du moins dans l'opinion superficielle qu'on peut s'en faire, les faits et les dits sont répréhensibles mais les intentions innocentes. Cependant, l'illusion est la même dans les deux cas, car obéissant au même principe d'erreur : d'une distinction abusive entre ce qu'on fait et ce qu'on entend faire, entre ce qu'on dit et ce qu'on entend dire.

L'attrait du vide

Cioran écrit ceci, dans *Aveux et anathèmes* [11] : « À peine avons-nous perdu un défaut qu'un autre s'empresse de le remplacer. Notre équilibre est à ce prix. » J'ajouterais quant à moi qu'il faudrait en dire autant de toute sottise, de toute folie, de toute passion : qu'aucune ne disparaît sans ouvrir le chemin à une autre qui s'empare aussitôt de la place ainsi laissée vacante. Dès qu'une folie s'estompe, une autre se présente, plus forte parce que moins émoussée par la pratique, qui la remplace et, dans le sens le plus littéral du terme, en « tient lieu ». Qui vient à se guérir d'une manie en contracte une autre le jour même, qui prend le relais. Qui comprend soudain la sottise d'une thèse qu'il défendait jusque-là à corps perdu adopte sur-le-champ une nouvelle ineptie à laquelle il mord plus ferme que jamais. D'où en effet une sorte d'équilibre : on ne sort d'une telle transformation ni plus ni moins sot, ni plus ni moins fou, ni plus ni moins passionné ; simplement pareil à soi-même, ni mieux ni moins bien portant (« pas mieux, pas pire », comme le répète l'héroïne de *Oh les beaux jours*, de Samuel Beckett).

Rien de plus curieux cependant que cette aptitude à rem-

---
11. Gallimard, 1987.

placer aussitôt une bêtise par une autre, tout comme si le maintien d'un coefficient moyen de bêtise (ou de folie) était aussi indispensable au psychisme que l'est à l'organisme celui d'un certain coefficient de globules ou de cellules. Rien de plus curieux non plus que l'aptitude de toute manie, une fois délogée de son terrier, à se propager hors d'elle-même pour élire domicile dans un terrain à la fois très différent et très éloigné. Ce pouvoir de contamination à distance évoque assez le phénomène clinique de la *métastase*, tel que le définit par exemple le dictionnaire Larousse : « Disparition d'un phénomène pathologique coïncidant avec l'apparition, en un autre point de l'organisme, d'un autre phénomène morbide, ces deux phénomènes se trouvant sous la dépendance de la même maladie. » On ne saurait mieux définir les empires de la folie et de la bêtise. Rien enfin de plus déconcertant que le caractère disparate des motifs successivement choisis par leur adepte du moment, sans aucune vergogne ni souci de cohérence. En l'espace de quelques mois on verra telle ou tel se passionner tour à tour, et chaque fois exclusivement, pour l'alimentation macrobiotique, un amour romanesque et sans espoir, l'existence des soucoupes volantes, la Révolution culturelle en Chine, la personnalité véritable du Masque de fer. Telles les pièces d'un puzzle impossible à reconstituer, car elles proviennent chacune d'un fonds différent ; ou encore, dans un roman policier, une série d'indices hétéroclites faits pour défier la perspicacité d'un Sherlock Holmes ou d'un Hercule Poirot qui se creusent la cervelle : que peut-il bien y avoir de commun entre eux qui permette de les relier l'un à l'autre ?

On chercherait en vain un caractère commun à ces obsessions momentanées si l'on se contentait d'examiner l'un après l'autre le contenu de chacune des thématiques en jeu. Mais on sera plus heureux si l'on recherche ce point commun, non pas du côté de ce qu'elles admettent, mais du côté de ce qu'elles excluent. Car on s'avise alors que, s'il n'est rien sur quoi puissent s'accorder pareilles passions exclusives, il est en revanche quelque chose *contre quoi* toutes s'accordent, – je veux dire la référence au réel, à la réalité quelle qu'elle soit. En sorte que l'objet de ces passions disparates a en commun d'être un objet *irréel*. Rien ne rapprocherait la nourriture macrobiotique, l'amour romanesque, les soucoupes volantes, la Révolution chinoise, le Masque de fer, sinon le fait qu'ils ne sont *rien* et qu'ils manifestent, dès lors qu'ils sont choisis comme objet de désir, un désir d'*aucune chose*. Ainsi la nourriture macrobiotique ne tire-t-elle pas sa saveur de son insipidité propre, mais de celle des aliments savoureux et consistants dont elle implique l'exclusion. De même l'amour romanesque situe-t-il son objet, non pas dans un champ offert à une expérience et une jouissance possibles, mais dans un domaine situé délibérément hors de toute portée, – par un choix que les psychiatres disent « hystérique » et qui rapproche curieusement l'amour romanesque de la foi kantienne en les idées de la raison pure, déclarées par Kant indiscutables en raison du fait qu'elles se situent précisément en dehors de toute expérimentation possible. La soucoupe volante est tout aussi irréelle, et même doublement : d'une part parce qu'elle n'existe pas ; de l'autre parce que, même à supposer qu'elle existe, elle ne modifierait en rien le sort de celui qui s'y investit tout entier. Même double irréalité en ce qui concerne la Révolution culturelle chinoise, telle qu'on peut ou pouvait récemment la rêver en Europe : d'abord parce que celle-ci n'offre guère de rapports avec la réalité historique de la Chine contemporaine, ensuite parce qu'elle n'intéresse en rien la condition de celui qui s'y déclare ainsi impliqué. Quant au Masque de fer, il va de soi que son existence historique est douteuse, son identité désormais invérifiable à supposer qu'il ait jamais existé, et enfin la nature de cette identité – à supposer que celle-ci soit jamais établie – aujourd'hui parfaitement indifférente à qui que ce soit au monde. En sorte que toutes ces obsessions diverses tombent en gros sous le coup de la critique de Gorgias dans son *Traité du non-être*, dont je résume ici l'argument : 1) il n'y a rien ; 2) s'il y avait quelque chose, on ne pourrait pas le connaître ; 3) s'il y avait quelque chose et si ce quelque chose était connaissable, personne ne pourrait en tirer de bénéfice.

J'inclinerais pour ma part à penser que la folie ordinaire des hommes – j'entends la folie douce, plus tenace et inguérissable il est vrai que la furieuse – se caractérise avant tout par ce choix de l'irréel au détriment du réel, de ce qu'on ne peut pas atteindre au détriment de ce qu'on peut atteindre. Dans un livre aujourd'hui oublié, un diable imaginé par C.S. Lewis donnait comme instruction principale à ses missionnaires *in partibus*, envoyés sur terre non pour le salut mais pour la perdition de l'humanité, d'inspirer aux hommes un désir de choses vagues et inexistantes ainsi qu'un éloignement à l'égard de tout plaisir réel et immédiatement appréciable : « L'homme qui jouit d'une seule chose au monde est déjà armé contre nos attaques les plus subtiles. (...) Je connais l'exemple d'un homme garanti contre les plus fortes tentations de l'ambition sociale par une passion plus impérieuse encore pour les tripes aux oignons [12] ». Si l'on passe en revue les passions majeures auxquelles est sujette l'espèce humaine, tels par exemple le goût du pouvoir ou celui de l'argent, on trouvera toujours en effet, à l'horizon du désir, un objet étrangement absent. Ni le goût du pouvoir ni celui de l'argent ne sont, à les considérer en eux-mêmes, un goût de *quelque chose.* Or c'est précisément en les considérant en elles-mêmes, de manière quasi abstraite, qu'on saisit le mieux l'essence de ces passions. Le véritable goût du pouvoir n'est pas du tout l'appétit des biens déterminés et consistants que l'exercice du pouvoir rend accessibles (femmes, argent, renommée), mais bien le goût du pouvoir lui-même, indifférent à tout ce que le pouvoir peut effectivement rapporter. L'amateur de femmes, d'argent, de renommée, même s'il jouit d'un certain pouvoir, n'a pas vraiment le goût du pouvoir ; il a, tout au plus, le goût de ce que le pouvoir rend possible. Il est ainsi moins égaré et probablement moins dangereux que le potentat

---

12. *Tactique du diable,* tr. fr., Delachaux et Niestlé, 1942, Lettre XIII.

dont la jouissance se résume à l'exercice d'un pouvoir sans complément d'objet tangible. Mais le véritable amateur de pouvoir ne se soucie pas de ces biens du monde. Il entend seulement pouvoir, et peu importe quoi. De même le véritable goût de l'argent n'est pas le goût des biens que la possession d'argent rend accessibles, mais le simple goût de la possession d'argent, considérée indépendamment de tout autre avantage. Plus même qu'indépendamment : *contrairement* à tout réel avantage. Car la « réalisation » d'une partie de son bien, tant au sens boursier (transformer ses titres en argent liquide) qu'au sens ordinaire du terme (transformer son argent en jouissance réelle), tournerait au désavantage de celui pour qui l'avoir de l'argent comptera toujours plus que le pouvoir effectif qu'il autorise. Passions sans objet concret, comme le sont en définitive toutes les passions, le goût du pouvoir et celui de l'argent ne veulent en aucun cas entendre parler de bénéfice réel. Ils opèrent un repli systématique des valeurs réelles sur les valeurs irréelles ; ou encore, comme l'écrit Marcel Aymé dans *Aller retour*, à propos de l'avarice de l'oncle Suprême, une « transposition des réalités dans l'ordre abstrait ». J'y reviendrai.

Ce désir d'aucune chose réelle relève en somme d'un *attrait du vide* qui se manifeste aussi, et de manière plus exemplaire encore, dans une hallucination qui fait périodiquement la « une » de l'actualité prétendument philosophique et littéraire : l'idée d'une fin du monde probable et imminente, – ou encore d'une fin de la culture, de la civilisation, de la nature, etc. – que chacun de ses prophètes successifs annonce comme un fait à la fois absolument nouveau et absolument certain. Deux supercheries sont à prendre ici en considération. La première est de présenter comme neuf ce qui est vieux et usé jusqu'à la corde, aussi vieux que le monde lui-même et l'aversion que celui-ci a toujours pu inspirer à tel ou tel. Témoin Pline l'Ancien qui, il y a presque deux mille ans, diagnostiquait tout au long de son *Histoire naturelle* une dégradation de la nature et une fin du monde prochaine qui se sont en fin de compte résumées à la disparition de la seule personne de Pline lui-même, imprudemment aventuré sur les flancs d'un Vésuve en pleine éruption. La seconde, plus grave, est de représenter comme *vérité de fait*, dont on assure par surcroît de duplicité qu'on est le premier à s'en désoler, ce qui est en réalité un simple *fait de désir*, fruit d'une banale lassitude ou angoisse face à l'existence. Il me semble que Cioran inverse, sinon l'ordre de ses propres pensées, du moins celui de la pensée habituelle des annonciateurs du désastre, lorsqu'il déclare : « L'homme *va* disparaître, c'était jusqu'à présent ma ferme conviction. Entre-temps j'ai changé d'avis : il *doit* disparaître [13] ». Le désir de mort suit un ordre inverse : je désire d'abord que tout finisse ; ce n'est qu'à partir de ce terrain propice que s'élabore l'hallucination d'une fin effective et imminente, dont j'avise alors mon entourage après m'être composé un visage consterné.

Que la crainte de la catastrophe soit le plus souvent l'expression mal déguisée d'un désir impérieux de cette catastrophe même est une évidence que confirme quotidiennement tant la lecture de certains livres que celle des journaux. Je trouve à cet égard beaucoup de sens dans un macabre fait divers survenu dernièrement en Espagne : un employé d'une centrale nucléaire, pénétré du sentiment d'un désastre imminent et général, tue sa femme et ses trois enfants et explique son acte, dans une lettre trouvée auprès des cadavres, par son désir d'« éviter aux siens la fin du monde ». Curieuse façon de conjurer le pire, que de le convoquer ainsi séance tenante. Mais le pire n'est jamais assez sûr, aux yeux de celui qui prétend le redouter mais ne réussit à s'en assurer qu'en en provoquant lui-même l'accomplissement. Cette malheureuse aventure illustre à merveille le caractère hautement *improbable* de la catastrophe, au gré de celui-là même qui la déclare inéluctable et assurée. De même le film d'Edward Zwick, *Bulletin spécial*, dont l'argument, apparemment inspiré d'un « fait divers

---

13. *Op. cit.*, p. 117.

d'actualité », se passe de commentaire : un groupe de physiciens spécialistes de l'énergie nucléaire a construit une bombe atomique qu'ils abritent dans la cale d'un cargo ancré dans un port des États-Unis. Étant profondément convaincus des dangers que représente pour l'humanité la bombe atomique, ils menacent de faire sauter l'engin qui est à bord du cargo si le Pentagone ne renonce pas, dans les trente-six heures, aux essais nucléaires prévus. Cette confusion de l'intention pacifique avec celle de faire sauter la planète n'est étrange qu'en apparence, dès lors que le désir de paix qui la soutient est indiscernable d'un désir de mort. Tout aussi insolite et significative est la démarche d'un autre cinéaste américain, Peter Watkins, qui, apparemment insatisfait des tortures et oppressions qui endeuillent quotidiennement le monde réel, préférait dénoncer, dans *Punishment Park*, des raffinements de cruauté situés dans un avenir relevant de la science-fiction. Une même vérité ressort de ces trois exemples : d'abord que la catastrophe n'est pas objet de crainte, mais de désir ; ensuite et surtout qu'elle n'est pas tenue par celui qui l'annonce pour un fait assuré, mais pour une réalité des moins certaines. D'où la nécessité de prendre les devants, puisque décidément le cataclysme tarde, et de rassembler tous les moyens artisanaux dont on peut disposer afin d'en précipiter l'événement.

VI

PRINCIPES DE SAGESSE ET DE FOLIE

1. – DE L'EXISTENCE

Sur l'existence (ou sur l'être, ou sur la réalité) les paroles les plus profondes et les plus définitives sont le fait d'un penseur, Parménide, qui passe paradoxalement – et injustement peut-être, j'y reviendrai – pour avoir été le principal inspirateur de l'interminable lignée des philosophes qui, de Platon à Kant et de Kant à Heidegger, nous ont enseigné à suspecter la réalité sensible au profit d'entités plus subtiles :

> *Il faut dire et penser que ce qui est est, car ce qui existe existe, et ce qui n'existe pas n'existe pas : je t'invite à méditer cela* [1].
> *Tu ne forceras jamais ce qui n'existe pas à exister* [2].

Deux brèves remarques préliminaires, avant d'aller plus loin, sur ces deux célèbres sentences de Parménide et la traduction que j'en propose après tant d'autres.

Sur la première sentence : le recours au parfait (et non au présent) pour rendre « je t'invite », « je t'engage », « je t'enjoins » (*anôga*), compte tenu de la nuance durative attachée à ce temps dans la langue grecque, n'est probablement pas indifférent. Je comprendrais volontiers pour ma part : « je t'invite et *t'inviterai toujours* » (à penser que ce qui existe existe et que ce qui n'existe pas n'existe pas) ; autrement dit : imagine ce que tu voudras, je sais que tu ne pourras *jamais* me réfuter (et « tu peux toujours courir », ajouterait malicieusement Zénon, disciple de Parménide, qui sait que certains temps de retard sont irrattrapables et qu'Achille ne rejoindra jamais une tortue partie un instant

---
1. *Poème*, fragment VI.
2. *Ibid.*, fragment VII.

plus tôt). Parménide semble s'octroyer ici une sorte de temps d'avance logique propre à défier toute forme de réfutation future : comme si les redoutables arguties à venir, telles celles que développe Platon dans le *Sophiste*, se trouvaient congédiées d'emblée ou du moins ajournées *sine die*, par un effet de chiquenaude préalable. On trouve un exemple d'ironie philosophique triomphante assez similaire dans le premier des *Trois dialogues entre Hylas et Philonous* de Berkeley. Philonous y interroge ainsi Hylas : « Je vous prie, faites-moi connaître le sens, littéral ou non littéral, que vous y découvrez [à la notion de matière] ? » Silence embarrassé d'Hylas, vite interrompu par une nouvelle question de Philonous, que presse apparemment tant l'heure du repas que celle du triomphe de sa vérité philosophique (l'immatérialisme), et qui donne alors le coup de grâce : « Combien de temps dois-je attendre pour obtenir une réponse, Hylas ? » Par ailleurs, « être » et « exister » recouvrant à mes yeux des notions strictement équivalentes, je rends et rendrai indifféremment par l'un ou l'autre le verbe grec *einai* et ses multiples dérivés. Ce verbe étant le seul à exprimer en grec l'idée d'être et d'exister, je ne vois absolument pas sur quoi on pourrait se fonder pour distinguer dans le texte de Parménide, comme le suggèrent par exemple Heidegger et Jean Beaufret [3], entre être et exister, entre « l'être » et « l'étant », – à moins d'être un docteur en science mystique et de considérer Parménide comme un précurseur de cette discipline particulière de la philosophie.

Sur la seconde sentence : les traductions de ce fragment varient en fonction de l'interprétation du verbe *ou-damè*, qu'on peut comprendre grammaticalement comme « tu ne maîtriseras pas » (cette pensée, que le non-être est) ou « n'est pas maîtrisée » (cette même pensée). Dans les deux cas, le sens reste heureusement identique et signifie qu'on ne pourra jamais forcer le non-être à être, jamais faire en sorte qu'existe ce qui n'existe pas.

---

3. Cf. *Le Poème de Parménide*, P.U.F.

Reste que, et quelle que soit la traduction qu'on en offre, ces sentences de Parménide paraissent à première vue d'une banalité et d'une pauvreté totales, puisque se bornant à rappeler ce qui est manifeste en soi et évident pour tous : ce qui est est, ce qui n'est pas n'est pas. Pure tautologie, dont il n'y a apparemment rien à apprendre ni à redouter. Pourtant, à y regarder de plus près, ces sentences se révèlent bientôt à la fois paradoxales et terrifiantes ; et Parménide a pris le soin de nous en avertir lui-même, dès l'introduction de son poème. Paradoxales en ceci que, loin de flatter l'habituelle « raison », elles se heurtent à un sens commun, ou à une sensibilité commune, qui, chez les hommes, sont beaucoup plus volontiers disposés à admettre que ce qui existe n'existe pas tout à fait et que ce qui n'existe pas possède quelque vague crédit à l'existence, si minime et désespéré soit-il : aussi la Déesse prévient-elle aussitôt son auditeur que la vérité à laquelle il est parvenu « est située à l'écart du chemin des hommes » (*ap'anthrôpôn ektos patou estin*) [4]. Terrifiantes en ceci qu'elles confrontent l'homme à une réalité à laquelle, et quel que puisse être son caractère douloureux ou rédhibitoire, il n'est point d'échappatoire ni d'alternative possibles : et c'est pourquoi la Déesse avertit le poète que la vérité qu'elle s'apprête à lui révéler est dure à entendre et en quelque sorte implacable (elle exige un cœur qui ne « tremble » pas [*atremès ètôr*] [5]). Pour le dire d'un mot et résumer en un seul grief ce qui entre de peu appétissant, si je puis dire, dans la vérité énoncée par Parménide : c'est l'interdiction qu'elle implique de tout *recours*, de tout appel à une vérité autre si plausible ou possible qu'elle puisse être, si proche même qu'il lui arrive d'être de la seule réalité réelle. La Déesse de Parménide fait de l'homme un condamné à la réalité, et un condamné sans appel, aucun tribunal n'étant habilité à connaître de ses requêtes ou de ses remontrances. Ce qui existe est d'une part irréfutable

---

4. *Poème*, fragment I.
5. *Ibid.*, fragment I.

en soi, réfute d'autre part tout ce qui serait autre : aucun halo d'altérité ou de mystère pour prêter assistance à l'étroite singularité de ce qui existe. On remarquera au passage, à l'encontre des historiens qui situent généralement Lucrèce et Parménide aux deux pôles opposés de la philosophie (ontologie et matérialisme), que la Déesse sous l'invocation de laquelle commence le *De rerum natura* de Lucrèce, Vénus, prélude à l'énonciation d'une vérité tout aussi implacable et cruelle que celle annoncée par la Déesse de Parménide : la nature des choses consiste en les choses, et en elles seules.

Ce retour forcé à l'un – qu'il s'agisse, comme on l'admet le plus souvent, d'une entité ontologique transcendant toute forme particulière d'existence, ou qu'il s'agisse au contraire, comme j'inclinerais à le penser pour ma part, de la simple et irréfutable singularité de ce qui existe ici et maintenant, *hic et nunc* – est exprimé par Parménide en termes de contrainte absolue, de loi avec laquelle il est impossible de biaiser. Un pacte inviolable, que Parménide appelle successivement *Justice*[6], *Nécessité*[7], *puissante nécessité*[8], *loi*[9], *destin*[10], soustrait ce qui est aux injures comme à l'aide de ce qui n'est pas. Cette loi sans appel ni exception n'est autre que la loi générale de la réalité, propre à piéger immanquablement toute chose ou personne qui s'y trouveraient mêlées, c'est-à-dire toute chose et toute personne dès lors que celles-ci existent et s'exposent ainsi à l'inconvénient d'être, ou encore d'être nées, comme dirait Cioran : s'exposer à *être*, c'est se condamner à *n'être rien d'autre* (c'est pourquoi ce qui n'existe pas offre sans doute moins de réalité mais aussi beaucoup plus d'« espace » que ce qui existe, comme le dit encore Cioran). Les pièges ordinaires, si perfectionnés qu'ils puissent être, sont loin d'être opéra-

---

6. *Ibid.*, I, v. 14 ; VIII, v. 14 (*Dikè*).
7. *Ibid.*, VIII, v. 16 (*Anagkè*).
8. *Ibid.*, VIII, v. 30 (*kraterè Anagkè*).
9. *Ibid.*, VIII, v. 32 (*Themis*).
10. *Ibid.*, VIII, v. 37 (*Moira*).

toires à coup sûr ; ils peuvent mal fonctionner et laissent de toute façon, dans la meilleure des hypothèses, échapper quelques proies pour une ou plusieurs de prises. Tout autre est le *piège du réel*, qui à la fois fonctionne à tous les coups et n'épargne personne. Piège donc doublement traître, si l'on peut dire, encore qu'il soit difficile de parler de traîtrise à propos d'un piège qui, prenant tout le monde par sa définition même, ne prend personne par surprise : mais l'esprit des hommes est ainsi fait que ceux-ci s'estiment presque toujours trahis et pris de court par une réalité qui s'était pourtant annoncée à l'avance et en toutes lettres. Parménide énonce dans son poème la difficulté principale et originelle qui affecte indifféremment toute chose mais à laquelle répugne aussi toute chose dès lors qu'elle est chose pensante, comme le dit Descartes de l'homme ; et Aristote ne croit sans doute pas si bien dire lorsqu'il déclare, à propos des sentences de Parménide sur l'être et le non-être, que les esprits simples qui s'y laissent prendre « s'empêtrent dans une difficulté archaïque » (*aporèsai archaïkôs*) [11]. Cette difficulté « archaïque » est en effet le principe dont proviennent toutes les difficultés tant intellectuelles qu'affectives : aussi bien capitale de la pensée que « capitale de la douleur », pour reprendre une expression d'Eluard. La pensée selon laquelle ce qui est est et ce qui n'est pas n'est pas est comme un centre d'attraction dont nulle pensée ne peut réussir à s'échapper, le carrefour aimanté auquel revient nécessairement, bon gré mal gré, toute pensée d'où qu'elle vienne et où qu'elle tende ; et c'est en ce sens que doit être entendu, me semble-t-il, l'énigmatique fragment V du poème de Parménide, qui laisse la plupart des commentateurs perplexes : « Peu m'importe par où je commence, car je reviendrai ici. »

Il est vrai que cette loi de l'existence, dans ce qui nous reste du poème de Parménide, s'applique moins à l'être proprement dit qu'aux caractères de l'être tels que les décrit

---

11. *Métaphysique*, livre N, 1089a.

le fragment VIII du poème : d'être inengendré, impérissable, immobile. Il est également vrai que ces caractères de l'être parménidien peuvent suggérer, et ont effectivement suggéré, au moins depuis Platon, l'idée que ce que Parménide a en vue lorsqu'il parle de ce qui est ou existe (*esti*) est un être « ontologique » dégagé de tout rapport avec l'existence commune, c'est-à-dire avec la réalité sensible, temporelle et changeante. Je ne trouve pourtant personnellement rien, dans le texte de Parménide tel qu'il nous est parvenu, qui puisse autoriser une telle interprétation. Sans doute Parménide a-t-il toujours été lu plus ou moins dans ce sens qu'attestent, pour ne citer que quelques éminents commentateurs, Platon, Nietzsche, Heidegger ; sans doute aussi serait-il fou de s'obstiner à prétendre avoir raison contre tous. Il est plus sage de se contenter ici d'un compromis et d'avancer que, si la lecture que je propose comporte une part d'incertitude, la lecture traditionnelle de Parménide, si plausible semble-t-elle, n'en est pas moins elle-même suspecte, pour des raisons que je résumerai brièvement un peu plus loin. Je remarquerai d'ailleurs que cette interprétation classique (« ontologique ») de Parménide, et même à la supposer fondée, n'ôte rien à la vigueur corrosive des formules canoniques citées plus haut : qu'est ce qui est et que n'est pas ce qui n'est pas. Mais alors se pose un épineux problème qui, à ma connaissance du moins, n'a jamais retenu, et c'est assez étonnant, l'attention des commentateurs. On a depuis de longs siècles épilogué sur une grande difficulté du poème de Parménide, qui touche à la manière dont peuvent s'articuler ce qu'on appelle les première et seconde parties du poème (voie de la vérité, voie de l'opinion) ; on se demande pourquoi, après avoir exposé dans une première partie que le vrai se limitait à ce qui est, le poète-philosophe se mettait en peine d'exposer, dans une seconde partie, le domaine hallucinatoire du faux et de ce qui n'est pas. Mais une plus grande difficulté surgit encore qui concerne cette fois-ci, non le rapport entre la voie de la vérité et celle de l'opinion, mais l'articulation entre le début et la fin de la « première partie », celui-là affirmant que l'être est, celle-ci que l'être possède tel et tel caractère qui l'opposent à toute *autre* forme d'être. Si l'on admet en effet, comme y invite l'interprétation traditionnelle, que l'être parménidien est opposé d'entrée de jeu à l'existence sensible, alors il faut admettre que Parménide déduit de son principe une conséquence absurde, rétablissant immédiatement une dualité (être = être + monde sensible) que le principe même de sa doctrine avait commencé par abolir (être = être). Parménide passerait ainsi de l'énonciation d'un discours de vérité conçue comme *non-duplicité* (l'être est seul à être) à l'énonciation d'un discours exactement inverse, d'une vérité conçue comme *duplicité* (l'être n'est pas seul à être). Il faut ici choisir. Ou bien l'être n'est pas tout l'être, et Parménide se trompe dès le début. Ou bien l'être est tout l'être, et alors il englobe toute espèce d'existence, pour s'y confondre nécessairement.

Cette difficulté disparaît naturellement d'elle-même dès lors qu'on cesse de voir en Parménide un penseur de l'être soucieux d'une « différence ontologique » qui distinguerait entre être et existence. Mais comment, demandera-t-on, attribuer à Parménide une pensée contraire, d'un être qui se confondrait absolument avec l'existence et ne désignerait rien d'autre que la notion de réalité en général ? Parménide ne dit-il pas de l'être qu'il est sans passé, sans avenir, sans mouvement ni altération ? Certes ; mais toute la question est ici de savoir *de quoi* il est dit qu'il est sans passé, sans avenir, sans mouvement, sans altération. De l'être en tant qu'être, nous assure-t-on : d'un être qui transcende toute réalité sujette à l'altération, au passé et au devenir. Soit ; mais ce caractère de l'être d'être inaltérable, indépendant du passé et du futur, est aussi bien le caractère de toute *existence*, dès lors que celle-ci est *présente*, – et en quoi pourrait bien consister l'« existence » de ce qui n'est pas « présent » ? Regardons-y encore de plus près : quelle pourrait bien être la « réalité » de ce qui n'est réel que sous la condition de l'altération, du passé, du devenir ? La réponse ne fait pas de doute : une réalité soumise à l'altération, au passé, au devenir, est une réalité *irréelle*. L'être en tant qu'être de Parménide, nous a-t-on dit, s'oppose à l'altération, au passé, au devenir. Mais n'en va-t-il pas de même de toute réalité, à supposer celle-ci saisie dans son présent, – et, encore une fois, comment la prendre autrement ? La réalité du café est celle de celui que je bois en ce moment, la réalité du Parthénon est celle des ruines que je visite aujourd'hui à Athènes. Pour le dire en bref, et faire un apparent paradoxe : *aucune réalité n'a jamais été sujette à l'altération, au passé ou au devenir*. Exister revient à être soi-même et soi maintenant, – ni autre, ni avant, ni après, ni ailleurs : inaltérable, inengendré, impérissable, immobile. L'accord a toujours été total entre la réalité la plus quelconque et l'être décrit par Parménide. Le « il existe » (*esti*) de Parménide désigne immédiatement le caractère fondamental de la réalité quelle qu'elle soit ; chercher à lui faire désigner autre chose procède d'une extrapolation philosophique qui traduit certainement le souci des penseurs qui ont commenté Parménide à leur façon, mais peu probablement le souci de Parménide lui-même. On peut se demander si la lecture traditionnelle de Parménide n'est pas victime de l'illusion décrite par Bergson comme illusion d'une rétroactivité de la pensée [12], c'est-à-dire ne prête pas à Parménide une ambition ontologique et un souci d'*éternité* qui seront, un siècle et demi plus tard, le propre de la métaphysique grecque classique, chez Platon et Aristote. Ainsi Platon parle-t-il sans cesse d'immortalité, d'éternité, de « ce qui est *toujours* » (*aei on*) [13] ; alors que Parménide n'en parle jamais, se contentant de dire que ce qui est est sans passé ni futur et « existe *maintenant* » (*nun esti*) [14]. Rien de plus juste, sans doute, que le diagnostic de Nietzsche, évoqué plus haut, analysant ainsi la souffrance du métaphysicien (ou de l'ontologue) en manque d'assise ferme sur laquelle

---

12. *La Pensée et le Mouvant*, Introduction, P.U.F.
13. *Banquet*, 211a.
14. *Poème*, VIII, v. 5.

fonder sa certitude : « Accordez-moi une seule certitude, ô dieux », c'est la prière de Parménide, « fût-ce une simple planche sur la mer de l'incertitude, juste assez large pour y dormir ! [15] ». Parfaitement dit, – mais est-ce là précisément la prière de Parménide ? Ne serait-ce pas plutôt celle de Platon ? Une telle requête ne s'accorde pas bien avec le peu que nous pouvons lire de Parménide ; elle cadre en revanche parfaitement avec tout ce que nous pouvons lire de Platon. Et en outre, si je puis me permettre une insolence à l'endroit de Nietzsche : pourquoi diable Parménide prierait-il les dieux de lui octroyer une certitude, puisqu'il se flatte, dès le début de son poème, d'avoir recueilli la vérité absolue de la bouche de la Déesse ?

Quoi qu'il en soit d'ailleurs de ce qu'avait réellement en vue Parménide dans le fragment VIII de son poème, il demeure certain que l'absence de passé et de futur ne saurait être le privilège de la seule et pure ontologie ; elle est aussi un caractère de toute existence, et même son caractère le plus critique. L'impossibilité d'un recours au passé est en effet une des marques principales, et sans doute la plus tragique, de la détresse ordinaire de l'homme confronté à une situation catastrophique. J'ai essayé de décrire jadis, assez maladroitement, ce rapport entre le tragique et une « détérioration du temps » qui annule toute disponibilité quant au passé et fait de l'assomption du temps présent la reconnaissance d'un temps devenu soudain figé et « immobile [16] ». Le « temps tragique », dont le point de départ est la rencontre d'un événement funeste, le point d'arrivée la prise de conscience des circonstances qui l'ont précédé et préparé dans le passé, constitue une sorte de temps inversé, fonctionnant à rebours du temps réel : il commence dans le présent et se conclut dans le passé. Temps paradoxal autant que tragique, puisqu'il tend à vous ramener de force là où il est précisément impossible de revenir. Seule donc

---

15. *La Naissance de la philosophie à l'époque de la tragédie grecque*, XI, tr. G. Bianquis, Gallimard.
16. *La Philosophie tragique*, P.U.F., coll. « Quadrige », 1960, p. 11 sq.

une impossible inversion du temps réel pourrait apporter ici une tout aussi impossible délivrance. À en croire Paul Mus [17] et son interprète Guy Moréchand [18], le bouddhisme préconisait déjà – parmi il est vrai d'autres et éventuellement plus sûres voies de salut – une telle inversion du temps. On trouve une idée analogue dans un mythe de Platon qui suggère que le temps actuel et réel, qui va du passé au présent, est une inversion, pour ne pas dire une perversion, d'un temps ancien et préférable, qui remontait du présent au passé [19].

Les exemples de ces vains recours au passé, appelé à conjurer ce qui existe présentement, sont innombrables ; l'exercice de la vie, la lecture des livres et des journaux, en livrent une moisson quotidienne. Contester ce qui est au nom de ce qui a été, ou de ce qui aurait pu être à remonter d'un cran le cours du temps, relève d'une hallucination commune et instinctive que rend, encore une fois, très poignante la dose de désarroi et de détresse qu'elle implique. Aussi n'évoquerai-je, à titre d'illustration, qu'un nombre très limité d'exemples de cette illusion qui, pour être propre à la plupart sinon à la totalité des êtres humains ou conscients, pourrait être qualifiée de collective (à entendre ce mot au sens non sociologique mais individuel du terme, désignant non ce que peut penser tel ou tel vain peuple, mais ce que pense effectivement tout un chacun pris en particulier).

Dans la scène la plus célèbre et la plus drolatique des *Fourberies de Scapin* de Molière [20], Scapin fait accroire à Géronte que son fils Léandre a été enlevé par une galère turque qui a pris la mer et l'emporte à jamais, à moins que Géronte ne consente à se dépouiller sur-le-champ de cinq cents écus ; car le capitaine du supposé navire est disposé

---

17. *La Notion de temps réversible dans la mythologie bouddhique*, Annuaire de l'École pratique des hautes études, V[e] section, 1938-1939, p. 5-38.
18. *Bulletin de l'École française d'Extrême-Orient*, tome LVII, 1970, p. 35.
19. *Politique*, 269d sq.
20. Acte II, scène 7.

à rendre le fils à son père s'il reçoit aussitôt cette somme, par l'entremise de Scapin. Or toute la stratégie de Géronte, qui rivalise finalement de rouerie, et à son avantage, avec toutes les fourberies de Scapin qui donnent son titre à la pièce, va être de renvoyer l'événement fâcheux qui lui est annoncé à un passé au cours duquel celui-ci n'avait pas encore eu lieu et pouvait ainsi n'être pas encore pris en considération. Il est vrai que Géronte accepte à sept reprises, ou du moins feint d'accepter, le fait réel qui le contrarie (lequel fait n'est bien entendu qu'une invention de Scapin destinée à escroquer Géronte ; mais peu importe, dès lors que ce dernier s'y laisse prendre) et essaie d'y remédier par des parades absurdes : ce Turc ne serait-il pas un bandit ? Ne peut-on envoyer la justice le prendre en chasse ? Scapin, en serviteur fidèle, ne consentirait-il pas à aller se constituer prisonnier en lieu et place de Léandre ? Ce capitaine turc ne possède-t-il pas quelque conscience à laquelle on puisse faire appel ? Scapin ne saura-t-il pas trouver l'argent exigé en revendant aux fripiers les hardes qui traînent – telles les guenilles dont la verve d'Aristophane imagine, dans *Les Acharniens*, qu'Euripide encombrait sa demeure afin de costumer ses acteurs en mendiants pour mieux apitoyer son public – dans un placard désaffecté de Géronte ? Ne saurait-on au moins faire réviser à la baisse le tarif de la rançon ? N'y aurait-il enfin pas moyen de se libérer de la dette en remettant subrepticement en poche la somme demandée après avoir fait mine de la laisser aux mains de Scapin ? Scapin n'a naturellement aucune peine à balayer ces pensées creuses et ces faux espoirs, réfutant coup après coup, comme aux échecs, chacune des parades naïves de son adversaire, et trouvant de surcroît, pour ce faire, certaines des répliques les plus irrésistiblement comiques du théâtre de Molière : « La justice en pleine mer ! Vous moquez-vous des gens ? » – « Vraiment oui, de la conscience à un Turc ! » Et c'est alors, chaque fois qu'il est ainsi réfuté et piégé par le réel que lui présente Scapin, que Géronte lui oppose cette objection, aussi vieille qu'inefficace, qui consiste à en revenir au passé pour tenter de se libérer des rêts du présent : « Mais que diable allait-il faire dans cette galère ? » Cette objection consiste d'abord, il va de soi, à contester l'être qui est au nom de la possibilité d'un autre être, parfois plus plausible et souvent plus souhaitable, à dire que ce qui s'est passé aurait pu aussi bien ne pas se passer et ne peut s'autoriser d'aucune nécessité ; et Géronte ne se fait pas faute de se plaindre de cette circonstance fâcheuse, qui aggrave à ses yeux le cas et en quelque façon le disqualifie, que le malheur qui l'accable n'était ni prévisible ni, et encore moins, inévitable. Car enfin quelle nécessité, dis-moi, Scapin, a conduit mon fils au bord de cette galère ? « N'y avait-il point d'autre promenade ? » Il me semble cependant, à y regarder de plus près, que cette objection de Géronte touche à une aberration d'esprit plus profonde, consistant à estimer confusément qu'une réalité présente n'est pas une réalité absolument réelle dès lors qu'elle n'est pas aussi une réalité passée, une réalité attestée par le passé, une réalité *déjà réelle* lors du passé. Qu'allait-il faire dans cette galère ? Il s'y trouve maintenant, peut-être (à en croire ce que tu me dis) ; mais il n'y était pas tout à l'heure, c'est certain (j'en réponds personnellement). L'argument sous-entendu par le refrain plaintif de Géronte – et il est à remarquer que c'est en définitive, et quelle que soit son impertinence, le seul argument sérieux dont dispose Géronte face à Scapin – s'appuie, consciemment ou non, sur la conception philosophique d'une « réalité en soi » qui évoque immédiatement, non Parménide, mais bien la théorie platonicienne des Idées, à résumer celle-ci en termes simplistes : n'est réel que ce qui a *toujours* été réel, n'est vrai que ce qui a *toujours* été vrai. Car c'est bien là la conception du vrai à laquelle se raccroche Géronte, en désespoir de cause : estimant obscurément que ce que lui rapporte Scapin, à propos d'aujourd'hui, ne saurait être totalement vrai puisqu'il en allait tout autrement hier. La parade de Géronte contre Scapin consiste en somme moins à remédier au fait qui est sans remède qu'à contester, au nom du passé, la réalité du fait lui-même. La réalité dont tu me parles n'est pas réelle, puisqu'elle était irréelle avant que tu ne m'en parles. Mon fils n'est pas prisonnier du Turc, puisqu'il ne l'était pas il y a à peine quelques heures. Géronte et Molière ne croient sans doute pas si bien dire lorsqu'ils parlent de galère, si imaginaire soit-elle, à propos de ce qui existe et de ce à quoi il est requis de faire face dans l'immédiat. Car c'est justement toute la « galère » de l'existence, au sens figuré du terme, que d'ignorer le passé et de ne connaître que du maintenant. Et c'est aussi pourquoi, je le répète, Parménide me paraît tout à fait fondé à déclarer, au début de son poème, que l'énonciation de la vérité, c'est-à-dire de l'existence présente, de l'« être-maintenant » (*nun esti*), exige, pour être entendue, un cœur intrépide, – lequel est peu fréquent, et c'est toujours Parménide qui le dit, dans le lot des mortels.

Avant d'en finir avec cette scène des *Fourberies de Scapin*, je remarquerai un détail qui en accentue l'efficacité comique mais intéresse aussi la problématique du temps et l'ambiguïté du présent, à égale distance du passé qui n'est plus et du futur qui n'est pas encore : si le temps de Géronte en appelle désespérément au passé, celui de Scapin est tout entier tourné vers le futur. Le passé et le futur s'affrontent ainsi directement, en personne et sur scène, sans réussir toutefois à trouver de présent où se rencontrer. Les deux acteurs ne s'activent pas seulement en fonction d'intentions opposées, tirant à qui mieux mieux à hue et à dia ; ils courent aussi selon des temps inverses, l'un tirant de toutes ses forces vers l'avenir (« Songez, monsieur, qu'il ne m'a donné que deux heures », « De grâce, monsieur, dépêchez », « Laissez là cette galère, et songez que le temps presse »), l'autre retenant avec un égal entêtement les brides du temps en direction du passé (« Mais qu'allait-il faire dans cette galère ? »). On croirait entendre ici le dialogue du muletier et de la jeune Indienne, dans *La Périchole* d'Offenbach. « En avant, vite, vite, ma mule va grand train », réclame Piquillo. « Eh, n'allons pas si vite, n'allons pas si grand train ! » rétorque la Périchole. Scapin s'affairant en direction de l'avenir,

Géronte en direction du passé, il n'y a pas à s'étonner qu'ils aient tant de difficultés à se rencontrer au début de cette scène où ils sont pourtant en présence immédiate l'un de l'autre mais ne réussissent à tomber l'un sur l'autre qu'au bout de douze répliques scandées par le thème de l'impossible rencontre : « Où pourrais-je le rencontrer ? », « En vain je cours de tous côtés pour le pouvoir trouver », « Il faut qu'il soit caché en quelque endroit qu'on ne puisse deviner », « Ah, monsieur, il n'y a pas moyen de vous rencontrer ». Il y a là, sans doute, un jeu de scène à l'italienne ; mais aussi un prélude qui illustre à l'avance et de manière très habile la divergence des itinéraires suivis par les deux protagonistes, ainsi que celle de leurs temps respectifs.

Joseph Conrad, qui rappelle un peu à cet égard les cruautés joyeuses de Saint-Simon, aime à mettre en scène des personnages pris de court par le réel et dépassés par les événements qui leur surviennent ; personnages dont le mélange de tragique et de comique provient de la difficulté où ils se trouvent soudain d'admettre que l'existence existe, en particulier le fait qu'un événement catastrophique est sur le point de se produire ou encore vient précisément de se produire. Averti par son second, qui s'efforce de le décider à changer de cap, de l'imminence d'une tornade à laquelle aucun vaisseau ne saurait survivre, le capitaine Mac Whirr, qui est occupé à parcourir distraitement, à tout hasard, un traité consacré aux tempêtes, trouve cette invraisemblable réplique dont le comique supplémentaire est qu'elle prétend s'autoriser de la réalité et du bon sens, et ce contre l'abstraction et la folie de ce qu'il y a écrit dans les livres : « Courir pour contourner le vent ! Vous saisissez cela, monsieur Jukes ? On ne peut rien imaginer de plus fou ! (...) On pourrait croire que c'est une vieille femme qui a écrit tout ça [le capitaine fait allusion au traité qu'il a sous les yeux et qui recommande, en effet, quelques mesures de précaution élémentaire en cas de coup de tabac]. (...) Ce que j'en dis, c'est seulement pour vous montrer, monsieur Jukes, qu'on ne trouve pas tout dans les livres. Toutes ces règles pour esquiver la brise et contourner les vents du ciel me semblent la pire folie, pour peu qu'on les considère avec bon sens [21] ».

Dans *Jeunesse*, ce n'est plus l'événement à venir mais l'événement une fois accompli qui est aussitôt contesté. Un navire a explosé en mer ; les ponts ont sauté, le carré des officiers n'est plus qu'un vaste trou ouvert sur des décombres. Le capitaine, qui a tout vu, demande cependant à son lieutenant Marlow, et avec insistance : « Où est la table du carré ? » Sous prétexte de prendre en charge l'événement, on repart à zéro, on reprend les choses quelques minutes avant que l'événement n'ait eu lieu, – avant qu'il n'y ait plus ni table ni carré, plus de table du carré puisqu'il n'y a plus du tout de carré. On fait comme si l'explosion n'avait pas encore eu lieu. « C'était comme un rêve absurde », note Conrad avant de remarquer l'admiration qu'inspire malgré tout à Marlow l'aveuglement même de son capitaine : « Je vous dis que ce petit homme tranquille, voûté, les jambes arquées, presque difforme, était magnifique par la simplicité de son idée fixe et sa paisible indifférence à toute notre agitation [22] ».

Cette parole absurde du capitaine Beard (« Où est la table du carré ? ») est caractéristique d'un effet qu'on pourrait qualifier de « parole surprise », prise de court par une réalité non prévue, et qui donne souvent lieu à des déclarations saugrenues, sans rapport avec la situation réelle et présente, ce qui leur vaut une allure volontiers un peu « surréaliste ». Les exemples de ce genre de dérapage verbal étant aussi nombreux que variables, je me contenterai d'évoquer une réplique très singulière d'Antoine Doinel dans le film *Baisers volés* de François Truffaut. Le jeune Antoine, secrètement épris de la femme de son patron, entend celle-ci lui demander à brûle-pourpoint : « Vous aimez la musique, Antoine ? » « Oui, *monsieur* », bredouille-t-il alors avant de s'éclipser

---

21. *Typhon*, tr. André Gide, Gallimard, coll. « Folio », p. 54-56.
22. Tr. G. Jean-Aubry et A. Ruyters, Gallimard, coll. « Folio », p. 47-48.

en toute hâte. Dans un esprit voisin, et avec une inversion des sexes tout aussi bizarre, un marinier barbu, amant de la locataire d'une chambre dont la propriétaire bourgeoise a interdit formellement l'accès à tout représentant du sexe masculin, surpris un jour dans cette chambre par l'irruption soudaine de la maîtresse des lieux qui lui demande ce qu'il fait là, ne trouve pas de meilleure réplique pour justifier sa présence, après avoir poliment soulevé le bord de sa casquette et ôté la pipe de sa bouche, que de déclarer ceci qui dépasse en invraisemblance tout ce qu'ont pu imaginer Feydeau ou Courteline : « Je suis la bonne [23] ». On remarquera que le point commun à tout ce genre de formules est un coefficient de signification nul ; elles pourraient être remplacées sans dommage par tout et n'importe quoi : Antoine Doinel et le marinier pourraient tout aussi bien déclarer, en lieu et place de la première absurdité qui leur est passée par la tête, que le train de Saumur a du retard ou qu'il n'y a plus de pain chez le boulanger. Je dois avouer que ces formules précipitées et cocasses m'ont parfois fait me demander, toute intention blasphématoire mise à part, si celles-ci ne prenaient pas inconsciemment à la lettre un conseil équivoque de l'Évangile : « Quand on vous livrera [aux tribunaux], ne vous inquiétez ni de la manière dont vous parlerez ni de ce que vous direz : ce que vous aurez à dire vous sera donné à l'heure même ; car ce n'est pas vous qui parlerez, c'est l'Esprit de votre Père qui parlera en vous [24] ».

Un des cas les plus banals mais aussi les plus pathétiques du refus du présent au nom du passé est évidemment le refus désespéré, de la part de la personne que l'on quitte alors qu'elle est toujours éprise, d'admettre le fait de la rupture amoureuse décidée par la personne qui la quitte : l'argument inévitablement avancé par la victime de la rupture revenant, encore une fois, à contester la possibilité que

---

23. Histoire authentique, si j'en crois le témoignage de la propriétaire en question qui m'a rapporté le fait et en tremblait encore de rage.
24. *Matthieu*, 10, 19-20 (tr. L. Segond).

soit vrai aujourd'hui ce qui était faux hier. Ainsi Don José dans son face-à-face dramatique avec Carmen, à la fin de l'opéra de Bizet. « Tu ne m'aimes donc plus ? » balbutie Don José. « Non, je ne t'aime plus », répond Carmen. Mais c'est impossible, rétorque Don José, animé de l'espoir chimérique que le fait du passé pèse d'un poids quelconque sur le fait du présent : « Nous nous aimions *naguère* ! Ah, souviens-toi, souviens-toi du *passé* ! » On retrouve ici la même croisée des chemins et la même inversion des temps déjà en œuvre dans le face-à-face qui mettait aux prises Géronte et Scapin (Don José et Carmen étant également et invinciblement attirés, le premier par le passé, la seconde par le futur).

À la détresse qui consiste à contester ce qui est au nom de ce qui était, il convient naturellement d'ajouter l'espoir tout aussi dérisoire qui consiste à contester le « il est » au nom de ce qui sera ou pourra être. Cette illusion est assez voisine de la précédente et peut être considérée comme une hallucination symétrique qui, au lieu de tenter de les raccrocher désespérément au passé, prête au futur la consistance et la certitude du présent, substituant ainsi à la réalité effective du « il sera » – qui n'est autre en définitive que la réalité présente, puisque le « il sera » ne se donnera à connaître que lorsqu'il sera devenu un « il est » – la représentation fantasmatique d'un « il en sera ainsi et nécessairement ». Tout comme la projection dans le passé des attributs de l'existence aboutissait à faire douter du présent au bénéfice des certitudes du passé, leur projection dans le futur aboutit à ce paradoxe que le présent devient incertain et le futur assuré. Un célèbre argument du sophiste Protagoras, rapporté par Diogène Laërce et concernant le paiement des honoraires, aboutit au même paradoxe d'ordre à la fois logique et chronologique [25]. Protagoras réclame à son élève Evathle le paiement des leçons qu'il lui a données, tel Socrate dans *Les Nuées* d'Aristophane, afin de lui apprendre

---

25. Cf. J.-F. Lyotard, *Le Différend*, Éd. de Minuit, p. 19 sq.

à gagner tous ses procès. Mais il se trouve qu'Evathle n'a pas encore réussi une seule fois à obtenir gain de cause. Peu importe, réplique Protagoras, car le différend qui nous oppose aujourd'hui constitue à son tour un procès que tu dois ajouter à la liste de ceux que tu as perdus. Or de deux choses l'une : ou bien je le gagne, et tu dois me payer ; ou bien je le perds, et tu dois aussi me payer, puisque tu auras alors gagné au moins un procès. On déduit aisément de cet argument de Protagoras une élimination du « il est » au profit du « il sera », obtenue par l'inversion spectaculaire des rôles ordinairement tenus par le présent et le futur : le fait présent devient douteux (Evathle a-t-il oui ou non gagné un de ses procès ?) tandis que le fait à venir apparaît, pour sa part, comme indubitable (Evathle paiera). Autrement dit : ce qui existe actuellement est contestable, et on pourra en discuter indéfiniment, – seul est incontestable ce qui sera.

Cette hallucination d'un futur nécessaire a pour fonction évidente de placer les très réelles obligations du présent sous la garde imaginaire des prétendues obligations du futur : « notable exemple de la forcenée curiosité de notre nature, s'amusant à préoccuper les choses futures, comme si elle n'avait pas assez affaire à digérer les présentes », écrit Montaigne[26]. Cette assurance prise sur le futur est par ailleurs la source générale des innombrables prévisions fausses et contredites par l'événement, ainsi que des détresses mais aussi des effets bouffons qui y sont souvent attachés et qu'on observe, par exemple, dans le cas de ces machines qui se détraquent au moment même de leur mise en marche, ou dans celui des machines qui fonctionnent à la perfection mais, outre qu'elles n'entraînent aucun des effets bénéfiques qu'on en attend, entraînent en revanche toute une série d'effets pervers, voire catastrophiques : telle la machine à manger, dans *Les Temps modernes* de Charlie Chaplin, les machines de guerre mises en œuvre par l'armée française en 1870 et en 1940, ou encore la machine à naviguer sans

---

26. *Essais*, I, 11.

danger imaginée par les constructeurs du *Titanic*. La vie et la mort du philosophe majorquin Ramon Llull illustrent assez bien, de leur côté, le premier cas de figure mentionné ci-dessus, de la machine qui se détraque au moment précis de sa mise en application. On sait que Llull avait conçu, dans son *Ars magna, generalis et ultima,* une gigantesque machine à démontrer la vérité (en l'occurrence celle de la religion chrétienne), capable de convaincre infailliblement quiconque, quelles que puissent être sa race, sa religion et ses convictions, par la seule universalité d'un système logique prévu comme pouvant intégrer à sa propre raison l'infinité – et la divergence apparente – des idées et des points de vue particuliers. Encore faut-il, si l'on veut être compris, parler la langue de ceux auxquels on s'adresse ; mais Llull, très conscient du fait que l'universalité logique devait se doubler d'une universalité linguistique, avait pris soin d'apprendre la langue de ceux qu'il entendait convertir (et fait d'ailleurs œuvre de précurseur en fondant, à l'intention de ses futurs missionnaires, les premières écoles connues de langues orientales). Et c'est ainsi doublement armé, de son argumentaire irréfutable et d'une solide connaissance de l'arabe, qu'il débarque en Afrique du Nord un funeste matin de l'année 1315. Mais voici, et ce avant même que Llull ait eu le temps matériel d'ouvrir la bouche, qu'une pluie de pierres lancées par des riverains furieux lapide le philosophe qu'on ramasse à moitié mort et qui ne survivra pas à ses blessures. Tout en déplorant la mort du penseur, on ne peut s'empêcher de remarquer ici, face à celui qui prétendait en être le *prophète* (littéralement : celui qui en parle avant l'heure), une agréable revanche du réel.

La formule de Parménide – « ce qui existe existe, ce qui n'existe pas n'existe pas » – peut être considérée comme une définition de l'existence, à prendre le terme de définition en son sens premier et seul propre de délimitation. *De-finire* signifie délimiter, borner, tracer des frontières. C'est en ce sens que Parménide a « défini » l'existence : celle-ci est bornée, selon le temps, par les limites du passé et du futur ; selon l'espace, par les limites de l'ailleurs. Cette définition de l'existence entraîne, du point de vue psychologique, un certain nombre de conséquences marquantes dont l'intérêt est autant philosophique que psychologique dans la mesure où les divers « sentiments » qu'on peut avoir de l'existence en tant que telle sont des miroirs qui en reflètent de façons diverses le caractère principal, défini par la formule de Parménide.

Il est à remarquer d'abord que le sentiment de l'existence, quelle que soit sa modalité affective, est de toute façon indifférent à la nature de la chose qui existe, sensible qu'il est au seul fait que cette chose, quelle qu'elle puisse être, existe. Le sentiment qu'existe *une certaine chose* s'efface devant le sentiment que cette même chose *existe.* Il va de soi que ces deux sentiments, s'ils sont différents, ne s'opposent nullement et tendent même à se confondre. Mais ils sont différents en ceci qu'on ne peut confondre tout à fait la perception d'une chose qui existe avec le sentiment que cette chose existe, comme le fait observer J.-P. Sartre dans un passage de *La Nausée* : « Jamais, avant ces derniers jours, je n'avais pressenti ce que voulait dire "exister". J'étais comme les autres, comme ceux qui se promènent au bord de la mer dans leurs habits de printemps. Je disais comme eux "la mer *est* verte ; ce point blanc, là-haut, *c'est* une mouette", mais je ne sentais pas que ça existait, que la mouette était une "mouette-existante" ; à l'ordinaire l'existence se cache [27] ». Le régime du « il y a » n'équivaut pas au régime du « il existe ». Observer qu'il y a du café sur la table n'implique pas la réflexion que ce café est doté de l'extraordinaire privilège d'exister, – réflexion parfaitement superfétatoire sur le plan pratique, et au surplus dommageable par les effets d'inattention et d'inadaptation au réel qu'elle occasionne généralement : impossible, par exemple, de jouer convenablement au tennis et de se représenter en même temps le fait que le tennis existe. De même, observer

---

27. Gallimard, coll. « Folio », p. 181.

qu'il y a un échafaud sur la place n'équivaut pas exactement à concevoir cet échafaud comme échafaud existant (à moins que je ne doive moi-même, ou l'un de mes proches, y être conduit). Un condamné à mort qu'on mène aux lieux de son exécution est semblable à l'apôtre Thomas qui ne croit que ce qu'il voit et, en attendant d'avoir vu, doute de tout : il sait qu'il y a des guillotines mais ne sait pas encore, faute de les avoir vues, que les guillotines existent. J'avais tout prévu, songe-t-il, mon arrestation, ma condamnation à mort, le rejet de mes pourvois en appel et cassation, le rejet de mon recours en grâce. Tout sauf ceci, qui surprend toute attention et « passe mon espérance », comme dirait Andromaque : voilà en plus que cette singulière machine à tuer, qu'on n'a jamais connue que par des livres et des images, se met brusquement à exister pour de bon. Il en va d'ailleurs probablement de même de la plupart des mourants de mort dite naturelle, à les supposer conscients, dont on peut s'imaginer qu'ils se représentent au dernier moment la vie qu'ils quittent comme ayant été bien vivante, la réalité comme ayant été bien réelle, l'existence comme ayant été bel et bien existante.

C'est en ce sens que le sentiment de l'existence peut être décrit comme coup de foudre, comme sentiment fulgurant d'une *présence*. En ce sens mais en ce sens seulement, c'est-à-dire à la condition de ne pas faire de distinction entre le présent et sa propre présence, comme s'y efforce par exemple Heidegger qui invite inlassablement à distinguer entre l'« être » de la présence et l'« étant » du présent. Heidegger dissocie ainsi la présence de toute réalité effectivement présente, l'isole de la contamination de la part de ce qui existe pour en faire la source mystique et inviolable de tout ce qui vient à l'existence. Il est superflu de relever le caractère romantique et germanique de cette hallucination philosophique. Je dirais ici volontiers, pour parodier Virgile dans la quatrième *Bucolique* : « Muses d'Allemagne, baissons un peu le ton » (*Sicilides Musae, paulo majora canamus*). La présence ne règne pas sur le présent comme les dieux sur les géants et les nains dans la *Tétralogie* de Wagner. Elle est, si l'on veut, la gloire et l'auréole du présent, en ce sens qu'elle est toujours attachée à ses pas, quoique pas toujours perceptible aux yeux de ceux qui y participent. Mais elle ne régit pas le présent : elle le constitue. Il n'est, il n'a jamais été ni ne sera jamais, de présence que du présent.

Rousseau opère une dissociation fantasmatique assez voisine de la distinction heideggérienne entre être et étant lorsqu'il oppose, dans un passage célèbre de la cinquième promenade des *Rêveries du promeneur solitaire*, le sentiment de la pure existence, et le plaisir particulier qui l'accompagne, aux autres et vains « plaisirs de la vie ». La jubilation de la simple existence, après avoir d'ailleurs été très justement décrite, est ainsi et aussitôt disqualifiée par le désaveu de chacune des choses qui, pour effectivement exister et donner par conséquent lieu à ce que Rousseau appelle des « impressions sensuelles et terrestres », en dissiperait immanquablement le charme : « Le sentiment de l'existence dépouillé de toute autre affection est par lui-même un sentiment précieux de contentement et de paix qui suffirait seul pour rendre cette existence chère et douce à qui saurait écarter de soi toutes les impressions sensuelles et terrestres qui viennent sans cesse nous en distraire et en troubler ici-bas la douceur. » En sorte que la perception de l'existence se confond avec la faculté de ne plus percevoir aucune chose existante, comme le charme de la réalité se confond avec son éventuelle capacité à disparaître définitivement de la scène. La réalité n'est en somme tolérable que dans la mesure où elle réussit à se faire oublier, – Sade s'inspirera quelques années plus tard d'une même logique démentielle, tout en en inversant les termes, lorsqu'il proclamera à la fois sa haine de Dieu et sa certitude que Dieu n'existe pas : Dieu ne serait à ses yeux tolérable que dans la mesure où il réussirait à se faire connaître. Pour le dire autrement, mais l'idée et la contradiction qu'elle implique sont les mêmes, le sentiment de l'existence ne trouve chez Rousseau de consistance que dans le rejet en particulier de tout ce qui le constitue en général, dans la révocation cas après cas de toutes les « parties » dont on déclare approuver l'ensemble. Cette distinction, quasi schizophrénique, entre une existence bonne par essence et des choses existantes toujours plus ou moins mauvaises était déjà, on le sait, le fait de la morale stoïcienne dont le paradoxe majeur était de prétendre distinguer entre d'une part le monde qui existe et constitue le souverain bien auquel doivent se rallier tous les sages, d'autre part l'ensemble des choses qui existent dans ce même monde et que le sage doit prendre soin d'exclure constamment de sa pensée et de ses désirs.

Pour en revenir au sentiment de l'existence et à ses nombreux modes d'appréhension affective, j'en analyserai brièvement trois en raison de leur caractère particulièrement intense, et donc particulièrement renseignant : le mode de la nausée, celui de la jubilation, enfin celui de la surprise.

La contrainte de l'existence qui force celle-ci à toujours se serrer au plus près (conformément à l'étymologie du verbe contraindre, *constringere*), à « coller » obstinément à sa propre présence ici et maintenant sans qu'il soit possible de jamais s'en vraiment distraire, sinon par le biais de la perte de conscience ou de la folie, explique d'elle-même le sentiment de nausée qu'il lui arrive fréquemment de provoquer. Il suffit à vrai dire qu'un fait existant devienne désagréable ou intolérable pour que se profile à l'horizon une nausée, plus ou moins passagère ou durable, engendrée par le sentiment affreux que le fait en question appartient au domaine des choses qui existent et qu'il est par conséquent complètement illusoire d'espérer en « changer », – comme on changerait de chemise ou de voiture. S'il est toujours loisible d'échanger une chose contre une autre, il est en revanche impossible de changer cette même chose en une autre chose qu'elle. Cette lapalissade apparente résume pourtant la nature virtuellement cauchemardesque de l'existence. L'existence est cauchemar dès lors qu'elle est perçue comme à la fois parfaitement désagréable et parfaitement inévitable puisque ne pouvant, si je puis dire, *se changer qu'en elle-*

même, condamnée qu'elle est par un sort ancestral à ne jamais pouvoir se transformer qu'en sa propre espèce, telle une monnaie si mauvaise que nul ne réussirait à l'échanger, même au pire des taux, contre une autre. Et la nausée de l'existence trouve son principal aliment dans la considération du caractère à la fois indésirable et inéchangeable de celle-ci : d'un manque d'alternative qui se conjugue à l'impossibilité – ou à l'extrême difficulté – de s'accommoder du terme restant qui est proposé, ou plus exactement imposé.

On peut illustrer cette nausée de l'existence en général par une nausée particulière, aussi redoutable que bien connue : celle qu'occasionne le mal de mer. Celui qui est la proie du mal de mer est confronté à la cruelle rigueur de l'existence, faisant contre son gré, pendant la durée de son malaise, l'expérience d'un « ici et maintenant » – d'un *esti*, dirait Parménide – que tout recommande, mais que rien ne permet, de quitter sur-le-champ. Il est ainsi placé dans une situation telle qu'il est intolérable de penser qu'elle puisse se prolonger, fût-ce d'un instant, mais qu'il est d'autre part impossible de faire cesser, du moins à brève échéance ; car il est impossible qu'une mer très agitée s'apaise soudain, comme il est impossible que le navire qui y peine regagne instantanément la côte éloignée. Inutile aussi de prier le capitaine de bien vouloir interrompre un moment, par pitié et charité chrétienne, les effets du tangage et du roulis, – à l'instar de cette vieille dame anglaise, jadis caricaturée par le *Punch*, qui au plus fort de son mal de mer avait trouvé l'énergie de se hisser jusqu'à la dunette du navire pour intimer à son commandant l'ordre d'immédiatement « arrêter » (*Stop it !*). Quant au médecin de service, dont l'art ne serait d'ailleurs en l'occurrence d'aucune aide mais qu'on peut avoir l'idée absurde d'appeler en dernier recours, il est souvent malade lui-même et occupé de son côté, à l'intérieur de sa cabine verrouillée. Et puisqu'il est enfin hors de question de quitter le bord, il n'est pas étonnant que les victimes du mal de mer en viennent inévitablement à envisager la solution radicale autant qu'irréaliste qui consiste à tout simplement quitter l'existence, à s'en désolidariser, à en finir une fois pour toutes avec elle.

La profondeur et l'intérêt philosophique de la nausée occasionnée par le mal de mer – même si celle-ci est limitée dans le temps et peut ainsi prêter autant au rire qu'à la compassion, pour peu qu'on ait la chance d'en être seulement observateur – sont en effet de toucher, non à tel ou tel aspect fâcheux de l'existence, mais bien au fait de l'existence elle-même. Car c'est l'existence en tant que telle qui est alors maudite, formellement condamnée, entièrement rejetée et littéralement « vomie ». Plutôt la mort ! Plutôt dix fois, plutôt cent fois la mort ! Et qu'on ne me parle jamais plus de rien ! Et, surtout, qu'on ne me parle plus jamais de quelque chose qui *existe* ! Et ce n'est pas encore assez dire : car ce que je souhaite en fait, dans ces moments pénibles, c'est que rien n'ait jamais *existé*. Le vœu de disparition totale joint à l'abdication immédiate de tout rôle en ce monde – très bien rendus l'un et l'autre par la réplique célèbre que prête Hergé à un savant en proie au mal de mer : « Faites comme vous voudrez et laissez-moi mourir [28] » – recouvre un désir plus général d'extinction de toutes choses, tant présentes que futures ou passées. Désir de fin du monde certes, pour en finir d'abord avec les choses présentes et futures ; mais aussi condamnation rétroactive des choses qui ont été, idée fulgurante que le monde aurait aussi bien fait de ne jamais commencer à exister : pour abolir également les choses du passé et effacer ainsi l'existence jusque dans ses dernières traces. Tout cela est de trop, sera toujours de trop, a toujours été de trop. Cette pensée morose, en laquelle se résume toute forme de rejet et d'intolérance face à l'existence, est la traduction intellectuelle du mal de mer comme de toute nausée. Elle constitue aussi, on le sait, le sujet de rumination quotidienne des personnes atteintes de névrose dépressive. En sorte que le simple fait du mal de mer peut être assez légitimement invoqué, de la part de ceux qui tiennent l'existence

---

28. *L'Étoile mystérieuse*, Casterman, p. 26.

pour indésirable en elle-même et de toute façon, comme un argument sérieux en faveur de leur thèse pessimiste, le mal de mer n'étant à leurs yeux qu'un exemple parmi d'autres du mal général de l'existence. C'est peut-être ce qu'entend suggérer Thomas Bernhard lorsqu'il fait débiter à un Kant de fantaisie, qui se trouve précisément à bord d'un navire et en plein océan, cette réplique énigmatique :

« KANT. – Le mal de mer est la preuve de tout [29]. »

Le sentiment jubilatoire de l'existence est curieusement très proche de la nausée de l'existence et tend même à s'y confondre jusqu'à un certain point, le fait que l'existence existe étant éprouvé dans les deux cas avec une égale et exceptionnelle intensité. L'analyse de la joie, sur laquelle je ne reviendrai pas ici pour m'y être essayé ailleurs, montre en effet que l'homme joyeux ne se réjouit pas de tel ou tel bonheur particulier, mais du fait général que l'existence existe ; de même que l'homme saisi de nausée profonde, ainsi qu'on vient de le voir, ne souffre pas de tel ou tel aspect fâcheux de l'existence, mais bien du fait de l'existence elle-même. J'irai plus loin : jubilation et nausée ont en commun de percevoir confusément l'existence comme non prévue, non programmée, non nécessaire, bref, comme survenant en plus et en trop. Surprise donc dans les deux cas, mais qui peut être aussi désagréable que gratifiante selon que cette existence « en trop », qui donne de toute façon plus que tout ce qu'on pouvait attendre puisqu'elle est sans cause apparente et n'a en somme aucune obligation à être, est perçue soit comme fatalité imméritée, infligée par un dieu vengeur, soit comme don gratuit, offert par un dieu généreux, – tel celui que célèbre Virgile dans la première *Bucolique* (*Deus nobis haec otia fecit,* « c'est un dieu qui nous a donné tout cela »). Dès lors qu'on tient l'existence comme surprenante par son fait même, il n'est pas étonnant que celle-ci puisse apparaître comme une très bonne ou une

---

29. *Emmanuel Kant*, comédie, tr. C. Porcell et M.-F. Demet, L'Arche, p. 37.

très mauvaise surprise, comme un cadeau ou un poison. Mais ce que je voudrais seulement souligner ici est que c'est le même caractère fondamental de l'existence – d'exister ici et maintenant, seulement ici et maintenant – qui en fait indiscernablement l'horreur et le charme.

De tous les écrivains connus, Aristophane est un de ceux qui ont le plus parfaitement réussi à évoquer cette jubilation qui consiste à se sentir exister, à sentir exister les choses autour de soi, et qui constitue ainsi une sorte de pure dégustation d'existence, je veux dire un plaisir fondé moins sur la considération de la nature des choses qui existent que sur celle du fait de leur existence, sur la pensée qu'« il y a » de l'existence. Ainsi dans cette scène de petit après-midi férié imaginée par le Coryphée vers la fin de *La Paix*. Alors qu'on s'apprêtait à partir travailler les champs, voici qu'une pluie fine se met à tomber (pluie dont le double avantage est de dispenser de travail pour la journée et de favoriser les futures récoltes), en sorte qu'il ne reste plus qu'à ne rien faire et à profiter à l'aise du temps qui passe et gère de lui-même vos intérêts :

« Quel incomparable plaisir en effet que de voir tomber la pluie après les semences, et que d'entendre un voisin qui vous demande : dis-moi ce qu'on va faire à cette heure, mon vieux Comarchidès ? Alors moi je lui réponds : ça me ferait plaisir de boire un coup, puisque voilà que le ciel travaille pour nous. Allons, la patronne, fais-nous griller trois chénices de haricots avec des grains de blé mélangés, et montre-nous les figues. Dis à Syra de hucher Manès pour qu'il rentre des champs. Impossible de tailler la vigne aujourd'hui, ni de travailler la terre, vu qu'elle est détrempée. Alors, c'est son tour à lui de me dire : je vais faire quérir à la maison une grive et deux pinsons. Il doit y avoir aussi du lait caillé et quatre morceaux de lièvre, à moins que le chat n'en ait emporté sa part hier au soir, car j'ai entendu là-dedans je ne sais quel remue-ménage. Apporte-nous-en, mon garçon, trois morceaux, et donnes-en un au père. Demande à Eschinadès des morceaux de myrte, et, en passant, il faut que tu cries à Charinadès de venir trinquer un bon coup avec la compagnie, attendu que le ciel travaille pour nous, et fait du bien aux cultures. »

Et le chœur surenchérit aussitôt :

« Quel plaisir, lorsque la cigale fait retentir son aimable chanson, de faire le tour de nos vignes de Lemnos, pour voir si les grappes mûrissent – car ce plan mûrit de bonne heure –, quel plaisir aussi de voir grossir la figue, et, quand elle est mûre, d'y coller sa bouche pour la manger et s'écrier : ah ! les heures sont belles »[30].

Cette dégustation de l'existence se contente des limites de celle-ci, de sa « définition » spatio-temporelle : elle ne se complique d'aucune convoitise, même très vague, qui porterait sur les choses de l'ailleurs ou d'un autre temps que le temps présent. Une telle convoitise serait superfétatoire dès lors qu'on est comblé, et ne pourrait ainsi être que la marque assurée d'un plaisir défaillant ou encore d'un manque à jouir, pour parler le langage des psychanalystes. Le jouisseur d'existence – l'homme heureux – se reconnaît précisément à ceci qu'il ne demande jamais autre chose que ce qui existe pour lui ici et maintenant ; il tend au contraire à souhaiter l'infinie multiplication des choses qui existent, à l'instar de Rabelais qui augmente à l'envi la taille des personnes et le nombre des objets, persuadé qu'il est qu'aucun grossissement, aucune énumération, ne parviendront à épuiser la liste des choses délectables ni à dire à quel point l'existence est réjouissante.

Qu'il invite à la nausée ou à la délectation, le sentiment de l'existence se recommande de toute façon à l'attention par un élément de surprise, auquel je viens de faire allusion, et qui y est en effet toujours présent. Cette surprise est naturellement très différente de celle qui accompagne la découverte d'un objet nouveau, lequel ne peut surprendre

---

30. Tr. M.-J. Alfonsi, Garnier-Flammarion, v. 1140 sq. Le « chat » du traducteur est en réalité une belette. Les Grecs de l'Antiquité domestiquaient les belettes comme on domestiqua plus tard les chats en Europe, et pour les même services.

qu'en tant qu'il était préalablement inconnu pour n'avoir pas été expérimenté, tel un vin rare ou un paysage exotique. Une fois passé le temps de la découverte, l'objet est bientôt rangé parmi d'autres, ajouté au catalogue des choses qui existent. Le propre de l'autre surprise, qui peut surgir à l'occasion de n'importe quel objet, est au contraire de s'apercevoir que l'existence de l'objet en question est déroutante par elle-même et défie tout classement : l'objet dont on a perçu la pure existence figurera toujours en trop et hors catalogue. Pour essayer de décrire la nature de cette surprise face à l'existence d'un objet, qui est peu aisée à décrire et qu'il est d'ailleurs difficile de s'expliquer à soi-même, le mieux est probablement de partir du cas le plus simple et le plus connu, de la différence de sentiment que nous expérimentons entre la perception d'un objet banal et celle d'un objet insolite. Il est possible en effet que la distinction que nous opérons spontanément entre objet courant et objet inhabituel nous aide à comprendre cette autre distinction qui fait de tout objet deux objets très différents selon que nous le considérons comme l'objet qu'il est ou un objet qui existe. J'oublierai donc provisoirement toute différence entre « objet » et « objet qui existe » pour me demander seulement : qu'est-ce qu'un objet *insolite* ?

Insolite désigne, d'après l'étymologie, tout ce qui est inhabituel et sortant de l'ordinaire. Mais je puis percevoir quotidiennement des objets inhabituels et « extra-ordinaires » – un Noir albinos, une femme à barbe – sans éprouver pour autant à leur sujet le sentiment de l'insolite. Le mot même d'insolite m'en dit à la fois plus et moins : il me suggère bien quelque chose de rare, mais c'est d'une rareté spéciale et incisive qui ne se résume pas à une simple contre-performance dans l'évaluation statistique de la fréquence des êtres. Un être insolite n'est pas seulement un être rare et moins fréquent que ses congénères usuels, Noir noir ou femme imberbe. Qu'a-t-il donc qui me le fait dire insolite ?

Après y avoir réfléchi, il me semble qu'un objet insolite a pour caractéristique principale et constante de trancher avec l'ensemble des objets parmi lesquels il figure, d'y faire si je puis dire cavalier seul, d'y apparaître étrange et surajouté, à la manière d'une pièce rapportée ou d'une fausse note : tels un Martien prenant le thé dans un club londonien, une bonne sœur participant aux travaux d'un comité du Parti communiste, un tracteur agricole trônant au milieu d'un salon bourgeois, comme dans *Le Minotaure* de Marcel Aymé, ou enfin le petit détail qui ne cadre pas avec l'ensemble des faits qui lui sont rapportés et attire ainsi l'attention du policier. Un objet normal se reconnaît à sa connaturalité avec les objets qui l'entourent, un objet insolite à son impossibilité de s'y apparenter. C'est pourquoi leur juxtaposition entraîne un phénomène qui ressemble à la superposition de deux mondes parallèles, comparable à celle qu'obtient le cinéma en fondant deux scènes en une par un effet de surimpression. Deux mondes qui certes existent l'un autant que l'autre, mais qui ordinairement s'ignorent : monde de la planète Mars et monde de la Terre, monde de la religion chrétienne et monde de l'idéologie marxiste-léniniste, monde de la société campagnarde et monde de la société urbaine, monde de la vérité plausible et monde de la vérité réelle.

À y regarder donc de plus près, il semble n'y avoir pas d'objet insolite en soi ; plutôt des sphères d'existences parallèles telles que, l'une étant donnée, tout objet qui n'y appartient pas y fait figure d'insolite, et réciproquement. L'objet insolite n'est pas extraordinaire par lui-même, mais par son introduction subreptice à l'intérieur d'une enceinte où il est inconnu et généralement indésirable. Il signale moins sa propre existence que la relative indépendance des différentes sphères d'existence qu'il réussit à mettre en contact imprévu, provoquant ainsi un orage qui peut prendre la forme d'une tempête de rires (car c'est dans le face-à-face inopiné de deux réalités indépendantes l'une de l'autre, dans leur cohabitation forcée, que réside l'essence du quiproquo et le secret de son efficacité comique). En bref, l'objet insolite témoigne moins, en première analyse, de l'étrangeté de son existence que de l'incongruité de certaines « co-existences ».

Il est pourtant, au sein de notre existence quotidienne, un certain objet insolite, à la fois familier et déconcertant, qui présente la particularité de trancher avec toutes les autres sphères d'existence, quelque dépendantes ou indépendantes qu'elles puissent être les unes des autres, et peut ainsi nous mettre sur la bonne piste quand nous voulons élucider la nature de la surprise suscitée en nous par le fait de l'existence en tant que telle : je veux parler de la musique. Je sais bien qu'une tradition ancienne et insistante, puisqu'elle remonte à Platon et a été remise en vigueur par Beethoven et le romantisme, invite à voir dans la musique une « imitation » de ce qui existe et de ce qui peut s'en ressentir, soit une évocation poétique de la réalité et un miroir de l'âme. Il me semble toutefois que c'est prendre là l'effet musical pour ce qu'il n'est en aucun cas, prêter à la musique un pouvoir qu'elle n'a nullement, pour lui ôter sa force réelle. Stravinski était à mon avis parfaitement fondé à considérer la musique comme « impuissante par son essence à *exprimer* quoi que ce soit : un sentiment, une attitude, un état psychologique, un phénomène de la nature, etc. », et à voir dans cette impuissance expressive même la raison de l'effet puissant et particulier qu'elle engendre : « une émotion d'un caractère tout à fait spécial, qui n'a rien de commun avec nos sensations courantes et nos réactions dues à des impressions de la vie quotidienne [31] ». C'est trahir la musique, tout en prétendant en sublimer l'effet comme s'y emploie Beethoven, ou du moins la plupart de ses admirateurs et commentateurs, que d'en faire le véhicule d'une expressivité sentimentale qui en fausse la nature et surtout en récuse, par le fait même de sa prétention à l'expressivité, la puissance originale et spécifique. Le monde de la musique côtoie certes le monde des humains ; mais il ne s'y mêle jamais. Il constitue une existence à part ; et c'est précisément cette altérité, cette étrangeté par rapport à une réalité autre que musicale, ainsi que par rapport à tout sentiment

---

31. *Chroniques de ma vie*, Denoël-Gonthier, p. 63 et 64.

humain, bref, cette incapacité à exprimer quoi que ce soit dont parle Stravinski, qui font paradoxalement l'extraordinaire puissance expressive de la musique, son originalité et son privilège au regard des autres formes d'art. Même lorsqu'elle est liée à un texte, comme dans l'opéra ou la mélodie, la musique s'en affranchit aussitôt par son propre charme qui en dissout le support textuel, quand il ne le contredit pas formellement, – réussissant par là, il est vrai, à le mettre en valeur *a contrario* : comme dans cette allégresse musicale qui « accompagne » le plus cruellement du monde – « éperdument » et « sans pitié », remarque Marcel Proust dans *Un amour de Swann* à propos de la sonate de Vinteuil – les déboires sentimentaux des héros de *Carmen* ou des opéras de Mozart.

Mais cette existence qui est la nôtre et qu'ignore superbement la musique, telle une belle indifférente, peut apparaître à son tour comme étrange elle-même, insolite, absurde. Car, si la musique n'exprime rien d'autre qu'elle-même, il est bien évident qu'il en va de même du monde en général et de l'ensemble des choses qui existent et qui n'ont jamais « exprimé », jusqu'à plus ample informé, autre chose que le simple fait de leur existence. Musique et monde ont en commun de ne se recommander d'aucune cause extérieure à eux-mêmes, de ne reposer sur aucune assise et, comme le disent les chimistes de certains corps, d'exister à l'état libre : rien dans le monde qu'on puisse considérer comme origine de la musique, rien hors du monde qu'on puisse considérer comme origine du monde. C'est pourquoi Schopenhauer a justement perçu dans la musique quelque chose comme la quintessence de la réalité, le *modèle* d'existence qui évoque de la façon la plus aiguë le mystère de toute existence. Le cas du monde est d'ailleurs plus singulier encore que celui de la musique ; puisque, si la musique constitue pour sa part une existence parallèle à toute autre forme d'existence connue, le monde constitue quant à lui une existence indépendante en un sens plus radical, n'étant si je puis dire *parallèle à rien*. C'est cet aspect « unilatéral » de l'existence qui en explique le caractère toujours surprenant : n'étant comparable à rien, je veux dire à rien d'autre qu'à elle-même, l'existence échappe automatiquement aux procédures d'identification et appartient par définition au domaine des êtres étranges et inconnus. Tel le rhinocéros peint par Pietro Longhi en 1751 [32] : créature insolite offerte à la curiosité de spectateurs vénitiens qui ne prennent d'ailleurs pas la peine de le regarder, au point qu'on se demande qui est l'extra-terrestre de l'autre ; être totalement hébété, désespérément inutile et superfétatoire, mais en même temps je dirais désespérément *là*, à l'instar de toute existence. Car c'est le sort de toute réalité que d'être, à l'image de ce rhinocéros, nécessairement et par elle-même un peu bizarre et loufoque, un peu « en trop », ainsi qu'en témoignent les peintures exemplaires qu'en ont proposées, parmi beaucoup d'autres, Gogol, Conrad ou Céline. Comme c'est le sort du plus quelconque des objets que de se trouver doté, par le simple fait qu'il existe, d'une certaine vertu cocasse, au sens où l'entend le petit dictionnaire Robert : « qui est d'une étrangeté bouffonne, qui étonne et fait rire ».

C'est d'ailleurs un fait particulier aux animaux – du moins aux animaux dits supérieurs, à tous ceux qui réussissent à évoquer un tant soit peu le comportement humain par des analogies morphologiques, voire psychologiques, encore que ces dernières puissent bien n'être que des projections anthropomorphiques et totalement illusoires – que d'immédiatement susciter chez ceux qui les observent, et peut-être plus que tout autre objet au monde, le pur sentiment de l'existence avec tout le coefficient d'étrangeté que celui-ci implique. La raison de cet étonnement propre à la reconnaissance du fait de l'existence animale me semble tenir à la situation intermédiaire des animaux dans l'échelle des êtres : n'appartenant ni à l'ordre des objets inanimés ou quasi inanimés, dont l'existence se borne à une morne passivité physico-chimique, ni à l'ordre des humains, seuls sus-

---

32. *Le Rhinocéros*, Venise, Ca'Rezzonico.

ceptibles de se représenter des buts et des fins (si vains ou absurdes que puissent être ceux-ci par ailleurs), l'animal a pour condition curieuse et équivoque d'être à la fois manifestement occupé, à la différence des pierres, mais en même temps, à la différence des hommes et à l'image du rhinocéros de Longhi, tout aussi manifestement occupé *à rien*. L'animal est ainsi le seul être animé dont l'existence se confonde avec l'existence, et avec l'existence seule. C'est pourquoi il peut, en un sens, être considéré comme le meilleur « témoin » de l'existence, le seul témoin qui soit à la fois éloquent et crédible. La pierre n'en dit vraiment pas assez. L'homme, créature imaginative et bavarde, en dit toujours beaucoup trop. L'animal se trouve dans le juste milieu : il résume tout ce qu'on peut dire de l'existence, pas moins et pas plus. Schopenhauer exprime une idée voisine, quoique un peu différente, lorsqu'il déclare que le charme des animaux vient de ce que ceux-ci traduisent en clair et sans ambages un « vouloir-vivre » que les hommes ne laissent quant à eux apparaître qu'une fois filtré par la « représentation » et le calcul. J'ajouterais pour ma part que l'animal, s'il illustre effectivement la nature étrange et incompréhensible du désir (le vouloir-vivre), illustre aussi, et éminemment, la nature tout aussi étrange de l'existence en général. Le langage populaire saisit instinctivement et parfaitement le lien qui relie l'idée d'animal à celle d'existence insolite lorsqu'il parle, pour évoquer un être bizarre et hors série, de « zèbre » ou de « phoque » – voire, tout simplement, d'« animal ».

Ainsi se définissent deux formes, ou plutôt deux niveaux du dérisoire. En surface un dérisoire *relatif*, qui n'affecte les existences que les unes par rapport aux autres. En profondeur un dérisoire *absolu*, qui affecte les existences considérées en elles-mêmes. Je trouve pour ma part dans le *quiproquo*, ressort comique fondamental, un écho de ces deux niveaux du dérisoire. Écho évident au premier niveau : on rit de ce que l'un parle de X, l'autre de Y, comme dans la *Farce de maître Pathelin*. C'est le dérisoire relatif : si on parle de X, alors il faut laisser tomber Y, faute de sombrer dans l'absurde ; et réciproquement, si c'est Y qui fait sens, alors c'est X qui ferait non-sens à vouloir s'y mêler. La foudre comique atteint bien les deux cibles X et Y, mais seulement l'une par rapport à l'autre, ou l'autre par rapport à l'une. Mais l'écho est à mon avis tout aussi évident au niveau du dérisoire absolu : car, de l'idée que X ne prend de consistance que si on élimine Y, ou vice-versa, on passe vite à l'idée que X et Y pourraient bien être, à y réfléchir un peu, aussi inconsistants l'un que l'autre. La foudre comique atteint à présent les deux cibles à la fois, entraînant les deux protagonistes du quiproquo dans une même bizarrerie loufoque qui est en définitive celle de toute existence.

Et j'en reviens ainsi, pour terminer, à ce sentiment d'étonnement rapporté par Freud dans *L'Avenir d'une illusion*[33] et que j'ai déjà mentionné ailleurs. Freud se trouve pour la première fois à Athènes, sur l'Acropole, et déclare être saisi soudain par un sentiment – « tout à fait curieux » – qu'il ne réussit pas à bien s'expliquer à lui-même : une surprise à constater que l'Acropole existe, qu'Athènes existe, qu'existe la mer bleue qui les environne. Une fois passé cet effet de surprise, Freud impute celui-ci au peu de foi que nous accordons, en notre for intérieur, à tout ce que nous ne connaissons que par ouï-dire, même lorsqu'il s'agit des réalités les moins contestables et les plus unanimement attestées, – et à plus forte raison, comme Freud se propose de l'établir dans la suite de son livre, quand il s'agit de convictions ou de croyances de tout ordre, à l'égard desquelles il est aisé de déceler, même et je dirais particulièrement chez l'homme le plus fanatique, un fond d'incrédulité. Une autre explication de son étonnement viendra ultérieurement à l'esprit de Freud, qui préfère cependant la garder pour lui en raison de sa « nature absolument subjective » et laisse son lecteur sur sa faim. Quoi qu'il en soit d'ailleurs,

---

33. Tr. Marie Bonaparte, P.U.F., p. 36.

il me semble quant à moi que cette surprise sur l'Acropole, si elle doit effectivement s'expliquer en partie par les deux raisons successivement évoquées par Freud, s'explique aussi par une raison plus profonde et plus générale qui est que toute existence, perçue en tant que telle, dans l'étrangeté de son propre fait d'exister, a de quoi déconcerter et provoquer un effet de stupeur passagère, comparable à celui que nous raconte Freud : lequel perçoit bien qu'il s'étonne de l'existence de l'Acropole, perçoit même assez finement qu'il entre quelque chose de *bizarre* dans cet étonnement, sans réussir à concevoir pour autant que ce qui l'étonne ainsi n'est pas seulement le cas particulier de l'existence de l'Acropole, mais d'abord et surtout le cas, plus singulier encore, de l'existence elle-même. C'est en effet cette singularité de l'existence qui explique que toute réalité, même déjà et dûment recensée, voire prévue jusqu'en ses moindres détails, en vienne néanmoins et immanquablement à surprendre dès lors qu'elle se présente en direct, en son lieu et en son temps. L'existence est si je puis dire insolite par nature, – ou elle n'est pas. Une boutade, doublée d'un paradoxe, résume son statut : d'être la seule chose au monde à laquelle on ne s'habitue jamais.

2. – DE LA FOLIE
(L'EXISTENCE DÉPLACÉE)

La première – et principale – façon de biaiser avec la formule de vérité énoncée par Parménide consiste à estimer que, s'il est vrai que l'être est, il convient cependant d'accorder une certaine dose d'existence à ce qui n'est pas : l'être est, mais le non-être est aussi. Cette prise en considération de ce qui n'existe pas, qui est le fait caractéristique de la sensibilité romantique, à prendre celle-ci dans un sens très large et intemporel, est aussi et d'abord le principe général de toute folie. Principe de la folie dure et hallucinatoire, chez ceux qui prennent véritablement pour existants des objets non-existants. Principe de la folie douce, chez ceux qui tiennent seulement ce qui n'existe pas pour plus intéressant et digne d'attention que ce qui existe, comme s'en vante par exemple Paul Eluard à propos de Raymond Roussel, saluant l'irréalité pure comme « éclosion de la vérité, de la dignité, de la liberté, de la félicité et de l'amour » et concluant son éloge par une formule dont j'ai évoqué l'étrangeté au cours d'un chapitre précédent : « Que Raymond Roussel nous montre tout ce qui n'a pas été. Nous sommes quelques-uns à qui cette réalité seule importe [34] ». Cette seconde forme de folie se distingue de la première en ce qu'elle n'affirme pas l'existence de ce qui n'existe pas et se contente de préférer l'irréel au réel, de tendre à s'y investir en toute occasion. Elle s'en distingue aussi par sa fréquence : au lieu que la folie caractérisée n'est le lot que d'une minorité, le goût de l'irréel constitue une toquade qui intéresse l'immense majorité des êtres humains, – et

---
34. *La Révolution surréaliste*, n° 4, 1925.

non seulement « quelques-uns », comme se plaît à se l'imaginer naïvement Eluard. Elle est, comme le dit Montaigne, « la plus commune des humaines erreurs » qui nous dérobe « le sentiment et la considération de ce qui est [35] ». Parménide, on s'en souvient, nous en avait déjà avertis : la voie qui mène à ce qui est « est située à l'écart du sentier des hommes ».

Il convient naturellement de distinguer entre le goût de l'irréel à proprement parler, qui est selon moi le premier et le dernier mot de la folie, et le goût du faux, de l'artifice ou du trompe-l'œil, qui n'est le plus souvent qu'une variante du goût du réel. Un illusionniste peut nous intriguer et nous amuser sans pour autant nous brouiller avec la réalité. De même un jardin en miniature, une colonnade en trompe-l'œil, ne sont pas des objets soustraits à la réalité mais plutôt des objets qui semblent s'ajouter à son empire – à prendre cette expression, qui est paradoxale à la lettre, en un sens figuré – sous forme d'hommage et d'évocation. Le goût du faux traduit moins un désir de prendre le vrai en défaut que celui d'évoquer les innombrables facettes du vrai, y compris ses aspects déconcertants et paradoxaux. L'ironie du faux, telle celle dont témoigne par exemple Maurice Ravel qui est à la fois miniaturiste de génie et faussaire amateur, remplissant son logis de faux joyaux comme il parsème ses accords d'apparentes « fausses notes », consiste à semer un trouble dans l'esprit tel qu'on en vient à douter, non de la vérité, mais de la différence entre la vérité et l'erreur, de la différence entre objet vrai et objet faux. Cette ironie du faux n'est cependant pas une entreprise visant à récuser le vrai, puisqu'elle ne fait qu'exprimer ce qui est déjà l'ironie du vrai, je veux dire le paradoxe de l'existence, et se contente d'en prendre le relais : illustrant le fait de l'existence, qui est la bizarrerie même, par quelques bizarreries supplémentaires qui confirment celle-ci sans réussir à l'infirmer, ni même à y rajouter. De manière générale l'imagination,

---

35. *Essais*, I, 3.

comme on peut l'observer à propos de l'exotisme et de la nature particulière du plaisir qui s'y attache, est comparable à une agence de voyages qui propose un choix illimité de dépaysements sans frais mais n'a prévu à son programme aucune excursion hors du réel. Ce qui est imaginaire s'inspire toujours des images de la réalité et n'échappe ainsi jamais à la zone d'attraction du réel ; pas plus qu'un nombre imaginaire, malgré les contradictions qui définissent ses propriétés, n'est pour le mathématicien un nombre irréel. Il y a mille manières de suggérer l'existence de ce qui n'existe pas ou la non-existence de ce qui existe qui, loin de susciter une inquiétude quant au fait de l'existence elle-même, provoquent au contraire un plaisir lié au sentiment tout opposé du caractère inépuisable, renouvelable à l'envi, infiniment explorable, de ses apparences (à entendre par ce terme ses multiples façons d'être vue et perçue). C'est à mon avis tout à fait justement que l'écrivain chinois Chen Fou, dans ses *Récits d'une vie fugitive*, compte au nombre des « petits agréments de la vie » (et non des divertissements *en marge de la vie*) tout un jeu de procédés qui permettent, dans l'aménagement de sa maison et de son jardin, de faire paraître grand ce qui est petit ou plein ce qui est vide : « Quant aux jardins, si l'on veut autour d'un kiosque, d'un bâtiment à étages, d'un pavillon, ou auprès d'une galerie tournante, disposer des buttes de rocaille et des plantations ménageant des perspectives, il importe de montrer le grand dans le petit et le petit dans le grand, comme de faire apparaître le plein dans le vide et le vide dans le plein [36] ». Un traducteur précédent, P. Ryckmans, proposait de ce passage du livre une version philosophiquement plus substantielle : « donner de la densité aux vides en matérialisant l'irréel, ouvrir des espaces denses en irréalisant le réel [37] ». Toutefois, je le répète cette « irréalisation du réel » ne doit pas faire illusion ; elle n'est qu'une irréalisation pour rire et ne vise

---
36. Tr. Jacques Reclus, Gallimard, coll. « Folio », p. 77.
37. Éd. Larcier, Bruxelles.

aucune véritable mise à l'écart de la réalité. Elle se contente de jouer avec celle-ci, simulant sa disparition momentanée pour s'infliger une petite frayeur que viendra vite et surabondamment compenser le plaisir escompté de sa réapparition : comme cet enfant observé par Freud [38] qui aime « jeter au loin » et hors de sa vue son jouet favori (*Fort* !) pour s'octroyer le plaisir de le voir réapparaître à volonté (*Da* !), à l'aide d'une ficelle qui ne symbolise pas seulement le cordon ombilical reliant l'enfant à sa mère, comme le suggère Freud, mais aussi le lien fondamental par lequel les hommes demeurent attachés à la réalité.

Le goût du faux et de l'artifice peut être, il est vrai, l'indice d'une disposition tout autre, la marque d'un désir de jeter l'existence tellement « au loin » qu'on doit y déceler l'espoir de ne plus la voir revenir. Le goût du faux exprime alors un véritable goût de l'irréel, impliquant l'idée que le non-être n'est pas une variante trompeuse de l'être, mais bien une entité indépendante de l'être qui possède une certaine existence particulière ainsi qu'un attrait propre.

On sait que, historiquement, les premières formules affirmant l'être du non-être sont l'œuvre de Platon et apparaissent dans un passage du *Sophiste* où l'Étranger d'Élée, se retournant contre son propre camp philosophique, invite Théétète à réfuter la maxime canonique de l'éléatisme et à commettre ainsi le fameux « parricide » à l'égard de Parménide. Ces formules déclarent qu'« il faut que ce qui n'existe pas existe en quelque façon » (*Einai pôs ta mè onta dei*) et qu'« il nous est nécessaire de forcer ce qui n'existe pas à exister sous quelque rapport » (*anagkaion èmin* [...] *biazesthai to te mè on ôs esti kata ti*) [39], cette seconde formule prenant le contrepied littéral de ce qu'enseignait Parménide dans le fragment VII de son *Poème* : « Tu ne *forceras* jamais ce qui n'existe pas à exister. » Sans doute ces formules peuvent-elles ne pas heurter l'esprit du lecteur, surtout si

---

38. Cf. *Au-delà du principe de plaisir*.
39. *Sophiste*, 240e et 241d.

celui-ci est déjà gagné à la cause platonicienne, paraître inoffensives, plausibles et même aller de soi compte tenu du contexte : ne s'agit-il pas d'établir la possibilité de l'erreur, la réalité du mensonge, afin de réussir à prouver enfin la malhonnêteté du sophiste ? Mais il en va tout autrement si on prend le soin de lire ces formules à la lettre et en elles-mêmes. Car elles se donnent alors pour ce qu'elles sont véritablement, c'est-à-dire totalement insoutenables et « palpablement insensées », comme dirait Saint-Simon et comme semble d'ailleurs s'en douter un peu lui-même celui qui vient de les énoncer et avoue peu après à son interlocuteur : « J'ai peur que ce que j'ai dit ne te donne occasion de me regarder comme un détraqué [40] ». Platon sait pour sa part très bien lui aussi, puisqu'il le dit expressément, qu'il est en train de tenter et de réussir un *coup de force* (*anagkaion èmin* biazesthai : il nous est nécessaire de « forcer », de violenter la vérité, d'imposer notre discours à nous – notre mensonge à nous – par la force). Il ne s'agit pas ici seulement d'un schisme platonicien par rapport à l'école éléate, mais de la revendication absurde d'un droit philosophique à décider de ce qui est et de ce qui n'est pas, – un peu à la façon du maréchal Goering (et que les mânes de Platon veuillent bien me pardonner un rapprochement aussi fâcheux), qui s'arrogeait le droit de décider, au plus fort de la persécution antisémite et en fonction de ses amitiés et relations personnelles, de qui était juif et de qui ne l'était pas –, à faire au gré de son humeur du non-être un certain être ou de l'être un certain non-être, comme s'y autorise l'Étranger d'Élée [41]. En sorte que ces formules du *Sophiste* ont eu pour principal effet, qu'elles se le soient proposé ou non, d'ouvrir un crédit illimité aux diverses formes de dérangement mental et constituent ainsi, pour parodier un titre de Kant, les prolégomènes à toute folie future qui voudrait se présenter comme philosophie.

---

40. *Ibid.*, 242a.
41. *Ibid.*, 241d.

Il est vrai, encore une fois, que ces propositions du *Sophiste* paraissent, sinon tout à fait convaincantes, du moins vaguement plausibles et ce d'autant plus que leur formulation en est prudente et nuancée. Platon ne nous dit pas que ce qui n'existe pas existe, seulement que ce qui n'existe pas ne laisse pas d'exister « sous quelque rapport » et « en quelque façon ». Mais cette modération même ne fait qu'aggraver le dommage qu'elle fait semblant de vouloir limiter, puisqu'elle a pour effet réel, non pas d'atténuer l'aberration du propos, mais de rendre celle-ci moins sensible et par conséquent plus efficace en lui permettant de mieux « passer ». C'est pourquoi la « modération d'esprit » est une qualité dont se recommandent immanquablement les égarés qui prennent le plus souvent grand soin, comme Platon dans ce passage du *Sophiste*, d'être très prudents et nuancés dans leurs affirmations les plus téméraires. On sait que la raison, le bon sens, ont toujours été l'étendard le plus invariablement brandi par les fous, pour la plus grande confusion et irritation des esprits sains dont toute contre-offensive est vouée par définition à l'échec, puisque celle-ci ne saurait être menée qu'au nom d'une « raison » déjà annexée par l'adversaire. Autant vaudrait prétendre arracher des mains d'un voleur un objet qu'il ne vous a pas encore dérobé, ou reprendre à l'ennemi un site qu'on se trouve précisément occuper soi-même. Mais l'empire de la raison occupé par les fous diffère de la raison dont dispose l'esprit sain en ceci qu'il est considéré par le fou, et à juste titre en un certain sens, non seulement comme plus prudent et nuancé, mais encore comme plus vaste, plus « objectif », plus « total », – bref, comme plus raisonnable encore que la raison des raisonnables, jugée en l'occurrence un peu pauvre et maigre (et c'est fort justement que les Grecs de l'Antiquité désignaient la folie comme *para-noïa*, soit comme hyper-rationalisme, comme « excès » de raison). La raison des fous ne se limite pas au raisonnable ; elle s'adjuge aussi le domaine de ce qui n'est pas raisonnable et tient pour esprits étroits, voire fanatiques, ceux qui limitent, arbitrairement à son gré, le domaine du raisonnable à ce qui est effectivement raisonnable. La raison du fou est ainsi bien supérieure à celle du sage, et on peut le vérifier sur le plan le plus indiscutablement « scientifique », c'est-à-dire matériel et quantitatif : puisqu'elle prend en considération non pas seulement, comme le sage ou le savant, le domaine de ce qui est raisonnable et crédible, mais aussi celui de ce qui est absurde et incroyable. Le charlatan se distingue en somme du scientifique en ce qu'il en sait davantage que ce dernier et est par conséquent plus scientifique que lui. Car il a sur le scientifique un triple avantage : d'être à ses yeux plus équitable, plus impartial et moins sujet aux préjugés (ce n'est pas lui qui rejetterait d'un haussement d'épaules certains « faits » que le scientifique refuse simplement de prendre en considération). Les mauvais savants, les mauvais philosophes, sont des simplificateurs qui exagèrent la portée de leur savoir : de ce que quelque chose puisse être vrai, ils concluent que ce qui n'est pas vrai est faux ; de ce que quelque chose puisse effectivement exister, ils concluent que ce qui n'existe pas n'existe pas. Des esprits plus rassis ne s'emportent pas ainsi et font plus sereinement la part des choses. Le vrai savant est celui qui sait faire, à côté de la part de ce qui est vrai, la part de ce qui est faux. Comme le vrai philosophe est celui qui sait faire, contrairement à ce qu'enseigne Parménide, à côté de la part de ce qui existe, la part de ce qui n'existe pas.

C'est un des mystères attachés à la condition humaine, et la définition de sa folie essentielle, que le domaine de l'inexistant ait presque toujours la part la plus belle par rapport au domaine de l'existant. Cet attrait de l'irréel au détriment du réel constitue la folie majeure, propre à l'humanité, que Montaigne analyse et illustre tout au long des *Essais*, avec un mélange d'émerveillement et d'irritation sans cesse renouvelés : « nous ne sommes jamais chez nous, nous sommes toujours au-delà » ; « nous pensons toujours ailleurs [42] ». Tel est, pour le résumer d'un mot, le grand

---

42. *Essais*, I, 3 ; III, 4.

« dérèglement de notre esprit » qu'on n'aura jamais fini d'élucider et auquel « nous ne dirons jamais assez d'injures [43] ». Un processus mystérieux de détournement de l'attention distrait le regard des objets existants pour le faire glisser en direction des objets qui n'existent pas, ou du moins n'existent plus ou pas encore, ou n'existent pas ici mais ailleurs, ou enfin existent bien mais ne sont d'aucun « rapport » – dans le double sens de relation logique et d'intérêt économique – avec celui qui s'y investit tout entier. La folie est ainsi moins une récusation de l'existence que son déplacement en terre étrangère : l'existence est admise, mais à la condition de la priver de ses paramètres spatio-temporels qui seuls rendraient possible son accès à la réalité. On évoque souvent et justement, pour expliquer cette méprise ordinaire des hommes, le mécanisme du désir dont l'effet fascinant et hallucinatoire est de voir sans cesse miroiter des êtres fantomatiques disparaissant à mesure qu'on croit les saisir, telles les créatures qui peuplent, ou plutôt hantent, le palais ensorcelé par l'art du magicien Atalante, dans le *Roland furieux* de l'Arioste [44]. Il me paraît juste de préciser ici que, si effectivement le désir est à l'œuvre dans le brouillage de l'attention qui détourne les hommes de ce qui existe, c'est dans la mesure où il s'agit du désir en tant que celui-ci est incapable de se constituer et de se donner des objets ; en sorte que c'est plus l'incapacité à désirer que le désir lui-même qui est à l'origine du choix de l'objet irréel au détriment de l'objet réel. Avant Pascal, Montaigne a analysé en profondeur le lien qui relie le « divertissement » à l'incapacité à désirer, l'intérêt marqué qui se manifeste pour ce qui est ailleurs étant l'exact et triste reflet de la minceur de l'intérêt porté à ce qui est ici : « Peu de chose nous divertit et détourne, car peu de chose nous tient [45]. » La préférence donnée au fruit imaginaire par rapport au fruit qui se mange est l'indice certain d'un manque d'appé-

---

43. *Ibid.*, I, 4.
44. *Orlando furioso*, chant XII.
45. *Essais*, III, 4.

tit, ou d'une « faim qui d'aucuns fruits ici ne se régale », comme le dit Mallarmé [46]. Cette faim-là, qu'aucune nourriture réelle ne saurait apaiser, étant universellement répandue, on ne peut émettre qu'un pronostic des plus réservés quant aux chances de l'humanité de parvenir un jour à un état de relative satiété. Héraclite l'avait déjà remarqué : « Il n'en vaudrait pas mieux pour les hommes qu'arrivât ce qu'ils désirent [47] ». Une amélioration éventuelle du monde ne saurait en effet passer par un miraculeux accomplissement des désirs humains, puisque ceux-ci font précisément défaut. Le meilleur des mondes n'est pas un monde où l'on obtient ce qu'on désire, mais un monde où on désire *quelque chose*.

Je remarquerai en passant que c'est une des grandes originalités de Montaigne, non point d'avoir signalé le dérèglement de l'esprit humain, que tous s'accordent à dénoncer, mais d'en avoir situé le principe là où personne ne l'attendait : dans le fonctionnement de l'esprit lui-même, dès lors que celui-ci prétend s'émanciper des conseils et des recommandations du corps. La plupart des philosophes, tels Descartes et Malebranche, qui dit non sans quelque raison de Montaigne qu'« il est malaisé de le lire sans se laisser préoccuper [48] », tiennent un discours opposé et ne cessent de nous adresser un avertissement inverse : pour garder l'esprit sain, point de plus sûre recette que de se désolidariser constamment de l'influence néfaste du corps. C'est le corps qui induit l'esprit en erreur : voyez les illusions des sens, les méfaits de l'imagination, la tromperie des apparences. Telle est la thèse classique, de Platon jusqu'à nos jours : si l'esprit dérape, c'est à cause du corps, parce qu'il se laisse contaminer par le corps. La thèse de Montaigne est exactement opposée : si l'esprit dérape, c'est à cause de l'esprit lui-même, dès lors que celui-ci cesse de se laisser guider par le corps. La force de l'esprit en fait aussi la vulnérabilité, de jouir d'une liberté

---
46. *Mes bouquins refermés sur le nom de Paphos.*
47. Fragment 110.
48. *De la recherche de la vérité*, livre II, ch. 5.

telle qu'elle lui permet de s'émanciper à loisir des enseignements du corps qui demeurent, quels que puissent être les fantaisies et imaginations de l'esprit, les seuls garants et témoins du vrai : « Infinis esprits se trouvent ruinés par leur propre force et souplesse [49] ». Seul l'homme délire, parce que seul l'homme dispose d'un esprit. Les animaux ne délirent pas, parce qu'ils sont hors d'état de se laisser abuser par l'esprit, parce qu'ils tiennent celui-ci « sous boucle », comme le dit joliment Montaigne [50]. Quant aux hommes, force leur est de revenir sans cesse à la « bêtise » s'ils veulent revenir à la raison : « Il nous faut abêtir pour nous assagir, et nous éblouir pour nous guider [51] ». La sagesse de Montaigne s'oppose ainsi point par point aux thèses du rationalisme classique. L'imagination n'est pas l'effet d'une déteinte du corps sur l'esprit, mais l'effet d'une provocation du corps de la part de l'esprit. Le corps ne contamine jamais l'esprit ; c'est toujours au contraire l'esprit qui contamine le corps. Il y a pour l'esprit mille et une façons de s'égarer. Le corps, lui, ne s'égare jamais.

Rien au demeurant, pour revenir à mon sujet, qui sollicite autant de passion humaine qu'un objet dont on pressent qu'il n'existe pas et à la chasse duquel on s'attelle aussitôt qu'on a flairé son inexistence, incontinent et désormais sans relâche. Le fruit imaginaire dont entend se rassasier Mallarmé, comme tout écrivain romantique, s'apparente ainsi à ces fruits exotiques qu'on appelle fruits de la passion, – passion dont il figure la cible éternelle et éternellement fuyante. Car « le désir s'accroît quand l'effet se recule », comme l'énonçait Corneille dans un vers fameux de *Polyeucte* [52] que la censure récuse au théâtre (et transforme en « quand l'effet en recule ») pour sa consonance ambiguë. C'est le propre du désir habituel des hommes que de s'accroître à proportion que s'éloigne l'objet qu'il convoite, de ne trouver son

---

49. *Essais*, II, 12.
50. *Ibid.*, I, 14.
51. *Ibid.*, II, 12.
52. Acte I, scène 1, v. 42.

compte que lorsque l'objet convoité « se recule », et son comble quand il disparaît à jamais pour rejoindre le domaine, désirable entre tous, des choses inexistantes. En sorte que l'objet irréel se confond avec l'objet passionnel et qu'au catalogue des passions inventoriées on pourrait faire correspondre, terme à terme, un catalogue des choses qui n'existent pas. L'avarice, qu'on aurait tendance à classer superficiellement et à tort au chapitre des réalités et biens de la terre, est à cet égard un exemple remarquable, et d'ailleurs classique, de passion, si l'on entend par passion un goût de l'irréalité pure. L'avarice n'est ni la seule pingrerie, ni le goût de l'argent, ni l'âpreté au gain. L'avarice pure est l'alliance d'un goût exclusif porté à l'argent et d'une impossibilité de le dépenser, c'est-à-dire d'en tirer le moindre profit – hors celui qui consiste à le placer pour en obtenir davantage, reculant ainsi l'obtention de tout gain réel à mesure que s'accroît un « principal » qui devrait en être l'occasion et qui ne le sera jamais. L'avare réalise ainsi une performance qui est une manière de tour de force. La passion absolue consiste évidemment à convoiter un objet absolument irréel. Le cas existe – qu'on songe par exemple aux héros des romans de Balzac, et notamment à celui dont la folie donne son titre à *La Recherche de l'absolu* – mais il est aussi assez rare, les objets absolument irréels étant eux-mêmes assez rares. La passion courante se contente donc d'objets je dirais quasi irréels : c'est-à-dire soit d'objets reconnus comme inaccessibles, soit d'objets très vagues et de toute façon étrangers aux divers intérêts réels de la personne qui vient à vouloir y mordre. Mais l'avare fait mieux que tout le monde : il trouve son miel dans le premier objet venu, l'argent, objet qui est par-dessus le marché notoirement existant, courant, universellement intéressant et convoité, – et il réussit, par un vrai tour de magie, à rendre cet objet totalement inexistant. Alchimiste génial autant que pervers, il sait transformer à sa guise l'or en fumée, les biens réels en biens imaginaires. Il est à ce jour le seul qui ait réussi à totalement dématérialiser la matière.

Tout passionné possède cependant le don, à l'instar de l'avare quoiqu'à un degré moindre, de transformer les biens réels en biens imaginaires, ainsi que celui d'ôter tout attrait aux objets qu'il convoite le plus au monde, de manière à s'en priver de tout bénéfice. On peut trouver un exemple remarquable de ce don dans un roman de l'écrivain brésilien Machado de Assis, *Don Casmurro*. Passionnément épris, depuis son enfance, d'une jeune voisine, Capitu, qui est devenue sa femme et lui a donné un fils dont il raffole, Ezechiel, Don Casmurro décide soudain, du jour au lendemain, que sa femme le trahit depuis toujours et que le véritable père d'Ezechiel n'est pas lui-même, mais son meilleur et plus vieil ami, Escobar, lequel se tue accidentellement le jour même où Don Casmurro découvre, ou croit découvrir, la trahison dont il est la victime. Don Casmurro, en proie à une jalousie rétrospective d'autant plus tenace que son objet (Escobar) n'existe plus, décide aussitôt – après une tentative de suicide suivie d'une envie de meurtre qui heureusement avortent l'une et l'autre – d'exiler en Europe sa femme et son fils, qui finiront par trouver la mort une quinzaine d'années plus tard sans que Casmurro ait tenté de jamais les revoir. Triple débarras pour Casmurro des trois seuls êtres réels qu'il aime : plus d'ami, plus de fils, plus de Capitu. Le lecteur pressé se laisse vite convaincre de la légitimité des soupçons de Casmurro, si persuadé quant à lui qu'il a été trompé qu'il en persuade aisément son lecteur. Mais un lecteur plus attentif se persuade tout aussi vite que Don Casmurro, semblable sur ce point au héros de *L'Aliéniste*, autre chef-d'œuvre de Machado, est tout simplement devenu fou, ou plutôt a définitivement laissé libre cours à une folie qui couvait en lui depuis toujours. Un indice, qui se rapporte aux années d'adolescence de Don Casmurro, avait d'ailleurs déjà de quoi mettre le lecteur sur la piste du bon diagnostic. Adolescent, Don Casmurro (qu'on appelle alors affectueusement Benitin) n'a que deux soucis sérieux, correspondant à deux problèmes réels : réussir à épouser Capitu et, pour ce faire, délivrer sa mère d'un vœu que celle-ci a fait jadis à Dieu, de réserver son fils à la carrière ecclésiastique et par conséquent au célibat. Or voici que brusquement, et pour quelque temps, Benitin oublie tout de ces questions brûlantes pour se consacrer à une unique tâche, laquelle consiste à vouloir convaincre un voisin malade et agonisant, à grand renfort d'arguments, de lettres, de dissertations, que, dans le conflit européen qui vient d'éclater en Crimée et provoque la guerre du même nom, ce sont les Russes qui ont tous les droits, les Anglais et les Français tous les torts. Cette passion subite pour la Crimée, dont Benitin ignore évidemment tout et probablement jusqu'à son emplacement géographique, est de très mauvais augure pour la suite. Car cette Crimée-là est un exemple typique d'objet à la fois passionnel et irréel – passionnel parce qu'irréel – ; et le fait que Benitin s'y investisse tout entier est un symptôme prémonitoire des grandes lubies à venir. Je veux dire que ce choix de la Crimée illustre à l'avance le processus passionnel de substitution d'intérêts imaginaires aux intérêts réels et de maux illusoires aux biens tangibles, bref, de la folie dont Capitu et son fils auront à payer les frais quelques années plus tard.

Cette passion du vide explique le fait que la jalousie soit d'autant plus violente que son objet est plus mince, et tourne à la fureur quand celui-ci est totalement inexistant, comme en témoignent les héros d'*Othello* et du *Conte d'hiver* de Shakespeare. Elle explique aussi ce fait curieux que magistrats et policiers s'acharnent volontiers sur un innocent qu'ils ont cru suspect un instant et par conséquent arrêté, et laisseront moisir en prison le plus longtemps possible pour le punir de n'être pas le coupable qu'il devrait être, narguant ainsi par son innocence le sérieux de la justice et de ses représentants. La pure et simple absence de cause se révèle, à l'usage des dérangés, comme plus irritative encore que toute espèce de cause existante. Othello et Léonte pardonneraient à la rigueur leur infidélité à leurs épouses, pourvu toutefois que celle-ci soit bien réelle. Mais comme ces épouses sont fidèles et irréprochables, poussant en somme, aux yeux de leurs juges et futurs bourreaux, leur crime *au point de ne l'avoir pas commis,* elles écoperont l'une et l'autre de la peine capitale, – histoire d'apprendre à ces entêtées que le non-être ne laisse pas d'exister sous quelque rapport et en quelque façon, comme le dit Platon.

Quant à la jalousie en général, considérée comme envie ou convoitise du bien d'autrui, on remarquera qu'elle se fixe sur des objets qui, précisément dans la mesure où ils sont la propriété d'autrui et non la mienne, présentent pour moi un coefficient de réalité moindre que les réalités qui sont à ma disposition immédiate. Et c'est l'éloignement où se tient le bien de l'autre qui a pour effet de rendre celui-ci désirable et explique le mécanisme de la jalousie, comme le montre bien l'apologue du chien du jardinier qui donne son titre à une pièce de Lope de Vega, *El perro del hortelano.* Ce chien du jardinier – qui ne veut « ni manger ni laisser manger » – dédaigne la nourriture qui lui est offerte et ne prête d'attention qu'à celle qui se trouve dans l'écuelle du chien d'à-côté. Les deux pâtées sont pourtant parfaitement semblables. Mais celle du voisin a l'unique et décisive particularité, par rapport à celle qui est sous le nez du chien du jardinier, d'être un peu moins proche, un peu moins immédiatement existante. Il n'en faut pas davantage pour susciter l'envie, qui traduit moins le désir du bien d'autrui qu'un dégoût de tout bien dès lors qu'on le possède, moins un obscur instinct d'appropriation qu'une indifférence à l'égard de la propriété même.

Une dernière variante curieuse du goût de l'irréel concerne le cas de ceux qui se fixent un objectif bien réel et précis – lequel peut d'ailleurs être ou n'être pas effectivement réalisable – mais portent leur choix sur un exploit tel qu'il ne saurait présenter le moindre intérêt tangible ni pour eux ni pour personne. Tel ce personnage que Quintilien [53] et Montaigne [54] nous livrent comme exemple de

---
53. *Institution oratoire*, II, 20.
54. *Essais*, I, 54.

parfaite ineptie, qui réussissait à enfiler de loin des pois chiches sur une aiguille et dont Alexandre le Grand récompensa, dit-on, la virtuosité par le cadeau d'un boisseau de pois chiches, – cadeau dont l'ironie, relevée par tous les commentateurs, ne doit point voiler le caractère profondément pertinent et approprié : car ces pois offerts par le roi, qui pourront du moins servir de matériau aux futurs exercices d'entraînement du champion, constituent le seul don qui soit réellement profitable à un homme qui voit, dans l'adresse au lancer de pois, la principale utilité de la vie. Les variantes de cet égarement sont innombrables et semblent toujours traduire un désir inconscient de compenser le défaut de réussite même modeste, dans un domaine reconnu comme intéressant par au moins quelques-uns, par une action d'éclat singulière et d'autant plus irrécusable que, n'intéressant personne, elle ne risque guère d'être contestée par quiconque. Ainsi un jeune illuminé laisse-t-il de côté ses études pour s'adonner à des exercices d'ascèse physique et mentale qui lui conféreront, espère-t-il, une telle maîtrise du corps qu'il pourra un jour sauter d'une falaise sur une plage couverte d'œufs sans en briser une seule coquille. Un autre, plus âgé, lassé du peu de succès de ses ouvrages, fait composer à grands frais l'exemplaire unique d'un livre contenant une énigme susceptible de n'être déchiffrée que par un lecteur futur, né entre janvier 1998 et février 2003 et doté de surcroît d'une certaine connaissance des langues orientales ; encore faudra-t-il qu'il ait séjourné au moins deux mois de suite dans la ville de Carcassonne : si ce quelqu'un réussit à trouver le mot de l'énigme, l'auteur n'aura pas vécu en vain. La folie attachée à ces rêves de prouesse absurde tient évidemment moins à la difficulté ou à l'impossibilité manifeste de leur accomplissement qu'à l'inintérêt total de leur réalisation même, à supposer celle-ci un instant possible. Rien qui témoigne plus éloquemment, à mon sens, du choix de l'irréel au détriment du réel, et d'un choix généralement opéré, toujours à mon sens, en parfait désespoir de cause. Saint-Simon, dont le mérite est à cet égard d'autant plus remarquable qu'il est souvent la proie lui-même de la folie qu'il décrit si admirablement chez les autres, fait défiler dans ses *Mémoires* toute une galerie de personnages ainsi raccrochés à une lubie, sujets à cette folie particulière qui consiste à se proposer comme seul but dans la vie un objectif à la fois malaisément réalisable et complètement oiseux, ou encore, comme le dit Jacques Lacan dans un passage bien venu de ses *Écrits*, à s'illustrer par « des exploits imaginaires dans une situation d'égarement » : tel, entre cent autres, cet entêté qui s'obstine à vouloir faire manger gras ses convives le jour du Vendredi saint, sous le prétexte de bulles spéciales qu'il aurait reçues à cet effet du pape Alexandre VI, et dont Saint-Simon résume parfaitement la folie en déclarant que celle-ci est « au-dessus de toutes les réflexions [55] ».

Il est certain que cette forme particulière de folie, par sa cocasserie et son caractère finalement peu nuisible, se distingue des fougues de la folie militante, le plus souvent engagée dans des causes d'autant plus sanguinaires qu'elles sont plus vagues et incohérentes. Elle procède cependant, me semble-t-il, du même principe : d'une nécessité de se repaître de biens imaginaires, issue d'une incapacité à se satisfaire de biens réels.

---

55. *Mémoires*, Gallimard, coll. « Bibl. de la Pléiade », tome II, p. 201-202.

3. – DE LA CRAPULE
(L'EXISTENCE DÉDOUBLÉE)

Une seconde façon de biaiser avec la vérité de Parménide consiste à admettre l'inexistence du non-être mais en même temps à doter l'être d'une duplicité qui permet à celui-ci, selon les besoins du moment, d'être à la fois ce qu'il est et ce qu'il n'est pas : l'être existe bien, mais il est double. Il possède une plasticité telle qu'il peut, tout en étant l'être qu'il est, être aussi bien tout autre. Il est ainsi si bien contaminé lui-même par ce qu'il n'est pas qu'il peut sans risque se dispenser de l'appui du non-être en cas de contestation : ayant déjà phagocyté et intégré l'autre à sa propre substance, il n'a plus que faire de ses services.

Je ne reviens ici sur cette illusion d'un être double, dont je m'efforce inlassablement de sonder les mystères et la ténacité, que pour ajouter à ces analyses précédentes un bref codicille concernant un aspect de cette illusion assez secondaire mais pas dénué pour autant de tout intérêt : je veux parler de son utilisation crapuleuse. C'est en effet un caractère très fréquent de l'acte crapuleux que de s'accompagner d'un dire contradictoire qui, tel un doublage parasitaire, prétend récuser son fait au moment même où il l'accomplit. Ainsi le voleur se déclare-t-il disposé à tout admettre hormis le fait qu'il vole, à l'instar du menteur qui reconnaît toutes ses faiblesses en dehors du fait qu'il ment ou du meurtrier qui avoue tous ses torts à l'exception du fait qu'il tue. Hergé a bien saisi cette composante psychologique de l'âme crapuleuse, qui n'accomplit ses méfaits que dans la mesure où elle se défend de toute suspicion de vouloir mal faire. Dans *L'Oreille cassée*, le bandit Ramon ordonne à son complice d'exécuter Tintin, mais se croit obligé d'ajouter : « Fais vite,

Alonzo. Tou sais qué yé déteste les exécoutions capitales [56] ». De même Rastapopoulos, dans *Vol 714 pour Sidney,* demande-t-il à son associé Krosspell d'épargner la victime qui lui sert de pâture : « Faites vite, docteur, je déteste voir souffrir [57] ». Le cinéma américain aime aussi mettre en scène toute une variété de crapules qui mettent à sac des villes entières sous le couvert de la loi et de la morale.

Cette duplicité de la crapule – duplicité au double sens du terme, de propos double et de propos frauduleux – suscite évidemment une irritation légitime : car il serait à tout prendre plus réconfortant d'être volé ou massacré par quelqu'un qui se prend pour ce qu'il est que par quelqu'un qui vous déclare, le plus froidement et d'ailleurs souvent le plus sincèrement du monde, qu'il est tout sauf un voleur ou un assassin. C'est ce que remarque Mateo Aleman dans un passage de son *Guzman de Alfarache.* Être volé n'est rien ; coûte en revanche le fait d'être volé par des domestiques qui s'arrangent pour avoir toujours un comportement irréprochable : « En vérité il ne me faisait pas tant mal qu'elles me volassent mon bien ni qu'elles fissent les garces (quoique je ne le dusse pas consentir chez moi), que de voir qu'elles me voulussent aussi dérober le jugement, qu'à force de mensonges et de larmes elles prétendissent justifier leurs fourbes ; de sorte que sachant comme tout en allait, et voyant clair en leurs déportements infâmes, je rageais qu'elles se promissent de me les faire passer pour bons et pour pleins de mérite [58] ». C'est cela et cela seul qui agace et peut faire sortir l'esprit hors de ses gonds, comme le dit bien Aleman : *Esto me sacaba de juicio.*

Cette duplicité mérite aussi réflexion : étant un exemple parfait de propos – contre-parménidien, si je puis dire – tendant à établir que ce qui est est double, bénéficiant du privilège d'être à la fois ce qu'il est et ce qu'il n'est pas.

---

56. Casterman, p. 26.
57. Casterman, p. 24.
58. Tr. J.-F. Reille, *Romans picaresques espagnols*, Gallimard, coll. « Bibl. de la Pléiade », p. 668-669.

Proust en donne un exemple très probant, dans la *Recherche du temps perdu*, à propos de Françoise dont il montre qu'elle réussit constamment ce petit prodige qui consiste à apparaître toujours et indiscernablement comme la méchanceté incarnée et la bonté même. Émue à en sangloter par les souffrances d'une fille de cuisine malencontreusement engrossée et coliqueuse, Françoise retrouve vite ses esprits et sa hargne pour hurler à l'intention de la famille qu'elle feint de croire partie mais qu'elle sait parfaitement être encore à portée d'écoute : « Elle n'avait qu'à ne pas faire ce qu'il faut pour ça ! ça lui a fait plaisir ! qu'elle ne fasse pas de manières maintenant ! Faut-il tout de même qu'un garçon ait été abandonné du bon Dieu pour aller avec ça[59] ». Françoise gagne ici sur tous les plans : gentille elle est, et tout le monde pourra en témoigner ; méchante elle n'est pas, puisque les propos infâmes qu'elle tient sont censés n'être destinés à aucun auditoire, et tant pis si celui-ci se trouve en prendre la douche de plein fouet. C'est le principal avantage de toute crapule que de tenir toujours des propos intermédiaires entre l'être et le non-être, comme Françoise qui parle alors qu'elle peut prétendre n'être plus entendue, bien qu'elle sache parfaitement qu'elle va l'être. Et c'est faire preuve d'un bel optimisme, de la part de Proust, que d'estimer que Françoise parla dès lors qu'elle « crut que nous étions partis et ne pouvions plus l'entendre[60] ». Françoise, comme toute créature crapuleuse, parle à la fois pour être entendue et n'être pas entendue. Elle a l'art de transformer le chiffre un en deux, et allez donc savoir qui s'y retrouvera : pas moi en tout cas, qui n'y suis pour rien et n'ai rien fait, et ne suis au demeurant pas celle que vous croyez. Il pourra toujours y avoir erreur sur la personne dès lors que l'on possède, comme la chauve-souris de La Fontaine, un don de double identité qui vous met à l'abri des griffes de toutes les belettes du monde :

---
59. Gallimard, coll. « Bibl. de la Pléiade », tome I, p. 123.
60. *Ibid.*

> Moi souris ! des méchants vous ont dit ces nouvelles.
> Grâce à l'Auteur de l'univers,
> Je suis oiseau : voyez mes ailes.

Mais un peu plus tard, quand on la soupçonne d'être oiseau :

> Moi pour telle passer ! Vous n'y regardez pas.
> Qui fait l'oiseau ? C'est le plumage.
> Je suis souris : vivent les rats !
> Jupiter confonde les chats [61].

Sartre a justement décrit, dans *L'Être et le Néant,* ce phénomène de duplication propre au discours crapuleux : « un certain art de former des concepts contradictoires, c'est-à-dire qui unissent en eux une idée et la négation de cette idée [62] ». Son seul tort à mes yeux est de moraliser son propos, attribuant à un fait d'hypocrisie et de mauvaise foi ce qui n'est qu'un banal fait d'illusion, qu'une forme particulière – particulièrement déplaisante, il est vrai – du pouvoir général de l'illusion, à considérer celle-ci comme se ramenant toujours, en fin de compte, à l'hallucination d'un être double.

---

61. *Fables,* II, 5.
62. Gallimard, coll. « Bibl. des idées », p. 95.

VII

LE DÉMON DE L'IDENTITÉ

> *L'identité est le démon en personne*
> Wittgenstein, *Lettre à B. Russell*

J'appelle ici réel, comme je l'ai toujours fait au moins implicitement, tout ce qui existe en fonction du principe d'identité qui énonce que A est A. J'appelle irréel ce qui n'existe pas selon ce même principe : c'est-à-dire non seulement tout ce qui ne fait parade d'existence que sous le mode de l'imaginaire ou de l'hallucination, mais aussi et plus précisément ce qui semble bénéficier du privilège de l'existence mais se révèle illusoire à l'analyse pour ne pas répondre rigoureusement au principe d'identité (soit tout A qui ne se résume pas à l'A qu'il est, mais connote de certaine façon un B qu'il pourrait être aussi, voire plus subtilement un « autre » A, comme je le préciserai plus loin). C'est d'ailleurs selon moi la définition même de l'illusion que de ne jamais se résoudre, ou se résigner, à l'application stricte du principe d'identité (et c'est pourquoi je pense que l'illusion est toujours marquée au coin du double, d'une duplication hallucinatoire de l'unique qui constitue précisément sa « duplicité »). Comme c'est la définition même du réel que d'être ce qui demeure soumis au principe d'identité sans aucune condition ni restriction, – au sens où, par exemple, Pascal parle dans *Les Provinciales* de « restriction mentale ».

On objectera évidemment aussitôt que définir ainsi le réel revient à se priver de la possibilité d'en jamais rien dire, puisque tout propos à son sujet semble faire par définition contradiction avec lui, par effet de « parole ajoutée » à un réel auquel il convient justement de ne rien ajouter. Cette objection est très sérieuse et contraint à admettre que, si le réel est bien tel que je le définis, force est de n'en rien dire, sinon rien *que cela*, qu'il est réel : le discours sur le réel sera *tautologique* ou ne sera pas, ou du moins n'aura pas de raison d'avoir lieu. C'est ce qu'enseigne Plotin : dès lors que le réel est l'Un, toute parole à propos de l'Un est en trop et altère l'Un dont elle essaie malencontreusement de parler ; en sorte que l'Un, où s'abolissent toutes les différences, est immédiatement falsifié par l'Intelligence, dont l'essence est de distinguer. C'est aussi ce que recommande Wittgenstein dans le dernier et célèbre aphorisme de son *Tractatus logico-philosophicus* : « Ce qu'on ne peut dire, il faut le taire. » Reste cependant à se demander si c'est une même chose que de faire un discours vide et de tenir un discours tautologique. Il est possible qu'un discours tautologique, tenu à ne rien énoncer de plus que A = A, ne soit pas nécessairement un discours pauvre. Telle est la thèse que je me propose de défendre ici.

À s'en tenir aux analyses wittgensteiniennes de la tautologie, qui occupent une place assez importante au cœur du *Tractatus logico-philosophicus*, force serait de conclure à la pure et simple pauvreté du discours tautologique (ou, dirait Wittgenstein, de la proposition tautologique). On sait que cette dernière constitue le « centre dénué de substance » (*substanzloser Mittelpunkt, op. cit.*, 5.143) de tout le système propositionnel dont la contradiction, également dénuée de substance, constitue la « bordure externe ». Et, comme Wittgenstein se propose de montrer qu'il n'y a pas de renseignement intéressant à glaner dans l'ensemble du système propositionnel, il prend soin d'enfermer l'ensemble des propositions à l'intérieur d'un système de possibilités de vérité (4.31 et *sq.*) oscillant entre les deux limites, externe et interne, de toutes les propositions, c'est-à-dire la contradiction et la tautologie, qui ne disent rien ni l'une ni l'autre – en sorte que toute possibilité de vérité constitue un intermédiaire également attiré, quoique à des degrés divers, par les deux pôles extrêmes du discours que sont la contradiction (qui, toujours fausse, n'apprend rien) et la tautologie (qui, toujours vraie, n'apprend rien non plus). La contradiction et la tautologie sont « vides de sens » (*sinlos*, 4.461), et les propositions qui ne se ramènent ni à l'une ni à l'autre sont elles-mêmes peu sensées, ou du moins peu renseignantes, puisqu'elles participent toutes de l'une et de l'autre.

Toutefois, les réflexions de Wittgenstein sur la tautologie, dans le *Tractatus logico-philosophicus*, sont plus complexes et, même si elles concluent en gros à l'inanité de la tautologie, méritent un examen un peu moins sommaire qui pourra me servir utilement d'entrée en matière.

À suivre Wittgenstein de plus près dans son exposé de la tautologie, on s'aperçoit que sont distingués dans le *Tractatus* non pas un mais trois grands caractères de la tautologie, qu'il nous faut successivement examiner.

Le premier caractère de la tautologie est celui qui a déjà été dit : la tautologie constitue une proposition creuse et vide, et à la limite ne constitue pas même une proposition. Elle est la « dissolution » de la connexion des signes inhérente à toute proposition de vérité, comme le dit Wittgenstein en 4.466. Wittgenstein répète l'idée de manière significative, qui ne laisse aucun doute sur la pauvreté absolue de la tautologie à ses yeux et sur la vanité qu'il y aurait selon lui à en attendre quelque enseignement ou quelque richesse que ce soit. Cet arrêt s'autorise d'un double attendu, sous forme d'alternative. Ou bien la tautologie dit tout, c'est-à-dire énonce une vérité qui est sans exceptions et régit ainsi la totalité de toute chose existante ; mais alors elle ne dit rien, étant riche d'une qualité si omniprésente qu'on manque de repère extérieur pour la qualifier elle-même. Si la tautologie est la forme universelle du vrai, on ne voit plus bien en quoi consiste la vérité de la tautologie, puisque celle-ci ne trouve plus de forme de fausseté à laquelle s'opposer. Si tout est vrai, rien n'est vrai ; ou, comme le disait V. Jankélévitch, si tout est rose rien n'est rose. Ou bien la tautologie ne dit rien, c'est-à-dire se contente de répéter son propre fait sans y ajouter la moindre information (A est A, une chose est une chose, le réel est le réel). Et dans ce cas la tautologie ne dit naturellement rien non plus, selon en tout cas Wittgenstein qui a à ce sujet une formule décisive et apparemment sans appel : « Dire d'*une* chose qu'elle serait identique à elle-même, c'est ne rien dire du tout » (5.5303). Nous verrons plus loin s'il n'y a pas moyen d'interjeter appel d'un tel jugement.

Mais, en second lieu, la tautologie, qui est et restera vraie dans tous les cas et dans tous les mondes possibles, doit être aussi considérée comme un *modèle de vérité* (de fait, elle est la seule proposition à laquelle Wittgenstein, qui est probablement le penseur le plus rebelle à l'évidence que la philosophie ait produit, ne cherche jamais noise) ; la tautologie est « inconditionnellement vraie » (4.461), « vraie pour la totalité des possibilités de vérité » (4.46). Cela implique un manifeste impérialisme de la tautologie, je veux dire un modèle de vérité tel qu'à la limite on pourrait dire que toute autre forme de proposition est non seulement moins vraie, mais encore est fausse. Wittgenstein semble cautionner lui-même cette radicalisation de la tautologie sur le mode éléate (la proposition est tautologique ou n'est pas) dans plusieurs aphorismes qui suivent les aphorismes précédemment cités : déclarant, d'abord que « la forme générale de la proposition est : "Il en est ainsi" » (4.5), ce qui rapproche à s'y méprendre cette forme générale de la proposition de la proposition tautologique, ensuite que « l'on pourrait dire en un certain sens que *toutes* les propositions sont des généralisations des propositions élémentaires » (4.52). L'ensemble des vérités est alors l'ensemble des généralisations de cette vérité qui a pour nom tautologie. Et il n'y a dès lors plus moyen d'échapper à l'alternative : ou parler de façon tautologique et dire vrai, ou parler en s'écartant de la tautologie et dire faux.

Cette conclusion curieuse dérive de la pensée que, dès lors qu'on dispose d'une pensée qui régit en somme tout le vrai (« vraie pour la totalité des possibilités de vérité », disait

Wittgenstein en 4.46), il s'ensuit que toute autre pensée est par définition fausse. Cette première grande bizarrerie où nous entraîne l'étude de la tautologie trouve une illustration quotidienne et impressionnante dans les dispositions mentales et psychologiques que la psychiatrie a rassemblées sous l'appellation de paranoïa. Plusieurs psychiatres et psychanalystes modernes se sont profondément avisés que l'un des traits les plus caractéristiques de la paranoïa consistait dans une sorte de réduction du langage à la tautologie, réduction qu'ils appellent perte des fonctions polysémique et métaphorique du langage. Ainsi le paranoïaque a-t-il tendance à réfuter, non pas seulement toute parole qui mettrait plus ou moins directement en question la parole qu'il tient pour vraie, mais bien toute espèce de parole, dès lors que celle-ci est autre que la parole unique conservée dans son sanctuaire. Surtout si par malheur certains des mots employés innocemment dans une parole quelconque se trouvent déjà présents dans la formule sacrée et inviolable, où ils sont pour ainsi dire « gelés » quant à leur signification, comme déjà « pris » et ne pouvant « resservir » pour d'autres usages, bref appartiennent à un domaine réservé et interdit d'utilisation à d'autres fins. Soit par exemple une formule hautement sacrée pour la plupart des paranoïaques (et d'ailleurs pour tous les hommes, avec cependant cette différence qu'ils n'en concluent pas nécessairement à l'interdiction de toute autre formulation) : « Maman m'aime ». Cette formule, qui n'est pas tautologique en soi, engendre un usage tautologique du langage dès lors que le paranoïaque a tendance à refuser toute formule si celle-ci implique au moins l'un des trois termes « maman », « aimer », « moi », et n'est pas pour autant une confirmation littérale, c'est-à-dire une redite tautologique, de ce que disait déjà la première formule. Les mots qui disaient la chose en sont venus à se confondre avec l'existence de la chose qu'ils disaient ; si bien qu'à toucher aux mots on attaquerait aussi la chose. L'idée d'« un mot pour un autre », pour reprendre le titre d'une pièce drolatique de Jean Tardieu, est le pire cauchemar qui puisse venir troubler l'esprit d'un paranoïaque, dont tout le fragile confort repose sur l'assurance d'un langage strictement univoque, avec un mot pour chaque chose et une chose pour chaque mot. C'est pourquoi « Maman m'aime » ne peut et ne doit se rendre que par « Maman m'aime ». Telle que l'entend un paranoïaque, la vérité de cette proposition est si forte qu'elle rend automatiquement fausse toute proposition qui utiliserait un de ses mots constitutifs pour former une proposition non pas nécessairement contradictoire ou concurrentielle mais simplement autre. Serait seule acceptable une formule dont la différence se réduirait à une simple tautologie, du genre « Maman m'adore ». Il va de soi qu'une formule telle que « Maman m'aime beaucoup » n'irait pas, en raison de la légère mais insupportable restriction impliquée par le « beaucoup ». Mais des propositions du genre « Maman aime les chocolats » ou « Maman aime les bains de mer » seraient également récusées, et considérées comme persécutrices. Car il faudrait ici choisir, estime le paranoïaque. Déboussolé par sa terminologie monosémique (un seul mot pour une chose) et sa syntaxe monoïdéïque réfractaire à toute modulation (une seule phrase pour énoncer un fait, phrase qui dès lors lui colle pour ainsi dire au corps), notre homme s'assombrira et voudra savoir qui ou quoi, dans ces conditions, est véritablement aimé de maman. C'est pourquoi le paranoïaque, qui se contredit lui-même à tout instant et sait fort bien, quand l'occasion l'y contraint, utiliser pour son propre compte glissements de sens et paralogismes, estime très sincèrement, je dirais même assez logiquement compte tenu de sa pratique du langage, que c'est l'autre qui se contredit sans cesse. Car c'est réellement se contredire, aux oreilles d'un paranoïaque, que d'affirmer à la fois que maman aime son fils et que maman aime les chocolats. Et ce serait encore se contredire que d'affirmer que papa aime les gâteaux, puisque le mot « aime » est déjà confisqué par la formule sacrée « Maman m'aime ». Généralement, le paranoïaque ne laisse rien filtrer sur le moment de l'orage intérieur qui l'agite ; mais il rumine son affaire toute la journée et vous interpelle le soir venu : « Ce matin, tu as dit que maman m'aimait. Cela ne t'a pas empêché de déclarer, pendant le déjeuner, que maman aimait les chocolats et que papa aimait les gâteaux. J'attends tes explications. » Je ne suis d'ailleurs pas sûr que n'importe quelle formule, si quelconque soit-elle, c'est-à-dire n'utilisant aucun des termes de la formule sacrée et parlant de tout autre chose que de la mère et de son enfant, n'en puisse venir à irriter secrètement son auditeur paranoïaque, par le seul fait qu'elle ne confirme pas, au moins indirectement, la formule tenue pour seule vraie. Des phrases telles que « Il fait beau aujourd'hui » ou « Il faudra penser à acheter du pain » ne passeraient probablement que de justesse. Car ce qui ne dit pas comme nous dit contre nous, de même que ce qui n'est pas avec nous est contre nous, au gré d'une logique aussi fanatique que paranoïaque. De fait, aucune parole n'est ici anodine, et le plus sage est de ne jamais rien dire.

L'ordre juridique dont raffole le paranoïaque n'est probablement qu'une extension de son singulier ordre linguistique. À la rigoureuse mise en place des mots correspond une non moins rigoureuse mise en ordre des actes. Un mot et un seul pour désigner chaque chose, un article précis du code pour autoriser chaque geste. Un acte « libre », c'est-à-dire ne s'appuyant sur l'autorité d'aucun texte ne doit pas exister ; s'il existe, il est suspect.

Il est inutile de rappeler que la passion dont souffre le paranoïaque, qu'il exprime dans un langage d'où toute métaphore est bannie, est précisément une inquiétude qui tourne constamment autour de la question de l'identité dont le paranoïaque fait une sorte d'affaire personnelle (« Moi = Moi » finissant par éclipser la formule plus générale « A = A »). Inutile aussi de souligner le caractère morbide de cette passion de la tautologie – qui torture le paranoïaque mais aussi bien tout homme jaloux, lors de ses heures d'inquiétude où tout devient source d'alarme et signe de déstabilisation d'une position acquise – que je n'invoque ici que comme illustration psychopathologique propre à éclairer ce que Wittgenstein veut dire lorsqu'il évoque le surcroît de vérité que possède la proposition tautologique par rapport à toute autre forme de proposition.

Reste que ce modèle de *vérité* – et c'est là le troisième caractère de la tautologie selon Wittgenstein – est aussi le contraire d'un principe de *réalité*. Comme le dit Wittgenstein : « La tautologie et la contradiction ne sont pas des images de la réalité. Elles ne représentent aucun état possible des choses. Car la tautologie permet *n'importe quel* état de fait possible, la contradiction n'en permet *aucun*. Dans la tautologie, les conditions d'accord avec le monde – les relations de représentation – se neutralisent les unes les autres de telle sorte qu'elle ne se trouve en aucune relation de représentation avec la réalité » (4.462). Ou encore : « La tautologie laisse à la réalité tout l'espace logique – infini ; la contradiction remplit tout l'espace logique et ne laisse aucun point à la réalité. Aucune des deux ne peut ainsi déterminer la réalité d'une quelconque manière » (4.463). Wittgenstein veut dire ici que la tautologie n'a aucun pouvoir descriptif, parce que la vérité logique qui veut qu'une chose soit nécessairement égale à elle-même ne renseigne en rien sur la nature de chacune des choses existantes, c'est-à-dire est incapable d'en « déterminer » (ou d'en définir) la réalité. C'est pourquoi la succession des tautologies, assurant chaque fois de telle chose qu'elle est cette chose même, ne dit finalement rien d'aucune chose ; et c'est en ce sens que Wittgenstein peut dire qu'elles « se neutralisent les unes les autres ». Il est évidemment difficile de ne pas donner raison, ou au moins quelque raison, à Wittgenstein sur ce point. Cependant je ne serais pas disposé quant à moi – pour des raisons que je tenterai de dire plus loin – à suivre ici Wittgenstein jusqu'au bout, à admettre avec lui qu'une tautologie n'est en aucune façon descriptive et encore moins qu'elle soit sans rapport avec la réalité qu'elle répète, étant en quelque sorte « coupée » de tout contact avec le réel. Je me contenterai pour l'instant d'observer qu'une ancienne tradition philosophique, qui remonte à Parménide et à Antisthène le Cynique, semble en avoir décidé autrement, estimant que la formule tautologique ne désigne pas seulement une évidence logique mais aussi la plus certaine *réalité* des choses. L'être, qui est ce qu'il est et n'est pas ce qu'il n'est pas, est aussi « ce qui existe maintenant » (*esti nun*), dit Parménide dans le célèbre huitième fragment de ce qui nous reste de son poème. Au fond, le problème consiste ici à se demander dans quelle mesure une vérité logique peut ou pourrait exprimer aussi une vérité ontologique ou existentielle. Et, là encore, on pourrait opposer à Wittgenstein une autre et non moins célèbre parole de Parménide : « C'est une même chose que de penser et d'être [1] ».

Mais je reviens à la tautologie, ou plutôt à ma tentative de montrer en quoi celle-ci recèle une profondeur qui excède toute vérité seulement logique ou formelle, si éclatante que soit en effet celle-ci. Un nouveau et assez long détour me paraît cependant nécessaire avant d'en venir à ce que je considère comme la fécondité réelle de la formulation tautologique, qui passe pour exprimer une vérité certes, mais aussi une vérité à jamais « sèche et stérile » (comme le dit Malebranche à propos du pourtant richissime Livre III de sa *Recherche de la vérité*). Il est certain que la tautologie énonce le principe d'identité, que je formulerai provisoirement – provisoirement car, comme on le verra si on ne le sait déjà, cette formulation est inexacte – par l'équation $A = A$. Avant d'être à même d'apprécier la richesse (ou la pauvreté) de cette information, il n'est pas inutile de se demander ce que la tautologie *n'est pas*. Il existe en effet un certain nombre de figures de discours bien connues qui, quoique fort différentes de la tautologie, ont été plus ou moins assimilées à elle, et ce pour le plus grand dommage de cette dernière. La première (et la plus connue du public français) de ces figures de discours faussement assimilées à la tautologie est la lapalissade, ou vérité de M. de La Palice.

---

1. *Poème*, fragment III.

« Affirmation dont l'évidence toute formelle prête à rire », c'est ainsi que le dictionnaire Robert – et probablement tous les dictionnaires à quelques nuances près – définit la lapalissade, avant de la renvoyer nommément au terme « tautologie ». On remarquera que quelque chose heurte immédiatement dans cette analogie suggérée par Robert entre la lapalissade et la tautologie : à savoir le « prête à rire ». Car, si on comprend bien (même si on n'en analyse pas précisément la raison) qu'une lapalissade puisse et même doive prêter à rire, on ne voit en revanche pas du tout l'élément comique qu'une tautologie du genre « A = A » ou « Paris est Paris » pourrait contenir. Pour le reste, il faut avouer que chacun des couplets rajoutés au fil des ans à la célèbre chanson, ou plutôt à la phrase qui en servit de point de départ et fut interprétée à tort comme truisme – car, en rapportant qu'« un quart d'heure avant sa mort il était encore en vie », les fidèles du guerrier défunt voulaient seulement dire que, quelques minutes avant de succomber à la bataille de Pavie, le maréchal se battait encore comme un beau diable –, il faut avouer donc que chacun de ces couplets semble donner raison au dictionnaire et que la chanson n'est du début à la fin qu'une ribambelle de truismes apparemment plus « tautologiques » les uns que les autres. Mais s'agit-il vraiment de tautologies ? Voyons cela de plus près, en examinant par exemple le dernier refrain de la chanson :

> *Il est mort un vendredi,*
> *Le dernier jour de son âge.*
> *S'il fût mort le samedi,*
> *Il eût vécu davantage.*

Que nous apprend ce refrain ? On peut distinguer ici entre deux interprétations. Selon l'interprétation traditionnelle et paresseuse, une seule vérité nous est donnée à connaître : que M. de La Palice a trouvé la mort un certain vendredi. Tout ce qui suit n'est qu'une *répétition*, avec d'autres termes, de la première et seule vérité annoncée.

Mais selon une autre lecture, qui a ma préférence, ce sont trois informations, et non une seule, qui nous sont ainsi transmises : que M. de La Palice mourut un certain jour, que ce jour-là fut le dernier de sa vie, qu'enfin les choses auraient été différentes (et qu'il s'en serait ensuivi la fausseté de la première information) s'il était mort le jour suivant. On pourra certes objecter que ces trois informations, se confondant l'une avec l'autre, se résument en fait à une seule et même information. À quoi je rétorquerai qu'il n'en est rien et que, même si les trois informations données se déduisent aisément les unes des autres, elles n'en constituent pas moins trois informations différentes et dans une certaine mesure autonomes. Car il est très différent de dire trois fois *la même chose*, et de dire trois choses qui peuvent *se déduire* les unes des autres. Il en résulte que le refrain en cause n'est pas constitué de tautologies, c'est-à-dire de vérités semblables l'une à l'autre, mais d'une suite de vérités proches les unes des autres sans qu'on puisse pour autant les assimiler purement et simplement les unes aux autres. Pour être tautologique, le refrain devrait énoncer quelque chose du genre : M. de La Palice est mort un vendredi, et c'est un vendredi que M. de La Palice est mort, et ce n'est à aucun autre jour de la semaine qu'un vendredi qu'est mort M. de La Palice. Or ce n'est pas du tout ce que dit la chanson, comme on peut s'en assurer en relisant le texte de son dernier refrain. Il y est bien question d'un énoncé suivi de deux « lapalissades » ; mais ces lapalissades ne sont pas des tautologies. On pourrait dire en termes musicaux, pour rendre la chose plus claire, que les deux lapalissades en question constituent, non pas des répétitions comme devraient l'être des tautologies, mais des *variations* du thème initial.

Mais il faut pousser l'analyse plus loin. Ces variations que sont effectivement les lapalissades par rapport à un thème donné – M. de La Palice est mort un vendredi – constituent aussi des variations très particulières en ce qu'elles font plus semblant de varier qu'elles ne varient véritablement et apparaissent ainsi comme ce qu'on pourrait appeler, non certes des tautologies, mais des variations *imaginaires*. Imaginaires en ceci qu'elles présentent comme énoncé nouveau quelque chose qui n'est pas nouveau mais déjà impliqué par l'énoncé du thème primitif. La variation dite lapalissade ne dit pas la *même chose* que ce qui a déjà été dit, mais n'en dit pas moins quelque chose qui *revient au même*. Et c'est là tout le jeu de la lapalissade : d'éberluer un instant son auditeur en provoquant l'illusion d'un « autre dire » qui trouve moyen de n'être « ni tout à fait le même ni tout à fait un autre », pour parodier Verlaine. Nous pouvons ainsi mieux cerner la différence qui sépare la tautologie de la lapalissade : alors que la première répète ouvertement le même, la seconde le répète tout en s'efforçant de le faire passer pour un autre, en suscitant un instant l'hallucination d'une différence. C'est d'ailleurs cette prétention infondée à la différence qui explique le comique de la lapalissade, comme l'absence de toute prétention de cet ordre explique le caractère neutre et non risible de la tautologie pure ; ce qui résout le petit problème évoqué plus haut au sujet du rire engendré par la lapalissade et non par la tautologie. En sorte qu'il ne suffit pas de dire que la lapalissade n'est pas la tautologie. Pour en saisir l'essence, il faut ajouter qu'elle est une tautologie travestie, une tautologie qui n'admettrait pas qu'elle est tautologique ; bref, une *dénégation de la tautologie* au sein même de la tautologie, par la suggestion d'un « autre » fantomal qui viendrait interférer entre le même et le même. Arrivés en ce point, force est de conclure que tautologie et lapalissade divergent radicalement tant si l'on considère leur effet que si l'on considère leur nature : la seconde est une inversion de la première, la lapalissade est une tautologie inversée, un essai de *démenti* de la tautologie, – essai forcément voué à avorter, mais essai quand même. Sa formule n'est pas $A = A$, mais $A \neq A$.

Un vers célèbre de Boileau, dans sa première *Satire*, illustre parfaitement cette dérive inévitable de la lapalissade ($A = A$) vers sa dénégation ($A \neq A$) : « J'appelle un chat un chat, et Rolet un fripon. » Une logique identitaire voudrait qu'on dît seulement : « J'appelle un chat un chat, et Rolet Rolet. » Mais le comique du vers consiste précisément à feindre d'assimiler le rapport de Rolet à la friponnerie à un rapport de pure tautologie : ce n'est pas assez de dire que Rolet est fripon, car « Rolet » et « fripon » sont deux mots – ou deux noms – interchangeables et équivalents l'un à l'autre, selon la stricte équation identitaire qui veut que Rolet soit égal à fripon comme A est égal à A.

Ainsi considérée, la lapalissade est proche d'un certain nombre de figures de style ou de raisonnement assez courantes. Au genre des pseudo-tautologies se rattache d'abord l'espèce du *pléonasme*, qui n'est d'ailleurs qu'une forme plus générale de la lapalissade, impliquant moins de cocasserie et plus de balourdise dans la mesure où le pléonasme est le plus souvent involontaire (alors que la lapalissade est généralement voulue, comme dans la chanson, ou le film de Christian-Jaque, *François Ier*, qui met en scène un M. de La Palice de fantaisie). Mise à part cette nuance, rien ne permet de distinguer réellement entre la lapalissade et le pléonasme, qui est lui aussi une manière d'énoncer une seule chose tout en croyant en énoncer deux, de dire deux fois ce qu'il suffisait de dire une fois. Comme la lapalissade, et comme d'autres formes d'expression apparentées que nous verrons plus loin, le pléonasme repose sur la vérité supposée de cet énoncé nécessairement faux qui voudrait que A diffère de A. Tout romancier du XIXe siècle qui, de par son métier de feuilletoniste, a tendance à tirer un peu à la ligne, doit en permanence prendre garde à la tentation du pléonasme qui affaiblirait son texte mais ajouterait à sa copie. Jules Verne, qui échappe généralement à ce danger dans la mesure où il aime à recopier des pages entières d'encyclopédies ou de relations de voyage lorsqu'il s'agit de décrire un pays, une flore et une faune dont il n'a aucune notion ni expérience, glisse pourtant de loin en loin un pléonasme dans la foulée de son recopiage, comme s'il cédait par distraction à un effet de vitesse acquise. Plongé dans une description longue et horrifique de l'enfer des marais sibériens, que rendent encore plus cruelles des nuées de moustiques qui tannent voyageurs et montures, il écrit par exemple ceci (avec probablement, comme souvent, un œil sur le dictionnaire, l'autre occupé à surveiller le feu qui assure la chaleur et le confort du foyer) : « L'atmosphère semble y être hérissée de fines aiguilles, et on semble fondé à croire qu'une armure de chevalier ne suffirait pas à protéger contre le dard de ces diptères. C'est là une funeste région, que l'homme dispute chèrement aux tipules, aux cousins, aux maringouins, aux taons, et même à des milliards d'insectes microscopiques, *qui ne sont pas visibles à l'œil nu*[2]. » Ce petit pléonasme ne constitue certes qu'une défaillance bien vénielle, comparé à tous ceux qui fourmillent parfois dans l'œuvre d'écrivains n'ayant pas le talent littéraire de Jules Verne. Et, pour passer d'un extrême à l'autre, on peut remarquer que les rois incontestés du pléonasme – mais nous verrons qu'ils peuvent être aussi les rois de la tautologie proprement dite – sont les policiers Dupont et Dupond dans les célèbres bandes dessinées de Hergé (policiers qui sont déjà eux-mêmes une sorte d'incarnation vivante de la tautologie puisque rien ne permet de les distinguer, hormis une minuscule différence d'orthographe et de moustache, différence si ténue que Hergé s'y embrouille souvent). L'un ne peut énoncer une formule quelconque sans que l'autre n'essaie aussitôt d'en préciser et d'en amplifier le sens par l'ajout d'un « je dirais même plus » qui a le sort constant et malheureux de ne jamais rien dire de plus que ce qui vient d'être dit, – ce qui suggère un peu l'idée d'un soufflé au fromage qui ne s'élèverait un instant que pour immédiatement retomber et retourner à son état antérieur, ou, plus précisément, d'un soufflé qui en resterait obstinément à son état de pâte molle alors qu'on vous assure qu'il va prendre de la hauteur. C'est du moins ce qui se passe dans un état ultérieur du « gag »,

---

2. *Michel Strogoff*, Première partie, ch. XV : « Les marais de la Baraba ». Je souligne.

que nous verrons par la suite et qui atteint au statut véritable de la tautologie, avant d'en arriver, dans un troisième état du gag, à faire exploser la tautologie dans l'inarticulé et le borborygme. Quant au premier état du gag, il retombe lui dans la pure expression pléonastique, qui ajoute à un premier A un A supposé différent. On en trouve un bel exemple à la page 3 de *L'Oreille cassée*, avec un effet de double pléonasme puisque la réplique du premier policier, qui sera répétée sur le mode pléonastique par le second, est déjà elle-même une répétition pléonastique de l'objet soumis à la perspicacité du premier policier. Un directeur de musée montre à celui-ci une lettre non signée qu'il vient de trouver dans son courrier. « Mon opinion est faite », déclare Dupont : « cette lettre est une lettre anonyme ! » Premier pléonasme. « Je dirais même plus », surenchérit aussitôt Dupond : « une lettre anonyme dont l'auteur est inconnu ! » Second pléonasme.

Un universitaire de renom, qui devait présenter à l'auditoire un conférencier répondant au nom malheureux de « Petit du Taillis », crut bon de s'amuser à ses dépens en annonçant un M. « Menu du Buisson », sans s'aviser qu'il s'exposait ainsi lui-même à une fâcheuse contre-attaque. Ce lapsus apparemment involontaire, qui mit la salle en joie, joue sur un effet purement pléonastique (menu = petit, buisson = taillis). La réplique, qui ne se fit pas attendre mais que je ne puis rapporter ici, par égard envers un collègue aujourd'hui décédé, jouait du même effet. Disons seulement qu'il s'agissait de quelque chose du genre « Merci, M. de Jolicul » au lieu de « Merci, M. de Beauséant ». Et tout le monde de se retordre. À pléonasme, pléonasme et demi.

Cette anecdote m'amène à observer que le pléonasme, lorsqu'il est voulu et lorsque au surplus s'y mêle le génie littéraire, peut aboutir à des effets très cocasses et subtils, contrairement au sort ordinairement peu risible et balourd du pléonasme. Dans un passage que je ne retrouve pas, Rabelais dit de quelqu'un, probablement Panurge, qu'il

« craignait les coups *naturellement* ». Ce « naturellement » réjouit d'emblée comme bien d'autres mots de Rabelais, sans qu'il soit besoin d'élucider la raison précise de son efficacité comique. Pourtant, cette élucidation est ici facile. Il ne s'agit en effet que d'un pléonasme bien placé, d'une précision inutile et superfétatoire qui fait rire parce qu'elle repose sur l'hypothèse absurde qu'on accède généralement à la peur des coups par de tout autres voies : par l'étude et la réflexion, après lecture et méditation de maint livre, et non pas, comme chez Panurge, le plus « naturellement » du monde, par la grâce d'un savoir intuitif et inné qui serait le fait du seul Panurge. Au chapitre XXIV du *Quart Livre*, Panurge déclarera, dans un esprit voisin, qu'il « ne craint rien que les dangers », en un autre pléonasme, un peu moins réjouissant cependant que le précédent (parce que plus facile et plus attendu). Pléonasme encore, cette fois-ci de nouveau très drolatique, dans l'appel à l'autorité d'Aristote pour conclure du comportement imbécile des moutons à l'imbécillité des moutons, dans l'épisode célèbre des moutons de Panurge, au chapitre VIII du *Quart Livre* : « Soudain, je ne sais comment, le cas fut subit, je n'eus loisir le considérer, Panurge, sans autre chose dire, jette en pleine mer son mouton criant et bêlant. Tous les autres moutons, criant et bêlant en pareille intonation, commencèrent soi jeter et sauter en mer après, à la file. La foule était à qui premier y sauterait après leur compagnon. Possible n'était les en garder, comme vous savez être du mouton le naturel toujours suivre le premier, quelque part qu'il aille. Aussi le dit Aristote, *lib. IX, de Histo. animal.*, être le plus sot et inepte animant du monde. »

De la *redondance*, je ne vois rien à dire que je n'aie déjà dit au sujet du pléonasme. La *pétition de principe*, en revanche, mérite un examen plus détaillé. Celle-ci constitue bien une pseudo-tautologie, comme la lapalissade, le pléonasme ou la redondance ; mais elle présente en outre la particularité d'être moins une confusion terminologique qu'une confusion touchant au raisonnement : opérant une distinction hallucinatoire non plus entre deux expressions qui reviennent à dire la même chose, mais entre deux pensées qui sont en réalité indiscernables, et ce afin d'établir – ou de prétendre établir – la vérité de l'une par la force argumentative de l'autre. Le problème est qu'il n'y a en l'occurrence ni première ni seconde pensée, mais une seule et même pensée qui tient lieu à la fois de vérité à prouver et de preuve de cette vérité. La preuve dite « ontologique » de l'existence de Dieu, qui consiste à déduire l'existence de Dieu de l'idée qu'on peut s'en faire, constitue en la matière une pétition de principe exemplaire, comme l'a remarqué Kant dans la *Critique de la raison pure*. Mais ce même Kant recourt lui aussi, et ce sans la moindre gêne, aux plus absurdes pétitions de principe dès lors que sont en jeu, selon lui, les « intérêts supérieurs » de la raison. Ainsi la *Critique de la raison pratique* déduit-elle sans scrupule apparent la liberté de la liberté et l'existence de Dieu de l'existence de Dieu : « Ces postulats sont ceux de l'*immortalité*, de la *liberté* (...) et de l'*existence de Dieu* (...). Le *second* (découle) de l'hypothèse nécessaire de notre indépendance par rapport au monde sensible et du pouvoir de déterminer notre propre volonté d'après la loi d'un monde intelligible, c'est-à-dire de la liberté ; le *troisième*, de la nécessité de la condition requise pour qu'un tel monde intelligible soit le souverain Bien, par l'hypothèse du souverain Bien autonome, c'est-à-dire de l'existence de Dieu[3]. »

L'illusion de la pétition de principe n'est pas exactement de confondre la chose à prouver avec l'argument qui lui servirait de preuve, de se servir dans sa démonstration de la vérité même qu'il s'agissait de prouver. Elle consiste plus exactement à opérer une distinction imaginaire entre ce qui doit être prouvé et l'argument censé le prouver, qui s'avère n'être qu'une répétition opiniâtre de l'opinion dont on devait éprouver la validité. La formule de la pétition de

---

3. Kant, *Œuvres philosophiques*, II, Gallimard, coll. « Bibl. de la Pléiade », tr. Luc Ferry et Heinz Wismann, p. 769.

principe relève apparemment d'un jeu logique des plus honnêtes : « A est vrai parce que B est vrai et que si B est vrai A l'est aussi ». La mystification réside dans le fait qu'il est impossible de distinguer le B du A auquel ce B est censé porter appui. La véritable formule de la pétition de principe (qui dérive elle aussi de l'équation fantastique qui poserait que A ≠ A) est donc : « A est vrai parce que A est vrai et que si A est vrai A l'est aussi. » Cette formule semble extravagante et réservée au seul usage des fous. Elle est pourtant utilisée de la manière la plus courante, et il existe autant d'hommes pour s'en recommander qu'il existe de fanatiques, ou plus généralement d'hommes têtus. Elle est la formule de prédilection de l'homme à idée fixe, idée que tout semble confirmer à ses yeux alors que tout la contrarie en effet. Après Montaigne, Paul Claudel en a tracé un portrait modèle dans la première de ses *Conversations dans le Loir-et-Cher* : « Laissez-le se contredire et affirmer avec insolence que toutes les opinions vers la vérité sont des points de départ équivalents. Il ment ! Ce qui lui manque en logique, il le retrouve en obstination. L'idée primitive sous les variantes reparaît comme une cicatrice au milieu des auréoles successives et comme la tache de sang sur le mouchoir de lady Macbeth sous le carbonate et l'eau de Javel. » Un autre héros populaire de cette obstination triomphant de la logique est le personnage d'un sketch célèbre de Fernand Reynaud, qui réclame au bistrot un café avec des croissants et qui, apprenant qu'il n'y a plus de croissants dans l'établissement, modifie sa commande en réclamant tour à tour du thé, du chocolat, n'importe quelle boisson chaude, – mais avec des croissants. Le raisonnement de ce consommateur frustré est assez voisin de la pétition de principe : « Il y a des croissants parce que j'ai envie de croissants et que si j'ai envie de croissants c'est qu'il y a des croissants. » Le point commun aux deux démarches est de conclure au fait désiré par ce seul fait qu'on le désire, – et peu importe qu'il s'agisse de la vérité d'une idée ou de l'existence de croissants. Démontrer A à partir de A, comme le fait la pétition de principe, n'est qu'une façon parmi d'autres de prendre ses désirs pour des réalités.

Une curieuse faute de français, qui s'est répandue depuis quelque temps dans la presse française (et qui a je le suppose pour origine une traduction trop littérale du texte d'agences de presse rédigé dans une langue étrangère), exprime involontairement la différenciation hallucinatoire entre deux événements qui n'en sont qu'un seul, différenciation qui constitue l'essence de ce que j'appelle la pseudo-tautologie. Lorsqu'il s'agit de relater quelque accident ou catastrophe ayant entraîné mort d'hommes – car il s'agit presque toujours de malheurs de ce genre, ce qui confère un caractère à la fois tragique et cocasse au compte rendu qui en est fait –, la plupart des journaux, écrits ou parlés, relatent l'événement sur le mode syntaxique suivant : « Trente personnes sont mortes en survolant le lac Tanganyka, *lorsque* (ou *quand*) l'avion qui les transportait a soudain perdu de l'altitude pour une cause inconnue et s'est englouti, malgré les efforts désespérés de l'équipage, dans les eaux du lac. » On pouvait lire par exemple, dans le numéro de *Nice-matin* daté du 7 juillet 1996 (mais on peut en lire autant, sinon plus, tous les jours et dans tous les journaux), le compte rendu suivant : « Une trentaine de passagers et membres d'équipage de la compagnie australienne Qantas à destination de Tokyo ont été blessés hier, trois souffrant de fractures, lorsque l'avion, un Boeing 747, a traversé une zone de turbulences, ont indiqué les pompiers japonais. » Ce compte rendu est évidemment absurde, à moins d'imaginer que les pompiers japonais sont bigleux et ont aperçu deux faits et deux temps (un pour les passagers blessés, un autre pour les turbulences) là où il n'y avait qu'un seul fait et un seul temps (des turbulences provoquant des blessures). Car l'usage de la langue française veut qu'une proposition circonstancielle de temps introduite par la conjonction « quand » ou « lorsque » et gouvernant un verbe au temps passé (simple ou composé) annonce un événement qui *succède* à ce qui est relaté par la proposition principale par laquelle débute la phrase. Exemple : « Nous étions en train de dîner, lorsque quelqu'un *sonna* à la porte d'entrée. » On pourrait objecter que j'emploie, dans ma proposition principale, un verbe à l'imparfait et donc à connotation durative (« nous étions »), alors que les phrases incriminées ci-dessus emploient le passé composé (« sont mortes » ou « ont été blessées ») dès la proposition principale. Mais cet emploi est lui-même déjà fautif, puisqu'il a pour effet d'associer dans le temps deux faits que la conjonction « quand » ou « lorsque » qui les sépare aboutit, si je puis dire, à dissocier dans le même temps, faisant d'un seul et même temps deux temps distincts. Je ne sais si la grammaire française sanctionne formellement un tel usage (car, s'il est vrai qu'une grammaire n'est jamais que la codification d'un usage, de même qu'un traité d'harmonie n'est que la codification des partitions musicales qui ont précédé son élaboration, il est vrai aussi qu'une grammaire ne peut percevoir à l'avance *tous* les manquements qui pourraient être faits à cet usage). Toujours est-il que cet usage est d'une parfaite impertinence, puisqu'il incite à penser qu'il y a eu d'abord un certain événement, ensuite un autre événement qui se trouve être le même. Il revient en effet à dire : « Trente personnes sont mortes dans un accident d'avion ; et quelques instants plus tard – un malheur n'arrivant jamais seul – il y a eu un autre accident d'avion qui les a tuées. » Les passagers sont ainsi morts deux fois : une première fois dans un accident d'avion, une seconde fois dans le même accident d'avion. C'est trop d'un, et nos passagers pourraient se plaindre à l'instar du lion devenu vieux dans la fable de La Fontaine, qui subit sans murmure les outrages de tous les animaux mais se rebiffe quand apparaît l'âne pour lui porter le dernier coup :

> *Ah ! C'est trop, lui dit-il, je voulais bien mourir :*
> *Mais c'est mourir deux fois que souffrir tes atteintes* [4].

---

4. *Fables*, I, 14.

Une autre interprétation de cette impertinence d'expression, moins instructive philosophiquement que la précédente mais elle aussi assez cocasse, pourrait y discerner l'effet d'une inversion du temps faisant intervenir le futur avant le passé et la conséquence avant la cause. Au lieu de suggérer (et d'écrire cette fois correctement) que, dans le cas qui nous occupe, trente personnes sont mortes *des suites* d'un accident d'avion, la version journalistique incriminée suggère en effet que cet accident d'avion a eu pour origine la mort préalable de trente personnes qui se trouvaient à son bord.

On peut se demander si le *truisme* fait partie lui aussi du genre des lapalissades et pseudo-tautologies. Son ambition semble à première vue plus courte, ne consistant pas à s'efforcer coûte que coûte de dire autrement ce qui ne peut être dit que par son propre dire, mais plutôt à énoncer, sur un mode emphatique qui les rend ridicules, des banalités évidentes pour tout le monde, telles qu'en sont remplis par exemple le *Dictionnaire des idées reçues* de Flaubert et l'*Exégèse des lieux communs* de Léon Bloy, ou encore les pastiches de Vauvenargues proposés par Sylvain Monod : « Les gens bêtes manquent d'esprit », « Un homme courageux affronte plus volontiers les dangers que le lâche [5] ». Toutefois on discerne souvent, quand on analyse un truisme et son effet risible, une certaine prétention à la différence par rapport à une autre formule qui, quoique disant exactement la même chose, ne serait qu'une vérité triviale en comparaison de la formulation noble et profonde que croit lui conférer le diseur de truisme. Cet effort de « mieux dire » une vérité qu'on ne fait en réalité que répéter piteusement, qui caractérise le truisme, signale ici encore l'hallucination d'une différence ou d'une duplication du même qui rapproche le truisme de la lapalissade et de l'ensemble des pseudo-tautologies. L'essence du truisme consiste ainsi, de manière très générale, à prétendre susciter l'illusion d'un « autrement dit » là où une vérité est énoncée dans sa ver-

---

5. *Pastiches*, Henri Lefebvre éd., Paris, 1963, p. 289.

sion la plus élémentaire, c'est-à-dire en somme à présenter comme métaphore ce qui n'est que répétition, comme dans cette autre maxime prêtée à Vauvenargues par Sylvain Monod : « La clarté est à l'obscurité ce que le jour est à la nuit [6] ». Un autre trait caractéristique du truisme est sa disposition à tendre, non seulement au discours à signification pauvre, mais aussi au discours à signification nulle. À force de vouloir se dépasser en tentant de prêter une expression riche à un contenu pauvre, le truisme parvient parfois à se dépasser en effet en troquant *in extremis* sa parole plate contre une parole vide. Ne parvenant pas à dire mieux, ou à « dire plus » comme s'y essaient en vain les Dupont et Dupond tout au long des aventures de Tintin, il prend le parti sage de *ne plus rien vouloir dire*, ce qui est après tout une sorte de capitulation honorable (pour le truisme comme d'ailleurs toutes les formes de pseudo-tautologies). Une quatrième maxime du faux Vauvenargues illustre joliment cette attirance du vide qui hante et menace l'élaboration des truismes : « Il y a, dans la vie, un certain je ne sais quoi. » Et, comme si ce n'était pas assez de cette sottise, un commentateur du texte de ce pseudo-Vauvenargues, inventé lui aussi par Sylvain Monod, croit utile d'y ajouter en bas de page une note perfide : « Cette pensée, sous sa forme un peu vague, n'est pas sans un certain charme et invite à la réflexion [7] ».

Reste enfin le cas de ce que j'appellerais la *tautologie didactique*, ou édifiante, qui consiste à énoncer des proverbes sous la forme – mais pas selon l'esprit – de la tautologie. Ainsi : « Un sou est un sou », « Une double croche est une double croche », « La guerre est la guerre » (forme allemande – *Krieg ist Krieg* – du dicton français « À la guerre comme à la guerre »). Quoique strictement semblable à l'énonciation tautologique sous sa véritable forme (qui est, comme nous allons le voir, *A est A* et non pas $A = A$), cette

---

6. *Ibid.*, p. 290.
7. *Ibid.*, p. 290.

sorte de tautologie est encore plus éloignée de la tautologie que toutes les espèces de pseudo-tautologies rencontrées précédemment, en raison précisément de son caractère didactique. La tautologie prétend attirer l'attention sur le fait qu'une chose quelconque est la chose qu'elle est, sans qu'il y ait quelque possibilité que ce soit de modification ou d'altération. Ce n'est évidemment pas du tout le cas des proverbes cités plus haut, lesquels entendent souligner une vérité sans rapport avec ce qu'énonce à la lettre une pseudo-tautologie qui n'est ici convoquée que pour illustrer l'enseignement de cette vérité : à savoir qu'il faut prêter attention à la plus modique des sommes si l'on veut s'enrichir ou ne pas se ruiner ; que, si l'on veut jouer de la musique en mesure, il faut respecter scrupuleusement chaque valeur de durée ; qu'en temps de guerre il faut s'attendre à des rigueurs aggravées par rapport à celles qui prévalent en temps de paix. Ce sont là certes des vérités premières – encore que souvent mal ou non respectées – ; mais elles sont sans rapport direct avec la vérité première énoncée par la tautologie.

J'arrête ici cette revue des fausses tautologies – qui sont intéressantes, je le répète, dans la mesure où elles dissimulent des refus de la tautologie – pour déposer, comme on dit au tribunal, mes conclusions, ou plutôt ma conclusion : la tautologie, ou le principe d'identité, ne se rendent pas du tout par la formule « $A = A$ » mais bien et seulement par la formule « *A est A* ». Je dois reconnaître que Heidegger a perçu cette vérité, avant moi et mieux que moi, dans un passage de sa conférence de 1957 intitulée *Identité et différence* : « Que dit la formule $A = A$, par laquelle on a coutume de représenter le principe d'identité ? Cette formule pose l'égalité de A et de A. Or toute égalité requiert au moins deux termes. Un A est égal à un autre A. Est-ce bien là ce que veut dire le principe ? Manifestement non. (...) La formule $A = A$ indique une égalité. Elle ne présente pas A comme étant le même. La formule courante du principe d'identité voile précisément ce que le principe voudrait dire, à savoir que A est A, en d'autres termes que tout A est lui-même le même [8] ». Cet autre « A » qu'évoque Heidegger est précisément le fantasme de la lapalissade que nous avons déjà trouvé dans l'analyse de celle-ci comme nous l'avons retrouvé dans les autres formes de pseudo-tautologies. Heidegger est tout à fait fondé à penser, contre l'évidence apparente et « courante », que *la formule courante du principe d'identité voile précisément ce que le principe voudrait dire*. De même, comme on l'a vu, la formule la plus populaire de la tautologie, c'est-à-dire la lapalissade, oppose un démenti à ce que la tautologie voudrait exprimer. Quant à la formule « A est A », elle est effectivement la formule de la tautologie véritable.

Formule de la tautologie et expression juste du principe d'identité, « A est A » est aussi la juste expression de toute réalité, qui a pour définition d'être ce qu'elle est et de n'être en rien ce qu'elle n'est pas, comme l'enseignait Parménide. C'est pourquoi il est vain de demander à la philosophie une autre et plus précise définition du mot « réel », puisque celui-ci ne peut être défini que par son fait même d'être réel, ce qui constitue certes une sorte de définition mais une définition qui, si elle est recevable et la seule à l'être, est également tellement « minimaliste » (et aussi « nominaliste » puisque associant l'idée de réalité à celle de singularité, à l'instar des nominalistes médiévaux) qu'elle ne peut que décevoir ceux qui attendraient d'une définition du réel un supplément d'information philosophique. Mais tout supplément d'information équivaudrait ici à un brouillage de la notion qu'on voudrait éclairer, puisque c'est justement la *définition* du réel que d'être sans définition – ou du moins sans autre définition qu'une redite de son propre fait. De la même manière, comme le suggère Alain Badiou, le nom étant ce qui nomme ne peut être nommé lui-même : « Le nom n'est rien d'autre que le réel, et c'est pourquoi il ne saurait y en avoir de définition. (...) Le nom (...) est ce qui

---

8. *Questions I*, Gallimard, tr. A. Préau, p. 257-258.

"ouvre" la pensée, et qui doit être maintenu tout au long de l'investigation, sans jamais y être "objectivé" par une définition ou un référent[9] ». C'est d'ailleurs pourquoi aussi il entre quelque chose comme de la « frime » dans toutes les tentatives de surmonter cette aporie et de biaiser avec la tautologie, en inventant des formes de propos qui essaient de dire à la fois le même et l'autre, s'efforcent de formuler un impossible « autre même », telles les figures de discours analysées ci-dessus : discours forcément creux et ampoulés par rapport au « plein » de la parole tautologique. L'effort déployé pour triompher de la tautologie en proférant cet « autre même » échoue nécessairement, pour sombrer souvent dans le ridicule, comme l'illustre de manière exemplaire le gag des policiers Dupont et Dupond dont j'ai déjà parlé : « *Je dirais même plus...* » Dans le premier état du gag, on l'a vu, les policiers s'en tiennent à la pseudo-tautologie, le « plus » annoncé exprimant la même idée en termes différents : « Cette lettre est une lettre anonyme. – Je dirais même plus : l'auteur de cette lettre ne s'est pas fait connaître. » Ici, les policiers font de la frime : il s'agit vraiment de jeter de la poudre aux yeux et de faire croire qu'on a ajouté quelque chose de différent (de « plus ») à ce qui vient d'être dit. Il aurait fallu répliquer, si on avait voulu rester honnête tout en affrontant l'absurde : « Je dirais même plus : cette lettre est une lettre anonyme. » Mais dans un second état du gag, les Dupont et Dupond se résignent à la tautologie pure, comme on la voit à la page 5 de *L'Île noire*. « Tintin est un petit gredin », y opine le premier policier. « Un gredin ? Je dirais même plus : c'est ... c'est un gredin ! », opine le second. Cette fois-ci, les policiers ne friment plus : A est A, et un gredin n'a jamais au fond été autre chose qu'un gredin. Toutefois, cette étape de relatif équilibre mental n'est que momentanée, le projet fondamental (« l'idée primitive », dirait Claudel) finissant tout de même par l'empor-

---

9. *Penser la singularité : les noms innommables*, in *Critique*, n° 595, déc. 1996, p. 1076.

ter. Mais, comme s'ils avaient enfin pris conscience du caractère irréalisable de la prouesse linguistique dont ils rêvent depuis toujours – en dire plus – les policiers en arrivent, dans un troisième état du gag, à ne plus émettre que des exclamations indéchiffrables en lieu et place du « plus » annoncé. Comme la scission de l'atome produit une bombe, ainsi l'entêtement à vouloir scinder l'insécable tautologie finit par aboutir à une explosion. Dans *Tintin au pays de l'or noir*, p. 60 : « Ah, que je suis malade ! – Je dirais même plus ... *hic !* » Dans *On a marché sur la lune*, p. 3 : « Elle est bien bonne ! ... Toujours le mot pour rire, ce cher professeur ! – Je dirais même plus : *Ha ! Ha ! Ha !* » Une variante fréquente de ce dernier état du gag consiste à répéter sous forme de bredouillement et de brouillage ; ainsi dans *Coke en stock*, p. 10 : « Notre métier à nous, est de tout savoir ! – Je dirais même plus : notre métier à tout est de nous savoir ! » Épuisés par leur tentative obsessionnelle d'éviter la tautologie en dénichant un terme introuvable qui en dirait plus tout en disant de même, les policiers, dont les circuits cérébraux disjonctent, en sont de toute façon réduits, sous couleur d'en dire plus, à *ne plus rien dire* ; ainsi qu'il advient, nous l'avons noté, au truisme poussé à ses extrémités.

Eugène Ionesco énonce sous une forme parfaite parce que réduite à sa plus simple expression ce risque de retour au même que guette, comme chez les Dupont et Dupond et dans la plupart des pseudo-tautologies, l'annonce officielle d'un « autrement dit ». Je laisse donc au professeur de *La Leçon* le soin de conclure ce petit cours consacré à la pseudo-tautologie : « La prononciation à elle seule vaut tout un langage. Une mauvaise prononciation peut vous jouer des tours. À ce propos, permettez-moi, entre parenthèses, de vous faire part d'un souvenir personnel. (...) J'étais tout jeune, encore presque un enfant. Je faisais mon service militaire. J'avais, au régiment, un camarade, vicomte, qui avait un défaut de prononciation assez grave : il ne pouvait pas prononcer la lettre *f*. Au lieu de *f*, il disait *f*.

Ainsi, au lieu de : fontaine, je ne boirai pas de ton eau, il disait : fontaine, je ne boirai pas de ton eau. Il prononçait fille au lieu de fille, Firmin au lieu de Firmin, fayot au lieu de fayot, fichez-moi la paix au lieu de fichez-moi la paix, fatras au lieu de fatras, fifi, fon, fafa au lieu de fifi, fon, fafa ; Philippe au lieu de Philippe ; fictoire au lieu de fictoire ; février au lieu de février ; mars-avril au lieu de mars-avril ; Gérard de Nerval et non pas, comme cela est correct, Gérard de Nerval. »

Avant de poursuivre cet examen de la tautologie, nous allons nous accorder une petite pause et en profiter pour nous intéresser à une histoire imaginée par le cinéaste René Clair dans un de ses fims réalisés aux États-Unis, *C'est arrivé demain* (1943), qui raconte une troublante affaire de double qui serait plus à sa place au tout début de cet ouvrage mais qui n'est pas étrangère au débat ici engagé autour des pseudo-tautologies, considérées comme autant de défis portés au principe d'identité et de duplications fantasmatiques de l'unique.

Voici donc cette histoire, que je raconte de mémoire et probablement non sans quelques grosses inexactitudes, n'ayant pas eu l'occasion de revoir ce film depuis longtemps. Mais peu importe, celles-ci n'altérant pas l'essentiel de l'intrigue ni le problème de fond qui y est posé et résolu.

Un jeune journaliste a reçu d'un collègue plus âgé qui prend sa retraite le don diabolique de recevoir vingt-quatre heures avant tout le monde, vingt-quatre heures donc avant que les événements relatés ne se soient encore produits, un exemplaire de leur journal daté du lendemain. Il en profite d'abord pour gagner facilement à quelques courses et réaliser à peu de frais de sensationnels *scoops*, mais change de mine lorsqu'il voit, annoncée en première page du journal, sa mort survenue dans le tumulte d'un hold-up organisé par lui dans l'une des principales banques de New York, où les policiers l'ont abattu. Cette chronique d'une mort annoncée, qui évoque immédiatement la tragédie grecque et la lutte qu'y mène inutilement son héros, tel Œdipe, pour faire mentir le destin, présente la particularité de fournir le scénario d'un film comique et au surplus destiné au public américain, qu'il est tout à fait hors de question de décevoir par un accroc à la règle du *happy end* en faisant finalement triompher le destin ; de même qu'il serait de toute façon maladroit de finir sur une note sinistre une histoire qui, mis à part l'élément fantastique de son argument initial, est toute faite de gags et de poursuites burlesques, bien dans la manière de René Clair. Il faut donc que le héros ne meure pas, contrairement à ce qu'annonce le journal. Mais il faut aussi que la prédiction s'accomplisse, et que le journal n'ait pas annoncé sa mort à la légère. Autrement dit, il faut que le journaliste meure, et il faut qu'il ne meure pas. On doit admirer ici l'étroitesse de la marge de manœuvre laissée à l'imagination des scénaristes (Dudley Nichols et René Clair), forcés qu'ils sont, par la nature même de l'intrigue de départ, de concilier deux faits inconciliables et exclusifs l'un de l'autre. À vrai dire, cette marge de manœuvre semble nulle, et on se demande comment ils vont bien pouvoir s'y prendre.

Comme on peut le prévoir – et comme il advient à tout personnage placé en pareil cas, qui s'efforce de se protéger du destin mais en réalise la prédiction oraculaire par l'effort même qu'il fait pour y échapper –, notre héros va tout faire pour se mettre hors de danger et a pour premier réflexe de fuir à l'instant de New York et de s'en éloigner tant qu'il devienne matériellement impossible qu'il puisse y être revenu à l'heure fixée par le destin pour sa mort. C'est de la même manière, on le sait, qu'Œdipe *se met en route* dès qu'il a connaissance de l'oracle qui le concerne, alors qu'il aurait tout intérêt à rester sur place. Mais évidemment le sort s'en mêle, et notre journaliste rencontrera sur son chemin – tout comme Œdipe se heurte à son père au carrefour des trois routes – un gangster qui le dépouillera, s'emparant notamment de son portefeuille dont l'épaisseur, grossie par une série de gains irréguliers aux courses, est évidemment tentante. Voulant récupérer son butin, voilà notre homme qui poursuit à présent son agresseur et fonce désormais vers New York, sans y prendre trop garde car il ne perçoit guère que c'est vers New York que fonce son détrousseur. On commence maintenant à deviner la suite et la solution élégante du problème posé aux scénaristes du film. Le gangster file droit à la banque prévue pour y réaliser son hold-up, y échoue et est abattu par des policiers dont le premier soin est de fouiller le cadavre pour y découvrir son identité qu'ils communiquent aussitôt à la presse, se fondant sur celle qu'indique le portefeuille dérobé. D'où l'article du journal qui annonce que M. X, le journaliste bien connu, a été abattu par la police au moment où il s'apprêtait à mener à bien une opération de hold-up dans une des principales banques de la ville. Ainsi se résout le problème apparemment insoluble du début : il est vrai que la presse annonce la mort du journaliste, il est vrai aussi que le journaliste n'est pas mort. Personne ne s'est trompé, mais on s'est trompé de personne.

Il y a dans cette histoire une illustration parfaite du thème ancestral de la réalisation d'une prédiction oraculaire par l'effort même qui est entrepris pour s'y soustraire. Mais cette histoire présente un cas de figure assez singulier par rapport à la façon dont les choses se passent et l'oracle se réalise dans la plupart des versions du même thème. Dans celles-ci, l'oracle se réalise par les voies les plus simples, et toute l'illusion – l'impression que le héros a été piégé par l'oracle – consiste à ne pas voir que l'effort entrepris pour contrer l'oracle n'était justement que la façon la plus directe, la plus immédiate, de le réaliser et de lui donner raison : que c'était une même chose – un même geste – que de fuir l'obstacle et de lui courir sus. En sorte qu'on croit distinguer deux faits (fuir l'obstacle, donner dans l'obstacle) là où il n'y a qu'un seul et même fait (fuir l'obstacle et y donner du même coup). Tout autre est ce qui arrive au héros de *C'est arrivé demain*, qui n'est pas le jouet d'une illusion portant sur le caractère apparemment frauduleux de la manière dont s'y prend l'oracle pour s'accomplir, mais s'abuse – dès le début de l'affaire – sur la *nature* de l'oracle lui-même, de ce qui est *annoncé* par l'oracle. Car celui-ci a été lu un peu trop vite, son lecteur – pressé comme tout journaliste – n'ayant pas eu l'idée de distinguer entre le fait de mourir et le fait de voir sa mort annoncée dans le journal, confondant ainsi le fait de sa mort avec celui de l'annonce de sa mort. Or l'annonce de la mort ne se confond pas nécessairement avec la mort qu'elle annonce, même s'il est vrai que les deux faits coïncident le plus souvent. Mais seulement le plus souvent, c'est-à-dire pas toujours.

De cette histoire racontée par René Clair je tirerai pour ma part l'enseignement suivant : que si c'est une forme générale d'illusion (et même sa forme la plus générale) que de dupliquer l'unique et de voir deux là où il n'y a qu'un, c'est aussi une forme d'illusion que, si je puis dire, de « simplifier le double » et de ne voir qu'un là où il pourrait bien y avoir deux sinon davantage. C'est tout le malheur (mais aussi la cause de son soulagement final) du héros de *C'est arrivé demain* que d'avoir opéré une telle simplification. Il se serait épargné une belle frousse en ne confondant pas si précipitamment la réalité avec ce qu'en rapportent les journaux, même si quelque diable les lui livre à l'avance. Son métier même de journaliste aurait dû le mettre en garde, plus que tout autre, contre cette assimilation hâtive. Il est vrai qu'il ne fait que débuter dans le métier. Un journaliste plus expérimenté se serait inquiété certes, et à juste titre, mais il aurait probablement aussi eu le réflexe professionnel d'y regarder à deux fois.

Avec la lapalissade et ses espèces voisines – le pléonasme, la redondance, la pétition de principe, le truisme –, nous avons examiné le cas de figures de style qui essaient d'exprimer une tautologie, ou l'essence d'une identité, mais aboutissent à un effet exactement opposé qui fait d'elles des pseudo-tautologies et des démentis de l'identité. Nous allons maintenant examiner le cas inverse : celui des figures de style qui renoncent à exprimer directement la tautologie et l'identité mais ont le bonheur de beaucoup mieux réussir à les suggérer, par le mouvement même qui les fait s'écarter d'elles. Ces figures de style sont toutes celles qui se forgent à partir de la notion de *métaphore* (et des notions voisines d'image et de comparaison).

Comme son nom l'indique, la métaphore est un écart, un *méta-phorein*, c'est-à-dire un « porter ailleurs » qui consiste essentiellement à nommer une chose par une autre. Ce n'est là que le noyau de la métaphore, son idée première et son idée-force, qui peut donner lieu à de nombreuses variations et de larges développements. Tel quel, cependant, ce qui n'apparaît au départ que comme un petit et léger changement est riche d'effets qui se révèlent souvent considérables. Le charme et la portée de l'effet métaphorique sont même tels, dans toutes les formes de littérature, qu'on peut se demander si la métaphore n'est pas le secret le plus général de sa puissance expressive. La métaphore n'est naturellement pas pour la littérature une panacée. Elle peut être usée et conventionnelle, auquel cas son effet tourne court, ou plutôt tourne à rebours ; car elle désigne alors la chose encore moins bien que si elle la nommait directement. Un moral « en béton armé » est moins fiable qu'un bon moral, une « santé de fer » est moins solide qu'une bonne santé : le premier peut soudain baisser les armes (aléa qui est même assez fréquent), la seconde risque de rouiller, pour reprendre un mot de Jacques Prévert (« On a beau avoir une santé de fer, on finit toujours par rouiller »). De même « flamme » est plus fragile que le sentiment amoureux qu'elle veut suggérer métaphoriquement, puisqu'il suffit d'une larme de compassion versée malencontreusement sur elle pour l'éteindre, comme le soulignent malicieusement les auteurs de la série *À la manière de*, Paul Reboux et Charles Muller, dans leur pastiche de Racine : « Et sur ma triste flamme, ami, répands un pleur. » Il y a aussi le cas d'écrivains qui restent géniaux malgré un usage catastrophique de la métaphore comme Balzac qui s'y embourbe à plaisir, notamment sous sa forme quadruple (X est à Y ce que X' est à Y'), et parsème ainsi *La Comédie Humaine* d'absurdités du genre : « La courtisane est à la maîtresse de maison ce qu'est le canari au pélican. » De ces comparaisons saugrenues Marcel Proust a tiré parti avec brio et férocité dans le chapitre de ses *Pastiches et mélanges* consacré à Balzac. On peut alléguer encore le cas de grandes littératures peu ou pas métaphoriques, comme il advient par exemple avec Zola et Céline ; mais de ces littératures-là je dirais que, la réalité qu'elles décrivent étant perçue de manière déjà hallucinée et décalée par rapport à la perception ordinaire, elles se passent nécessairement de l'effet métaphorique qui serait en l'occurrence superfétatoire (puisqu'elles sont, si je puis dire, métaphoriques d'emblée).

Pourquoi la métaphore, qui désigne une chose par une autre, a-t-elle le pouvoir, lorsqu'elle est – à la différence des cas mentionnés plus haut – heureusement trouvée, de mieux indiquer cette chose même que si elle l'indiquait directement ? Parce qu'elle produit alors ce que j'appelle un « effet de réel », que je vais préciser, par la nouveauté de la façon dont elle le désigne. Encore faut-il que la métaphore soit réussie, c'est-à-dire à la fois juste et neuve. Comme le dit très bien là-dessus Pierre Guiraud : « La métaphore actualise quelque analogie de forme, de couleur, de goût, d'odeur, de comportement, de fonction, etc., dans une *relation neuve et pas encore perçue* (ici, Guiraud devrait, je crois, préciser : relation non encore perçue, ou du moins pas encore *écrite* et donnée à connaître par l'écriture. Car il se pourrait très bien que quelqu'un perçoive une métaphore originale sans la confier à personne, et encore moins à un livre) ; relation singulière qui correspond à une *vision originale*, qui avait jusqu'ici échappé à la langue [10] ». En sorte que la métaphore,

---

10. *Le Langage*, Gallimard, coll. « Encyclopédie de la Pléiade », 1968, p. 478. Je souligne. Je puise cette citation, comme plus haut celle de Prévert, dans l'excellent ouvrage de Christine Klein-Lataud, *Précis des figures de style*, Éd. du GREF, Toronto, 1991.

si elle ne consiste pas *stricto sensu* à recréer le réel, en impose du moins une redécouverte par la re-création des moyens qui l'expriment habituellement. Elle ne fait pas surgir un monde neuf, mais un monde *remis à neuf*. Telle cette matinée fraîche et dure qui suit la nuit d'amour de Roméo et de Juliette et que Shakespeare décrit par une de ces métaphores splendides dont il semble posséder plus qu'aucun le secret : « Les flambeaux de la nuit sont éteints, et le gai matin fait des pointes sur le sommet brumeux des montagnes [11] ». Le lever du jour jette des taches de lumière sur le sommet des montagnes, taches comparables aux auréoles de lumière qui, au théâtre, éclairent les chaussons d'une ballerine qui fait des pointes, en la suivant pas à pas. Le bonheur et la puissance expressive de la métaphore sont au surplus renforcés ici par l'effet de contraste qu'elle suggère entre la gaieté matinale et la signification dramatique de cette matinée-là, qui annonce la séparation définitive des amants. Même effet de contraste à la fin du premier acte de *Tristan et Isolde*, de Wagner : l'angoisse des amants qui doivent se quitter alors qu'ils viennent à peine de se connaître – tout comme dans la scène XVI de *Roméo et Juliette* – se mêle à la joie générale de l'équipage du navire lequel, pour sa part, et à l'inverse de ce qui arrive à Tristan et Isolde, parvient enfin à bon port. C'est pourquoi l'accord parfait d'ut majeur par lequel se termine l'acte, qui salue le retour au calme après les périls de la mer mais marque aussi, pour Tristan et Isolde, la fin du calme et le début des tempêtes, est d'une gaieté si empoisonnée qu'il a pu être considéré par certains comme l'accord le plus tragique de toute l'histoire de la musique.

Parmi les nombreuses figures de style apparentées à la métaphore, je me bornerai à évoquer deux tournures qui reviennent comme elle à exprimer une chose par un effet de détour et de dire indirect (mais, je le répète, bien d'autres tournures aboutissent à un effet comparable). La première consiste à maintenir dans l'ombre l'objet qu'on veut dési-

---

11. *Roméo et Juliette*, sc. XVI.

gner et à ne laisser deviner celui-ci que par la mise en lumière d'un de ses caractères secondaires. Ainsi peut-on rendre l'éclat d'une pleine lune non par celle-ci que l'on cache derrière un épais nuage isolé, mais par les franges d'autres nuages qu'elle éclaire, à un autre endroit de l'horizon. S'il faut en croire François Jullien, à qui j'emprunte cet exemple [12], cette façon de procéder serait caractéristique de la poétique chinoise, et plus généralement du mode d'expression favori dans la culture chinoise (s'exprimer par détour). Cette simplification laisse un peu perplexe le lecteur qui, sinologue ou pas, ne peut manquer de savoir, ou de deviner, qu'un tel procédé est courant dans toutes les poétiques et toutes les cultures du monde. La seconde de ces tournures, qui ressemble assez à la première, consiste à jeter toute la lumière sur l'accessoire et à laisser l'essentiel dans la pénombre, mais ce de manière telle que c'est en définitive l'essentiel qui se dit et l'accessoire qui s'estompe. J'en vois un bon exemple dans la troisième des *Cinq mélodies populaires grecques* de Ravel, dans laquelle le héros commence par faire, joyeusement et *fortissimo*, parade de tous ses avantages (« Quel galant m'est comparable ? »), avant d'avouer, *in fine* et soudain *pianissimo*, que c'est en réalité le charme de la personne aimée qu'il a en vue : « Et c'est toi que j'aime. » On peut remarquer, sans vouloir jouer les pédants, que ces deux voisines de la métaphore sont aussi deux voisines de la *synecdoque*, qui désigne le tout par une partie ou une partie pour le tout. Tant il est vrai – pour s'en tenir à la première forme de synecdoque – qu'une moitié donnée à voir en dit plus que le tout qu'elle suggère et que cette moitié vaut ainsi plus que le tout dont elle est partie, comme l'enseigne Baltasar Gracian dans le premier chapitre du *Héros* : « Avec cet habile procédé le peu paraîtra beaucoup, le beaucoup paraîtra infini, et l'infini plus infini encore [13] ».

---

12. *Le Détour et l'Accès*, Grasset, 1995, ch. XIV : « Les nuages et la lune ».
13. Tr. Victor Bouillier, *Annales de la faculté des Lettres de Bordeaux* (1933).

L'imitation, sous sa forme ludique et notamment enfantine évoquée par Aristote au début de sa *Poétique*, n'est pas sans rapport avec le jeu métaphorique qui aboutit à exprimer quelque chose en s'en écartant. Car l'imitation et le jeu enfantin ne sont autre chose qu'une métaphore *mise en pratique*, qui a pour effet d'obtenir quelque chose en s'en défaisant et à retrouver quelqu'un en le perdant. Ainsi l'enfant décrit par Freud dans le premier des *Essais de psychanalyse*, dont j'ai parlé plus haut, peut-il perdre et retrouver sa mère à loisir, dès lors qu'il a identifié celle-ci – par l'effet d'une imitation ludique qui est de règle dans tous les jeux enfantins et probablement aussi dans tous les jeux d'adultes – à une pelote de laine qu'il tient par un bout du fil et peut dès lors faire disparaître et réapparaître à son gré, en lançant la pelote du côté du lit où il n'est pas pour ensuite la faire revenir du côté du lit où il est. Tout comme la métaphore fait mine de perdre de vue son objet pour mieux le décrire, l'imitation substitue un objet à un autre pour mieux se saisir de celui-ci. La distanciation opérée par le jeu analogique – cette pelote de laine serait ma mère, cette chaise serait une automobile, tu serais la cliente, je serais le marchand, etc. – sert en fait à l'édification pièce après pièce du sujet qui se constitue en s'assimilant à l'autre, comme l'arbuste qui ne grandit que par l'appoint d'un tuteur, ou l'enfant lors du « stade du miroir » qui ne s'appréhende comme moi, selon Jacques Lacan, qu'en s'identifiant à l'image de l'autre que lui renvoie le miroir. Petit à petit ce sont la mère réelle, la chaise, l'autre et le moi qui s'imposent en abandonnant les reliques de la pelote de laine, de l'automobile, de la cliente et du marchand, comme un boa qui abandonne sa peau provisoire au moment de la mue. L'enfant à la pelote décrit par Freud négocie en l'occurrence une double perte contre une double retrouvaille, puisqu'il perd sa mère une première fois en lui substituant une pelote de laine, une seconde fois en faisant disparaître celle-ci de l'autre côté du lit ; et qu'il la retrouvera deux fois, la première sur le mode métaphorique, la seconde sur le mode réel.

Dire par un autrement dire, exhiber ceci par cela, est donc la prouesse que réussit la métaphore et où échoue l'ensemble des pseudo-tautologies que nous avons passées en revue. Mais que penser alors de la tautologie elle-même ? N'est-elle pas capable de dire richement, comme la métaphore, tout en disant directement, contrairement à la métaphore ? Tout mon propos vise ici à suggérer que tel est bien le cas et que, quitte à sembler sombrer moi-même dans les méandres de la comparaison balzacienne, la tautologie est à la philosophie ce qu'est la métaphore à la littérature : le meilleur et le plus sûr indicateur du réel. Il n'y a rien de plus précieux à penser que la réalité ; or celle-ci ne fait qu'une avec sa propre identité ; donc la parole philosophique qui rend le mieux la réalité est celle qui exprime le mieux son identité : à savoir la tautologie. Par ce syllogisme je ne prétends évidemment pas établir que le discours philosophique se réduit au discours tautologique. La brièveté même de la tautologie interdit de le penser (encore qu'elle dispose à sa manière de développements aussi infinis que ceux de la métaphore), comme elle interdit de toute façon de parler de « discours tautologique », – sinon toute la philosophie du monde se résumerait à la formule selon laquelle A est A (je ne serais d'ailleurs pas très loin de le penser, mais cela est une autre affaire). Je veux seulement suggérer que le discours philosophique le plus fort est d'inspiration tautologique et que tout discours philosophique tenu à partir de l'inspiration contraire, c'est-à-dire de l'intuition dualiste, est plus faible. On pourrait ainsi imaginer un arbre généalogique des philosophes scindé dès le début en deux branches rivales et inconciliables : celle qui commence avec Parménide, pour la lignée légitime, et celle qui commence avec Platon, pour la lignée bâtarde.

Par philosophies d'inspiration tautologique je ne vise pas les philosophies de l'identité, pas plus qu'il ne faudrait ici confondre philosophies dualistes et philosophies de la différence. La question de savoir si la nature du réel est d'essence identitaire ou différentielle est certes une grande question, dont on a disputé depuis les premiers balbutiements de l'histoire de la philosophie ; celle de savoir si ce qui existe réellement existe aussi totalement, c'est-à-dire ne connaît ni ombre ni double, en est une autre. Or seule l'énonciation tautologique, qui semble n'en être qu'une répétition pauvre, rend justice au réel sur ce point crucial non de son unité mais de son *unicité*. Que A soit A implique en effet que A *n'est autre que* A. C'est en cette mince précision supplémentaire que me semble résider la principale richesse de la tautologie, et c'est à partir d'elle que celle-ci peut faire école, affirmant que le réel, quelles que soient par ailleurs sa complexité, sa multiplicité et sa mouvance, loge à l'enseigne de la tautologie. Ce qui ne signifie pas que sa philosophie se résume à l'énoncé « A est A », mais que cet énoncé est considéré, par les philosophies que j'appelle d'inspiration tautologique, comme le modèle de toute vérité ; en d'autres termes que l'infinité des énoncés que peuvent produire ces philosophies ont en commun de ne jamais faire infraction à cette vérité-modèle, contrairement à ce que fait Platon dans le *Sophiste*.

Qui sont les meilleurs cartographes de l'Empire ?, se demande Jorge-Luis Borges dans un de ses apologues [14]. Ceux qui, d'essai en essai, et de carte perfectionnée en carte plus perfectionnée, s'avisent enfin que la plus parfaite de ces cartes est l'empire lui-même, saisi si je puis dire en chair et en os et en « grandeur nature ». Car cet empire se confond avec le seul relevé absolument exact de son territoire et est ainsi lui-même la seule « reproduction » totalement satisfaisante qui puisse en être faite. Tel est bien le secret que recèle la tautologie et qu'on pourrait appeler son « démon » ou encore le « démon de l'identité » – au sens d'ensorcellement ou de cercle magique : que tout ce qu'on peut dire d'une chose finisse par se ramener à la simple énonciation, ou ré-énonciation, de cette chose même. Iavhé

---

14. « De la rigueur scientifique », in *L'Auteur et autres textes*, Gallimard, coll. « L'imaginaire », p. 197-198.

lui-même, interrogé par Moïse au mont Sinaï sur la nature de son identité (« Qui es-tu ? »), n'a pas d'autre réponse que la redite tautologique de sa propre personne : « Je suis *qui je suis* » (et non pas « Je suis *celui qui est* », ainsi que l'a interprété la théologie chrétienne à partir de la traduction latine *sum qui sum*). Comme la carte de l'Empire se confondait avec l'Empire, la carte d'identité de Dieu se confond avec la personne de Dieu.

Ce démon de la tautologie n'implique pas, il va sans dire, et je le répète à l'intention des mal entendants, qu'une philosophie à tendance tautologique se réduise à l'énonciation tautologique. À partir de la tautologie, les possibilités d'énonciation, de conceptualisation, d'argumentation et de contre-argumentation existent à l'infini ; et ce sont naturellement elles, et non le simple « argument tautologique » qui n'argue en fait de rien, qui constituent l'étoffe d'une pensée et d'une philosophie.

Avant d'en finir avec la tautologie, je signalerai au moins un cas où tous s'accordent à reconnaître la force expressive de la tautologie, pourvu qu'ils aient l'oreille un tant soit peu musicale : celui de la chanson populaire. Rien de plus simple mais souvent aussi rien de plus émouvant que celle-ci, qu'elle soit entendue dans sa version primitive ou dans une version savante, c'est-à-dire harmonisée par un grand maître comme Manuel de Falla, Garcia Lorca, Luciano Berio ou le Ravel des *Cinq mélodies populaires grecques* évoquées plus haut. Il faut évidemment compter avec l'effet musical, d'autant que celui-ci se passe généralement de tout rapport réel avec le texte qu'il fait mine de mettre en valeur (dans l'opéra, la mélodie, le chant choral), quand il ne s'oppose pas brutalement à lui, comme dans la *Carmen* de Bizet. Pourtant, en ce qui concerne la chanson populaire, le texte mérite d'être examiné de plus près en raison de sa pauvreté même. Dans la plupart des cas ce texte se contente de rapporter des faits parfaitement banals, si banals même qu'on peut à peine parler à leur sujet de véritables faits. Il s'agit le plus souvent de petits détails de la vie quotidienne qui n'appellent aucun commentaire et ne recèlent aucune signification déchiffrable (mis à part les doubles sens ou les sous-entendus qu'on peut toujours leur prêter) : Martine est allée au marché, Jean a acheté des souliers, il y a une église sur la place du village. Il arrive bien que le texte de la chanson raconte une histoire mais cette histoire est alors aussi muette que les « faits » rapportés dans le cas de figure le plus fréquent, car c'est une histoire sans enseignement ni morale et qui se donne seulement pour ce qu'elle est. La nature tautologique de ce genre de textes ne fait aucun doute : ce qu'on chante dans la chanson populaire revient toujours ou presque à mentionner que A est A ou que B est B. Le chant populaire ressemble ainsi à une commémoration à vide : une commémoration de ce qui n'a aucun titre particulier à être mémorable ou mémorisé. Et s'il émeut ce n'est pas seulement par l'effet de sa musique, c'est aussi parce qu'on estime soudain émouvant le simple fait que ce qui existe existe. Il faut avouer d'ailleurs qu'on retrouve des traces de cette émotion primitive provoquée par la chanson populaire dans l'émotion que peut susciter toute espèce de musique. Car la musique est elle-même d'essence tautologique, puisqu'elle est un langage que rien n'éclaire de l'extérieur et qui, si on l'interroge sur sa signification, ne peut que répéter son propre dire.

Pour en revenir à la tautologie pure, qui s'énonce mais ne se chante pas, et à ce que je considère comme sa richesse expressive, je distinguerai entre deux aspects principaux de cette richesse. Une première richesse, qu'on pourrait dire positive, est de fournir une sorte d'enseignement ultime sur la nature du réel, en livrant son identité et en dévoilant son unicité. Le monde est le monde et il n'existe rien d'autre que le monde. Tu es toi et je suis moi, sans plus et sans moins. Évidences que tout cela, dira-t-on. Sans doute. Mais il se trouve que ces évidences sont plus difficiles à penser qu'on ne l'imagine et que toute la force de la tautologie consiste à nous forcer à revenir bon gré mal gré à ces évidences, si désagréables qu'elles puissent être, et elles le sont fort souvent. Et cette considération me mène directement à l'autre aspect de la richesse de la tautologie, d'ordre négatif celui-ci, qui est de mettre en garde contre les continuelles tentations de biaiser avec sa loi inflexible, que nous éprouvons dès lors que le A dont on nous dit qu'il est A et ne peut être que A se révèle de nature fortement indésirable, sinon terrifiante, comme l'est par exemple la disparition d'une personne chère ou la perspective de sa propre mort. Je trouve à cet égard hautement significatif le fait que le fondateur historique de la philosophie d'inspiration tautologique, Parménide, ait pris soin d'avertir le lecteur, dans l'introduction de son poème, que sa vérité – apparemment la plus banale qui soit – se situait à l'écart des sentiers battus.

« Sa profondeur à lui, c'est de penser l'évidence », écrit François Jullien à propos de l'enseignement confucéen [15]. J'en dirais autant de la profondeur tautologique. Et j'ajouterais que le génie du double, en œuvre notamment dans les pseudo-tautologies, est de contourner l'évidence. Car l'évidence est peut-être ce qu'il y a de plus difficile à penser. Ce qui est manifeste par soi l'est souvent si bien qu'il prête plus volontiers que ce qui n'est pas absolument manifeste à la non-perception ou à une perception plus ou moins vague. Un peu comme ces coups du champion de fleuret ou de boxe qui arrivent si vite qu'on n'a pas le temps de les voir venir et qu'on ne perçoit que fort « confusément », si on a la bonne fortune de les percevoir (car il arrive qu'on reste dans les pommes), qu'indirectement et par leur effet, après qu'ils aient été portés. On revient ainsi à la perception habituelle qui procède par voie indirecte, demande du temps et de la distance. Or rien n'est si « rapide », si je puis dire, que le réel ; lequel advient si vite qu'il réclame pour être perçu, comme une partition musicale compliquée, un déchiffrage virtuose. Et rien n'est non plus si proche : il est la proximité même. C'est pourquoi j'ajouterai pour conclure, à l'objec-

---

15. *Le Détour et l'Accès*, op. cit., p. 229.

tion d'un commentateur qui décèle une « impasse théorique » dans ma propension à en revenir toujours à la vérité tautologique [16], une parole de Heidegger que j'ai déjà mentionnée ailleurs : « Notre relation à ce qui nous est proche est depuis toujours émoussée et sans vigueur. Car le chemin des choses proches, pour nous autres hommes, est de tout temps le plus long, et pour cette raison le plus difficile [17] ».

---

16. Jean-Louis Dumas, *Histoire de la pensée*, tome III, p. 436 (Le Livre de poche / Références).
17. *Le Principe de raison*, tr. A. Préau, Gallimard, p. 47.

VIII

LE RÉGIME DES PASSIONS

On considère généralement l'amour comme une passion, et même la plus exemplaire de toutes. Or, au risque de passer une fois de plus pour quelqu'un que démange le goût du paradoxe, je pense que cette vue est fausse, pour plusieurs raisons dont la principale – et la seule dont je parlerai ici – me semble être que les passions se définissent toujours par la poursuite éperdue d'un objet absent ou irréel, alors que l'amour est toujours, du moins sous sa forme la plus courante, l'amour de quelque chose et, le plus souvent, de quelque personne. Sans doute arrive-t-il que l'amour trébuche par perte de l'objet aimé et donne alors, lorsqu'il persiste et dure, dans des comportements égarés dont on peut justement dire qu'ils sont passionnels. Mais précisément, c'est quand l'objet d'amour vient à manquer, quand l'amour ne peut plus appréhender ce dont il déclarait auparavant faire pitance, bref quand l'objet aimé en vient à perdre, aux yeux de l'amoureux, toute réalité tangible, que se déclare un amour fou et passionnel.

Prenons pour premier exemple la passion de Phèdre pour Hippolyte, proposée volontiers comme le cas le plus classique de passion amoureuse, quelque chose comme son épure parfaite. Or cette passion se révèle à l'examen particulièrement singulière et étrange. Tant chez Euripide que chez Racine (et chez Sénèque), elle a pour effet de constamment éloigner de soi l'objet de ses vœux, à lui tenir des propos inquiétants (les rarissimes fois où il y a contact entre les deux protagonistes) ou à manifester des aigreurs à son encontre, telles les persécutions que subit Hippolyte de la part de Phèdre avant que ne commence la pièce de Racine : bref à transformer un objet présent en objet absent, un objet existant en objet inexistant, – à le « néantiser » comme dirait Jean-Paul Sartre. Au lieu de tenter de favoriser ses projets (dont la réussite serait possible, ou du moins imaginable, Phèdre et Hippolyte n'étant pas du même sang et par conséquent le scandale moindre, à supposer qu'il vienne à être connu), Phèdre met en œuvre tout un dispositif destiné à contrarier ceux-ci et même à rendre difficile, sinon impossible, une simple rencontre avec Hippolyte (il n'y en a qu'une chez Racine, lors de la fameuse scène de la déclaration ; et il est remarquable qu'il n'y en ait *aucune* dans l'*Hippolyte* d'Euripide dont s'est inspiré Racine). D'où le caractère quasi « abstrait » du tourment de Phèdre, d'autant plus remarquable que ce tourment est des plus violents, dont on pourrait dire sans trop d'exagération qu'il est construit de toutes pièces, puisque organisé autour d'un objet rendu pratiquement irréel. Mais c'est là peut-être le propre de la passion, que de convoiter un objet qu'on prend soin d'écarter en toute circonstance. En langage populaire, on dirait que Phèdre se monte le bourrichon (ce qui n'ôte rien, bien au contraire, à la beauté et à la profondeur de la pièce de Racine) ; elle s'embrase à vide, car il n'y a ni feu ni matière à brûler. Dira-t-on que Phèdre est amoureuse ? Oui et non. Oui, si elle envisage comme possible une liaison extra-conjugale avec Hippolyte (liaison que favorise encore le fait que Thésée, son époux, est tenu pour mort pendant la première moitié de la pièce). Non si, comme elle le fait, elle en repousse absolument l'idée. Phèdre n'est donc pas amoureuse au sens courant du terme, mais une amoureuse passionnée en ce qu'elle est à l'affût d'un objet dont il est prévu qu'il ne doit jamais être présent. Si c'est cependant le cas et qu'Hippolyte paraît, Phèdre est désarmée, comme si cette rencontre devait faire échouer ses plans. Mais ceux-ci ne sont pas des plans de réalisation et suggèrent plutôt des plans d'évasion et de fuite :

> *Le voici. Vers mon cœur tout mon sang se retire.*
> *J'oublie, en le voyant, ce que je viens lui dire* [1].

Il faut préciser que, dans une première version d'*Hippolyte*, Euripide mettait en présence Hippolyte et Phèdre qui lui déclarait directement sa flamme dans une scène qui fit scandale et donna son titre ou son surnom à cette première version de la pièce : *Hippolyte se voilant la face* (« Hippolutos kaluptomenos »), saisi d'horreur et de honte à l'écoute de cette déclaration d'amour. Cette scène, dont s'inspirèrent par la suite Sénèque et Racine, a été supprimée par Euripide dans sa seconde version d'*Hippolyte* qui devait faire pardonner la première aux yeux du public athénien, et qui est la seule que nous ayons conservée (à part quelques fragments de la première version). Il semble qu'on doive en inférer que le fait de l'attirance physique pour Hippolyte, aussi crûment déclarée sur scène, ait été perçu comme scandaleux par le public athénien, pourtant peu suspect de pruderie ou de pudibonderie. Mais il faut aussi tenir compte du fait que ce public athénien était très différent du public de Sénèque, et à plus forte raison de celui de Racine. Ce qui pouvait en effet être tenu pour sujet tabou par le public de l'Athènes du Ve siècle av. J.-C. ne l'était plus, ou en tout cas l'était certainement beaucoup moins, par les contemporains de Sénèque et surtout par ceux de Racine. Or c'est le comportement de Phèdre dans la pièce de Racine qui m'intéresse ici. Il ne faut pas oublier non plus que celui qui se voile ainsi la face devant une déclaration d'amour de la part d'une femme a toujours été décrit comme indifférent, voire hostile, à l'égard des femmes ; et ce dans toutes les versions, en dépit du personnage d'Aricie imaginé par Racine.

Que la passion ne soit pas d'essence amoureuse, que l'amour ne soit qu'un cas particulier et marginal de l'empire des passions, c'est là un fait dont témoigne éloquemment

---

[1]. *Phèdre*, II, 5.

ce catalogue des passions que constitue la *Comédie humaine* de Balzac, qui n'accorde qu'une portion congrue à la passion amoureuse. À ma connaissance il n'y a guère que *Le Lys dans la vallée*, roman admirable mais un peu atypique chez Balzac (mis à part le personnage de M. de Mortsauf, dont le caractère tyrannique et les accès de rage sont eux passionnels et typiquement balzaciens), qui mette en scène une passion amoureuse, entre Félix de Vandenesse et Mme de Mortsauf (encore le mot de passion ne me paraît-il pas exactement convenir ici, puisqu'il s'agit d'un amour entre un sujet et un objet bien réels). Partout ailleurs, c'est un autre type de passion qui domine : ambition sociale, avarice, vengeance (*Une ténébreuse affaire*), amour-propre (*Un début dans la vie*), voire goût passionnel du confort quotidien comme dans *Le Curé de Tours*. Répertoire en somme de toutes les folies qui peuvent venir troubler la raison des hommes, – l'amour mis à part. En vain allèguerait-on que le baron Hulot, dans *La Cousine Bette*, est possédé par la passion des femmes : car il s'agit d'un obsédé sexuel, pas d'un amoureux. Comme nous le verrons plus loin, le passionné balzacien est généralement fasciné par un objet non accessible, non existant, voire non concevable. S'il arrive que cet objet existe, comme l'argent pour l'avare, ce n'est pas par son aspect réel et concret qu'il attire le passionné, mais par son aspect immatériel et abstrait. S'il advient qu'il s'entasse dans les coffres d'un avare, celui-ci s'arrangera pour rendre infructueux un bien qui est fructueux par définition. Bref l'objet dont rêve le passionné baigne nécessairement dans une aura d'irréalité, et, dans le meilleur des cas, d'inutilité. C'est pourquoi cet « objet » possède immanquablement les caractères étranges et paradoxaux d'un « non-objet ». Non-objet dont il n'est naturellement pas question de jouir, ni de véritablement posséder.

On observe cette même et caractéristique impasse à l'amour chez Molière, autre observateur tout aussi perspicace que Balzac des passions qui « troublent la raison » des hommes, pour reprendre une expression de *Phèdre* dans

Racine. Sans doute y a-t-il nombre d'amoureux dans son théâtre, tels ces jeunes couples d'amoureux, conventionnels – quoique parfois émouvants chez Molière – dans tout théâtre. Mais l'amour n'y joue jamais le premier rôle, réservé à l'étude des véritables passions : tyrannies domestiques en tous genres, art d'empoisonner la vie de ses proches, obsessions et lubies qui n'ont rien à voir avec l'amour. Dans *Tartuffe*, comme dans *L'École des femmes*, le désir passionné d'une maîtresse ou d'une pupille ne relève pas de l'amour mais de la concupiscence. Dans *Le Misanthrope*, l'amour d'Alceste pour Célimène n'est qu'un aspect secondaire de l'intrigue fondamentale, qui est tout autre. Car le véritable sujet de *Tartuffe* est l'analyse critique de l'hypocrisie, celui du *Misanthrope* est l'analyse, critique elle aussi et prémonitoire des aberrations rousseauistes, de la sincérité. L'amour a certainement joué un rôle de premier plan dans la vie de Molière, comme dans celle de tous les hommes ; il n'en joue pratiquement aucun dans son théâtre.

Les *Mémoires* de Saint-Simon offrent aussi une collection de portraits dont le caractère passionnel et égaré passe toujours au large de la passion amoureuse, pour autant qu'on puisse considérer l'amour comme une passion. L'ambition et la haine, le goût de perdre ses ennemis ou ceux que l'on considère à tort ou à raison comme tels, laissent loin derrière eux le souci d'aimer et d'être aimé. On y rêve volontiers d'un chapeau de cardinal ; on n'y rêve guère, pour ne pas dire jamais, d'une femme (encore que Saint-Simon lui-même, très réservé pour sa part quant à sa vie privée, semble avoir été fort épris des femmes, et en particulier de son épouse). J'ai parlé précédemment de l'inutilité foncière de l'objet recherché par le passionné, une fois cet objet acquis. Saint-Simon rapporte à ce propos une histoire drolatique et à mon gré fort édifiante. Il s'agit de M. Gèvres, archevêque de Bourges que ronge pendant trente ans le désir d'accéder au cardinalat. Y étant enfin parvenu à force de requêtes et de manœuvres, voici qu'il ne se soucie soudain plus de sa nouvelle charge et ne songe dès lors qu'à se contempler dans la glace, ainsi nouvellement coiffé. Mais je laisse la parole à Saint-Simon : « Parvenu enfin à la pourpre si ardemment et si persévéramment souhaitée, transporté de joie après tant de soins, de peines et de travaux, qui eût cru qu'arrivé enfin à l'unique but de toute sa vie, il n'en eût pas joui pleinement ? Mais voilà de ces traits de Dieu qui confondent les hommes. Gesvres fut encore moins cardinal qu'il n'avait été archevêque. Idolâtre de sa santé et de ses écus, il ne pensa qu'à éviter d'aller à Rome, et, pour en montrer son impossibilité, n'alla presque jamais à Versailles quand la cour y fut retournée, et dînait en chemin. (...) Il vécut dans sa maison solitaire, où sa pourpre ne lui fut d'aucun usage que pour la voir dans ses miroirs, et de s'entendre donner de l'Éminence par ses valets [2]. » On remarque – « idolâtre de ses écus » – que la passion de l'ambition se combine ici avec celle de l'avarice, ce qui fait de M. Gèvres un passionné à deux variantes complémentaires, le rien du cardinalat se confondant chez lui avec le rien de l'argent qu'il ne dépense pas (comme le précise Saint-Simon dans les lignes qui suivent).

S'il arrive, comme dans le cas de M. Gèvres, que l'ambition achève de rendre idiot, il arrive aussi, naturellement, que l'ambition à jamais contrariée rende fou : tel le cardinal Lamparelli, personnage d'un roman de Henri de Régnier [3] qui, déçu de n'avoir point été élu pape, se venge sur des singes qu'il a fait costumer en cardinaux figurant les membres du conclave et entretient sur la terrasse de son palais pour les faire repentir de leur vote défavorable à son égard. L'expression de ce dépit donne lieu à une curieuse scène surréaliste (ce n'est pas la seule de ce très singulier roman) et je ne résiste pas à la tentation de rapporter celle-ci dans les termes de son auteur : « Les singes du cardinal Lamparelli, de tailles et d'espèces différentes, étaient tous uniformément vêtus de rouge. Ils portaient des robes écarlates qui

---

2. *Mémoires*, Gallimard, coll. « Bibl. de la Pléiade », éd. Coirault, t. VII, p. 526.
3. *La Double maîtresse*.

s'entrouvraient sur des petites culottes fort bien faites, serrées à mi-jambes. Quelques-uns étaient coiffés de barrettes pourpres. D'autres, nu-tête, avaient, pendus à plat dans le dos et retenus autour du cou par une cordelière, des chapeaux cramoisis [4]. » Lamparelli s'étouffe de rire en observant ses singes-cardinaux et celui qui allait devenir pape, que signale un poil tout blanc, surtout lorsque surviennent des bagarres générales, fréquentes chez les singes et peut-être non dénuées de quelque analogie avec celles dans lesquelles s'affrontent parfois les véritables cardinaux : « La mêlée était générale. Hargneux, provocants et acharnés, ils s'attaquaient de la griffe et de la dent avec des gambades, des sauts et des contorsions. (...) Les choses allaient tout à fait mal. Les robes rouges se déchiraient par lambeaux qui battaient l'air au bout de bras furieux. Par les trous apparaissaient des nudités velues [5]. »

Évoquant l'œuvre des auteurs précédemment cités, j'ai parlé de l'ambition comme passion, c'est-à-dire comme recherche d'un objet irréel, ou du moins doté d'une réalité évanescente. On pourrait objecter ici que l'ambition, par exemple l'ambition sociale ou politique, est au contraire en quête d'un objet réel qu'il peut lui arriver d'obtenir à force d'efforts, de manœuvres et de réussite. Sans doute ; mais cette réussite ne dure pas parce que l'objet qui en était l'enjeu est très vite dévalorisé. Sitôt obtenu, cet objet est immédiatement annulé, – c'est en quoi il est irréel, ne parvenant pas à « prendre de la durée », comme un avion qui n'arriverait pas à prendre de la hauteur. Avant qu'on ait eu le temps d'en profiter, il est immanquablement détourné, pour rester dans la métaphore aérienne, vers un but plus élevé et plus ambitieux. Qui est parvenu à être grand vicaire rêvera d'être évêque, qui est évêque rêvera d'être cardinal, qui est cardinal rêve d'être pape, qui est pape songe avec

---
4. *Ibid.*, Le Livre de poche, p. 323.
5. *Ibid.*, p. 328.

envie à Dieu, etc. Il existe certes nombre de personnes qui savent s'accommoder de promotions plus modestes, mais c'est alors qu'il ne s'agit pas d'ambitieux passionnels, c'est-à-dire de véritables ambitieux. L'ambition véritable est inapaisable, comme l'est par exemple la passion du jeu (et d'ailleurs toute passion) : qu'on gagne ou qu'on perde, rien ne l'apaise et il faudra toujours recommencer, sans pouvoir jamais obtenir ce qu'on cherche (en fait on ne cherche rien, même si l'on trouve parfois quelque chose, comme un gain qu'on remettra éternellement sur le tapis jusqu'à la disparition totale des fonds engagés.) Il me paraît donc fondé de dire que l'ambition est, comme le jeu, une passion, en tant que fascination à l'égard d'un objet obscur et irréel. C'est pourquoi d'ailleurs la passion est toujours inapaisable et interminable : son objet étant manquant, elle est assurée de ne jamais parvenir à ses fins.

On me demandera sans doute en quoi le goût du confort quotidien, dans *Le Curé de Tours* de Balzac, mentionné plus haut comme passion, est véritablement passionnel. Je réponds qu'il l'est dans la mesure où l'abbé Birotteau qui ne tient qu'à un petit logis qu'il habite à Tours (ce qui est déjà là une passion en un certain sens), ignore délibérément les menaces qui pèsent sur son occupation de ce logis (et lui sont cependant très clairement signalées), et fait en somme tout ce qu'il peut pour en être effectivement expulsé. Trois aspects majeurs de la passion troublent aussi l'esprit du curé de Tours : la fixation du désir sur un objet unique, tout d'abord ; l'aveuglement, ensuite ; enfin la mise hors de portée du bien qu'il convoite (ou du moins souhaite conserver). Le pathétique particulier à ce livre tient évidemment aussi à la minceur de ce bien, qui n'est qu'une pauvre chambre, et aussi à ce que l'abbé Birotteau se distingue de ses congénères passionnés par une passion moins faite d'emportement que de paresse et de lenteur d'esprit.

Ne me sentant ni l'humeur ni la capacité de procéder à un décompte exhaustif des passions humaines, je me contenterai ici d'en examiner trois à titre d'exemples et d'illustrations de ma thèse.

La première est celle que j'ai évoquée en commençant : la passion amoureuse, c'est-à-dire l'amour d'un objet irréel ou d'un objet réel mais dont l'approche et la jouissance sont à jamais différées. Cette passion amoureuse est opposée à l'amour, elle est même comme une machine de guerre destinée à la paralyser et à l'interdire, ainsi que je l'ai suggéré plus haut, et je ne vois pas grand-chose à ajouter sur ce sujet.

L'avarice est une passion pour les mêmes raisons qui font de la passion de Phèdre non un amour mais une sorte de perversion de l'amour. De même que Phèdre élit un objet dont elle s'interdit la jouissance (j'irais même volontiers jusqu'à dire : qu'elle élit *pour ne pas en jouir*), au point de tirer une jouissance masochiste dans sa douleur même, telle qu'elle l'exprime dans ses extraordinaires monologues de l'acte IV [6], de même l'avarice élit un objet, l'argent, dont elle s'interdit d'utiliser la valeur. Sous ses deux formes principales – réticence à la dépense ou âpreté au gain – le mécanisme de l'avarice reste le même : ne jamais profiter de ce qui est la source de tout profit, ôter tout caractère profitable au profit même. Dans le premier cas, on répugne à dépenser l'argent qu'on possède, dans le second cas à utiliser l'argent qu'on gagne (sinon pour augmenter son capital, ce qui revient au même) : dans les deux cas la pingrerie est la même, qu'il s'agisse de quelqu'un qui possède peu ou d'un millionnaire. Je ne crois pas, pour ma part, et quoi qu'on ait pu dire là-dessus, que la richesse contribue à rendre avare. Il n'y a que la forme de radinerie qui change, selon qu'on a un peu ou beaucoup d'argent. C'est pourquoi l'avarice est une passion « abstraite » comme celle de Phèdre (ainsi que l'a bien vu Marcel Aymé dans *Aller retour*), aboutissant à rendre inexistant ce qui est existant, inutilisable ce qui pourrait être fort utile, sans valeur

---

6. *Phèdre*, IV, 6 : « ... Ah ! Douleur non encore éprouvée ! »

ce qui est la valeur même. L'avarice peut apparaître ainsi comme une forme d'inintérêt suprême porté à l'argent, du moins à la valeur de celui-ci. L'avare est fasciné par l'aura d'irréalité dans laquelle il fait baigner son argent, mais pas par l'argent lui-même. C'est ce qu'exprime parfaitement une fable célèbre de La Fontaine intitulée *L'avare qui a perdu son trésor*[7]. Un certain avare (dont La Fontaine dit joliment qu'« il ne possédait pas l'or, mais l'or le possédait ») a enfoui dans son jardin un trésor dont il rêve jour et nuit mais auquel il ne touche pas. Un voleur vient à le lui dérober et voilà notre volé en transe, tel Harpagon dans une scène fameuse de *L'Avare* de Molière. Un voisin auquel il conte sa mésaventure en gémissant lui répond :

> .... *Dites-moi donc,*
> *Reprit l'autre, pourquoi vous vous affligez tant,*
> *Puisque vous ne touchiez jamais à cet argent.*
> *Mettez une pierre à la place,*
> *Elle vous vaudra tout autant.*

Une même aberration passionnelle me paraît présente chez la plupart des *collectionneurs*, dans la mesure où ceux-ci, du moins ceux qui ont la passion de la collection en tant que telle, c'est-à-dire les vrais collectionneurs, s'intéressent beaucoup moins aux objets qu'ils collectionnent qu'à la pensée du caractère *complet* de la série d'un certain type d'objets qu'ils s'efforcent de rassembler. Chacun de ces objets, considéré isolément, ne présente au fond pas d'intérêt réel pour le collectionneur, que passionne en revanche l'idée qu'il les possède tous, qu'ils sont tous là, et que tourmente inversement l'idée qu'ils pourraient ne pas être tous présents à l'appel, qu'« il pourrait m'en manquer un ». Collectionner est ainsi une fin en soi, indépendante de la nature ou de la valeur des objets collectionnés. Le goût de la collection est dès lors une passion abstraite comme toutes les passions, puisqu'il a en vue non des objets réels qu'il amène à rassembler, mais le rapport invisible, intangible et en

---
7. *Fables*, VI, 20.

somme irréel qui relierait ces objets entre eux si la collection était complète (elle ne l'est évidemment jamais, car, on l'a vu, un but dont la réalisation serait possible cesserait du même coup d'être passionnel). L'intervalle vide qui mettrait en rapport chaque objet avec les autres, dans le cas hypothétique d'une collection complète, est l'unique bien recherché. Comme tout passionné, le collectionneur a pris parti pour l'irréel : il s'est entiché de quelque chose qui n'existe pas. Ce goût du rien – ou du moins de rien qu'on puisse saisir et faire fructifier d'une manière quelconque – est parfaitement illustré par un film de William Wyler intitulé *L'Obsédé* (1965). Son héros, interprété par Terence Stamp, y a enlevé une jeune fille (Samantha Eggar) dans un sous-sol qu'il a aménagé en confortable appartement et dont il a soigneusement verrouillé toutes les issues. Il lui rend visite régulièrement mais ne l'approche jamais, malgré les invites répétées de sa partenaire et prisonnière, évidemment prête à tout pour recouvrer sa liberté. Mais il préfère lui apporter de bons petits plats, lui vanter les charmes du lieu qu'il a préparé à son intention. Il lui montre notamment avec fierté sa collection de papillons qu'il a capturés et épinglés dans de jolies boîtes de carton. C'est du reste à peu près de la même façon qu'il agit vis-à-vis de la jeune fille emprisonnée, qui le lui fait remarquer, lui faisant observer justement qu'il n'aime guère les papillons, puisqu'il ne s'y intéresse qu'une fois que ceux-ci ont été tués et paralysés – tout comme elle l'est elle-même. On en déduit aisément qu'il n'aime pas les filles, mais l'idée abstraite de femme. Cet obsédé fou est en réalité un collectionneur qui n'a fait que pousser sa passion un peu plus loin. Le titre original du film n'est d'ailleurs pas *L'Obsédé* mais *The Collector*, le collectionneur.

Remarquons en passant que, considéré de ce point de vue, le collectionneur ressemble fort au type de philosophe que déteste Nietzsche : « Vous me demandez de vous dire tout ce qui est idiosyncrasie chez les philosophes ?... Par exemple leur manque de sens historique, leur haine contre l'idée de devenir, leur égypticisme. Ils croient faire honneur à une chose en la dégageant de son côté historique, *sub specie aeterni*, – quand ils en font une momie. Tout ce que les philosophes ont manié depuis des milliers d'années c'était des idées-momies, rien de réel ne sortait vivant de leurs mains. Ils tuent, ils empaillent lorsqu'ils adorent, messieurs les idolâtres des idées, – ils mettent tout en danger de mort lorsqu'ils adorent [8]. »

Pour en finir avec la passion du collectionneur, on peut signaler comme passion voisine le goût, inverse et complémentaire, de *l'objet unique*, qui n'a aucun équivalent ni concurrent en ce monde. La passion de l'un prend ici le pas sur la passion du tout, mais me semble obéir au même principe fondamental qui est de posséder quelque chose que personne d'autre ne peut posséder. Dans le premier cas, on possède une série d'objets dont aucun ne manque : la conséquence étant que personne ne peut me disputer l'exclusivité de ma série. Dans le second, on possède un objet absolument unique en son genre : en sorte que personne ne peut non plus me disputer l'exclusivité de cet objet. L'amateur d'objet unique ainsi que le collectionneur ont en tête l'idée d'un même triomphe imaginaire : le premier de posséder l'exemplaire unique d'un certain objet, tel par exemple un ouvrage inepte qu'il a parfois composé de ses propres mains et caché en quelque lieu introuvable (ce qui l'autorise à ses yeux de jouir du privilège de posséder plus qu'un trésor : un livre que personne au monde ne possède ni ne peut posséder, sinon lui-même) ; et le second de même, d'être le seul à posséder une certaine collection, et peu importe s'il ne s'agit que d'objets sans intérêt ni valeur. Ces passions jumelles de la série et de l'objet rare participent, il va sans dire, de l'ambition propre à toute passion : j'ai réalisé un exploit qui me met, du moins d'un certain point de vue, au-dessus de tous mes semblables.

---

8. *Le Crépuscule des idoles.* « La raison dans la philosophie », § 1 (tr. H. Albert).

Quelle qu'en soit la nature particulière, la passion est moins la recherche de quelque chose que la quête d'un objet dont la fondamentale et double condition est d'être d'une part obscur et indéfinissable, d'autre part hors de toute portée utile, dans le double sens de l'expression : hors d'atteinte et inutile. Elle traduit donc à la fois un dégoût (ou un inintérêt) à l'égard du réel et un intérêt à l'égard de l'irréel. Le paradoxe est que cette quête d'un objet dont on peut dire indifféremment qu'il est insaisissable ou inexistant prend, dans la passion, les caractères d'une *idée fixe*. Autant on comprend qu'un affamé soit obsédé par une nourriture qui se trouve à portée de sa bouche mais qu'il ne peut saisir en raison des fers qui le retiennent, comme dans le cas du supplice de Tantale, autant on peut trouver étrange de voir quelqu'un ainsi concentrer ses facultés d'attention sur un objet dénué de toute espèce de consistance, – mais peut-être n'y a-t-il rien qui fascine autant que le vide. « Idée fixe » est d'ailleurs une manière de dire un peu trompeuse, dans la mesure où toute « idée » est idée d'un objet dont cette idée est censée être la représentation. L'idée fixe n'est donc pas à proprement parler une idée, puisqu'aucun objet réel ne passe par sa ligne de mire ; tout au plus un nom ou un mot dont le contenu se limite à sa seule énonciation, un simple *flatus vocis* dirait Spinoza. On peut la décrire plus justement comme comportement et fixation obsessionnels à propos d'une idée fictive, qui n'a pas réussi à prendre forme et à se constituer en tant qu'idée, – un peu analogue à l'attention obstinée avec laquelle on recherche un nom ou un mot qui vous échappent, à cette différence toutefois qu'en l'occurrence ledit nom ou ledit mot existent le plus souvent bel et bien. La monomanie, du moins sous sa forme la plus aiguë, ne consiste pas en un intérêt porté à un *seul* objet, mais, si je puis exprimer de façon paradoxale une réalité qui est elle-même paradoxale, en un intérêt porté à *aucun* objet. De même l'ennui est naturellement très éloigné de l'idée fixe, et même à son opposé ; mais, à y regarder de plus près, on constate que cette différence tient au seul fait, grammaticalement mince, qu'il est très différent de ne s'intéresser à rien (cas de l'ennui) et de s'intéresser à rien (cas de l'idée fixe).

L'essence de la passion, ou de la monomanie, a été selon moi illustrée de manière incomparable par Balzac et en particulier par un roman, *La Recherche de l'absolu*, mentionné plus haut, qui, s'il est loin d'être le chef-d'œuvre de son auteur, en est peut-être le plus typique et le plus caractéristique. Car son intrigue, plus simple et dépouillée que dans la plupart des autres ouvrages de Balzac, y décrit en quelque sorte à l'état pur le mécanisme d'une passion et d'un aveuglement qui fonctionnent à vide et détruisent tout sur leur passage, comme il advient dans la plupart des romans de la *Comédie humaine*. Son héros est un certain Balthazar Claës, élève de Lavoisier nous dit Balzac, qui dilapide toute sa fortune pour se doter d'un laboratoire consacré à la recherche de l'« absolu ». C'est ainsi que Balthazar désigne la chimère d'une unité chimique de tout ce qui existe. Pour y parvenir, il faut cependant commencer par décomposer l'azote, selon l'avis d'un officier polonais fou qu'il a rencontré par hasard dans le passé. Balthazar s'attelle donc aussitôt à cette tâche unique et ne se soucie désormais plus de rien d'autre ni de personne, pas même de sa femme qui en vient à mourir de privations et de manque de soins :

« – Monsieur, madame se meurt et l'on vous attend pour l'administrer, cria-t-elle [Martha] avec la violence de l'indignation.

– Je descends, répondit Balthazar.

Lemulquinier [assistant de Balthazar] vint un moment après, en disant que son maître le suivait. Madame Claës ne cessa de regarder la porte du parloir, mais son mari ne se montra qu'au moment où la cérémonie était terminée. L'abbé de Solis et les enfants entouraient le chevet de la mourante. En voyant entrer son mari, Joséphine rougit, et quelques larmes roulèrent sur ses joues.

– *Tu allais sans doute décomposer l'azote*, lui dit-elle avec une douceur d'ange qui fit frissonner les assistants.

— C'est fait, s'écria-t-il d'un air joyeux : L'azote contient de l'oxygène et une substance de la nature des impondérables qui vraisemblablement est le principe de la...

Il s'éleva des murmures d'horreur qui l'interrompirent et lui rendirent sa présence d'esprit. »

Une fois Joséphine enterrée, la recherche de l'absolu reprend de plus belle, toujours sans aucun succès. Elle ne s'interrompra qu'avec l'agonie et la mort de Balthazar lui-même :

« Tout à coup le moribond se dressa sur ses deux poings, jeta sur ses enfants effrayés un regard qui les atteignit tous comme un éclair, les cheveux qui lui garnissaient la nuque remuèrent, ses rides tressaillirent, son visage s'anima d'un esprit de feu, un souffle passa sur cette face et la rendit sublime ; il leva une main crispée par la rage, et cria d'une voix éclatante le fameux mot d'Archimède, EUREKA ! (*J'ai trouvé* !) Il retomba sur son lit en rendant le son sourd d'un corps inerte, il mourut en poussant un gémissement affreux, et ses yeux convulsés exprimèrent jusqu'au moment où le médecin les ferma le regret de n'avoir pu léguer à la Science le mot ultime d'une énigme dont le voile s'était tardivement déchiré sous les doigts décharnés de la Mort. »

Ce sont là les derniers mots du livre, ironiques et cruels. Comme l'énonce Leibniz et son principe de raison suffisante, selon lequel *nihil est sine ratione* (il n'est rien qui n'ait quelque raison d'être), comme le redit à sa manière Freud avec son concept de « confort de la maladie », selon lequel il n'est pas de comportement névrotique qui n'ait pour appoint quelque raison, c'est-à-dire quelque bénéfice, même si celui-ci est lui-même morbide, je pense qu'il n'est point de passion qui n'ait, sinon en vue, du moins pour résultat quelque bénéfice tangible, – même s'il paraît impossible de concevoir que l'ensemble des choses soit soumis au régime de la nécessité, contrairement à ce que pensaient, par exemple, les Stoïciens ou Hegel. Quelle nécessité a fait mourir Marc-Aurèle au combat le jour où il périt ? Quelle nécessité a forcé Hegel à périr du choléra ? Et souvent même, lorsqu'il s'agit d'événements ayant eu une réelle portée historique, c'est bien souvent un grain de sable de trop ou de moins qui a décidé de l'affaire. Cependant, si le hasard règne apparemment en maître dans le général, il ne gouverne pas toujours dans le particulier. Aussi la relation de cause à effet lui échappe-t-elle souvent (qu'on soit capable ou incapable de comprendre celle-ci, selon qu'on penche du côté de l'irrationalisme ou du rationalisme, du côté de Hume ou du côté de Kant), encore que ce soit le hasard et un ensemble de circonstances qu'on trouve à l'origine de la cause ayant, à son tour et nécessairement, entraîné tel effet. Cette vérité vaut naturellement dans le cas qui nous occupe, la passion, qu'il serait illusoire de considérer comme comportement simplement bizarre et « hors-norme ». L'interprétation philosophique de la passion, l'explication de son fonctionnement et de sa raison d'être, le résultat auquel elle aboutit et le bénéfice qu'elle s'octroie par la même occasion, me semblent pour ma part assez faciles à saisir : la passion marque l'emprise ordinaire du fantasme du double sur la perception du réel, la fascination de l'absence provoquée par une présence indésirable d'un réel qui ne satisfait pas ou ne satisfait plus, soit le choix, en l'occurrence quasi forcé, de l'irréel au détriment du réel. Tout passionné est en délicatesse avec le réel – c'est pourquoi la formule célèbre du comte de Saint-Simon (« Il ne se fait rien de grand sans la passion ») gagnerait selon moi en justesse à être inversée : il ne se fait rien de médiocre sans la passion –, et beaucoup de personnes en telle situation psychologique choisissent la passion comme exutoire à leur souffrance. Elles peuvent en choisir d'autres : romantisme sous toutes ses formes, engagement politique irraisonné, militantisme aveugle au service d'une cause quelconque. Les modes de reconversion dans l'irréel sont aussi variés que nombreux, et la passion n'en est qu'un parmi une infinité d'autres. Le choix de l'échappatoire est indifférent, pourvu qu'il réponde à l'unique condition que nous avons pu observer dans les cas de la passion amoureuse, de l'avarice et de la manie collectionneuse : mettre « hors circuit », et par là même s'imaginer qu'on met hors d'état de nuire, les prérogatives de la réalité.

Penser à tout ce qu'on veut sauf à ce qui existe : telle est la devise qui me semble guider souvent les philosophes d'hier et d'aujourd'hui. J'ai été un peu surpris d'en trouver une expression parfaite sous la plume d'un auteur, Dante, de la part duquel je ne l'attendais pas :

> *Je retournais par le regard à travers toutes*
> *les sept sphères, et je vis ce globe*
> *tel, que je souris à sa vaine apparence ;*
> *et j'approuve pour meilleure l'opinion*
> *qui en fait moins de cas ; qui pense à autre chose*
> *peut véritablement s'appeler sage*[9].

Cette devise – « pense à autre chose » – me fait ressouvenir du truc d'un charlatan oriental qui fait se dresser une corde par magie et s'y hisse sans effort, puis propose une pièce d'or à quiconque en fera autant, ce qui assure-t-il est très facile (ne vient-on pas d'en voir l'exécution ?), pourvu que le volontaire tienne compte d'un petit secret que le charlatan lui glissera à l'oreille avant que le badaud alléché ne tente l'expérience. À charge de revanche, naturellement – quiconque y échouerait devra de son côté remettre une pièce d'or au magicien. Les amateurs affluent de tous côtés et recueillent l'un après l'autre, de la bouche du camelot, avant de s'élancer dans les airs, le petit secret en question qui est le suivant : « Quand j'aurai fait dresser la corde et que tu y monteras, songe à tout ce qui te passe par la tête, *sauf à l'âne* ». De quel âne s'agit-il ? L'histoire ne le dit pas ; peut-être est-ce simplement l'âne qui sert de monture à son maître-charlatan. Toujours est-il que l'ensemble des badauds, une fois le secret connu, trouve l'aventure des plus faciles et considère la pièce d'or comme déjà dans sa poche. Malheureusement tous les candidats ont pour première pensée, à peine élancés, qu'il ne faut surtout pas songer à l'âne, ce qui revient précisément à songer à l'âne ; et chacun de s'écrouler tour à tour, vite

---

9. *Paradis*, tr. Jacqueline Risset, Garnier-Flammarion, XXII, V. 133-138.

délesté de sa pièce d'or. Impossible, décidément, de songer à « autre chose ».

Encore un mot de digression à propos de l'âne de Nasr Eddin Hodja, fabuliste turc célèbre en son pays mais assez méconnu ailleurs. Le Hodja a persuadé son maître, Timour, qu'il possède un âne capable de lire et de comprendre un livre, à la condition qu'il ne soit « pas trop difficile, tout de même ! » Timour le met au défi. Prié de s'exécuter, le Hodja présente à la cour son âne devant les yeux duquel on place un livre de lecture facile. Au fur et à mesure qu'un serviteur lui tourne les pages, l'âne ne sait émettre que des braiements de nuances diverses. « Face de goudron ! Fils de chien ! Tu m'as trompé ! Ton âne ne fait que braire comme tous les autres. Apportez-moi le bâton, il va t'en cuire » dit Timour. Seigneur, ne commets pas d'injustices, je t'en prie, lui répond Nasr Eddin. Je n'ai pas dit qu'il parlait. J'ai dit qu'il lisait, mais comme un âne, naturellement ! – Timour est décontenancé. « Tu es un retors mais tu ne vas quand même pas me faire croire qu'il comprend quelque chose ! » – « Oh ! ça, pour savoir ce qu'il comprend, il faudrait être un âne soi-même ! [10] » Au-delà de l'insolence qui se met à l'abri de toute réplique ou représaille possible, dans la manière de Clément Marot ou de Voltaire, le Hodja pose ici un problème intéressant la philosophie du sens et du langage qui trouve un écho jusqu'à Wittgenstein : « Si un lion pouvait parler, nous ne comprendrions pas ce qu'il dit [11]. »

Il ressort de tout ce qui précède que le « régime des passions » annoncé par le titre de ce chapitre n'est autre, tout simplement, que le « régime » ; au sens où l'on parle de « se mettre au régime » ou de « régime sec ». Il est même le plus dur de tous les régimes, parce qu'un régime alimentaire autorise certains aliments alors que le régime des passions n'en tolère aucun, comme l'exprime précisément Mal-

---

10. *Sublimes paroles et idioties de Nasr Eddin Hodja*, tr. J.-L. Maunoury, Phébus, 1990, p. 269.
11. *Investigations philosophiques*, II, 11.

larmé dans un vers du sonnet *Mes bouquins refermés sur le nom de Paphos*, que j'ai cité plus haut : « Ma faim qui d'aucuns fruits ici ne se régale ». Le passionné se condamne à éternellement s'abstenir, à « faire tintin » comme s'amuse à le dire Jean-Marie Apostolidès du régime sec imposé par Tintin au capitaine Haddock dans l'album d'Hergé intitulé *Le Crabe aux pinces d'or*[12]. C'est pourquoi la passion constitue une souffrance dans les deux sens du mot (le passionné souffre d'être « en souffrance » de l'objet qui lui fait toujours défaut), comme le suggère l'étymologie gréco-latine du mot : *paskô, pathos, patior*. L'objet d'une passion ressemble au faucon maltais du roman de Dashiell Hammett qui porte ce titre et qu'un film de John Huston a contribué à rendre célèbre : objet mirifique que tous recherchent, y sacrifiant tout ce qu'ils possèdent de réel, mais dont personne ne pourra profiter ; objet onirique qui catalyse toutes les convoitises mais n'en satisfait aucune, semblable en cela à l'homme lui-même dont Prospero assure, dans un passage de *La Tempête* de Shakespeare, qu'il est « fait de l'étoffe des songes[13] ».

De même, on l'a vu, l'amour passionnel n'est pas amour d'un objet réel qui manque à l'appel (comme tente de le démontrer Platon dans le *Banquet*), mais amour d'un objet irréel ou, pour le dire plus radicalement, amour d'un manque d'objet. Ce qui manque à l'amour dont parle Platon n'est pas un objet accidentellement manquant (il existe ou du moins a existé) ; ce qui manque à l'amour passionnel est un objet absolument manquant (il n'existe pas et n'a jamais existé). On objectera ici, pour en revenir à notre point de départ, que si Hippolyte est un objet passionnel aux yeux de Phèdre, la personne d'Hippolyte ne laisse pas pour autant d'exister. Mais cette existence d'Hippolyte est des plus ambiguës. Hippolyte existe, certes, mais seulement pour les personnes qui le fréquentent, qui le voient et qui

---

12. *Les Métamorphoses de Tintin*, Seghers, ch. « Le capitaine aux pinces d'or ».
13. Sc. VIII.

lui parlent. Or, tel n'est pas du tout le cas de Phèdre qui écarte toute occasion de le voir et qui, si elle le voit, n'en perçoit qu'un simulacre ou un fantasme qui lui en dissimulent la personne réelle. Or l'amour réel exige la réalité de la personne aimée. La coïncidence à la faveur de laquelle un objet aimé est en même temps un objet existant est d'ailleurs, assez curieusement, un sujet intarissable d'émerveillement pour les amants. Le démon de l'identité, dont j'ai vanté plus haut les pouvoirs, se pare en la circonstance d'un charme supplémentaire, d'ordre qu'on pourrait qualifier d'ontologique : ce n'est plus le « tu es ici » qui compte, mais le fait que « tu *es* toi ». Tu existes.

Je remarquerai en terminant, au cas où le lecteur n'aurait pas déjà fait lui-même le rapprochement, que la passion présente une analogie évidente avec toutes les formes d'hystérie, en raison d'un élément commun qu'on pourrait appeler la recherche obstinée du malheur. Cette recherche procède il est vrai par des voies différentes, et avec des objectifs différents, selon qu'il s'agit de passion ou d'hystérie. Dans le premier cas, on parvient au malheur par la recherche d'un objet incapable de satisfaire (ou qu'on a rendu incapable de satisfaire). Dans le second, l'hystérie, on recherche directement l'insatisfaction en tant que telle (en ce sens, on pourrait parler d'une relative « sincérité » de l'hystérie, par rapport à l'hypocrisie présente en toute passion qui, elle, fait toujours semblant de chercher son bonheur). C'est ce qui fait le caractère paradoxal de la demande hystérique, qui exige de ses partenaires de les satisfaire en ne les satisfaisant pas, sous peine de sérieuses représailles. De sorte que l'hystérique est gagnante dans tous les cas de figure, et ses partenaires immanquablement perdants, tel cet automobiliste rendu célèbre par l'école de Palo Alto, auquel un panneau signalisateur enjoint à la fois de circuler et de stopper [14]. Car de deux choses l'une : ou bien l'hystérique est insatis-

---

14. Je mets hystérique au féminin pour des raisons de simplification orthographique, non de simplification psychologique. L'hystérie masculine existe aussi bien que l'hystérie féminine.

faite, et ça ne va pas ; ou bien l'hystérique est satisfaite, et ça ne va pas non plus. C'est d'ailleurs bien pis : car l'hystérique satisfaite, soudain enjouée sans raison apparente, est à redouter plus que tout. Cette gaieté insolite est le plus souvent de fort mauvais augure, annonçant que quelque énorme scène est en gestation et ne va pas tarder à exploser. Quelques instants plus tard, vous aurez en effet à vous protéger derrière quelque meuble des objets divers qu'elle aura trouvés et vous jette à la figure ; à moins que l'agitée ne soit déjà descendue dans la rue et ne s'occupe à ameuter police et voisins.

L'hystérie et la passion ont donc en commun une tendance invincible qui les voue à l'insatisfaction et les porte à chercher au sein de la douleur la source de tout apaisement, passager dans le cas de l'hystérie, plus intense mais peut-être aussi plus jouissif dans le cas de la passion. Il me semble par exemple que la célèbre tirade de la Phèdre de Racine, citée plus haut, qui commence par les mots « Ah ! douleur non encore éprouvée ! » et succède à la découverte par Phèdre qu'Hippolyte, censé être indifférent aux femmes, est l'amant d'Aricie et qu'ainsi Phèdre, comme elle le déclare à Oenone sa suivante, « avait une rivale », loin d'être l'expression d'une torture paroxystique, est une expression explosive d'une jouissance masochiste, pour ne pas dire de plaisir solitaire. Il arrive souvent que l'actrice qui interprète le rôle ferme les yeux en abordant cette tirade, sous le coup de l'émotion qui l'accapare tout entière. Mais quelle est la nature de cette émotion ? Dernier degré de la souffrance, – ou dernier degré de la jouissance ? Un peu des deux, probablement ; mais c'est, selon moi, la jouissance qui l'emporte. En tout cas, en ce qui me concerne, j'avoue avoir toujours cru lire, ou cru entendre : « Ah ! *plaisir* non encore éprouvé ! » Tout cela est à la limite de l'obscène et pourrait à la rigueur se dire en coulisse, comme s'y donne le coup de couteau mortel de Don José, à la fin de la *Carmen* de Bizet.

Quoi qu'il en soit, et j'en finis cette fois-ci pour de bon, l'hystérie ne saurait se confondre avec la passion. Car celle-ci est une dénégation du réel ; celle-là, au contraire, une affirmation du réel, jointe à celle de son caractère à jamais douloureux et intolérable. La plainte hystérique en veut au réel. La passion va plus loin : elle l'ignore. C'est pourquoi l'hystérie s'attaque à des objets réels, pour mieux les accuser ; la passion à des objets irréels, pour être sûre de ne jamais les rencontrer.

IX

IMPRESSIONS FUGITIVES

1. – PROLOGUE

Le double est sans doute le symptôme majeur du refus du réel et le facteur principal de l'illusion ; mais il existe certains doubles qui sont au contraire des signatures du réel garantissant son authenticité : telle l'ombre qui vient à manquer à la femme sans ombre, dans l'opéra d'Hofmannsthal et Richard Strauss ; tels aussi le reflet et l'écho. Ces doubles de « seconde espèce » se caractérisent par une proximité par rapport à la réalité – humaine, vivante ou inanimée – qu'ils suivent comme son ombre, accompagnent comme son reflet, dupliquent comme son écho. Ces doubles-ci, qu'on pourrait appeler doubles de proximité ou doubles mineurs, comme il y a des ordres mineurs, ne sont pas des prolongements fantomatiques du réel, mais des compléments nécessaires qui sont ses *attributs* obligés (pourvu qu'il y ait, naturellement, une source de lumière pour engendrer l'ombre, un miroir pour refléter, une falaise quelconque pour produire l'effet d'écho). S'ils viennent à manquer, l'objet perd sa réalité et devient lui-même fantomatique.

Il y a dans la langue espagnole, pour rendre l'idée de proximité, d'« environs » – d'une ville, d'un site quelconque – une expression courante qui exprime mieux que le français l'étroitesse du lien qui attache la réalité à ses doubles de proximité : les *inmediaciones*, les « immédiatetés ». Pour dire par exemple que Créteil est à deux pas de Paris, l'espagnol dira volontiers que Créteil est situé dans ses *inmediaciones*. Il pourrait dire aussi que Créteil est situé dans sa *cercania* ou ses *alrededores*. Mais l'intérêt du terme *inmediaciones* est de suggérer moins une grande proximité qu'une proximité qui confine à l'immédiateté absolue et à une « co-présence » : il n'y pas de « médiation » – d'espace intermédiaire – entre Créteil et Paris, rien de tangible ne sépare Créteil de Paris. Et c'est aussi le cas de la proximité « immédiate » qui relie l'ombre, le reflet ou l'écho à tout objet réel. Ces doubles de proximité ne sont pas des doubles proches de la réalité ; ils sont inhérents à elle, en sont sans doute des parties externes, mais aussi des parties prenantes. Ce caractère immédiat, ou cette co-présence, du double de proximité par rapport à l'objet auquel il « colle » peut même être considéré parfois non comme une double présence mais comme une présence unique dont les parties apparemment complémentaires (le réel et son double) ne constituent au fond qu'un seul objet. Cette pensée extrême est exprimée par Ovide, dans ses *Métamorphoses*, lorsqu'il fait dire à Narcisse en extase devant son image reflétée par l'eau : *Iste ego sum*, – « cet homme-là est moi-même ». Importance ici du *sum* (« je suis ») qui ne relie pas mais identifie mon reflet à ma personne. Mon image ne reflète pas ma personne : elle l'est. Non pas une image semblable à moi, mais une seule et même image, un seul et même objet. Descartes dirait que la distinction entre Narcisse et son reflet est une distinction formelle, pas une distinction réelle, dans la mesure où il est impossible de songer à l'un sans aussi songer à l'autre ; qu'il est par conséquent impossible de concevoir Narcisse sans son reflet, tout comme il est impossible selon Descartes, dont c'est là le motif principal dans les *Méditations*, de penser « je pense » sans penser « je suis » ; impossible de penser « je suis » sans penser « Dieu est » ; impossible de penser « Dieu est » sans penser « le monde existe ». À cet égard, le *Iste ego sum* d'Ovide peut être considéré comme une formule prémonitoire du *Cogito ergo sum* de Descartes. Cette formule d'Ovide illustre aussi, il va sans dire, et peut-être pour la première fois, ce que Lacan désignera vingt siècles plus tard comme le « stade du miroir ».

L'ombre, le reflet et l'écho sont les attributs obligés de tout objet réel, quelle qu'en soit la nature ; s'ils viennent à manquer, je l'ai dit, ils déboutent par leur absence n'importe quel objet d'une prétention à la réalité. S'il s'agit de l'homme ou d'un autre être vivant, ce défaut constitue un arrêt d'irréalité et en même temps un arrêt de mort. S'il s'agit d'un objet inanimé, il signale simplement que l'objet en question n'existe pas.

On peut dire aussi qu'un tel objet, « lâché » si je puis dire par son ombre, par son reflet ou par son écho, constitue un objet paradoxal et fantastique qui aurait de quoi inquiéter s'il existait (mais il peut « exister », naturellement, par les ressources de la peinture, du cinéma et, plus généralement, de l'imagination). Essayons d'imaginer un instant un tel objet. Exposé aux rayons d'un soleil qui ne soit pas exactement situé à sa verticale, il n'engendre aucune ombre. Présenté devant un miroir ou son équivalent, il n'engendre aucun reflet. Lancé dans l'air et retombant sur un sol dur (à condition que ce lancer ait lieu en milieu atmosphérique : sur la Lune, il ne rendrait aucun son en retombant et *a fortiori* aucun écho), le bruit qu'il fait n'est pas suivi d'écho renvoyé par la falaise voisine. Un tel objet est insolite et même fantasmagorique ; seuls les effets spéciaux du cinéma fantastique peuvent lui prêter une apparence d'existence. Le cinéma fantastique et aussi, avant lui, la peinture surréaliste. Il me semble qu'on peut par exemple observer de tels objets, privés d'ombre comme probablement de tout attribut de proximité, dans les toiles de Tanguy. Plus exactement, les objets de Tanguy sont bien dotés d'ombre ; mais la toile baigne dans une lumière diffuse et homogène qui ne saurait engendrer d'ombres, puisqu'il n'y a ni soleil ni une autre source de lumière pour justifier ces ombres, qui dès lors paraissent bizarres et constituent autant de trompe-l'œil. On dirait que, dans la lumière uniforme et sans orientation déterminée qui écrase la toile, semble en figer les objets et les clouer au sol, l'objet et son ombre ne forment qu'un seul corps, la partie apparemment ombrageante (l'objet) se confondant avec la partie apparemment ombragée (l'ombre portée). En écrivant ces lignes, je songe particulièrement à un tableau intitulé *Jours de lenteur* qui figure au Musée national d'Art moderne de Paris ; mais ce tableau est très représentatif de la manière du peintre. Le monde suggéré par les toiles de Tanguy est presque toujours peuplé – j'allais dire « dépeuplé », m'inspirant du *Dépeupleur* de Beckett – de ces objets immatériels dont on a l'impression que, si on pouvait les lancer au loin, leur chute ne rendrait ni son, ni écho de ce son ; pas plus qu'on n'obtiendrait d'eux un reflet si on pouvait les confronter à un miroir. Objets sans ombre, sans écho, sans reflet : objets irréels, objets « morts ». Je remarque en passant que le surréalisme, et particulièrement la peinture surréaliste, dans son intention d'évoquer des objets affranchis de toute référence réaliste, s'est toujours complu dans la suggestion d'un univers irréel mais mort (l'un impliquant d'ailleurs l'autre). Même les moins contestables des peintres surréalistes, selon moi Paul Delvaux, Chirico et Tanguy, n'ont pu éliminer toute allusion réaliste qu'au prix de la représentation d'un monde figé et défunt : femmes mortes, villes mortes, objets morts.

L'onirisme, revendiqué par les surréalistes pour rendre quelque vie à ces ruines, ne change rien à l'affaire ; si du moins on estime, après Freud, que la conception surréaliste du rêve est erronée et ignore la nature réelle du rêve. Délesté qu'il est par principe de toute référence réaliste, le rêve surréaliste est une pure abstraction ou construction cérébrale qui évoque plutôt le rêve d'un cadavre que celui d'un être vivant. Et je ne puis m'empêcher de penser que l'onirisme, invoqué par les surréalistes pour défendre leurs productions, y compris les moins défendables, a en l'occurrence assez bon dos. Mon goût du paradoxe m'amènerait même à soupçonner qu'on trouverait aisément de l'onirisme dans toute l'histoire de la peinture avant d'en trouver trace dans la peinture surréaliste.

On pourrait m'objecter que l'œuvre de Raymond Roussel – mais on pourrait invoquer ici beaucoup d'autres auteurs – obéit à un principe voisin de celui du surréalisme : éliminer de son imaginaire, et de l'écriture qui l'élabore, toute allusion à la réalité, y compris cette réalité particulière que constitue la réalité littéraire. C'est pourquoi Roussel écrit toujours et volontairement aussi plat que possible, afin de prendre ses distances avec celle-ci. Mais cette apparente similitude ne sert pas le surréalisme. Car l'effet que Roussel obtient de son procédé, s'il évoque volontiers le règne de l'automatisme et de la mort, est aussi et essentiellement d'ordre comique. Alors que les surréalistes, pour leur part, se sont toujours signalés par un imperturbable esprit de sérieux. Mais il est temps d'interrompre cette digression et de revenir à notre sujet.

On peut sans doute estimer que, dans la représentation familière que l'on s'en fait, l'homme qui perd ses attributs de proximité ou l'un de ces attributs, ne perd pas complètement sa réalité ou sa vie mais subsiste ou peut subsister à l'état d'être fantastique, semi-mort et semi-réel. Ainsi Peter Schlemihl, l'homme qui a perdu son ombre dans le roman de Chamisso, peut-il « vivre encore aujourd'hui », ainsi qu'il l'assure lui-même à la fin du roman. Ainsi Erasmus Spikher, l'homme qui a perdu son reflet dans un conte célèbre de Hoffmann s'inspirant du roman de Chamisso, survit-il à la perte de celui-ci. Hoffmann raconte même qu'Erasmus Spikher rencontre Peter Schlemihl, également à la fin du conte, et lui propose une sorte d'entente mutuelle qui évoque l'alliance de l'aveugle et du paralytique : ils pourraient désormais vivre ensemble, chacun des deux assurant la part de double qui manque à l'autre. Schlemihl assurera la part du reflet, Spikher la part de l'ombre. Cependant cette alliance qui tente de pallier la perte des doubles n'est ni viable ni vivante (« cela ne mena à rien » conclut Hoffmann dans les derniers mots de son conte). Cette existence bancale évoque plutôt le statut ambigu qui régit le sort des créatures évoluant dans l'imagination romantique ou populaire, à la lisière de l'être et du non-être : tel le mort-vivant, le fantôme, l'homme invisible. Elle évoque aussi la réalité étrange du Christ, après sa résurrection et avant sa disparition de la Terre, réalité tout à la fois palpable et impalpable, faite pour éveiller les soupçons légitimes de son disciple Thomas. Elle évoque encore les êtres réputés monstrueux pour contrarier le cours ordinaire de la nature, que les Romains à la fois vénéraient et craignaient au point de les faire disparaître rituellement, du moins dans la Rome archaïque. De tels êtres relevaient du *sacer* (sacré) et étaient considérés à la fois comme prodiges (d'où leur caractère divin et, si l'on en croit le sens premier de sacer, « intouchable », au sens hindou du terme) et comme monstres (d'où leur caractère inquiétant et maudit). Au nombre de ces êtres sacrés figuraient les jumeaux que l'on s'empressait de noyer, comme de vulgaires chatons, afin d'en libérer la surface de la terre. Je ne peux m'empêcher de remarquer ici que les jumeaux sont des doubles, et qu'en matière biologique la notion de gémellité inquiétait les Romains comme elle étonnera plus tard Pascal (*Pensées*, fragment 133 de l'édition Brunschvicg), tout comme elle est condamnée aujourd'hui par ceux que l'idée de « clonage » épouvante. Remarque d'ordre plus général : les hommes ont toujours eu souci d'enfouir leurs morts au plus profond, afin que n'en réchappent point ces semi-morts que l'on appelle justement des ombres, capables de revenir hanter le souvenir des vivants. Tels ces êtres fantastiques, privés de leur double de proximité qui en garantissait l'existence, et qu'on ne peut tenir ni pour tout à fait réels, ni pour tout à fait irréels. Le rite anglo-saxon attaché à la fête d'*Halloween* travaillait et travaille encore à annuler la semi-existence de ces êtres semi-existants.

Un célèbre roman de science-fiction de E.A. Abbott, intitulé *Flatland* – « Monde plat » – imaginait vers 1890 l'existence réduite à deux dimensions, c'est-à-dire privée de la dimension spatiale. Les créatures qui y vivent et les objets qui y existent sont naturellement privés de ce que j'appelle les doubles de proximité. Aucune ombre, aucun reflet, aucun écho n'y sont concevables. L'auteur ne mentionne pas ce détail ; sinon de manière indirecte, signalant rapidement le fait de l'apparition de l'ombre, des contrastes qu'elle engendre et qui permettent de déchiffrer correctement la vision des corps en relief, lorsqu'un habitant de Flatland, arraché à son monde bi-dimensionnel et plongé dans le monde tri-dimensionnel de *Spaceland*, continue un certain temps à interpréter comme surfaces planes les corps solides. Si je prends ce livre en exemple, c'est qu'il illustre le lien qui relie un monde sans doubles de proximité à un monde sans réalité (après tout, *Flatland*, revendiqué aujourd'hui comme un classique de la science-fiction, était d'abord la description amusée d'une *utopie* – soit un « non-lieu », un lieu inexistant –, appartenant à une filiation typiquement anglo-saxonne illustrée par Swift, Lewis Carroll ou Samuel Butler).

Quant au statut « ontologique » du double de proximité, on peut immédiatement remarquer qu'il est aussi ambigu que celui de l'objet privé de son double. Si le double est le garant de la matérialité de l'objet qu'il duplique, il est en revanche parfaitement privé lui-même de matérialité et ne constitue que l'« impression fugitive » d'un corps accompagnateur de corps. Il n'est pas corps mais illusion de corps. Un corps se laisse palper, saint Thomas ne s'y est pas trompé. Or, s'il est loisible de voir ou d'entendre une ombre, un reflet ou un écho, il est impossible de jamais les toucher. Semblables au vif-argent, ils s'enfuient avant qu'on ait eu le temps de les saisir et se montrent rebelles à toute appréhension. Ils sont des trompe-l'œil ou des trompe-l'oreille. Ils ne sont ni des êtres ni des non-êtres mais se situent entre l'existence et la non-existence, différant ainsi à la fois de la non-existence du double au sens classique, et de l'existence des corps qui se laissent voir mais aussi toucher. Certains corps, il est vrai, se laissent voir mais non toucher : soit qu'ils se situent en dehors de notre champ d'observation, soit qu'ils aient cessé d'exister, telles ces étoiles mortes dont la lumière est encore visible de la Terre. Cependant, dans les deux cas, leur matérialité présente ou passée ne fait aucun doute. Il n'en va pas de même dans le cas du double de proximité qui est paradoxalement à la fois existant et immatériel, car non tangible au sens premier du terme (« qu'on peut toucher »).

On objectera sans doute ici qu'une vibration sonore est toujours matérielle, qu'il s'agisse d'un son émis ou de ce son renvoyé par l'écho. Mais précisément : il s'agit du *même* son, et la matérialité du son reproduit n'est qu'un simulacre de la matérialité du son émis. L'écho est le même son, altéré il est vrai, que celui dont il est écho. C'est le son émis qui fait si je puis dire tout le travail, et l'écho n'est en somme qu'une façon parmi d'autres de le réceptionner et de l'« entendre ». En lui-même, l'écho n'émet rien. Il est tout aussi coi que la falaise est muette. Il n'est pas un fait mais un effet (on parle d'ailleurs volontiers de « l'effet d'écho »).

Cette proximité du double « mineur » présente une grande ressemblance avec le fantasme qui lui aussi s'évanouit, tel un feu follet, dès qu'on essaie de s'en emparer et de l'immobiliser ; tel un fantasme érotique qui disparaît dès qu'on le traque, pour faire place à un autre fantasme qu'on s'essaiera tout aussi vainement à traquer, etc. Comme le dit Manuel de Falla dans un passage de l'*Amour sorcier* : *Lo mismo que el fuego fatuo se desvanece el querer*, tel le feu follet, l'amour s'évanouit. Cette parenté explique aussi le succès de ces doubles aux yeux des amateurs de fantastique, que le double de proximité a tout pour gâter et combler : car, s'il satisfait chez eux leur désir d'imaginaire, il leur offre en prime des objets qui ont le privilège d'être à la fois inexistants *et* existants. Il illustre ainsi la conception du fantastique de Tzvetan Todorov, selon laquelle l'objet fantastique est un objet qui semble d'abord un effet surnaturel mais se résout finalement en fait naturel. Les romans policiers de Boileau-Narcejac ont tiré un heureux parti de ce thème.

Le double de proximité présente, en définitive, un caractère illusoire qui n'est pas sans quelque ressemblance avec l'illusion inhérente à l'idée de double en général. Celle-ci se complaît dans l'imagination d'une réalité qui n'existe en aucune façon. Le double de proximité fait un peu de même, mais se justifie par le fait que, s'il est inconsistant, il est aussi bel et bien réel. C'est pourquoi il ne nuit en rien ; alors que l'autre, double fantasmatique du réel, a de quoi profondément troubler la raison.

2. – L'OMBRE

L'ombre se comprend en trois principaux sens, tout comme *skia* en grec et *umbra* en latin. En un premier sens, l'ombre est, comme le résume le dictionnaire Robert, une zone sombre crée par un corps qui intercepte les rayons d'une source lumineuse. Zone compagne et double immédiat de l'homme, sauf si règne une obscurité totale ou si la source lumineuse se trouve située à l'exacte verticale de sa tête, comme il advient sous les tropiques lors des solstices d'hiver et d'été. En un second sens, dérivé du premier, l'ombre se définit comme apparence opposée au réel. En un troisième sens, l'ombre se dit de l'âme des morts séparée de son corps, enterré ou disparu, et qui continue à errer sur la terre dans l'attente d'une retrouvaille avec son corps absent, peuplant ainsi le royaume des ombres errantes, décrit de manière saisissante dans le chant XI de l'*Odyssée* d'Homère (la Nékuia) et dans le chant VI de l'*Énéide* de Virgile (la descente aux Enfers). Le *kolossos* gréco-romain, inhumé à la place du cadavre disparu en mer ou à la bataille, en est le simulacre. La fête anglo-saxonne d'*Halloween*, d'origine plus récente, s'en veut l'exorcisme.

Ces trois sens sont naturellement solidaires et issus les uns des autres, ce qui contribue à nous éclairer rétrospectivement sur le sens premier de l'ombre. Compagne obligée de l'homme (comme de tout objet) l'ombre n'est pas seulement comparable à une sorte de chien fidèle. Elle implique aussi ses deux autres sens, d'apparence et de fantôme ; étant ainsi, si je puis dire, d'ordre à la fois physique et métaphysique. En témoigne le fait que l'ombre, privée du corps qu'elle ombrage, est dénuée de toute consistance tout comme est inconsistant un corps privé de son ombre.

Le corps sans ombre

Le corps sans ombre est un corps non existant, soit un objet matériel et opaque qu'aucune lumière ne réussit à ombrager. S'il s'agit d'un être animé ou d'un être humain, telle la *Femme sans ombre* de Strauss, l'absence d'ombre signale un corps essentiellement non vivant, ou plutôt un corps qui ne possède plus que l'apparence de la vie, ayant cessé de vivre ou n'ayant pas commencé à vivre ; d'un corps qui ne mène pas ou ne mène plus une existence « naturelle » mais est immédiatement repéré comme monstre ou créature diabolique : on remarque son absence d'ombre dès qu'il sort de son salon. C'est le cas de Peter Schlemihl, l'homme qui a perdu son ombre, dont Chamisso conte l'histoire malheureuse (et qui semble-t-il inaugure le mythe) dans *L'Étrange Histoire de Peter Schlemihl*. Schlemihl a imprudemment cédé son ombre à un petit homme gris, « le diable probablement » dirait Robert Bresson, en échange d'une bourse d'or infiniment renouvelable. Mais cet échange se révèle funeste. Sitôt sorti de sa maison, chacun repère son absence d'ombre et le poursuit de ses malédictions et de ses injures, persuadé que cette absence d'ombre ne peut être que le fait d'une créature non naturelle et diabolique. Les écoliers le pourchassent en criant : « Les gens comme il faut ont coutume de prendre leur ombre avec eux quand ils vont au soleil. » Schlemihl a vite fait de conclure de ces persécutions que « l'ombre surpasse dans l'opinion l'or lui-même ». Il s'évertue, par une série de mensonges improvisés, aussi vains que cocasses, à conjurer sa malédiction. Il prétend d'abord que son ombre a gelé en Russie, lors d'un hiver particulièrement rigoureux, adhérant si fermement au sol qu'il lui a été impossible de la décoller. Doutes et rires. Il prétend ensuite que son ombre a été abîmée par un passant indélicat qui lui a marché dessus, et qu'elle est actuellement en réparation. Autres doutes, autres rires. Désespéré, Schlemihl en vient à fuir le monde des humains pour se transformer en explorateur volant doté d'une paire de bottes de sept lieues, dont personne sur terre ne peut soupçonner l'absence d'ombre. Le diable lui montrera bien, entre-temps et pour le tenter (car il lui propose un second marché, que Peter Schlemihl n'acceptera pas : troquer son âme contre la récupération de son ombre), le spectacle de son ombre perdue ; mais Schlemihl s'échine inutilement à vouloir l'attraper, celle-ci se dérobant toujours au dernier moment. Tout comme le reflet et l'écho, l'ombre est d'essence fugitive. On l'a pour toujours ou on ne l'a plus jamais. Quand on ne l'a plus, on est un corps monstrueux, sacré ou *nefas* (interdit par les dieux) au gré des Latins et promis à la purification par la mort. Une même menace pèse d'ailleurs sur la *Femme sans ombre*, qui ne dispose que de trois jours pour se trouver une ombre. Passé ce délai, elle devra quitter la terre et voir son mari, l'Empereur, pétrifié comme la femme de Loth.

Le récit de Chamisso a suscité beaucoup d'ouvrages s'inspirant directement ou indirectement de la perte de l'ombre. J'en évoquerai ici rapidement deux, pour leur cocasserie et leur qualité littéraire.

Un conte d'Andersen, *L'Ombre*, qui se réfère d'ailleurs explicitement, en un endroit, au livre de Chamisso, exploite avec verve le double thème du corps sans ombre et de l'ombre sans corps. Un savant occidental, en voyage en Afrique noire, loge en face d'une maison mystérieuse, toujours close, dont il n'aperçoit que de belles fleurs cultivées sur son balcon, puis une svelte et charmante jeune fille, entrevue un bref instant. Désirant en savoir plus, ou plutôt en voir plus, il se poste la nuit sur son propre balcon après avoir fait de la lumière dans sa maison afin de donner de lui une ombre si longue qu'elle traverse la rue et se prolonge jusqu'au balcon qui lui fait face. Le savant encourage alors son ombre à ne pas en rester là et à aller visiter les lieux :

« Comme elle [l'ombre] se tient gentiment parmi les fleurs, la porte est entrebâillée, l'ombre devrait avoir l'astuce de passer à l'intérieur, de regarder autour d'elle et de revenir me raconter ce qu'elle a vu ! Oui, tu te rendrais utile ! dit-il en plaisantant. Pénètre à l'intérieur, s'il te plaît ! Eh bien ! tu y vas ?[1] » L'ombre, qui est certainement une ombre voyeuse, exauce les vœux du savant en pénétrant dans la maison mais doit pour ce faire tirer si fort qu'elle se détache de son propriétaire qui se retrouve désormais privé d'ombre, tout comme Peter Schlemihl. Heureusement l'ombre repousse rapidement (car tout pousse très vite dans les pays chauds, observe Andersen) et le savant peut retourner dans son pays muni d'une ombre plus que respectable (il faut croire que, dans les pays chauds, tout pousse aussi très fort). Mais voici que, plusieurs années plus tard, son ancienne Ombre, qui s'est émancipée et donne désormais dans la majuscule et le masculin, sonne à sa porte et apparaît sous la forme d'une personne extraordinairement maigre mais fort bien habillée et apparemment devenue très riche. Son ancien maître la presse immédiatement de lui raconter ce qu'elle a vu dans la maison d'en face. L'Ombre accepte, mais à la condition expresse que son ancien maître n'aille raconter à personne qu'elle, ou plutôt maintenant qu'il, est son ancienne ombre. Car vous comprenez, ajoute-t-il, je vais me fiancer. Jurez-moi donc de ne rien dire. C'est juré, affirme le savant : « je te le promets et un homme n'a qu'une parole ». « Et une ombre n'a qu'une parole », réplique l'Ombre. On croit ici entendre l'aigle et le hibou dans la célèbre fable de La Fontaine : « L'un jura foi de roi, l'autre foi de hibou ». Après avoir exigé d'être désormais vouvoyé, comme il convient à sa nouvelle condition d'homme riche et savant, l'Ombre raconte ce qu'il a découvert dans la maison – la poésie (?) – et ce qu'il a appris et gagné ensuite en parcourant le monde. Un lent processus d'inversement des rôles, qui se précipite à la fin du conte, permettra à

---

1. Tr. Régis Boyer, Gallimard, coll. « Folio classique », p. 168.

l'ancienne ombre de tutoyer son ancien maître, de le réduire à la condition de serviteur puis d'ombre fidèle qui doit régulièrement s'étendre à ses pieds, comme doit le faire une ombre chaque fois qu'il y a de la lumière et du monde (de voyeuse qu'elle était, l'ombre émancipée est devenue sadique ; tandis que le savant commence à goûter aux plaisirs raffinés du masochisme, avant il est vrai de se rebeller, ce qui entraînera sa perte finale), enfin d'épouser la fille du Roi que convoitait aussi le savant, lors de noces triomphales auxquelles le savant ne pourra assister, ayant entre-temps été dénoncé par l'Ombre comme fou dangereux qui prétend être un homme alors qu'il n'est qu'une ombre, et aussitôt mis à mort. Point final d'une déchéance, ou d'un passage progressif d'un être au non-être, du tout au rien, dont les principales étapes sont chronologiquement : 1/ état d'un homme avec ombre ; 2/ état d'un homme sans ombre ; 3/ état d'ombre lui-même ; 4/ état de mort, c'est-à-dire cessation de tout état. D'après Régis Boyer, Andersen avant d'écrire ce conte aurait été impressionné, en visitant une église napolitaine, par une statue de femme intitulée *Umbra*, faisant face sur une tombe à un buste d'homme portant l'inscription *Nihil* (rien). Il y a dans ce conte, un des chefs-d'œuvre d'Andersen – mais ces remarques-ci n'ont plus de rapport avec le sujet de mon livre – un goût de l'autodépréciation qui fait songer à Kafka et un sens de l'absurde qui fait songer à Gogol. On y trouve aussi un caractère salace qui n'étonnera guère, quand on sait à quel point les contes prétendûment destinés aux enfants, ainsi d'ailleurs que la plupart des chansons enfantines, sont imprégnés de sexualité latente et même souvent manifeste. Dans le « vert paradis des amours enfantines », Lacan l'a dit, chacun sait qu'il s'en passe de vertes.

Un récit de l'écrivain japonais Abe Kôbô intitulé *Le Tanuki de la tour de Babel*, qui date de 1951 et s'inspire à la fois de Chamisso, d'un surréalisme farfelu et peut-être des *Fictions* de Borges, met également en scène un homme qui se fait voler, ou plutôt dévorer son ombre. Le *tanuki* est un animal fantastique, apparaissant fréquemment dans la mythologie et l'imaginaire japonais, qu'on peut décrire sommairement comme une sorte de très gros blaireau qui tiendrait un peu du renard, du chien et du loup. Quant au héros de l'histoire, c'est un mathématicien qui ne rêve qu'équations et jambes de femmes, ainsi qu'au moyen de réduire en formules mathématiques l'énigme du charme opéré sur lui par lesdites jambes. Tandis qu'il rêvasse sur ce thème, assis sur le banc d'un jardin public, il voit s'approcher de lui un animal bizarre qui ressemble assez à ces fameux tanukis et à leur comportement agressif : « La bête, sans faire semblant de rien, s'approchait lentement. Arrivée juste à cinq pas de moi, au point précis où le soleil levant allongeait l'ombre de ma tête, brusquement, elle agit avec une curieuse violence : toutes dents dehors, elle mordit le sol avec acharnement. Elle labourait la terre, serrant quelque chose dans sa gueule. C'était mon ombre : la bête dévorait mon ombre, qu'elle arrachait du sol ! L'ai-je rêvé ou ai-je, à ce moment, entendu mon ombre pousser un petit cri comme si, à l'agonie, elle implorait du secours ? Je me précipitai vers l'ombre qu'on m'emportait. Mais plus rapide que moi, la bête m'échappa et courut se réfugier au milieu d'un bosquet. Quelle promptitude chez cette bête ! Il n'était pas question de me lancer à sa poursuite ! J'étais abasourdi, pétrifié[2]. »

Notre homme se console toutefois en songeant qu'une ombre n'est au fond pas indispensable et qu'on peut très bien vivre sans elle ; qu'au surplus il est facile d'en dissimuler le manque, à la condition toutefois de rester soi-même constamment à l'ombre. Mais, quelques instants plus tard, il s'aperçoit que son corps a également disparu ou du moins est devenu invisible. Conséquence logique, se dit-il une fois passé un second moment d'ahurissement : l'ombre est inséparable du corps, en sorte que qui perd son ombre perd aussi et nécessairement son corps. Variante fantomatique du thème de la perte de l'ombre : il n'y a plus désormais ni

---

2. *Les Murs*, tr. Marc Mécréant, Picquier poche, p. 188.

ombre ni corps. Notre héros, qui achève de perdre une raison déjà chancelante au début du conte, ainsi qu'il advient souvent dans les romans japonais tels ceux de Tanizaki, conclut bizarrement de son invisibilité qu'il lui est désormais impossible de tromper son monde et de se « dissimuler ». Car, raisonne-t-il, il aurait bien pu, s'il était resté un corps sans ombre, essayer de cacher au moins la perte de son ombre. Mais maintenant qu'il a aussi perdu son corps (et notamment la tête), il lui semble impossible qu'on ne puisse remarquer la perte de celui-ci. Inconcevable paradoxe : l'homme invisible, version non Wells mais Kôbô, est quelqu'un qui sort de l'ordinaire par le fait que tout le monde le voit.

Grand admirateur de l'histoire de Peter Schlemihl, Hoffmann s'en inspire dans un conte célèbre – l'« histoire du reflet perdu », par laquelle se terminent les *Aventures de la nuit de la Saint-Sylvestre* – où il substitue à la perte de l'ombre la perte du reflet. J'y reviendrai.

Un corps sans ombre est un corps à la fois surnaturel et maudit, mais pas nécessairement privé d'existence, au moins littéraire (Schlemihl ne meurt pas à la fin du récit de Chamisso), mais toujours privé d'existence naturelle et sociale. *La Femme sans ombre* imaginée par Hofmannsthal et Richard Strauss est à la fois immortelle et morte à la vie : impératrice divine mais privée de ce qui est le principal privilège des hommes et des vivants, la faculté de reproduire la vie. Comme elle le déclare elle-même dans l'acte III de l'opéra, elle demande à posséder une ombre pour devenir fertile (c'est-à-dire devenir vivante et réelle). Il lui faudra pour cela solliciter le sacrifice de la fécondité d'une femme terrestre à laquelle l'impératrice renonce finalement par pitié pour elle ; sacrifice qui lui vaudra une aide surnaturelle qui lui accorde à la fois ombre, existence réelle et fécondité.

Dante, dans un passage de la *Divine comédie*[3], s'inquiète en constatant que Virgile qui le guide est dépourvu d'ombre

---

3. *Purgatoire*, III, v. 14 et sq.

contrairement à lui-même. Virgile le rassure en lui disant qu'il n'est qu'un corps diaphane qui reflète son corps réel enterré ailleurs, et qu'un corps diaphane ne fait pas obstacle aux rayons de la lumière, d'où l'absence d'ombre. Les fantômes, qui sont des ombres eux-mêmes ne peuvent engendrer d'ombre : laquelle serait ici encore signe de vie comme dans le cas de La *Femme sans ombre*.

J'ajoute enfin que le vampire, dont chacun sait qu'il ne se reflète pas dans le miroir, est aussi un mort – ou mort-vivant – dépossédé de son ombre tout comme de son reflet. Son corps défaillant n'est pas assez matériel pour se refléter dans la glace et se dupliquer par l'ombre. Les deux phénomènes sont identiques et complémentaires. À ce propos, il serait intéressant de soumettre la femme sans ombre imaginée par Hofmannsthal, ainsi que l'homme ayant perdu son ombre imaginé par Chamisso, à l'épreuve du miroir.

L'ombre sans corps

Une ombre sans corps est aussi étrange et inquiétante qu'un corps sans ombre. Mais on doit distinguer d'abord deux grands cas de figure : l'ombre sans corps visible et l'ombre sans corps réel. Je commencerai par le premier cas.

Il arrive en effet que l'ombre sans corps paraisse menaçante, sans être pour autant véritablement privée de corps : il suffit que ce corps demeure invisible, ou du moins ne soit pas en situation d'être vu, caché qu'il est par un mur ou une paroi, de sorte qu'on n'en peut percevoir que l'ombre projetée. Chirico dans sa période dite « métaphysique » (1912-1919) et revendiquée par les surréalistes, utilise souvent ce procédé, par exemple dans son tableau intitulé *Mystère et mélancolie d'une rue*. Le cinéma, on le sait, recourt souvent et parfois abusivement au même procédé, notamment dans le film policier et le film d'épouvante, afin de créer un effet de *suspense* : l'ombre qui s'approche de moi reflète-t-elle le corps de l'assassin ou celui d'un familier (il se peut évidemment que ces deux corps n'en soient qu'un, le familier étant précisément l'assassin dont on recherche l'identité) ? Signalons aussi l'ombre terrifiante de la panthère dans *La Féline*, film fantastique de Jacques Tourneur, dont on voit les effets de griffure et de lacération mais jamais le corps (si ma mémoire est bonne). Cette invisibilité du corps de l'animal est d'ailleurs tout à fait justifiée en la circonstance, car il s'agit d'un corps de nature ambiguë, situé à mi-chemin entre le réel et l'irréel. Cette féline est en effet le résultat d'une métamorphose, d'ordre à la fois hystérique et surnaturel, qui transforme en panthère une jeune femme chaque fois que celle-ci se sent sur le point de céder à la tentation d'un rapport sexuel (au grand dam de son prétendant, qui ne trouve alors son salut que dans la fuite, non sans avoir été entre-temps abondamment griffé). Peut-on estimer que ce fauve en furie dispose d'un pouvoir prodigieux de simulation et de somatisation propre aux hystériques ? En un sens oui, et c'est d'ailleurs ce que suggère le cinéaste : il est certain que cette panthère symbolise une exécration du sexe et exprime ainsi une hystérie poussée jusqu'à son plus extrême paroxysme. Mais Jacques Tourneur joue habilement sur le double tableau du réalisme et du fantastique, tout comme il le fait dans d'autres films également très impressionnants, telle *La Malédiction du démon*. En sorte que le spectateur de *La Féline* peine à décider s'il s'agit de panthère imaginaire ou de panthère réelle. Seule l'ombre de l'animal, puisqu'elle est la seule à être vue, pourrait nous tirer du doute. Mais elle se garde bien de parler, à la différence du spectre qui apparaît au début d'Hamlet. Car certaines ombres parlent, par le fait d'une assimilation partielle au vivant. Mais d'autres restent muettes.

Il arrive aussi – second cas de figure – que l'ombre perçue soit absolument dénuée de corps qui lui corresponde. Nous entrons alors, il va sans dire, dans le domaine de la pure fantasmagorie. Mais celle-ci est tenace et a toujours offert à l'imagination, par le biais du mythe, de la légende, de la littérature, une bonne quantité de ces ombres devenues errantes et indépendantes du corps. Telles ces créatures de l'ombre qui peuplent le bois d'Ormonde, que Ravel s'amuse à énumérer dans la dernière de ses *Trois chansons pour chœur* a capella : farfadets, incubes, ogres, lutins, faunes, follets, lamies, diables, diablots, diablotins, etc. J'en proposerai ici deux exemples. Tout d'abord, et puisqu'il s'agit de fantasmagorie, l'exemple du fantôme, qu'on désigne d'ailleurs souvent sous le nom d'ombre. Qu'est-ce qu'un fantôme, sinon une ombre émancipée de son corps, celui-ci n'existant plus ? Le fantôme est un « revenant » et même du plus loin qu'on puisse imaginer, car le corps dont il se dit l'émanation est un corps mort qui ne figure plus au registre des choses qui sont. À dire vrai, le fantôme fait mieux que de revenir de loin : il revient de rien et de nulle part. Cas particulier : le simulacre lucrétien (*De rerum natura*, Livre IV) qui n'est pas l'ombre d'un corps mais l'ombre composite engendrée par plusieurs corps ; en sorte que le simulacre lucrétien n'est pas le reflet d'un corps réel et existant, mais l'expression d'un *patchwork* résultant de prélèvements divers opérés sur de nombreux corps. C'est pourquoi le simulacre est à la fois réel, puisqu'il peut s'autoriser de multiples « correspondants » réels, et irréel, puisqu'il n'est l'image d'aucun corps précis. C'est aussi pourquoi il est si décevant, quand les simulacres éveillent en l'homme un fantasme érotique : « D'un beau visage et d'un bel incarnat, rien ne pénètre en nous dont nous puissions jouir, sinon des simulacres, d'impalpables simulacres, espoir misérable que bientôt emporte le vent [4]. » Relié à une multitude de corps, le simulacre n'en n'est pas moins un leurre qui l'apparente au fantôme, étant comme lui l'ombre d'aucun corps existant, bref une ombre sans corps. Je reviendrai sur ce thème à propos de « l'ombre double » mise en scène par Claudel dans *Le Soulier de satin*.

---

4. IV. 1094-1096, tr. Alfred Ernout, Les Belles Lettres.

J'emprunterai mon second exemple au passage du roman de Chamisso précédemment invoqué, dans lequel le diable prend fantaisie de « lâcher » l'ombre de Schlemihl, comme on lâche un chien en le libérant de sa laisse. L'ombre devenue provisoirement indépendante de tout corps, tant de celui du diable que de celui de Schlemihl, se promène gaiement par monts et par vaux et en vient à apparaître aux yeux de Schlemihl. Celui-ci naturellement se précipite sur elle et essaie de l'attraper. En vain, car l'ombre est vivace, fuyante et se dérobe à tous les efforts déployés par son ex-propriétaire pour ressaisir son bien perdu. Car une ombre qui ne dépend plus d'aucun corps n'a guère le désir de revenir à sa servitude passée. Telle une anguille agile que sa peau grasse rend glissante, elle s'échappera toujours de vos doigts. Ombre sans maître, c'est-à-dire sans corps, elle est d'essence fugitive, comme ces détenus échappés de prison et que personne ne reverra.

La célèbre allégorie de la caverne, dans la *République* de Platon, met également en scène des ombres sans corps : l'homme n'a accès qu'aux ombres, pas aux objets réels dont ils sont les ombres. Ainsi prend-il l'ombre pour la réalité, tout comme, dans La Fontaine, le chien qui lâche sa proie pour l'ombre. Ainsi prend-il aussi l'écho des sons émis à l'extérieur et répercutés par la paroi qui fait le fond de la caverne pour le seul son réel. Assimilation remarquable de l'ombre et de l'écho, qui pose cependant un petit problème : comment les prisonniers peuvent-ils prendre pour son original un écho qui est nécessairement la répétition ultérieure d'un son émis ? Comment ont-ils pu ne pas entendre le premier son ? Il n'y a pas d'intervalle temporel entre un corps ombrageant et son ombre, pas non plus entre un corps se reflétant et son reflet (sinon celui, imperceptible, de la vitesse de la lumière) ; il y a en revanche toujours un intervalle sensible entre un son et son écho, la propagation du son dans l'atmosphère étant infiniment plus lente que la propagation de la lumière. Il y a donc, dans l'écho, perception de deux sons. Encore une fois, pourquoi les prisonniers de la caverne n'en entendent-ils qu'un ? C'est là une des bizarreries du mythe platonicien de la caverne. Ce n'est pas la seule. De manière plus générale, il est également assez curieux que Platon, pour illustrer son entreprise de dénégation du sensible et de démolition du réel, assimilé à l'illusion, n'ait su imaginer qu'un dispositif aussi étrange et incrédible :

« Représente-toi des hommes dans une sorte d'habitation souterraine en forme de caverne. Cette habitation possède une entrée disposée en longueur, remontant de bas en haut tout le long de la caverne vers la lumière. Des hommes sont dans cette grotte depuis l'enfance, les jambes et le cou ligotés de telle sorte qu'ils restent sur place et ne peuvent regarder que ce qui se trouve devant eux, incapables de tourner la tête à cause de leurs liens. Représente-toi la lumière d'un feu qui brûle sur une hauteur loin derrière eux et, entre les feux et les hommes enchaînés, un chemin sur la hauteur, le long duquel tu peux voir l'élévation d'un petit mur, du genre de ces cloisons qu'on trouve chez les montreurs de marionnettes et qu'ils érigent pour les séparer des gens. Par-dessus ces cloisons, ils montrent leurs merveilles.

– Je vois, dit-il.

– Je vois aussi, le long de ce muret, des hommes qui portent toutes sortes d'objets fabriqués qui dépassent le muret, des statues d'hommes et d'autres animaux, façonnées en pierre, en bois et en toute espèce de matériaux. Parmi ces porteurs, c'est bien normal, certains parlent, d'autres se taisent.

– Tu décris là, dit-il, une image étrange et de bien étranges prisonniers. »

C'est là, je le remarque au passage, une des rares répliques sensées d'un interlocuteur de Socrate dans les dialogues de Platon. Mais ce dernier poursuit :

« – Ils sont semblables à nous, dis-je. Pour commencer, crois-tu en effet que de tels hommes auraient pu voir quoi que ce soit d'autre, d'eux-mêmes et les uns des autres, si ce ne sont des ombres qui se projettent sous l'effet du feu, sur la paroi de la grotte en face d'eux ?

« – Comment auraient-ils pu, dit-il, puisqu'ils ont été forcés leur vie durant de garder la tête immobile ?
– Qu'en est-il des objets transportés ? N'est-ce pas la même chose ?
– Bien sûr que si.
– Alors, s'ils avaient la possibilité de discuter les uns avec les autres, n'es-tu pas d'avis qu'ils considéreraient comme des êtres réels les choses qu'ils voient ?
– Si, nécessairement.
– Et que se passerait-il si la prison recevait aussi un écho provenant de la paroi d'en face ? Chaque fois que l'un de ceux qui passent se mettrait à parler, crois-tu qu'ils penseraient que celui qui parle est quelque chose d'autre que l'ombre qui passe ?[5] »

À l'inverse, on peut estimer que le « voyageur et son ombre » – expression dont Nietzsche a fait le titre d'un de ses livres sans jamais s'expliquer clairement sur le sens de ce titre impressionnant mais énigmatique – contemple la réalité extérieure mais ne voit ni les ombres (car on l'imagine marchant en plein désert et sous un soleil de plomb), ni surtout sa propre ombre, c'est-à-dire la part d'inconnu et d'inconscient qui guide à son insu son regard et son appréciation de la réalité. L'ombre est ici la partie intime mais aussi la plus inconnue de l'homme, ainsi que l'exprime Chirico, lecteur de Nietzsche, et précisément à propos d'une figure immédiatement voisine de celle du *Voyageur et son ombre* : « Il y a plus d'énigmes dans l'ombre d'un homme qui marche en plein soleil que dans toutes les religions du passé, du présent et de l'avenir[6]. » Partie la moins connaissable, l'ombre du voyageur en est aussi la plus consistante, tout comme la partie immergée de l'iceberg. L'affiche du film de Robert Wiene, *Le Cabinet*

---

5. *République*, VII, 514a-515b, tr. Georges Leroux, Garnier-Flammarion.
6. Cette formule, provenant d'un manuscrit de la collection Paul Eluard, est citée dans *Giorgio de Chirico*, de J. Thrall Soby, p. 245. Je tiens ces renseignements de l'ouvrage de Victor I. Stoichita, *Brève histoire de l'ombre*, Droz, 2000, p. 153 et n. 29, p. 275. J'emprunte aussi à cet ouvrage l'exemple qui suit de l'affiche du *Cabinet du docteur Caligari*.

du docteur Caligari (1920), illustre bien cette disproportion entre la minceur de l'homme réel et l'ampleur de son ombre : celle-ci monstrueuse, bestiale et d'une taille démesurée alors que celui-là fait figure de médecin allemand assez anodin.

Un peu postérieur au *Cabinet du docteur Caligari*, tout aussi étrange et impressionnant que ce dernier, un autre film allemand, *Le Montreur d'ombres* d'Arthur Robison (*Shatten – Eine nächtliche Halluzination*, « Ombres – Une hallucination nocturne », 1923), évoque lui aussi les passions débridées de personnages apparemment anodins réunis autour d'un dîner dans un château, par le jeu de leurs apparences (c'est-à-dire de leur vérité cachée), suscitées par un mystérieux « montreur d'ombres ». Celui-ci est habillé en sorte de clown un peu inquiétant (un des festons du dos de sa casaque est redressé, si bien que l'ombre de ce feston, quand le montreur est vu de profil, paraît être celle d'une queue de diable) ; il est coiffé en outre d'un curieux et énorme bicorne complètement disproportionné par rapport à la taille de sa tête. Ce montreur d'ombres est en fait un saltimbanque, montreur de silhouettes par l'agilité de ses mains, possesseur aussi d'un théâtre d'ombres, qui a réussi à se faire accepter au château pour égayer la soirée. Il réussira à rendre *visibles* les passions que chacun s'efforce de cacher, aux autres comme à lui-même, en usant d'abord perfidement de son théâtre d'ombres (qui détourne l'attention des uns pour autoriser certaines privautés de la part des autres), puis par la combinaison des reflets et des ombres (aux proportions exagérées) des personnes réelles, enfin par les hallucinations pures et simples qu'il suggère : d'où le sous-titre du film, *Une hallucination nocturne*. Au matin tout rentre dans l'ordre et le châtelain (héros du film) arrache définitivement son épouse à la convoitise de ses invités. Le montreur d'ombres peut s'éclipser, mission accomplie, et s'enfuir précipitamment par la ville, juché sur un porc, à la grande terreur des villageois. D'autres l'attendent.

Il est à remarquer que vers la fin du film le saltimbanque remet en place son théâtre d'ombres et, après l'avoir fait fonctionner quelques minutes, interrompt le spectacle, démonte sa machine et en extrait les principales figurines de carton pour révéler après coup que chacune d'elles correspondait à l'une des personnes présente dans la salle. On songe ici à la pantomime et à la petite pièce de théâtre dont Hamlet, dans Shakespeare, régale le roi Claudius et son entourage dans l'intention de leur faire savoir : ceux que vous venez de voir, assassins et complices d'assassins, c'est vous. On peut penser aussi à un passage des *Lois* dans lequel Platon compare l'homme à une marionnette dont tous les actes et motivations sont déterminés par les dieux qui en manœuvrent les fils [7].

Puisque j'en reviens à Platon je remarquerai enfin, comme chacun sait, que celui-ci exprime la dualité et l'ambiguïté inhérentes selon lui à l'homme (face solaire, face d'ombre ; réalité et illusion) en maints passages de son œuvre, dont le plus célèbre est évidemment le mythe de l'attelage ailé, dans le *Phèdre*. Plus directement illustratif de l'idée de l'ombre considérée comme porteuse d'inconscient et de désirs inavoués, que j'ai évoquée en essayant de déchiffrer l'ombre énigmatique du *Voyageur* de Nietzsche, est cet extrait du livre IX de la *République* : « il existe en chacun de nous une espèce de désirs qui est terrible, sauvage et sans égard pour les lois. On la trouve même chez le petit nombre de ceux qui sont selon toute apparence mesurés [8] ». Dans ce passage curieusement pré-freudien, Platon pense à l'homme qui *rêve* et qui exprime dans le rêve, et non par son ombre, la partie irrationnelle et violente de son âme ; laquelle se complaît dans la représentation d'inceste, d'homosexualité, de sacrilège ou encore de bestialité ; et, « pour le dire en un mot ne recule devant aucune folie ni aucune infamie [9] ». Il est par ailleurs assez étrange et remarquable que Platon

---

7. Livre I, 644 d - 645 a.
8. 572b, tr. citée.
9. *Ibid.*, 571a.

présente, dans les lignes qui précèdent cette citation, les tendances à l'inceste, à l'homosexualité, au sacrilège ou à la bestialité (c'est-à-dire des rapports sexuels avec les dieux ou les animaux) comme des penchants « habituels » – *ta hautou éthè* – de l'homme. Quoi qu'il en soit, il est évident que la partie rêvante de l'homme est bien proche, chez Platon comme plus tard chez Freud, de sa part sombre, ou de sa part d'ombre. Il n'est que de se rappeler le vers de Virgile que Freud a placé en épigraphe de sa *Science des rêves* : *Flectere si nequeo Superos, Acheronta movebo* – « si je ne puis fléchir les dieux, je saurai émouvoir le fleuve des ombres ». La double personnalité du docteur Jekyll et de Mr. Hyde, dans le roman de Stevenson, est encore une autre et célèbre illustration de cette disproportion inquiétante entre l'homme et son rêve ou son ombre, au bénéfice de ceux-ci. Cette ombre (ou ce rêve) est certes énigmatique, comme le dit Chirico. Mais elle est aussi révélatrice, étant souvent, comme le dit Stoichita, une « extériorisation de l'intérieur du personnage [10] » qui n'est pas toujours rassurante.

---

10. *Op. cit.*, p. 159.

3. – LE REFLET

Évoquer le reflet est évoquer l'ombre. Ces deux formes de « réflexion » sont voisines et d'ailleurs souvent confondues. Aucun ouvrage sur l'ombre qui n'en vienne vite au reflet, et vice-versa. On peut dire que le reflet est comme un reflet en positif (il dédouble l'objet reflété), l'ombre comme le reflet en négatif (il obscurcit l'objet ombragé). Le reflet a en outre le privilège commun à l'ombre de se laisser voir, à la différence de l'écho. Mais il est aussi manifeste que la duplication visuelle du reflet diffère de la quasi-occultation visuelle de l'ombre : celle-ci figure un début d'évanouissement de l'objet qu'elle accompagne, alors que le reflet en figure plutôt l'insistance. C'est pourquoi il en va un peu différemment du corps sans reflet et du corps sans ombre, comme du reflet sans corps et de l'ombre sans corps, malgré il est vrai un grand nombre de similitudes.

Le corps sans reflet

Tout comme le corps sans ombre, le corps sans reflet est monstrueux, démoniaque et semi-défunt (ou semi-vivant). Une des illustrations les plus célèbres du statut du corps sans reflet se trouve dans un conte de Hoffmann qui s'inspire comme on le sait de Chamisso, et qui a inspiré l'acte vénitien des *Contes d'Hoffmann* de Jacques Offenbach : « L'Histoire du reflet perdu », incluse dans les *Aventures de la nuit de la Saint-Sylvestre*. Ce conte relate l'aventure d'un jeune Allemand, Erasmus Spikher, qui s'éprend violemment (non pas à Venise mais à Florence) de Giulietta, courtisane aussi belle qu'inquiétante (car elle est soumise à l'autorité du docteur Dapertutto qui n'est autre qu'une personnification du diable). Giulietta demande à Erasmus, en échange de ses faveurs, et afin dit-elle de garder au moins un souvenir de leur merveilleuse rencontre, de lui céder son reflet qu'elle gardera, dit-elle, toujours, comme souvenir sacré. Erasmus stupéfait lui remontre alors que le reflet est un double non détachable de son propriétaire, comme je l'observais au début de ce chapitre : « Comment pourrais-tu garder mon reflet ? Il est inséparable de ma personne, il m'accompagne partout et m'est renvoyé par toute eau calme et pure, par toutes les surfaces polies [11]. » Erasmus est à ce moment, comme tout amant saisi de folie, prêt à donner sa vie à Giulietta. S'il ne lui cède pas son reflet, ce n'est pas qu'il ne soit pas prêt à le faire mais simplement parce qu'un tel don lui semble matériellement impossible. Mais on sait que certaines femmes ont l'art de réclamer des choses impossibles et même de parfois les obtenir, surtout si elles disposent, comme Giulietta, de l'aide du diable. Erasmus cède donc à la requête de Giulietta, dans l'espoir que son reflet, une fois dans les mains de Giulietta, sera vite accompagné du corps dont il est le reflet. Aussitôt dit, aussitôt fait. L'impossible se produit : il y a dans la pièce un miroir qui reflète l'image des deux amoureux, et le reflet d'Erasmus quitte par prodige le miroir pour venir se lover amoureusement dans les bras de Giulietta. Mais, sitôt en possession de son butin, Giulietta disparaît par enchantement. Le corps d'Erasmus demeure seul et privé de son reflet, tout comme Peter Schlemilh privé de son ombre. Il n'a eu le temps de rejoindre ni son reflet, ni son amante. Le diable (Dapertutto) a beau jeu de lui tirer, un peu plus tard, la morale de l'histoire : « Bon ! bon !, vous voilà comme un enfant : vos désirs, votre passion sont sans bornes, et vous voudriez que tout marchât comme sur des roulettes [12]. » Par la suite, le

---

11. *Contes*, Gallimard, coll. « Folio-classique », tr. Henri Egmont et Albert Béguin, p. 401.
12. *Ibid.*, p. 403.

corps sans reflet d'Erasmus Spikher devient un corps monstrueux et sujet à d'étranges métamorphoses, tantôt nain, tantôt vieillard, tantôt jeune homme ; également un corps volatile qui ne tient pas en place et bondit sans cesse d'un lieu à un autre avant de disparaître brusquement pour réapparaître ailleurs. Il annonce un peu, entre beaucoup d'autres figures, le personnage de Scarbo qui apparaît à plusieurs reprises dans le *Gaspard de la nuit* d'Aloysius Bertrand (et qui a inspiré à Ravel une pièce célèbre). Le dernier poème du recueil est une « hantise » de Scarbo – hantise qui pourrait très bien se dire d'un corps sans reflet et évoque de près le corps de Spikher décrit par Hoffmann, dès lors que Spikher a perdu son reflet :

Le croyais-je alors évanoui ? Le nain grandissait entre la lune et moi comme le clocher d'une cathédrale gothique, un grelot d'or en branle à son bonnet pointu !

Mais bientôt son corps bleuissait, diaphane comme la cire de bougie, son visage blêmissait comme la cire d'un lumignon – et soudain il s'éteignait.

Ce corps monstreux, sitôt que l'on constate son incapacité à se refléter, est dénoncé en public comme surnaturel et satanique : *homo nefas !*, lui fait-on savoir avant de le prier de prendre la porte. Et tandis que Spikher s'enfuit dans les rues de la ville, il a à ses trousses, tout comme Peter Schemilh, une horde de gamins qui le pourchasse : « Le voilà qui galope, celui qui a vendu son reflet au diable [13] ! » De retour chez lui, en Allemagne, Spikher sera éconduit par sa femme et son fils, et n'aura dès lors plus d'autre recours que d'errer de par le monde.

Tantôt présent tantôt absent, tantôt visible tantôt invisible, tantôt lumineux tantôt éteint, le corps sans reflet est alternativement vivant et mort et n'est à vrai dire ni tout à fait l'un ni tout à fait l'autre. C'est pourquoi Erasmus Spikher ne meurt pas véritablement mais s'éclipse dans la nature à la fin du conte, tout comme Peter Schemilh et Scarbo ;

---

13. *Ibid.*, p. 406.

ou comme la plupart des créatures démoniaques des films d'épouvante qui meurent à la fin du film sans qu'on soit bien sûr que c'est définitivement et pour de bon.

Cette existence ambiguë du corps sans reflet se retrouve dans celui qui en est le principal héros : le vampire.

Le vampire, pas toujours dans ses multiples versions anciennes, mais manifestement dans sa version moderne due au livre de Bram Stoker (*Dracula*, 1897) qui fixe définitivement les rôles ainsi que les statuts qui régissent l'« existence » du vampire, est essentiellement un corps intermittent. Contrairement au corps vivant qui fonctionne de jour comme de nuit, le vampire ne fonctionne que de nuit. Pendant le jour, la lumière du soleil le tuerait ; pas, on le sait, les autres sources de lumière comme par exemple les bougies ou la clarté de la lune. Mais il ne saurait être question d'énumérer tous les attributs, ou privations d'attributs, propres au vampire. Son incapacité de se refléter est le seul caractère du vampire qui intéresse mon sujet. Comment interpréter cette « impuissance » du vampire face au miroir, cette impossibilité où il est de l'impressionner ? La thèse la plus ancienne et toujours la plus courante sur ce point est que le vampire, étant un mort dont l'apparence survit – de nuit – à son décès, est nécessairement un corps sans âme, et que seul un corps doté d'une âme, c'est-à-dire un corps « animé », est susceptible de reflet. En témoignerait le fait que, dans un lointain passé comme parfois encore aujourd'hui, lors des deuils, on retournait les miroirs vers les murs afin que les corps récemment décédés ne puissent y discerner dans le miroir leur âme fuyante et de nouveau s'unir à elle (on reconnaît là le thème sempiternel du mort qui ne réussit pas à mourir complètement et à débarrasser ainsi, définitivement, le monde des vivants de sa présence ; source de toutes les formes de « mort-vivant », dont la vampirique) ; afin aussi que le reflet des corps morts ne puisse contaminer le reflet des corps vivants, et par suite des vivants eux-mêmes, par une étrange contamination du miroir évoquée par Cathos, dans les *Précieuses ridicules*, s'adressant à la servante Marotte : « Apportez-nous le miroir, ignorante que vous êtes, et gardez-vous bien d'en salir la glace par la communication de votre image [14] ». Ces superstitions ne sont pas sans contenir quelque vérité et fournissent même une explication assez plausible de l'absence de reflet chez le vampire, à la condition de prendre « âme » dans son sens premier d'*anima* qui désigne, tant chez Aristote (dans son *Péri psuchès* c'est-à-dire *De anima*) que chez Lucrèce (dans le Livre III du *De rerum natura*), un principe moteur et vital. Le corps sans âme du vampire, dénué du principe d'animation qui fait l'essence de l'être vivant, n'a en quelque sorte plus la force d'aller impressionner le miroir. À l'instar des ombres débiles qui peuplent le royaume des morts, par exemple dans l'*Odyssée*, le vampire est une ombre sans force, qui a perdu son énergie dans la métamorphose ayant transformé son corps vivant non en cadavre mais en zombie. Si les ombres des corps vivants se reflètent, les ombres des morts, qui sont déjà reflets en elles-mêmes, ne peuvent se dupliquer une seconde fois en allant se re-redoubler dans le miroir : *bis repetita non placent*, – une répétition suffit, une deuxième répétition doit être écartée, de même qu'un ticket de métro usagé ne peut être réutilisé. C'est pourquoi le miroir, sorte d'appareil à enregistrer les corps vivants (ou les objets existants) laisse passer le vampire sans l'enregistrer. Telle une machine qui ne réussit pas à déchiffrer le code d'une carte magnétique et recrache celle-ci en déclarant à son propriétaire que sa carte est « muette », le miroir échoue à identifier le vampire. Il est incapable de le « lire ».

Si l'absence de reflet a de quoi inquiéter, il arrive aussi que la présence de reflet – surtout s'il s'agit du sien – trouble et suscite une certaine angoisse. L'apparition subite de ce double familier peut surprendre et même faire sursauter, étant alors curieusement perçue comme non familière mais étrange. C'est le cas notamment lorsqu'on n'a pas remarqué

---

14. Scène 6.

la proximité d'un miroir ou d'une glace quelconque qui guette le moment de vous saisir à l'improviste dans le double sens du terme de saisir (à la fois capter et faire tressaillir). Qui est donc cet « autre », si proche de moi, qui m'épie et me surveille à mon insu ? On reconnaît là le thème du *Horla* de Maupassant, de cet autre moi-même qui me regarde à travers le miroir et prend progressivement possession de ma personne. L'iconoclasme, comme toute crainte de se voir reproduire en image ou en photographie, est l'expression de la même inquiétude. Inquiétude évidemment liée à un doute, souvent parent de la paranoïa, quant à l'identité personnelle. Mais l'examen de cette question n'est pas à sa place ici.

Le reflet sans corps

Le reflet sans corps est une vision privée de consistance (différente en cela de la peinture dite figurative, qui suggère une vision illusoire du corps mais est corps elle-même, bien qu'elle ne soit qu'un corps apparent peint sur un tissu réel). Illusion fugitive d'un corps, pur ectoplasme qu'aucun homme ne saurait palper. Comme le dit Erasmus Spikher dans l'« histoire du reflet perdu » de Hoffmann, s'adressant au narrateur des *Aventures de la nuit de la Saint-Sylvestre* : « Oui-da, l'habile homme ! fais-moi (...) toucher un reflet dérobé à un miroir, et je fais devant toi un saut périlleux de mille toises ! [15] »

L'exemple le plus connu de reflet insaisissable est évidemment celui de Narcisse, que celui-ci s'efforce en vain d'étreindre. Ovide, qui raconte la légende de Narcisse et la relie à celle de la nymphe Écho dans le livre III des *Métamorphoses*, a des formules remarquables pour décrire l'inconsistance du reflet de Narcisse, son manque de corps et d'existence. Ce reflet est un espoir sans objet (*spem sine corpore*), un simulacre fugitif (*simulacra fugacia*), l'ombre

---

15. *Op. cit.*, p. 382.

d'une image (*imaginis umbra*) qui n'est rien en elle-même (*nil habet ista sui*)[16]. La première de ces expressions, *spem sine corpore*, pourrait aussi être traduite par « illusion sans corps », comme le fait Georges Lafaye dans l'édition des Belles Lettres, ce qui revient toutefois à fausser le texte et en réduire la force (car, à ma connaissance, *spes* n'a jamais exprimé l'illusion, mais des idées tournant autour des notions d'espoir et d'attente ; d'autre part, si je rends *spem sine corpore* par « espoir sans objet » et non par « espoir sans corps », c'est parce que cette dernière expression est bizarre et ambiguë, alors qu'« espoir sans objet » me paraît bien rendre ce que veut dire Ovide). Je préfère aussi ma traduction à celle de Georges Lafaye parce qu'elle rend mieux compte de ce qui est pour moi l'essence du désir passionnel, d'être sans objet.

On trouve chez Plotin, dans un tout autre contexte (car il s'agit pour Plotin d'illustrer là son idéalisme philosophique), deux allusions à la légende de Narcisse qui font de celui-ci une victime qui prend l'image pour la réalité, et la réalité sensible pour la réalité réelle, alors qu'il n'est pas de réel sensible qui ne soit l'ombre de la réalité intelligible laquelle est, comme chez Platon, la seule réalité réelle. Narcisse en périra, ou du moins disparaîtra de la surface de la terre, comme tout corps privé d'ombre ou de reflet : *aphanès égéneto*, il devint invisible. En fait Narcisse s'est illusionné doublement, en prenant pour réel d'abord ce qui n'est que l'image du corps, ensuite ce qui n'est qu'une réalité sensible (en l'occurrence le propre corps de Narcisse) qui n'est elle-même que le reflet corporel de la seule réalité, la réalité intelligible. De même chez Platon, on le sait, l'objet d'art, qui s'inspire de l'objet corporel, n'est que le reflet au deuxième degré de la réalité idéelle : soit l'ombre d'une ombre. Ces deux allusions plotiniennes à Narcisse se trouvent dans le chapitre 8 du sixième traité de la première Ennéade (*Du beau*) ; la seconde, plus courte, dans le cha-

---

16. v. 417, 432, 434, 435.

pitre 2 du huitième traité de la cinquième Ennéade (*De la beauté intelligible*). Je citerai ici un passage du traité de la première Ennéade, d'abord pour sa beauté, ensuite parce qu'elle exprime le triple statut de l'existence et le double statut de l'illusion (chez Plotin comme chez Platon), enfin parce que la thèse métaphysique défendue ici par Plotin est étonnamment voisine – *mutatis mutandis* – de ce que pourraient écrire des auteurs indifférents à la métaphysique comme Ovide ou des matérialistes comme Lucrèce : « Car si on voit les beautés corporelles, il ne faut pas courir à elles, mais savoir qu'elles sont des images, des traces, et des ombres ; et il faut s'enfuir vers cette beauté dont elles sont les images. Si on courait à elles pour les saisir comme si elles étaient réelles, on serait comme l'homme qui voulut saisir sa belle image portée sur les eaux (ainsi qu'une fable, je crois, le fait entendre) ; ayant plongé dans le profond courant, il disparut ; il en est de même de celui qui s'attache à la beauté des corps et ne l'abandonne pas ; ce n'est pas son corps, mais son âme, qui plongera dans des profondeurs obscures et funestes à l'intelligence, il y vivra avec des ombres, aveugle séjournant dans le royaume des morts [17] ».

Dante, comme Narcisse, éprouve la même difficulté à appréhender un reflet sans corps, dans le *Purgatoire* où il côtoie des images fantomatiques qu'il ne peut étreindre, trouvant chaque fois le vide alors que celles-ci l'approchent pour l'embrasser et que le poète tente d'en faire autant :

> *Je vis l'une d'entre elles se jeter en avant*
> *pour m'embrasser, avec tant de tendresse,*
> *qu'elle me poussa à faire comme elle.*
> *Oh ombres vaines, sauf en leur apparence !*
> *Trois fois j'étendis mes bras autour d'elle,*
> *trois fois les ramenai sur ma poitrine* [18].

Ces « ombres vaines » sont des reflets émancipés de leurs corps, restés au tombeau. Elles appartiennent donc à un

---

17. Tr. Émile Bréhier (légèrement modifiée), Les Belles Lettres.
18. II, v. 76-81, tr. Jacqueline Risset, Garnier-Flammarion.

corps absent et invisible, pas exactement à une absence de corps. Le reflet de Narcisse appartient lui à un corps présent mais invisible, car Narcisse qui se regarde dans l'eau ne peut évidemment s'observer lui-même. On peut également voir le reflet d'une personne dans le miroir sans voir pour autant cette personne, située par exemple dans son dos. Dans tous ces cas, on observe un reflet sans corps visible qui est toujours l'émanation, émancipée certes, de quelque corps réel – même si celui-ci se réduit aux vestiges d'un lointain cadavre. Le statut du reflet sans corps semble par conséquent différer légèrement du statut de l'ombre sans corps, dont on a vu qu'elle pouvait évoquer l'idée de l'ombre sans corps visible mais aussi celle, fantomatique, de l'ombre sans corps réel (comme dans la théorie lucrétienne des simulacres). Ce n'est là sans doute qu'une nuance dont j'admets volontiers qu'elle puisse prêter à discussion.

Appendice

Le reflet, à la différence de l'ombre et de l'écho, présente un caractère dissymétrique qui fait que ce que je vois dans le miroir, ou le rétroviseur, est toujours l'inverse de ce qui s'y reflète, à l'exception de la ligne idéale qui sépare la moitié droite et la moitié gauche de l'image reflétée. Car l'ombre n'a pas le même axe de symétrie que le miroir : on peut la regarder mais pas être regardé par elle (si toutefois on peut imaginer que notre image dans le reflet nous regarde). Et il ne saurait naturellement être question d'inversion de l'image dans le cas de l'écho. Raison pour laquelle il est impossible de jamais se voir, sinon par la médiation d'une photographie ou d'une glace placée dans son dos tandis qu'on fait face au miroir. Il y faut des contorsions qui perturbent l'appréciation de son image en direct, ou plutôt en double indirect. De même la photographie offre une image dont l'inversion est corrigée par le miroir, mais passe alors par des transformations qui créent nécessairement un effet de lointain.

Le monde qui se trouve « de l'autre côté du miroir », et de ce qu'Alice y trouva, pour reprendre le titre d'un livre de Lewis Carroll qui fait suite aux *Aventures d'Alice au pays des merveilles*, monde qu'Alice appelle la « Maison du Miroir », est naturellement un monde où tout se passe à la fois semblablement et inversement à ce qu'on peut observer dans le salon reflété par le miroir. Toutefois, sitôt qu'elle se décide à aller l'explorer en traversant le miroir, Alice s'aperçoit qu'il en va un peu différemment. Si tout s'y passe à l'envers, le salon de l'autre côté du miroir est aussi plus grand que celui de ce côté-ci : on y décerne mille recoins que le miroir ne reflétait pas. Par ailleurs, elle ne tarde pas à y découvrir des objets insolites, ainsi des pièces d'échecs qui vivent et qui parlent. L'exploration du reste de la maison et de son jardin révélera ensuite l'existence d'un monde non plus reflété mais parallèle, qui ne s'accorde plus au principe de symétrie et d'inversion, mais est l'expression de l'imagination de Lewis Carroll.

Resterait enfin à évoquer, à côté de la version honnête et habituelle du reflet, qui se contente de refléter en inversant, à côté aussi de la version vampirique qui ne reflète pas, une troisième version, hallucinatoire et cauchemardesque, du reflet : cas du miroir qui reflète quelque chose d'*autre* que ce qu'il devrait normalement refléter. Miroir envoûté, contaminé par des faits (souvent horribles) qui s'y sont reflétés et qui y réapparaissent périodiquement. Le miroir ne reflète plus alors seulement l'image qui s'y reflète actuellement mais aussi des images qui s'y sont reflétées dans le passé (on retrouve ici, dans un autre registre, le même effet surnaturel de contamination du miroir suggéré par Cathos dans *Les Précieuses ridicules*). Un épisode du film *Au cœur de la nuit* de Cavalcanti décrit avec brio l'expérience terrifiante de son héros face au miroir, qui non seulement ne voit plus son reflet dans la glace dont il s'aide pour arranger son nœud de cravate, tel un vampire nouvellement promu, mais en plus voit dans ce que reflète le miroir une chambre entièrement différente de celle dans laquelle il est. Il n'en croit pas ses yeux et se retourne instinctivement pour vérifier que la chambre dans laquelle il se trouve est toujours la même, s'observe lui-même pour s'assurer qu'il est toujours là. Mais le miroir, à nouveau consulté, persiste et signe : la chambre reflétée est bien une autre chambre ; quant à lui, il a bel et bien disparu. On découvrira plus tard que la malédiction de ce miroir est d'avoir « vu », dans la pièce qu'il finit par refléter en permanence, mais seulement pour le héros de l'histoire (les autres personnes n'y décèlent aucun reflet anormal), la mise à mort d'une femme innocente par un mari jaloux que ses soupçons ont rendu fou furieux. Cette folie s'est communiquée au nouveau propriétaire du miroir, qui s'apprête peu après à étrangler sa propre fiancée le jour de ses noces. – Bref, dans cet autre côté du miroir où s'aventure Alice, on ne fait pas que de bonnes rencontres.

4. – L'ÉCHO

L'écho, troisième compagnon de proximité du réel, présente certaines spécificités qui le distinguent de l'ombre comme du reflet. Il est certain que le manque d'écho, dans des conditions où il devrait normalement y avoir effet d'écho, marque d'irréalité l'objet sans écho tout comme l'objet sans ombre et l'objet sans reflet. Aussi l'absence d'écho n'est-elle pas moins bizarre et inquiétante que l'absence d'ombre ou de reflet. Mais il y a ceci de particulier, dans le cas de l'écho, que la présence même de celui-ci suggère quelque chose d'un peu étrange et troublant, – ce qui n'est pas du tout le cas de l'ombre ou du reflet, qui sont en fin de compte plutôt rassurants. Il est vrai, on l'a vu aussi, que certains peuvent redouter une « communication » secrète c'est-à-dire une interférence matérielle, entre le corps reflété et l'image reflétante. On peut citer aussi les cas de panique à la vision de son ombre, encore qu'ils soient rares et de nature souvent légendaire, telle la terreur qu'éprouvait dit-on le cheval Bucéphale. Il semble d'ailleurs probable que cette terreur de son ombre n'est qu'une variante de l'angoisse liée parfois au spectacle de son image surgissant inopinément dans le miroir. Dans les deux cas, la surprise provient d'un rendez-vous non prévu avec son double familier. Mais, encore une fois, ces inquiétudes ne sont que des raretés et, de manière générale, les hommes s'habituent aussi facilement à leur reflet et à leur ombre qu'ils s'habituent à eux-mêmes.

Il n'en va pas tout à fait de même pour l'écho qui, me semble-t-il du moins, conserve son effet de surprise même si on en connaît la raison et la cause « naturelle », comme dit Lucrèce dans le Livre V de son *De rerum natura*. L'ombre est mon ombre, le reflet est mon reflet, l'écho est mon écho : d'où vient que je ne me reconnaisse pas totalement en ce dernier ? Pourquoi ce double, aussi inhérent à l'homme que l'ombre et le reflet, est-il perçu avec moins de reconnaissance immédiate que les deux autres ? J'imagine que cet effet, surprenant par rapport aux deux autres doubles qui accompagnent l'homme, est d'abord dû à ce que l'écho constitue un effet de *lointain* par rapport à l'ombre et au reflet qui sont des effets de stricte proximité. Ces derniers ressemblent à des gardes du corps qui agissent comme ces policiers chargés de la « protection rapprochée » et ne vous quittent pas d'une semelle. L'écho, en revanche, n'est qu'un agent lointain, chargé de propager votre identité dans les alentours. Agent si lointain qu'on le prendrait volontiers pour un étranger dont la voix méconnaissable ignore plus votre identité qu'elle ne la reconnaît. On dirait d'une voix passée à l'ennemi, ou du moins à d'autres, qui pervertit votre voix au lieu de lui renvoyer son fac-similé. Le même phénomène se produit aujourd'hui avec le magnétophone : personne – sauf les autres – n'y reconnaît sa voix. Et toutes les personnes enregistrées éprouvent, à s'y réentendre, un vague sentiment de malaise et de doute identitaire. Il y a, dans l'écho que vous renvoie votre parole, quelque chose qui non seulement n'y répond pas mais évoque une parole un peu autre (et aussi un peu lugubre). L'écho est mon écho certes, mais je traîne un peu à m'y reconnaître.

Il y a aussi dans la légende d'Écho, nymphe qui a donné son nom à l'écho, un aspect manifestement cocasse. Celui qui parle et interroge attend en principe une réponse quelconque. L'interrogé peut, il est vrai, rester coi, comme auraient eu intérêt à le faire les personnes que Socrate arrêtait au coin des rues pour les interroger et les faire s'empêtrer dans d'inextricables contradictions. Mais n'obtenir aucune réponse est un moindre mal, comparé à cette calamité qui consiste à recevoir une « réponse » qui n'est que la réplique terme à terme de ce qu'on vient de dire ; en sorte que la question est vouée, non seulement à rester sans réponse, mais encore à se répéter indéfiniment (comme la formule « à ne pas ouvrir » dont j'ai raconté l'histoire dans *Loin de moi*). C'est ce que fait Écho qui ne répond jamais mais ne peut s'empêcher de toujours répéter la question. Rien de plus ironique que ce questionnement qui ne se peut nourrir que de la répétition de sa propre question, un peu à la manière d'un disque usé dont l'aiguille coince sur un sillon et en est réduit à reproduire sans fin la même brèvissime séquence musicale. La notion même de question sombre dans une absurdité qui semble en contester le bien-fondé. On pourrait dire que l'écho est comme l'ironie du questionnement, la répétition étant la forme la plus ironique de réponse. Encore que cette forme d'ironie ne lui ait pas été attribuée, je l'imaginerais volontiers non seulement dans la bouche d'Écho, mais aussi dans celle de Diogène, passé maître dans l'art d'inverser les usages et de fausser les échanges.

Il est temps d'en venir à cette légende d'Écho, telle que nous la rapporte Ovide dans un passage du livre III des *Métamorphoses*.

Écho est à l'origine une nymphe des forêts, pourvue de tous ses attributs de nymphe : elle parle – peut-être un peu trop – et répond normalement à qui l'interroge. Usant imprudemment de son trop-parler, elle distrait par ses bavardages, tel le senhor Oliveira da Figueira distrayant l'attention des serviteurs du professeur Smith pour permettre à Tintin d'explorer tranquillement les lieux, l'attention de Junon chaque fois que Jupiter est occupé à lutiner les nymphes ses compagnes. Un jour Junon s'aperçoit du double jeu mené par son interlocutrice intarissable et entreprend de punir celle-ci en réduisant Écho à l'état de simple écho. Ainsi le raconte Ovide : « En ce temps-là, Écho avait un corps ; ce n'était pas seulement une voix et pourtant sa bouche bavarde ne lui servait qu'à renvoyer, comme aujourd'hui, les derniers mots de tout ce qu'on lui disait.

Ainsi l'avait voulu Junon ; quand la déesse pouvait surprendre les nymphes qui souvent, dans les montagnes, s'abandonnaient aux caresses de son Jupiter, Écho la retenait habilement par de longs entretiens, pour donner aux nymphes le temps de fuir. La fille de Saturne s'en aperçut : « Cette langue qui m'a trompée, dit-elle, ne te servira plus guère et tu ne feras plus de ta voix qu'un très bref usage. » L'effet confirme la menace ; Écho cependant peut encore répéter les derniers sons émis par la voix et rapporter les mots qu'elle a entendus [19]. »

Écho est donc à l'origine une bavarde impénitente et imprudente qui sera punie par Junon de la manière la plus adéquate qui soit. Interdite de prise de parole, elle est réduite à ne balbutier quelques sons que lorsqu'on dirige vers elle un cri ou une parole dont elle peut seulement répéter les derniers sons ; un peu comme, dans *Comédie* de Samuel Beckett, le feu des projecteurs dirigé alternativement sur l'une des trois outres où sont enfermés les acteurs, à l'exception du visage, leur extorque aussitôt un flux de paroles bref mais volubile. – Je glisse ici une parenthèse qui ne concerne en rien le présent sujet : tenant personnellement le bavardage pour un des pires fléaux qui empoisonnent la vie quotidienne, je trouve beaucoup de saveur à la manière dont Junon a réussi à réduire Écho au silence, et ai souhaité mille fois pouvoir en faire autant. – Une femme silencieuse, comme dans l'opéra de Richard Strauss sur un livret de Stefan Zweig inspiré de Ben Jonson, est sans doute une épouse idéale ; plus cocasse est cependant une bavarde contrainte de ne s'exprimer qu'un instant et par borborygmes, lorsqu'une occasion, rare autant que brève, lui permet de donner de la voix. On dirait d'une cocotte-minute prête à exploser qu'on soulagerait de loin en loin en soulevant une seconde la soupape qui la maintient sous pression. Pauvre casserole bavarde, qui avait tant à nous dire, et à laquelle on coupe le sifflet avant qu'elle n'ait eu le temps de placer un mot.

---

19. Les Belles Lettres, v. 359-369, tr. Gr. Lafaye.

Écho possède aussi une aptitude à la tautologie qui fait de sa réponse à la parole dont elle renvoie l'écho une non-réponse. On lui demande X et elle répond X. L'échange des sons est ainsi une parodie impuissante de dialogue. On en déduit aisément qu'Écho, à laquelle il est interdit de poser une question puisqu'elle ne peut jamais parler en premier, de par l'arrêt de Junon, est également privée de toute capacité de réponse. Sans doute répond-elle ; mais c'est par la répétition des sons émis par d'autres et donc par une pure tautologie. Circonstance qui est à porter à son discrédit, mais aussi en un certain sens à son crédit ; car il y a de la profondeur, comme je l'ai dit plus haut, dans la parole tautologique. Lors de son aventure avec Narcisse, telle que la rapporte Ovide qui est le premier semble-t-il à avoir rapproché, dans les *Métamorphoses*, le mythe d'Écho de celui de Narcisse, évoquant ainsi une intéressante connaturalité entre l'écho et le reflet, on assiste au dialogue suivant : [Narcisse] crie : « Y a-t-il quelqu'un près de moi ? » « Moi », répond Écho. Le texte latin dit : « *"Ecquis adest ?" et "adest" responderat Écho* ». L'effet d'écho se double ici d'un effet de quiproquo. Et voici que Narcisse, de double qu'il était, devient triple : il est « moi, moi et moi », comme le Pelléas de Debussy et Maeterlinck. Moi (Narcisse), moi (mon reflet), moi (mon écho). Une résonance infinie conforte ici Narcisse dans l'identité de son être, sans que la nature de celle-ci soit pour autant dévoilée. Une même tautologie d'ordre « échotique » est on le sait réservée à Moïse, au mont Sinaï, lorsque, confronté à Dieu qui lui remet les Tables de la Loi, il l'interroge sur la nature de son identité : « Qui es-tu ? », demande Moïse. « Je suis qui je suis », répond Dieu.

Cette aventure sans avenir avec Narcisse entraînera la mort, ou la quasi-mort, d'Écho et sa métamorphose en falaise : « Méprisée, elle se cache dans les forêts ; elle abrite sous la feuillée son visage accablé de honte et depuis lors elle vit dans des antres solitaires ; mais son amour est resté gravé dans son cœur et le chagrin d'avoir été repoussée ne fait que l'accroître. Les soucis qui la tiennent éveillée épuisent son corps misérable, la maigreur dessèche sa peau, toute la sève de ses membres s'évapore. Il ne lui reste que la voix et les os ; sa voix est intacte, ses os ont pris, dit-on, la forme d'un rocher. Depuis, cachée dans les forêts, elle ne se montre plus sur les montagnes ; mais tout le monde l'entend ; un son voilà tout ce qui survit en elle[20]. » Le corps et l'existence d'Écho sont réduits à la répétition, déformée et tronquée, des paroles (et des bruits) qui résonnent fortement autour d'elle. Comme Peter Schlemilh qui a perdu son ombre et Erasmus Spikher son reflet, Écho, une fois dépossédée de sa parole, s'est évaporée dans l'air.

La parole échotique est ambiguë, pouvant être tenue à la fois comme écho de ma propre voix et comme écho (voire émission autonome et hallucinatoire) d'une autre voix que la mienne. Elle ouvre ainsi la voie à des hallucinations de toute nature, tant qu'on ne se cramponne pas à l'idée que le son qu'elle émet n'est que la répétition déformée de ma propre voix, ou d'une autre voix qui s'est fait entendre aux alentours. Mais, si ce n'est pas ma voix ou celle d'un voisin qui résonne en face, pourquoi ne serait-elle pas celle de l'âme d'un défunt, d'une amie décédée voire la voix même de Zeus qui savait déjà, à Dodone, se faire entendre par l'intermédiaire du bruissement du vent caressant les feuilles des chênes sacrés ? Encore une fois, l'écho, contrairement à l'ombre et au reflet, semble capable de nous orienter dans des directions imprévisibles et étrangères à notre propre personne.

Il est vrai cependant que l'écho, qui ne sait que nous renvoyer à nous-mêmes, possède un pouvoir de nous conforter dans notre identité et notre réalité supérieur à celui dont disposent l'ombre et le reflet. On pourrait le comparer à une compagnie d'assurances qui ignore nos sinistres mineurs mais vient à notre secours en cas de grand sinistre. Quand tous nos avocats, témoignant en faveur de

---

20. *Op. cit.*, v. 393-403.

notre identité, lorsque celle-ci vient à être mise en question, ont abandonné notre cause, reste en derniers recours le témoignage de l'écho, seul habilité à déclarer : c'est bien lui, car je l'ai toujours répété. Non que l'ombre et le reflet soient à négliger. Mais si ces derniers sont les voisins les plus proches de l'identité suspectée, ils n'ont pas le pouvoir de s'y confondre au point d'en être l'écho, en l'occurrence parent le plus proche de l'ego. C'est lui parce que nous l'accompagnons sans cesse, peuvent prétendre l'ombre et le reflet. C'est lui parce que je reproduis automatiquement ses paroles, réplique l'écho. C'est lui parce que c'est moi. Plus que Narcisse s'admirant dans son reflet, l'écho pourrait dire comme Ovide : *Iste ego sum*. Ou dire, en pastichant Mallarmé dans sa *Prose pour des Esseintes* : « Nous fûmes un, je le maintiens ». On pourrait dire de l'ombre et du reflet qu'ils nous accompagnent comme des parasites, de l'écho qu'il nous dévore : réduit à la seule réplique il est capable, tel un virus dévastateur, de nous éliminer en prenant notre place, à la façon de ces graines qui prennent possession de nous dans les films d'épouvante se situant dans la lignée issue de *L'Invasion des profanateurs de sépulture* de Don Siegel.

L'écho présente une autre propriété qui le distingue de l'ombre et du reflet. Dans le cas de ceux-ci, on a vu qu'il leur arrivait parfois de manquer à l'objet dont ils sont ordinairement le double : femme sans ombre, homme sans reflet. Le domaine littéraire abonde en histoires d'hommes privés de leur ombre ou de leur reflet ; jamais cependant privés de leur écho. Si on ne perd pas son écho, c'est parce qu'on ne le possède pas : l'écho est trop muet (il faut l'ébranler pour lui rendre la parole) et trop loin (il ne nous accompagne pas comme l'ombre et n'agit pas de manière aussi rapprochée et aussi immédiate que le reflet). La mésaventure d'Écho ne raconte d'ailleurs pas l'histoire d'une personne privée de l'un de ses doubles familiers, mais d'un double (la répétition) devenu indépendant de sa réalité (la parole) que le double a ordinairement pour fonction d'accompagner. Indépendance relative ; car s'il n'arrive pas qu'un homme ou un objet bruyant perde la faculté de se répéter en écho, il n'arrive pas non plus qu'un écho se produise si aucun son extérieur ne lui est donné à répéter. La nymphe Écho, comme en témoigne la fin de son histoire, en vient à dépérir, à se réduire à la pierre et au son qu'elle est capable de renvoyer. L'écho apparaît ainsi comme une sorte de double pur ou de double sans maître, à la différence de l'ombre et du reflet. Telle la Belle au bois dormant, l'écho pour exister doit être tiré de son sommeil par une injonction extérieure à elle, alors que l'homme n'a nul besoin d'invoquer son ombre ou son reflet pour faire accourir ceux-ci.

Il est aussi à remarquer que l'ombre et le reflet fonctionnent en permanence, à la différence de l'écho. D'un autre côté il est vrai que l'ombre et le reflet cessent de fonctionner en cas d'obscurité totale, alors que l'écho est disponible vingt-quatre heures sur vingt-quatre, encore qu'il ne fonctionne effectivement qu'à la condition d'être sollicité.

Le sort de l'écho, d'être un double sans maître, n'est pas sans rappeler le sort de l'*Ombre double*, dans une scène du *Soulier de satin* de Claudel (deuxième journée, sc. XIII). Peu après que Doña Prouhèze et Rodrigue se sont croisés au clair de lune sur un chemin de garde de la forteresse de Mogador et ont confondu un instant leurs ombres respectives, l'Ombre double qui en est résultée paraît sur scène et déclare ceci :

> *Je porte accusation contre cet homme et cette femme qui dans le pays des Ombres ont fait de moi une ombre sans maître.*
>
> *Car de toutes ces effigies qui défilent sur la paroi qu'illumine le soleil du jour et celui de la nuit,*
>
> *Il n'en n'est pas une qui ne connaisse son auteur et ne retrace fidèlement son contour.*
>
> *Mais moi, de qui dira-t-on que je suis l'ombre ? non pas de cet homme et de cette femme séparés,*

> *Mais de tous les deux à la fois qui l'un dans l'autre en moi se sont submergés*
> *En cet être nouveau fait de noirceur informe.*
> *(...)*
> *Maintenant je porte accusation contre cet homme et cette femme par qui j'ai existé une seconde seule pour ne plus finir et par qui j'ai été imprimée sur la page de l'éternité !*
> *Car ce qui a existé une fois fait partie pour toujours des archives indestructibles.*
> *Et maintenant pourquoi ont-ils inscrit sur le mur, à leurs risques et périls, ce signe que Dieu leur avait défendu ?*
> *Et pourquoi m'ayant créée, m'ont-ils ainsi cruellement séparée, moi qui ne suis qu'un ?*

L'instant pendant lequel les ombres de Doña Prouhèze et Rodrigue se sont confondues a été trop bref : l'ombre double provoquée par cette confusion fugitive est aussitôt privée de l'objet (ou des deux objets) dont elle était l'ombre et devient ainsi une ombre sans maître, dont l'inconcevable solitude est d'être paradoxalement séparée de ce dont elle est l'ombre. Comble de la rupture et comble de la douleur, qui fait de l'ombre double la plus infortunée des ombres.

À propos d'ombre double, et du paradoxe insoutenable que la notion semble impliquer, il est impossible de ne pas songer au roman de Chamisso, dans lequel le diable dispose, non pas d'une ombre double, mais de deux ombres : la sienne propre et celle qu'il a dérobée à Peter Schlemilh. Il peut narguer ainsi Schlemilh en se pavanant devant lui, muni de ses deux ombres. On peut songer aussi à un passage des *Aventures de Philémon* (dans la série des bandes dessinées que lui a consacrées le dessinateur Fred et qui fait évoluer son héros dans les diverses îles imaginaires et « alphabétiques » censées parsemer le nord de l'océan Atlantique : autant de lettres dans le mot atlantique, autant d'îles dans l'océan). Philémon se trouve confronté lui aussi dans *Les Naufragés du A*, premier album du cycle, au spectacle de sa propre ombre double. Philémon sursaute à cette vision, puis se calme en constatant que deux soleils, et non pas un seul, éclairent l'île A : « Évidemment cela explique l'ombre double », se rassure-t-il ; avant de s'inquiéter à nouveau en songeant qu'il n'y avait, s'il a bonne mémoire, qu'un seul soleil pour éclairer la terre. Où se trouve-t-il donc à présent ? Cependant ce paradoxe de l'ombre double ne signifie pas une perte d'identité, encore qu'il puisse sembler qu'une telle ombre contredise l'identité et la réalité de celui qu'elle accompagne pas à pas. Mais il n'en est rien : un éclairage double, pourvu que la lumière n'en soit pas strictement parallèle, projette nécessairement deux ombres à partir d'un seul objet. Une simple torche, s'ajoutant à un beau clair de lune, y suffit.

5. – ÉPILOGUE

Avant de finir, je ne puis m'empêcher de faire la remarque qu'il en va un peu de nos amies et amis comme de ces compagnons de proximité que sont les trois doubles étudiés dans ce chapitre. Les plus forts attachements, ceux qui nous tiennent au plus près, n'ont-ils pas en définitive la consistance, ou plutôt l'inconsistance, de l'ombre, du reflet et de l'écho ? Ne sont-ils pas eux aussi des « impressions fugitives », impressions d'une présence aimée à côté de nous alors que celle-ci n'est peut-être que la prolongation narcissique de notre propre fait ? Bien sûr, tous les analystes de l'amour et de l'amitié l'ont déjà dit, Rutebeuf peut-être le plus simplement et le mieux :

> *Las que sont mes amis devenus,*
> *Que j'avais de si près tenus ?*
>
> *Ce sont amis que vent emporte*
> *Et il ventait devant ma porte.*

Mais je ne voudrais pas finir sur cette note mélancolique. Je tiens au contraire à réconforter mon lecteur et à l'assurer que ces considérations terminales n'ont aucun rapport, sinon de pure coïncidence, avec les analyses qui précèdent.

X
FANTASMAGORIES

AVANT-PROPOS

Photographie, reproduction sonore, peinture sont des produits de l'art, c'est-à-dire des réalités à part entière qu'il serait par conséquent vain de distinguer de la réalité en général dont elles partagent tous les privilèges. Impossible donc d'instruire contre elles un procès visant à établir qu'elles sont des duplications imaginaires (et illusoires) du réel, contrairement à ce que suggère un aphorisme célèbre de Pascal : « Quelle vanité que la peinture, qui attire l'admiration par la ressemblance des choses dont on n'admire point les originaux ! ». Elles peuvent se prévaloir, en outre, d'être des dérivations directes des doubles « de proximité » ou des doubles « mineurs » que j'ai évoqués dans le chapitre précédent. La photographie s'apparente en effet au reflet, comme la reproduction sonore s'apparente à l'écho et la peinture à l'ombre. Or ma thèse, dans cet avant-dernier chapitre, était de démontrer que reflet, écho et ombre constituaient une espèce à part du double qui témoignait du réel au lieu d'en dissuader, selon la fonction la plus ordinaire du double.

Reste à voir, cependant, si la photographie et ce qui lui est associé restent fidèles aux doubles dont ils dérivent, qui rendent justice au réel, ou s'ils ne partagent pas le plus souvent le sort ordinaire du double, qui le conteste.

On trouvera en fin de chapitre, en guise de conclusion générale, les dernières précisions qui m'ont paru utiles au sujet de ces deux notions.

1. – LES REPRODUCTIONS DU RÉEL

La photographie

C'est un fait surprenant, du moins *a posteriori*, que la photographie ait été le plus souvent considérée, dès sa naissance et jusqu'à un temps relativement récent, comme une sorte de reproducteur authentique et infaillible de la réalité, quelque chose comme une peinture enfin devenue objective et fidèle. L'objectif photographique fut immédiatement reconnu comme « objectif » au sens à la fois technique et philosophique du terme : ce qu'il enregistrait était la vérité ou la réalité même, saisie indépendamment de tout parasitage subjectif ou artistique. Là où on se contentait de voir le réel peint ou dessiné, faute d'autres moyens, et avec tout ce que le résultat devait à la manière et à la personnalité de l'artiste, on tenait enfin la réalité même, authentifiée par le fait qu'aucune personne n'avait pu intervenir au cours de son enregistrement : la machine seule avait tranché. On pouvait enfin voir le monde en personne, en direct, en vérité. On semblait ignorer qu'une machine n'enregistre que sous des conditions aussi restrictives, encore que pour d'autres raisons, que celles d'un peintre ou d'un dessinateur. On oubliait aussi qu'une machine ne fonctionne que sur les instructions d'un fabricant et d'un opérateur. La machine avait fait oublier le machiniste. Elle fonctionnait à la manière d'un *deus ex machina*, capable de reproduire le monde sur les ordres de son créateur. Cette conception simpliste de la photographie survit encore, du moins chez certains, alors que les trucages politiques les plus éhontés, émanant principalement des États communistes ou de l'Amérique du

Nord, sont depuis longtemps connus. Alors que, depuis longtemps aussi, les trucages les plus cocasses et les plus visibles ont été réalisés et divulgués par des artistes doués du sens du loufoque. Parmi les plus récents et les plus talentueux de ces photographes volontairement faussaires je pourrais citer Joan Fontcuberta, Warren Neidich, Alison Jackson. Parmi les innombrables exemples de photographie truquée en provenance des pays de l'Est, alors sous domination soviétique, je me contenterai de mentionner la première page, terrible et drolatique, du *Livre du rire et de l'oubli* de Milan Kundera : « En février 1948, le dirigeant communiste Klement Gottwald se mit au balcon d'un palais baroque de Prague pour haranguer les centaines de milliers de citoyens massés sur la place de la Vieille Ville. Ce fut un grand tournant dans l'histoire de la Bohême. Un moment fatidique. Gottwald était flanqué de ses camarades, et à côté de lui, tout près, se tenait Clementis. Il neigeait, il faisait froid et Gottwald était nu-tête. Clementis, plein de sollicitude, a enlevé sa toque de fourrure et l'a posée sur la tête de Gottwald. La section de propagande a reproduit à des centaines de milliers d'exemplaires la photographie du balcon d'où Gottwald, coiffé d'une toque de fourrure et entouré de ses camarades, parle au peuple. C'est sur ce balcon qu'a commencé l'histoire de la Bohême communiste. Tous les enfants connaissaient cette photographie pour l'avoir vue sur les affiches, dans les manuels ou dans les musées. Quatre ans plus tard, Clementis fut accusé de trahison et pendu. La section de propagande le fit immédiatement disparaître de l'Histoire et, bien entendu, de toutes les photographies. Depuis Gottwald est seul sur le balcon. Là où il y avait Clementis, il n'y a plus que le mur vide du palais. De Clementis, il n'est resté que la toque de fourrure sur la tête de Gottwald [1]. »

Il va sans dire que le trucage photographique n'est pas toujours d'utilité politique et n'a pas pour seule finalité de

---

[1]. Tr. F. Kérel, Gallimard, 1979 ; rééd. coll. « Folio » p. 13-14.

falsifier la réalité historique. Il lui arrive aussi de passer de l'occultation à l'occultisme, en proposant des prétendues photographies d'objets irréels et immatériels ; photographies qui sont censées établir la réalité de ces objets en les rendant visibles et quasi palpables. Durant un assez long temps (environ de 1870 à 1930), les personnes éprises de surnaturel, d'origine souvent américaine ou anglaise, attendirent de la photographie qu'elle fournît, à l'intention des incrédules, une preuve matérielle du bien-fondé de leurs fantasmes. On vit alors apparaître, pendant cet âge d'or de la photographie occultiste, d'innombrables photographies de fantômes, d'esprits, de trépassés, de faits considérés habituellement comme hallucinatoires, comme la lévitation ou la promenade dans le salon de tables tournantes guidées par leur seule fantaisie. Conan Doyle, très sujet lui-même à ces divagations malgré l'apparente logique du héros d'une partie de son œuvre, Sherlock Holmes (dont il disait le détester, et certainement non sans raison puisque Holmes veut incarner une rationalité absolue), possédait une petite collection de photographies de fées, garanties sans trucage et avec négatifs à l'appui, qui attestaient selon lui de l'indéniable existence de celles-ci. Comment douter de ce qu'on a réussi à photographier, tout comme on « photographie », aujourd'hui encore, martiens, ovnis, et autres soucoupes volantes ?

Dans un second temps, on demanda à l'objectif de saisir des objets tout aussi immatériels mais plus abstraits (ainsi le souffle de vie, les pensées ou émotions de X ou Y). Les trucages étaient aussi variés qu'ingénieux, les effets de superposition étant les plus simples et les plus courants. On pouvait même, à l'occasion, se passer de tout véritable trucage. Il suffisait, par exemple, de placer dans le dos du sujet à photographier un compère un peu plus grand que le modèle, le revêtir d'un drap blanc, pour obtenir sans aucune retouche la photographie d'un personnage auréolé de son émanation spirituelle : tel Paul Nadar photographiant, vers 1896, un certain Albert de Rochas en compagnie de son fantôme.

On remarquera en passant que ces diverses hallucinations reposaient sur un crédit extravagant accordé à la photographie, identique à celui que j'évoquais en commençant : sera tenu pour réel tout ce dont on aura réussi à montrer une photographie, c'est-à-dire une prétendue preuve par l'image.

Cette appréciation hyperbolique de l'objectivité de la photographie fut ratifiée tardivement par un ouvrage de Roland Barthes, *La Chambre claire, note sur la photographie*, publié en 1980 par les Éditions du Seuil. Ouvrage dont je résumerai le contenu, sans doute un peu vite, par la thèse suivante, d'ordre quasi ontologique : la photographie est la seule garantie de l'existence du réel. Barthes fonde sa thèse sur l'émotion qu'il a ressentie au spectacle d'une photographie de sa mère, alors défunte. C'est là le privilège éminent de la photographie selon Barthes, qui le répète à tout propos : de montrer quelque chose dont il est impossible de douter que « ça a été ». Ontologie au passé, fondée sur l'image à jamais douteuse (à supposer qu'elle se prévale de la réalité dont elle prétend être l'image, celle-ci d'ailleurs tout à fait réelle en soi). Plus on parcourt l'ouvrage, plus l'étonnement s'accroît. « La photographie atteste que cela, que je vois, a bien été. » La photographie est « l'authentification même ». « Toute photographie est une certification de présence. » « Peut-être avons-nous une résistance invincible à croire au passé, à l'Histoire, sinon sous forme de mythe. La Photographie, pour la première fois, fait cesser cette résistance : le passé est désormais aussi sûr que le présent, ce qu'on voit sur le papier est désormais aussi sûr que ce que l'on touche. » Sauf naturellement si la photographie est truquée, concède à la va-vite Roland Barthes en une parenthèse dont la brièveté montre le peu de cas qu'il fait de cette hypothèse et le peu d'importance qu'il lui accorde. Longtemps proche du parti communiste français, Barthes considérait d'ailleurs peut-être que les photographies prétendument truquées à l'Est, alors exhibées dans la presse, n'étaient en fait que d'odieux montages réalisés à l'Ouest.

Ces formules étranges, qui témoignent à la fois d'une méconnaissance de la photographie ordinaire et de la photographie en tant qu'art, ont assurément de quoi faire douter du simple bon sens de leur auteur. Elles sont si évidemment insoutenables qu'elles se détruisent d'elles-mêmes sans qu'il soit besoin de les réfuter. La seule page de Kundera citée ci-dessus suffit à leur ôter tout crédit, de manière ironique et cruelle. Cependant quelques remarques curieuses peuvent être faites à partir de ces formules, portant sur le problème de la crédibilité de la photographie et, plus généralement, sur la crédibilité de la réalité dite « historique ».

L'idée que seule une réalité attestée par la photographie ne peut être mise en doute conduit à penser qu'une réalité attestée par des milliers de documents peut être considérée comme incertaine dès lors qu'aucun de ces documents n'est d'ordre photographique.

Il s'ensuit alors cette première absurdité que toute réalité historique tenue pour certaine, si elle est antérieure à l'âge de la photographie, par exemple la réalité de Napoléon Ier, peut parfaitement être tenue pour douteuse, si absurde que puisse paraître ce doute. Rien ne permet d'affirmer que cette histoire de Napoléon n'est pas une vaste fantasmagorie inventée et perpétuée par des millions de personnes, en comptant ceux qui l'ont imaginée (dans quel but ? Cela resterait évidemment à établir) et ceux qui l'ont transmise, – un peu de la même façon qu'une erreur de copiste peut se transmettre pendant des siècles, au point de n'avoir parfois plus la moindre chance d'être jamais corrigée. Veut-on une preuve de la solidité de cette hypothèse qui heurte le bon sens ? On pourra la trouver dans l'œuvre d'un historien contemporain, Hubert Monteilhet, qui est aussi l'auteur de délectables romans mi-policiers mi-fantastiques. L'un de ces romans, *Les Queues de Kallinaos*[2], dont l'action se situe en 1827, ne met pas en doute l'existence de Napoléon mais au contraire exagère en quelque sorte

---

2. Le Livre de poche, 1982 ; 1re éd. J.-J. Pauvert / Ramsay, 1981.

celle-ci, faisant gagner Napoléon à Waterloo et, de victoire ultérieure en nouvelle victoire, finit par lui conférer la quasi-maîtrise du monde. On pourrait chicaner ici, faisant observer que la négation de l'existence de Napoléon est une chose, l'affirmation du règne universel d'un Napoléon mort depuis six ans en est une autre. Il s'agit pourtant dans les deux cas d'un même phénomène : la négation d'une réalité historique attestée par tous et dont les innombrables témoignages sont à la disposition de tous. Ce roman de Monteilhet fait ainsi bon marché de l'histoire telle qu'on nous l'a apprise ; un peu comme le roman de science-fiction de Philip K. Dick intitulé *Le Maître du haut château*, selon lequel ce sont les Allemands et les Japonais qui ont finalement triomphé des forces alliées à l'issue de la Seconde Guerre mondiale. *Les Queues de Kallinaos* vont il est vrai moins loin qu'une simple mise en question de la réalité de Napoléon : car le doute semé par le roman n'est pas universel mais localisé dans une certaine île grecque, et destiné comme on va le voir à une seule personne (aucun des autres personnages de l'île n'étant dupe). Toutefois la mise en scène de cette nouvelle version de la réalité napoléonienne, même si elle est proposée à la crédulité d'une seule personne et limitée au petit territoire d'une île, n'en requiert pas moins la mise en œuvre de moyens colossaux qui auraient de quoi décourager tout producteur de films *made in Hollywood*. Mais voici l'histoire.

Sir Randolph Melrose, lord anglais originaire d'Irlande, serait le père comblé d'une adorable fille ardemment désirée et née à Londres en 1809, Parthénope, s'il n'avait le malheur de perdre sa femme, qui meurt pendant l'accouchement, et surtout de constater que Parthénope est dotée à sa naissance d'une queue prolongeant sa colonne vertébrale, à la manière d'un quadrupède ou d'un singe. Consultés, théologiens et chirurgiens déconseillent formellement une intervention chirurgicale qui, assurent-ils, risquerait de tuer l'enfant. Affolé de douleur à l'idée des tourments qui attendent sa fille dès que celle-ci serait en âge de constater son anormalité, sa queue de derrière qui grandit au fur et à mesure que Parthénope croît elle-même en grâce et en beauté, sir Randolph imagine un plan fou, inspiré dit-il d'une page drolatique de Suétone, qui est en réalité un pastiche dû à la plume de Monteilhet et conçu pour les besoins de la cause[3] : puisqu'il ne faut à aucun prix que Parthénope découvre qu'elle est le seul être humain à posséder une queue d'animal, son père lui fabriquera de toutes pièces un monde factice où tous les êtres humains ou représentations d'êtres humains qu'elle pourra observer seront munis d'une queue artificielle. Tâche immense et apparemment irréalisable, à laquelle l'obstination irlandaise de sir Randolph finira cependant par venir à bout ; il y faut du temps (mais l'âge tendre de Parthénope, qui va sur ses trois ans, en accorde) et de l'argent (mais sir Randolph n'en manque pas). Il s'agit d'abord de trouver et d'aménager un site suffisamment isolé pour qu'on n'ait pas à redouter l'arrivée d'intrus, suffisamment proche cependant de quelque terre habitée pour qu'on puisse en assurer le ravitaillement et recevoir quelques visites « organisées », avec l'aide de gens sûrs et dûment munis de queues. Tous ses habitants, mâles et femelles, devront y être pourvus d'une queue paraissant naturelle, tenant au derrière probablement grâce à une colle assez forte pour qu'elle ne risque pas de fondre au soleil, circonstance à craindre sous les latitudes du lieu finalement retenu. Le cadre choisi pour l'aménagement de la supercherie sera Kallinaos (« endroit aux belles sources jaillissantes »), île grecque imaginaire assez grande pour qu'on puisse y demeurer à l'aise et assez petite pour qu'on puisse la surveiller de près. Il faudra naturellement en éloigner, moyennant finance, les quelques habitants originaires de l'île, qui ne tiennent guère à se voir imposer le port d'une queue aussi disgracieuse qu'encombrante. Il faudra aussi effacer de l'île toute trace d'une humanité dépourvue de queue ; détruire donc tout portrait, sculpture ou dessin compromettants. Il

---

3. *Ibid.*, p. 133-135.

faudra encore y accumuler des objets propres à suggérer, dans l'esprit de Parthénope, l'idée d'une humanité munie de queue : fausses poupées, faux livres, faux journaux, faux évangiles, etc. Inutile d'ajouter que seront aussi interdites les images de sites extérieurs à l'île, qui révéleraient le pot aux roses ; par exemple un journal dont certains dessins pourraient provoquer l'étonnement de la demoiselle (car à Kallinaos la queue se porte à l'extérieur du vêtement, tels la main ou les bras, et devrait être partout visible). Il faut pourtant de la lecture et des journaux à la jeune fille, des nouvelles du monde. On lui en donnera. Pour cela on imprimera un faux *Times,* rédigé et édité à Corfou et livré chaque semaine, par chaloupe secrète, aux habitants de Kallinaos. On n'y voit naturellement nulle personne sans queue qui dépasse de son fond de culotte, telle celle de Napoléon qui, après avoir vaincu les coalisés de Waterloo, a pris possession de l'Angleterre et règne à présent sur l'Europe et le monde. Cette idée de faire gagner l'Empire français, qui je le répète rappelle le roman de Philip K. Dick, a ceci d'utile et même d'indispensable qu'elle interdit à sir Randolph et à sa fille de quitter Kallinaos, le reste du monde (qu'il serait fatal de visiter, puisque l'humanité y vit sans queue) étant censé être sous l'emprise de Napoléon. Elle explique, en outre, leur fuite et leur installation dans une île perdue.

Cette entreprise de sir Randolph, qui s'obstine à créer de toutes pièces un monde factice plutôt que d'essayer de s'arranger avec la réalité, substituant ainsi au règne de ce qui existe le règne de ce qui n'existe pas, est évidemment une contrevenance majeure à la troisième maxime de la morale par provision de Descartes, énoncée dans le *Discours de la méthode* : « Tâcher toujours plutôt à me vaincre que la fortune, et à changer mes désirs que l'ordre du monde ». On trouvait déjà une entreprise très voisine dans *Yolanta,* un opéra de Tchaïkovski sur un livret inspiré d'un conte d'Andersen. Yolanta, fille du roi de Provence René, est aveugle de naissance. Ne pouvant se résoudre à révéler cette infortune à sa fille, le roi décide de protéger celle-ci au moyen d'un subterfuge similaire à celui dont use sir Randolph pour protéger Parthénope : il crée autour d'elle un environnement de faux aveugles, propre à lui faire penser que l'humanité entière est naturellement aveugle. Jamais Yolanta ne devra être amenée à soupçonner l'existence du sens de la vue ou de la perception de la lumière. Ici aussi il faudra être constamment sur ses gardes, le moindre relâchement d'attention pouvant se révéler fatal.

Pour en revenir aux *Queues de Kallinaos*, on observe tout au long du livre une illustration du caractère nécessairement inflationniste du mensonge lequel, pour être tenu, suppose aussitôt un second mensonge, puis un troisième, et ainsi de suite jusqu'à ce qu'un fait vrai vienne ébranler d'un coup l'amoncellement des supercheries, qui s'écroulent à la manière d'un château de cartes. C'est d'ailleurs ce qui arrive dans le roman de Monteilhet, lorsqu'un jeune naufragé, entièrement nu, débarque dans l'île sous les regards étonnés de Parthénope qui cherche en vain à voir sa « queue ». Circonstance aggravante : il s'agit de Charles Darwin, alors seulement âgé de dix-huit ans certes mais déjà quelqu'un à qui on ne la fait pas. Après quelques péripéties drolatiques, sir Randolph ne tardera pas à être contraint de lui avouer la machination.

Ce développement pour ainsi dire corallien, ou cancérigène, du mensonge suggère l'idée que l'aveu du vrai, si préjudiciable qu'il puisse être, l'est de toute façon moins que le recours à un mensonge qui, s'il espère être cru, devra par la suite être consolidé par une infinité d'autres mensonges. Il serait évidemment vain de condamner le mensonge au nom de considérations morales, celles-ci toujours incertaines ou spécieuses. Le mensonge doit être exclu tout simplement parce qu'il n'est jamais payant, ou très rarement. Il en va exactement de même du chantage, ou plutôt du choix, toujours fâcheux, de céder au chantage en essayant d'acheter le silence du maître chanteur. Si vous lui donnez une somme en échange de son silence, – mais c'est là que le bât blesse, car il est impossible, matériellement, d'acheter un silence, de s'assurer d'un silence ; en sorte qu'un tel échange n'en n'est pas un, puisqu'il revient à donner quelque chose contre rien –, vous aurez bientôt à lui fournir le double, puis le triple, et ainsi de suite. Il est donc plus « payant » de ne pas payer, car la révélation dont vous êtes menacé vous coûtera forcément moins cher que la tentative d'empêcher cette révélation. Bref, sir Randolph aurait été mieux inspiré d'accepter la vérité, si pénible qu'elle fût pour lui et sa fille, au lieu d'inventer un monde imaginaire où tout ne peut aller qu'en se compliquant et en empirant, jusqu'à l'inévitable catastrophe finale. Le jeune Darwin, sous la plume de Monteilhet, s'en avise un peu tard vers la fin du roman : « Une situation aberrante au départ ne peut qu'entraîner, de proche en proche, des surcroîts inouïs d'aberrations [4]. »

Je remarquerai enfin que ces mauvaises réactions, celle de sir Randolph, celle du menteur, celle d'une victime d'un chantage, ont en commun d'être dictées par la panique, celle-ci provoquée par le sentiment asphyxiant, quoique souvent illusoire, d'un manque de temps qui annule le moindre sang-froid : il faut parer au plus pressé, c'est-à-dire mentir ou payer *tout de suite*, – pour le reste, on verra plus tard. Il appartient à Machiavel et à Baltasar Gracian, et sans doute à quelques autres, d'avoir profondément perçu que la maîtrise politique ou psychologique, comme d'ailleurs toute forme de maîtrise, dont la sportive, était avant tout une maîtrise du temps.

Mais je reviens à mon sujet, après cette petite digression d'ordre éthico-politique.

J'en reviens donc à la réalité prétendument attestée par la photographie. Troquons l'empereur Napoléon, dont nul n'a pris de cliché, contre le général de Gaulle, qu'il a été loisible à beaucoup de photographier et de filmer. Dira-t-on que l'existence de de Gaulle ne peut faire de doute car il a été photographié et qu'une photographie est un témoin

---

4. *Les Queues de Kallinaos*, op. cit., p. 242.

incorruptible et « intraitable [5] » ? Tous les arrangeurs et truqueurs de photographies savent pourtant qu'il n'y a rien de plus « traitable » qu'une photographie, – telle une cocotte. La photographie n'est bien souvent qu'une sorte de matériau brut à partir duquel il est loisible de travailler. Il n'est que de songer à l'art du trucage photographique pratiqué par toutes les dictatures du XXe siècle [6]. Mais, puisque j'ai pris de Gaulle en exemple, je me limiterai aux photographies que les journaux anglophones montrèrent de lui alors qu'il visitait le Québec. Photos ahurissantes, qui n'ont d'ailleurs rien pour étonner qui connaît les mœurs de la presse anglo-saxonne. Certaines photographies montraient bien de Gaulle prononçant son fameux « Vive le Québec libre ! », mais c'est devant une place vide : c'est à peine si l'on remarque quelques éboueurs ou de rares passants qui traversent la place, occupés à lire leur journal. Ce mensonge évoque une structure en abîme, car on pourrait imaginer que le journal qu'ils lisent est justement celui dans lequel figure la photo truquée dont le commentaire assure qu'il ne s'est trouvé aucun Québecois pour écouter le général de Gaulle. Une autre photographie montre de Gaulle descendant de l'avion qui vient d'atterrir à Montréal : mais l'aéroport est désert et il n'y a personne pour l'accueillir sur le tarmac.

De toute façon, rien ne garantit que de Gaulle, filmé et enregistré sous toutes les coutures, ait été plus sûrement réel que Napoléon, dont personne n'a pris de photographie. Les photographies de l'un me le rendent réel, l'absence de photographies de l'autre me font douter de son existence : « populaire façon de juger ! », dirait Pascal. De Gaulle pourrait fort bien n'avoir jamais été qu'un fantôme, un fantasme dont la France avait bien besoin en 1944. Mais alors que dire des photographies, des discours, des films ? Ils pourraient être l'œuvre d'illusionnistes géniaux. On dira évidemment qu'il faut, pour créer de toutes pièces l'illusion

---

5. R. Barthes, *op. cit.*, p. 120.
6. On peut consulter à ce sujet Alain Jaubert, *Le Commissariat aux archives. Les photos qui falsifient l'histoire*, éd. Bernard Barrault, 1986.

d'une existence de de Gaulle, une technique et une machinerie tenant du prodige et laissant loin derrière elles les procédés artisanaux de lord Melrose. Mais de quels prodiges la technique contemporaine de de Gaulle n'était-elle pas capable, sous la supposition d'un complot visant à susciter le fantasme d'un général sauveur de la France de 1940 à 1945 ? Impossible de prouver que toutes les photographies, les documents sonores, les bandes d'actualités, les articles des journaux n'aient pas été le fait de faussaires ou de personnes abusées. Et même si je pouvais dire, comme André Frossard disant de Dieu qu'il existait puisqu'il l'avait rencontré, que de Gaulle existe puisque je l'ai vu et que je l'ai touché, qui m'assurera qu'il ne s'agissait pas d'un acteur grimé ? Les Allemands ont bien cru un temps, pendant la Seconde Guerre mondiale, être en présence du général anglais Montgomery alors qu'il ne s'agissait que d'un sosie obéissant aux ordres de l'armée britannique.

Du caractère fantasmagorique des photographies truquées il ne s'ensuit naturellement pas que toute photographie est trompeuse, mais seulement qu'il n'est aucune photographie dont il soit possible de garantir l'authenticité. Car aucune vérité photographique ne peut s'auto-fonder : il lui manquera toujours l'appui d'un élément extérieur qui la valide, conformément à ce qu'énonce, je crois, un des deux théorèmes de Gödel. D'où la nécessaire révision à la baisse de l'autorité photographique, bien résumée par un mot célèbre de Jean-Luc Godard : « Ce n'est pas une image juste, c'est juste une image ». Rien ne m'assure que le voyage sur la Lune des astronautes américains n'a pas été tourné dans les souterrains du Pentagone, que les cailloux prétendument prélevés sur la planète Mars ne proviennent pas de l'État du Colorado. Bien entendu, je ne doute pas une seconde du voyage sur la Lune, ni de l'authenticité des cailloux de Mars. Mais je suis bien obligé d'avouer que je ne fonde mon assurance que sur un argument exposé par Hume dans son *Essai sur les miracles* : qu'il y a lieu d'accorder sa créance à des faits dont la vérité est infiniment plus probable que la somme des témoignages qui tendraient à l'infirmer. Mais pas sur des photographies, dont le caractère incertain est fait pour alimenter la méfiance des nombreuses personnes naturellement enclines à déclarer en toute occasion, pour reprendre le refrain d'une chanson de Jacques Dutronc : « On nous cache tout, on nous dit rien ».

S'il me fallait ajouter une objection, plus décisive à mes yeux que celles auxquelles j'ai précédemment fait allusion, à la conception de la photographie comme témoignage du réel, je ferais remarquer que la réalité est essentiellement mouvante alors que la photographie est un impitoyable « fixateur ». Dans ces conditions, je ne vois pas du tout comment l'une pourrait être la reproduction de l'autre. Le monde de la photographie est celui de l'immobile ; il est aussi celui du silence. Comment dès lors pourrait-il évoquer la réalité, à plus forte raison en être le plus sûr et fidèle témoin, comme le prétend Roland Barthes, s'il est incapable d'en exprimer le mouvement et la rumeur ? Zénon d'Élée peut être considéré comme le plus grand précurseur du cliché, démontrant que rien ne bouge, que la flèche ne vole pas, qu'Achille est frappé de paralysie lorsqu'il est défié à la course par la tortue. Sans doute cette immobilisation photographique a-t-elle ses vertus propres et permet-elle, dans l'instantané d'un cliché, de suggérer toute une vie et un mouvement potentiels. Reste cependant que la vie ressemble à tout sauf à ce qu'en immobilise un cliché. Tout arrêt est un arrêt de mort. La mère qui émeut Barthes dans un cliché ancien n'est pas une mère encore vivante, mais une mère déjà morte et de plus « mortifiée » par la photographie. Le fait de photographier (je ne parle pas des photographies à finalité esthétique ou expérimentale) ressemble à un assassinat, au couperet de la guillotine qui, grâce à un ingénieux système de ficelles, nous tire le portrait une fois pour toutes – on appelait d'ailleurs « photographe » l'aide bourreau qui maintenait, pendant une exécution, la tête du condamné en dehors de la lunette de la guillotine. J'ai toujours trouvé beaucoup de sens à un épisode du *Lotus bleu*, de Hergé, où un bandit chinois, sous prétexte de photographier Tintin et son nouvel ami Tchang, dirige à partir de son dispositif photographique non pas un flash mais une rafale de mitraillette : « Haut les mains, bandit, réplique Tintin qui n'est que blessé et possède un revolver, ou je vous "photographie" à bout portant ».

Il est assez remarquable, soit dit en passant, que, du moins dans le domaine de la peinture, les Anglais appellent *still life* (« vie immobile ») ce que nous appelons *nature morte*. Peut-être faut-il comprendre ici que l'objet inerte ou devenu inerte (cruche, fleurs, gibier, poisson) peint dans la nature morte échappe en un certain sens à la mort puisqu'il échappe, de par son immobilisation même sur la toile, au processus de décomposition et de néantisation. Il est ainsi, à sa manière, à la fois immobile et vivant. Parfois un crâne ou une paire de lunettes y figure, rappelant, comme dans les « vanités », l'imminence de la mort à laquelle échappe cependant la nature morte.

Si en revanche la photographie tue, en la figeant, la réalité vivante et temporelle, il s'ensuit que toute photographie est fatalement une photographie ratée (du moins si le but visé est de « rendre » la réalité mieux que ne le peut, par exemple, la peinture). On en jugera autrement, et bien plus favorablement, si l'on considère la photographie comme un art capable de produire des images de plus ou moins grande valeur esthétique. Images qui, si on ne peut jamais les prendre pour des copies conformes de la réalité, peuvent éveiller souvent, comme tout art, ce que j'appellerai faute de mieux un intense « sentiment du réel ». D'un autre côté, les progrès quotidiens des techniques de photographie rendent aujourd'hui possibles des formes de manipulation nouvelles dont le nombre croît sans cesse, offrant à l'art photographique un champ d'expérimentation quasi illimité.

Le fait que la photographie déçoive, c'est-à-dire se dérobe à l'objectif et trahisse l'objet qu'elle vise, me semble en rapport étroit avec la déception constitutionnellement attachée à la perversion voyeuriste. On connaît la tendance de celle-ci à épier tout en se cachant, à prétendre recevoir des images considérées comme « vraies » en raison du fait que la personne épiée se croit seule et non observée. Images vraies et images privées, que nul ne verra jamais que celui qui les recueille et opère ainsi une sorte de vol. La moindre conscience d'être observé par le voyeur ruinerait le guet voyeuriste qui entend dérober une image et non se la faire offrir, pour cette raison générale que toute perversion recherche non un rapport mais une absence de rapport avec autrui. C'est pourquoi il importe tant au voyeur, comme d'ailleurs au voleur, de n'être pas vu lui-même pendant qu'il opère. La honte d'être surpris, généralement invoquée en la circonstance, pèse ici moins que la crainte d'un rétablissement du contact entre soi et l'autre, que le voyeur fait tout pour rompre. Or tous les psychiatres qui ont étudié les cas de « scoptophilie » savent qu'une composante importante de cette perversion est un sentiment d'angoisse tenace, fondé sur le fait que le voyeur est d'avance persuadé qu'il ne verra jamais rien, soit parce qu'il n'aura jamais rien à observer (la femme épiée fermant ses volets au moment précis où le spectacle commence enfin), soit parce que ce qu'il y aurait d'effectivement observable coïncidera toujours, dans l'esprit du voyeur, avec le moment où il a abandonné un instant son guet, surpris par un appel téléphonique ou un besoin pressant. Un exemple remarquable de cette déception, à la fois voyeuriste et photographique, est fourni par le célèbre Gaëtan Gatian Clérambault, inlassablement occupé à photographier les plis de tuniques de femmes marocaines, toujours aux aguets et toujours recommençant ses clichés, persuadé qu'il est de n'avoir pas réussi à en rendre la vérité et, si je puis dire, en attraper le pli. Un suicide mettra finalement un terme à cette angoisse voyeuriste (d'autant plus étrange qu'elle n'a pas en vue des corps dénudés, mais des étoffes qui voilent le corps). L'objectif (objet visé) se dérobe par sortilège à l'objectif (photographique). Dois-je ajouter qu'une même angoisse étreint le voyeur et le photographe, de savoir que ce qu'on veut capter ne sera jamais capté ? Qui dit photographe dit voyeur, avec le même ratage assuré. La différence est que le photographe peut, s'il a du talent, transformer son manque de fidélité en interprétation réussie ; alors que le voyeur en est le plus souvent pour ses frais, même lorsqu'il lui reste, comme à Clérambault, une accumulation de clichés bizarres.

La mythologie grecque, quand elle évoque ses voyeurs, fait moins état de l'angoisse de ne pas réussir à voir que d'une *interdiction* de voir ; interdiction qui, si elle est transgressée, est généralement punie de mort. Ainsi Actéon, le plus célèbre d'entre tous, est-il transformé en cerf et dévoré par ses propres chiens pour avoir surpris Artémis au bain. Ainsi Sémélé sa tante, foudroyée pour avoir demandé à voir Zeus « dans toute sa splendeur », en un désir imprudent dont naîtra cependant Dionysos. Ainsi Penthée son cousin, qui grimpe à un arbre pour observer à l'aise les ébats des bacchantes et qui périra déchiqueté par sa propre mère Agavè (comme le raconte Euripide dans les *Bacchantes*). Tous ces voyeurs appartiennent à la même famille thébaine du héros Cadmos. Un autre héros thébain, Tirésias, a les mêmes inclinations scoptophiliques et, premier voyeuriste de l'histoire, sera puni – du moins si l'on en croit une des deux versions du mythe – pour avoir surpris accidentellement la nudité d'Athéna. Mais puni seulement de cécité, car la simple vision d'Athéna nue a ébloui Tirésias au point de le rendre aveugle, le punissant ainsi par où il a involontairement péché. Dans tous ces cas, le voyeurisme est interdit et réprimé. Mais il me semble que cette interdiction de voir, du moins de voir ce qui ne doit pas être vu, rapportée par la mythologie grecque, gagne à être interprétée dans un sens symbolique, prémonitoire du sens proposé par l'analyse moderne de la scoptophilie : l'interdiction de voir est probablement l'expression archaïque de l'*impossibilité* de voir qui caractérise l'angoisse voyeuriste. Il est d'ailleurs à signaler qu'au moins un texte de la fin de l'Antiquité grecque suggère explicitement le passage du premier sens au second. On trouve en effet dans les *Dionysiaques* de Nonnos de Panopolis, épopée tardive (Ve siècle ap. J.-C.) d'un Grec d'Égypte qui se convertira au christianisme à la fin de sa vie, une courte remarque fort intéressante. Dans le chant V de cette œuvre immense qui en comporte quarante-huit (à l'imitation de l'*Iliade* et de l'*Odyssée* mises bout à bout), Nonnos, qui s'étend plus que tout autre sur l'histoire d'Actéon, écrit de ce dernier qu'il est, au moment où il contemple la nudité d'Artémis, un « insatiable contemplateur de la déesse que l'on ne doit pas contempler [7] ». Dans ce vers, c'est évidemment le mot « insatiable » (*akórestos*) qui retient l'attention. S'il est insatiable, bien qu'il ait le loisir d'observer le corps nu d'Artémis tout à son aise, c'est qu'Actéon est incapable de se repaître de la vision qui lui est interdite, même lorsque celle-ci lui est accidentellement donnée à contempler. Autrement dit le voyeur reste sur sa faim même lorsqu'on lui montre, en chair et en os, ce qu'il désire voir. C'est justement en quoi le voyeur est inapaisable et incurable, de ne faire cas des objets qu'on lui présente même lorsque l'objet présenté est, si je puis dire, le « bon ». Cette disposition paradoxale du voyeur définit le cercle vicieux qu'elle implique. Ne pouvant se contenter d'images offertes et ne rêvant que d'images dérobées, le voyeur n'aura jamais à contempler des images qui justement se dérobent pour de bon et qu'il est par conséquent impossible de voir. En sorte que le voleur d'images est nécessairement un voleur volé. Même si l'image qu'il voit est bien volée (en ce sens que la personne vue peut ne pas savoir qu'elle est vue), le voyeur n'y trouvera pas son compte : car l'image passe trop vite, et il n'a pas le temps d'opérer un « arrêt sur image » qui lui assurerait possession et jouissance de l'image. Ce qui était à voir se conjugue à l'imparfait : il était effectivement à voir, ce qui signifie qu'il ne l'est plus. Un épisode cocasse d'un album d'Hergé, *Le Sceptre d'Ottokar,* résume l'essence de la déconvenue qui guette le voyeur. Un bandit de grand chemin, qui a reçu l'ordre d'éliminer Tintin, stoppe une charrette conduite par un paysan syldave et dans laquelle est

---

7. V, vers 305, tr. Pierre Chuvin, Les Belles Lettres, 2003.

supposé être Tintin qui n'y est plus, ayant profité de l'hospitalité d'une automobile rencontrée dans la cour d'une auberge ; automobile qui cependant n'a pas encore quitté cette auberge et se trouve par conséquent en retard provisoire par rapport à la charrette du paysan. L'interception du bandit ne produit donc aucun résultat : point de Tintin dans la charrette. Le paysan est sommé de s'expliquer : pourquoi Tintin n'est-il pas dans la charrette ? Mais le paysan est bègue et tarde dans ses explications ; pendant qu'il s'embrouille dans ses phonèmes, passe une automobile. Le bandit la laisse passer, puis reprend de plus belle en pointant son arme sur le nombril du bègue : « Où est-il (Tintin), mille tonnerres ? » Le paysan peut enfin s'expliquer, mais c'est déjà trop tard : « D...d...d...dandans la v...v...v...voiture qui v...v...v...vient de pa...de papa...de papa...de papa...de passer ! [8] »

La raison la plus profonde de cette déconvenue voyeuriste vient du fait, comme je l'ai dit plus haut, que le voyeur rêve d'immobiliser un objet vivant et que tout objet vivant est nécessairement mobile. Le voyeur est avant tout une victime de la structure du temps qui fait de tout objet un objet changeant et de tout moment un moment insaisissable. C'est pourquoi Clérambault récuse, l'un après l'autre, tous les clichés qu'il a tirés ; tout comme le voyeur de *Peeping Tom*, film de Michael Powell (1950) racontant l'histoire d'un jeune voyeur doublé d'un meurtrier qui s'est mis en tête de filmer, pour en jouir plus tard en solitaire, le visage de jeunes femmes au moment où il les assassine. Mais rien à faire : le moment précis où la femme passe de vie à trépas échappe toujours, du moins au gré du voyeur, au regard de la caméra. « Raté », « Encore raté », gémit-il tout au long du film ; à l'instar d'un personnage sud-américain de *L'Oreille cassée* de Hergé qui rate toujours, il est vrai de peu, ses coups de poignard et ne réussit jamais à blesser quiconque, comme le souligne un perroquet qui se plaît à exaspérer le lanceur maladroit en répétant, après chaque vaine tentative :

---

8. *Le Sceptre d'Ottokar*, p. 27.

« Rraté, encorre rraté ! ». Ce psittacisme est d'ailleurs bienvenu ici puisqu'il s'agit toujours de la répétition du même échec. Tel enfin le supplice de Tantale, affamé et assoiffé, qui voit s'écarter de lui les aliments et les boissons au fur et à mesure que ceux-ci se présentent à sa bouche [9].

Dans un passage particulièrement sifflé lors de la première représentation de *Pelléas et Mélisande*, bien qu'il soit à mon avis un des plus réussis de cet opéra de Debussy, Golaud met en place un dispositif de voyeurisme qui, espère-t-il, lui permettra d'observer ce qui se passe dans la chambre de Mélisande – y est-elle seule ou dans les bras de Pelléas ? – par l'intermédiaire de son fils Yniold, juché sur ses épaules. Car Golaud ne peut se hisser jusqu'à la fenêtre de cette chambre (« Elle est trop haute pour moi bien que je sois si grand ») sans l'appoint de la taille d'Yniold. Ce voyeurisme par procuration est une sorte de voyeurisme désespéré. Je sais que je ne verrai rien, mais peut-être verra-t-il, lui : fais-le pour moi. « Regarde, regarde !, Yniold. Regarde, regarde ! Regarde ! » Évidemment l'enfant ne voit rien (de ce qui pourrait intéresser Golaud). Cet échec du voyeurisme indirect est une réplique ironique et dramatique du voyeurisme direct. Ce que je ne pourrai jamais voir, tu le verras encore moins. Il est d'ailleurs remarquable que ce moment d'angoisse voyeuriste corresponde au passage le plus dramatique de la partition de Debussy.

Quoi qu'il en soit, et pour en revenir à mon propos, la quête du chasseur d'images toujours « dérobées », qui caractérise le voyeur, ressemble en tout point à la quête du chasseur de photographies « vraies ». Pour l'un comme pour l'autre la capture est impossible, les proies à jamais fuyantes. L'objet convoité tout à la fois s'offre et se refuse. Au point qu'on est inévitablement amené à se demander à quoi ressemble cet objet inlassablement recherché, et d'abord à se demander si cet objet consiste en *quelque chose*.

---

9. On sait que le sentiment d'avoir raté d'un rien, l'impression qu'on n'était plus qu'à un centimètre du but convoité, qui font l'angoisse du voyeur, constituent aussi le tracas ordinaire de l'obsessionnel.

À supposer que cet objet ne consiste en rien, c'est-à-dire à supposer que l'objet vrai que cherche à fixer l'objectif, tout comme l'objet que cherche à voir le voyeur, ne soit qu'une fantasmagorie, ou du moins une réalité contradictoire, on en vient vite à penser que cet objet est inaccessible tout simplement parce qu'il n'existe pas, et qu'il n'y a rien qui sache aussi bien disparaître que ce qui n'est pas. Or je ne crois pas qu'il y ait à questionner longtemps un voyeur ou un photographe, lorsqu'ils sont en quête d'image « vraie », pour les amener à avouer, l'un qu'il ne sait pas ce qu'il veut voir, l'autre qu'il ne sait pas ce qu'il veut photographier. Et ignorer ce qu'on désire relève de la passion, qui choisit de préférence ses buts dans le lot immense des objectifs suffisamment vagues pour qu'aucun d'entre eux n'ait la moindre chance d'être atteint. J'évoquerai ici à nouveau une devise que je dois, parmi beaucoup d'autres, à mon ancien maître Joseph Hours : « Si vous ne savez pas ce que vous voulez, vous ne l'obtiendrez certainement pas ».

Ce désir d'aucune chose, aussi vain qu'opiniâtre, n'est pas seulement le fait du photographe utopique, du voyeur, du passionné ou de l'obsessionnel. Il caractérise aussi, comme je l'ai remarqué souvent, l'idéal romantique toujours obstinément attiré non par quelque chose mais par « autre chose ». La quête romantique est semblablement vouée à l'échec, je dirais même « programmée » en vue de l'échec, pour être sans objet réel ou définissable. Des milliers de pages pourraient être invitées à illustrer cette contradiction majeure du romantisme, qui frappe d'un interdit quasi hystérique toute éventualité de satisfaction. Je me limiterai ici à une ballade du poète polonais Adam Mickiewicz, *L'Ondine du lac Switez*, qui narre les malheurs d'un jeune homme poursuivant inlassablement une créature insaisissable, fantôme sur la terre et ondine dans les eaux du lac où le chasseur finira par se noyer [10]. Le poète décrit ainsi la jeune fille pour-

---

10. Toute autre, quoique comparable, est la fin émouvante de *Tabou*, film de Murnau et Flaherty (1931) où un jeune maori tente en vain de rejoindre à la nage, avant de s'épuiser et de se noyer, une fiancée bien réelle.

suivie : « De la fille, je ne sais rien », – « Qui fut-elle ? Je n'en sais rien [11] ». C'était prévisible. Qui parle d'objet désiré ignore généralement ce dont il parle. C'est pourquoi ce qu'on appelle communément l'« idée fixe » se ramène le plus souvent à une idée *vague*. Pour s'en convaincre il n'est que de relire Balzac ou Zola. On observe souvent une contradiction similaire entre l'acharnement à défendre une cause et l'inconsistance conceptuelle de cette même cause ; contradiction qui est, on le sait, au cœur de tous les fanatismes.

Je remarquerai pour terminer que tous ces arguments, qui tendent à suggérer le caractère utopique de l'idée de photographie vraie, vaudrait naturellement aussi pour le cinéma. Celui-ci restitue certes un mouvement à la photographie figée (*cinéma* vient du grec *kinein*, « faire bouger »). Mais le mouvement du cinéma est tout autre que le mouvement de la vie. Il recompose le mouvement à partir d'images fixes, qu'il fait défiler selon un rythme convenable qui, s'il évoque plus la réalité mouvante que la photographie, ne réussira jamais à coïncider avec elle ; pour cette simple raison qu'on ne fera jamais du mobile avec du fixe, comme en témoignent les paradoxes de Zénon et les analyses de Bergson. En sorte que l'idée de « cinéma-vérité », jadis en vogue, est d'ordre aussi hallucinatoire que celle de photographie vraie et n'est que le développement de l'illusion critiquée tout au long de ces pages : l'idée de « photographie-vérité ».

*
* *

Cet examen rapide de la photographie amène ainsi à penser que la photographie, comme le voyeurisme et le cinéma, échoue à rien saisir. Si tout bouge il est impossible de rien attraper, ou plutôt impossible de rien saisir tel quel, de rien saisir sans le changer. On peut bien s'emparer d'un lapin qui court, mais c'est pour le tuer (et éventuellement

---

11. *Ballades, romances et autres poèmes*, tr. Roger Legras, Lausanne, éd. L'âge d'homme, 1998, p. 31 et 35. Ce poème, qui est d'ailleurs très beau, aurait inspiré à Chopin sa *Troisième ballade*.

le manger) : mais alors ce qu'on a saisi n'est plus l'objet dont on a réussi à s'emparer, mais un autre objet désormais inerte qui n'est devenu mangeable qu'à la condition de n'être plus vivant. Hegel dirait sans doute ici que le même n'a résigné son être que dans la mesure où il a consenti à s'aliéner dans son même en tant qu'autre. Heidegger, pour sa part, profiterait probablement de l'occasion pour proposer un sens tout nouveau au concept de « saisissement », – un peu comme il l'a fait à propos du concept rendu en français par le mot d'« arraisonnement » –, en disant que le saisissement ne renvoie pas à quelque chose dont on serait tout à coup « saisi » (émotion, sentiment), mais doit s'entendre en un sens à la fois actif et passif : le « saisir-prendre » n'étant qu'une expression du « dessaisissement » de l'être sur horizon de néantisation. Formule qui a évidemment plus d'allure que son équivalent trivial en français : « on a mangé le lapin ». On peut évidemment saisir un animal vivant, soit pour essayer d'en faire un animal de compagnie, soit pour s'en protéger mais dont on ne sait alors plus que faire, tel le loup qu'on tient par les oreilles. Lâchez-le : il vous mangera, avant de s'enfuir. Maintenez-le par les oreilles : l'attente d'un manger assuré rendra le loup plus patient que son possesseur en sursis qui, vite lassé du poids qu'il porte, n'aura d'autre choix que de lâcher la bête, quitte à être aussitôt dévoré par elle.

D'un autre côté, lorsque rien ne bouge, comme un objet figé par un instantané qui l'immobilise, la photographie est plus que jamais incapable de rien saisir (hors des clichés qui, je le répète, ne peuvent rendre l'objet photographié que par le hasard d'une expression dont le sens vrai serait déchiffrable dans le seul contexte d'une séquence mouvante, dont le cliché est artificiellement isolé). En sorte qu'on ne peut « prendre », en photographie, qu'un objet apparemment vivant, ou véritablement figé dans la mort. Il s'ensuit qu'un être vivant ou en devenir – c'est-à-dire finalement toute forme d'être – se soustrait par définition à la tentative de prise photographique, ou de prise tout court.

Ce qui est vrai de la photographie n'est-il d'ailleurs pas vrai de toute tentative de saisie perceptive ? On a vu que la photographie, le cinéma, le voyeurisme, ne réussissaient pas à traquer l'objet qui, sous une forme ou une autre, les préoccupe : le réel. Il en va probablement de même du regard, du goût, du toucher, etc. Sans doute les sens profitent-ils, au passage, des objets dont ils ont la sensation présente. Mais ils ne peuvent s'emparer de ce qu'ils ne font que frôler plus ou moins brièvement. Les sensations ne dépendent pas de nous, c'est nous qui dépendons de nos sensations. Il est pratiquement impossible de reconvoquer une odeur ou une saveur goûtées dans le passé. Il est seulement possible de les reconnaître, souvent d'ailleurs non sans effort (comme dans le cas de la petite madeleine dont parle Proust au début de la *Recherche*), et seulement lorsque celles-ci, prenant pour ainsi dire les devants, nous font la « faveur » – pour reprendre le juste mot employé par Proust dans le passage cité – de revenir d'elles-mêmes s'offrir à notre perception : nous accordant alors une sorte de « seconde chance ».

Que la sensation soit incapable de s'emparer de ce dont elle a la sensation n'est peut-être qu'un exemple d'une vérité plus générale : l'incapacité de l'homme à posséder quoi que ce soit. Je ne crois pas (ou du moins ne crois plus) à la formule célèbre de Pascal qui fait de l'homme un « prince dépossédé ». Prince, je ne sais. Mais certainement pas dépossédé : car il est inapte à la possession et n'a par conséquent jamais rien véritablement eu dont il puisse être privé. Ce qui, faut-il le préciser, n'arrange en rien ses affaires.

La reproduction sonore et la peinture

L'écho, forme première de reproduction sonore, peut sans doute être considéré comme une « résonance » de la réalité dont elle témoigne, loin d'en faire douter, par sa faculté même de duplication et de répétition. Un son un peu fort qui ne serait pas répercuté par la falaise voisine ne serait pas un son réel mais serait aussi irréel qu'un corps qui ne se refléterait pas dans le miroir ou n'engendrerait pas d'ombre lorsqu'il est exposé à la lumière. Ce modèle archaïque de la reproduction sonore, on pourrait même dire préhistorique puisqu'il y avait de l'écho dans l'atmosphère de notre planète avant qu'il n'y eût des hommes pour le percevoir, peut-il se porter garant de l'authenticité des procédés ultérieurs, principalement actuels, de la répétition sonore ? Il est évident que non : les techniques de reproduction sonore, nées plus tardivement encore que la photographie, sont sujettes au même soupçon d'infidélité au réel. Les mêmes raisons qui font douter de la fiabilité photographique s'appliquent à la reproduction sonore (l'une comme l'autre devenant plus suspectes au fur et à mesure que progressent leurs moyens techniques et par conséquent leur faculté de falsification). Je ne mentionnerai ici que deux raisons principales qui interdisent, tant à la reproduction sonore qu'à la reproduction photographique, de prétendre à plus qu'une conformité au réel comparable, dans le meilleur des cas, aux photocopies dont un cachet et une signature officiels nous assurent qu'elles sont « conformes au document original », faute de pouvoir démontrer qu'elles lui sont *identiques*. Encore si l'employé de mairie est de bonne humeur ; son collègue, s'il est dans de moins bonnes dispositions, se refusera à certifier votre document sous un prétexte ou un autre, flairant peut-être sans le savoir cette vérité philosophique que l'opération qu'on lui demande (attester que le A qu'on lui présente est identique au B qu'on lui réclame) relève de la supercherie.

La première de ces raisons est évidemment l'éventualité de falsification toujours possible, toujours facile et même de plus en plus facile au fur et à mesure que progressent les techniques de reproduction sonore. On peut aisément faire passer tout « enregistrement » d'un discours ou d'un entretien pour la reproduction fidèle d'un propos qui a sans doute été dit mais ne sert que de matériel de base à un dire qui, par le jeu des ciseaux utilisés par le préparateur, ou plutôt le machinateur, de sa diffusion sur les ondes, n'est souvent plus qu'une version caricaturale et mensongère de ce qui a réellement été dit. J'y reviendrai. On peut naturellement agir de même avec n'importe quelle espèce de sons. Le premier synthétiseur venu transforme à volonté le son d'une flûte en son de cor anglais, le barrissement d'un éléphant en un cri d'otarie, au point que ce jeu de possibilités infinies peut en arriver à dévoyer le talent du compositeur en le laissant s'abandonner à un pur jeu de timbres qui le dispense de composer. Cette plasticité des timbres évoque un peu les mystères de la cuisine chinoise, dont l'une des performances majeures, paraît-il, est (ou était) de transformer le matériel de base utilisé en une nourriture autre et difficilement identifiable, en sorte que le convive ne sait plus trop s'il mange de la viande ou du poisson, de la daurade ou un poulet fumé.

J'en viens maintenant à la seconde des deux principales raisons qui condamnent la reproduction sonore (comme la photographique) à différer du son (ou de l'image) qu'elle s'efforce de capter. La reproduction sonore est, par définition, quelque chose qui re-produit. Elle marque ainsi un écart temporel par rapport au son qu'elle répète : tout comme l'écho elle vient après le son initial, parfois très longtemps après. D'autre part et surtout, elle diffère de ce son par le fait même qu'elle le répète et que toute répétition implique une différence (cette différence est déjà très sensible dans la forme archaïque de la reproduction, l'écho). À considérer la répétition comme reproduction rigoureuse de ce qu'elle répète, il est manifeste que toute répétition est impossible, ainsi que l'a suggéré Kierkegaard dans son « roman » intitulé *La Répétition*, et brillamment analysé Gilles Deleuze qui, dans *Différence et Répétition*, démontre une vérité profonde sous la forme d'un apparent paradoxe : « À la limite, il n'y a que la différence qui se répète [12] ». La reproduction sonore est ainsi la reproduction d'un son qui

---

12. Presses Universitaires de France, 1969, p. 158.

ne peut manquer de différer d'avec lui. C'est pourquoi elle est incapable de saisir un son « sur le vif », de même que la photographie est incapable de saisir une image dans sa réalité mouvante. On dirait qu'un rideau de gaze invisible sépare l'auditeur des sons qu'il a perçus directement au concert, lorsqu'il écoute l'enregistrement qui en a été fait. Ce qu'il perçoit alors peut être beau, plus parfait parfois que ce qu'il a perçu en direct, mais il y manque quelque chose de vrai, d'immédiat, bref de réel, qui ne se laisse appréhender qu'ici et maintenant, *hic et nunc*. Une excellente conserve vaut sans doute mieux qu'un produit frais mais de qualité médiocre. Elle ne vaudra cependant jamais un produit qui soit à la fois frais et excellent.

Pour en revenir au pouvoir de mensonge de la reproduction sonore, il est à remarquer que celui-ci outrepasse parfois les pouvoirs de la reproduction photographique puisqu'il est capable, non seulement de déformer un propos, mais encore de lui faire dire le contraire de ce qui a été dit. Prouesse dont la photographie est incapable : on ne voit pas bien, par exemple, en quoi pourrait consister une photographie représentant le « contraire » de la mère de Roland Barthes. Alors que cette performance suprême est à la portée du manipulateur de sons et sans qu'il y ait à ajouter le moindre son au matériel brut qu'il a recueilli. Il peut à loisir, à partir d'un discours hostile au maréchal Pétain, fabriquer un éloge inconditionnel du même maréchal ; et vice-versa. J'ai été moi-même victime d'un même détournement de ce que j'avais dit, ou plutôt écrit : un ouvrage, fait sans doute un peu vite, qui se proposait de faire le catalogue des imbécillités les plus flagrantes écrites par les philosophes français contemporains, m'ayant attribué des phrases qui n'étaient pas de mon cru et que j'avais citées moi-même comme exemples remarquables de sottise. Certes, il ne s'agit pas ici de reproduction sonore mais de reproduction écrite. Cependant le procédé de falsification est analogue, ce qui montre qu'on peut truquer une reproduction de texte écrit aussi facilement qu'une reproduction de texte parlé.

*
**

Selon Pline l'Ancien et diverses autres sources antiques qui n'ont à ma connaissance jamais été contestés sur ce point, l'origine de la peinture est l'ombre, plus précisément le fait de circonscrire l'ombre d'un personnage projetée par exemple sur un mur : « La question de l'origine de la peinture est obscure [...] mais tous affirment qu'on commença par cerner d'un trait le contour de l'ombre humaine [13]. » Cette origine légendaire semble plausible et a eu en tout cas la vie longue puisqu'une très belle peinture de Murillo, datant des années 1660 et intitulée *L'Origine de la peinture* [14], représente un homme dessinant sur un mur les contours de l'ombre d'un autre personnage qui se tient debout et immobile, l'œil figé, afin d'intercepter les rayons du soleil couchant et susciter l'apparition de son ombre, de manière tout à fait semblable à un modèle qui garde la pose. Naturellement la peinture devait très vite abandonner cette méthode rudimentaire au profit de techniques plus élaborées ; faute de quoi, remarque Quintilien, un contemporain de Pline, « la peinture se réduirait encore et toujours à tracer le contour de l'ombre projetée par les corps exposés au soleil [15] ». Il n'en reste pas moins intéressant et assez curieux que la peinture, à ses premiers balbutiements, ait eu un rapport de quasi-identité avec l'ombre. On peut sans doute imaginer que les contours de l'ombre aient servi de « patrons » permettant de guider une main encore peu sûre dans l'exécution d'un dessin. Il faudrait alors admettre que les auteurs des peintures rupestres datant du paléolithique disposaient d'une maîtrise du dessin complètement oubliée par leurs lointains descendants. Quoi qu'il en soit, ce rapport qu'on nous assure originel entre la peinture et l'ombre

---

13. *Histoire Naturelle*, XXXV, 15. Je tiens ce renseignement, comme ceux qui suivent dans ce paragraphe, de l'ouvrage de Victor I. Stoichita, *Brève histoire de l'ombre* (Genève, Droz, 2000).
14. Musée de l'Art, Bucarest.
15. *Institution oratoire*, X, II, 7.

conserve un certain mystère. Mystère que résume bien Murillo, qui a inscrit à l'intérieur d'un médaillon situé en bas et à droite de sa toile le texte suivant : *Tuvo de la sombra origen la que admiras hermosura en la célebre pintura* (La beauté que tu admires dans l'illustre peinture a eu l'ombre pour origine).

Par la suite et jusqu'au XVIIIe siècle, conformément à la doctrine platonicienne et aristotélicienne de la *mimésis*, la peinture est, comme tous les arts, appréciée en fonction de sa plus ou moins grande ressemblance avec les objets qu'elle est censée « imiter ». L'aphorisme de Pascal que je mentionne dans mon avant-propos est un écho de cette conception classique de l'art : « Quelle vanité que la peinture, qui attire l'admiration par la *ressemblance* [16] des choses dont on n'admire point les originaux ! » Au XVIIIe siècle, si l'on met à part le cas de Diderot qui tient encore, par le biais des notions de « vrai » et de « naturel », à la théorie de la *mimésis*, la peinture est de plus en plus considérée comme un art indépendant et à part entière, valant par son intérêt propre et non par sa ressemblance avec le réel. En sorte qu'il n'y a plus guère de sens à discuter de sa fidélité ou de sa non-fidélité à l'égard d'une réalité dont on vient progressivement à deviner qu'elle ne s'en est jamais souciée. Une peinture fausse est un « faux » qui ment sur la signature du peintre, pas sur la conformité au réel qu'elle suggère ou peut suggérer. À partir du XIXe siècle enfin, les problèmes de proximité ou de rivalité de la peinture ne se posent plus par rapport au réel, mais par rapport à ce qui commence à apparaître comme une redoutable alternative : la photographie. Certains types de peinture étaient, par leur sujet même, plus immédiatement exposés que d'autres à la rivalité photographique : tel le paysage, campagnard ou urbain (par exemple les *vedute* de Canaletto et de Guardi) ; tel aussi le portrait. Demeurait cependant toujours une autonomie de la peinture (probablement plus ébranlée dans le cas de

---

16. Je souligne.

Canaletto que de Guardi). Une photographie peut produire des effets de lumière saisissants, mais pas exactement de la lumière qui émane des toiles de Canaletto ou de Vermeer, pour citer deux peintres qui frôlent avant l'heure des procédés qui seront plus tard le fait des photographes. Et un portrait signé du Titien ou du Greco fait à la fois beaucoup moins et beaucoup plus que n'aurait pu le faire une photographie du même personnage. De nos jours, peinture et photographie suivent un cours parallèle, parsemé d'intrusions fréquentes de l'une dans le champ de l'autre. On peut citer le cas de photographies qui servent de base à des peintures (procédé cher à Gérard Fromanger), voire qui tiennent directement lieu de peintures, telles les photographies de Rineke Dijkstra dont l'une, particulièrement réussie, rivalise – longtemps à l'insu de la photographe elle-même – avec la *Naissance de Vénus* de Botticelli [17]. Également le cas de la peinture « hyperréaliste » qui vise à reproduire le plus minutieusement possible des objets quelconques, mieux que ne pourrait le faire le plus précis des clichés photographiques, et suscite souvent chez le spectateur une réaction de rejet, un effet de saturation voisin de l'indigestion et de la nausée (le réel, passe encore ; mais trop, c'est trop). Et on peut citer le cas de peintures qui inversement servent de point de départ à des photographies : telles les « photographies-tableaux » de Jeff Wall ou certains clichés saisissants de Georges Mérillon [18] et de Harry Gruyaert [19]. Rappelons aussi l'existence du courant de la photographie « pictorialiste » au tournant du siècle dernier.

Bref, peinture et photographie se nourrissent désormais l'une de l'autre. De même la bande dessinée qui s'est un temps inspirée du cinéma mais en est vite arrivée à influencer à son tour le cinéma.

---

17. Son titre est : *Kolobrzeg, Pologne, 26 juillet 1992*.
18. Cf. la photographie dite *La Pietà du Kossovo* réalisée en 1990 (in Michel Poivert, *La Photographie contemporaine*, Flammarion, 2002).
19. Cf. *Région de Picardie. Baie de la Somme*, 1991.

La prise de distance de la peinture par rapport au réel – c'est-à-dire au réel extérieur à la réalité picturale – s'est trouvée accentuée par l'avènement de la peinture dite « abstraite », qui a achevé de jeter aux oubliettes le faux problème de la capacité de la peinture à représenter le réel. La peinture abstraite, mais aussi et d'abord l'idée, qui s'est petit à petit imposée, que toute peinture, même dite « figurative », était d'abord et essentiellement une peinture abstraite, c'est-à-dire un jeu de formes et de couleurs : rien que de la peinture jetée sur une toile, comme le dit je crois Baudelaire. En sorte qu'il n'y a jamais eu de raison de confronter le réel à la peinture, puisque celle-ci est un art qui constitue, tout comme la musique, une réalité « à part ».

**

Bien d'autres considérations seraient à leur place ici, mais il faut conclure. Je poursuis dans ces pages un procès qui traîne en longueur et il est grand temps de clore les débats. Je dénonce donc définitivement le double comme illusion majeure de l'esprit humain (dès lors, naturellement, que le double se donne comme rival fantomal du réel, comme compensation, subtile et dérisoire à la fois, des souffrances attachées à la prise en charge de la réalité). Je ne sais d'ailleurs si cette réfutation des reproductions émanant de ce que j'ai appelé plus haut les « doubles de proximité » (reflet, écho, ombre), et décrit comme garants du réel, ne rejaillit pas de quelque manière sur les originaux dont ils sont l'émanation. Après tout, si l'ombre est un signe du réel, elle n'est en aucun cas sa reproduction. De même l'écho : il répète certes un son réel, mais de manière toujours tardive et dégradée. Quant au reflet, il est nécessaire au réel mais ne suffit pas à le garantir. En témoignent les faux reflets, auxquels il arrive parfois ce comble du faux qui est de *faire semblant* de réfléchir : comme dans un célèbre gag de Max Linder, ultérieurement volé par les Marx Brothers. Un patron s'approche d'un grand miroir afin de s'y faire la barbe. Or ce miroir a été accidentellement brisé par un serviteur qui a immédiatement commandé un nouveau miroir mais doit, en attendant que celui-ci arrive, faire fonction de reflet du maître qui se rase (pour ne pas avoir à avouer la perte du premier miroir). Il se place donc de l'autre côté du miroir, qui n'existe plus, et reproduit sur le mode inverse, par un miracle de précision et un génie de l'anticipation, tous les faits et gestes de son patron qui est en l'occurrence un parfait « maître-raseur ». Ce dernier est parfois pris de doutes à l'égard de son reflet. Il l'éprouve et lui fait des feintes, sous forme de mouvements inattendus destinés à prendre de vitesse son adversaire. Mais le « reflet » ne s'y laisse pas prendre et renvoie chaque fois coup pour coup. Bref, quand il y a miroir, l'homme s'y reflète. Le bizarre est que, quand il n'y a pas de miroir, l'homme puisse s'y refléter quand même. Cela jette un doute sur la fiabilité du miroir, capable de fonctionner alors même qu'il n'existe pas.

En résumé je ne vois pas de double – hormis les doubles de la peur et du rire, sur lesquels je reviens dans les pages suivantes – qui mérite d'être philosophiquement sauvé. Il fait office d'ultime bouée de sauvetage, d'autant plus trompeuse que chacun en rêve mais que personne n'a jamais pu saisir utilement. Le nombre de ses victimes est incalculable, attirées par ce qu'elles prenaient pour la réalité même alors qu'elle n'en a jamais été, dans les deux sens du terme (fantôme et obsession), que la « hantise ».

2. – ÉCLAIRCISSEMENTS

Sur le réel

Toute fantasmagorie disparaît au seuil du réel, tout comme les fantômes disparaissent au lever du jour : « le soleil la dissipe comme un brouillard », écrit Maupassant au sujet de la peur [20]. On peut en inférer une première définition, un peu vague, du réel : on dira que le réel est ce qui dissipe les fantasmagories, les doubles, la peur. Naturellement l'apparition du réel, si elle met un terme au règne des « apparitions », ne signifie pas pour autant la fin obligée d'un danger parfois terrible. Il y a évidemment moins à redouter d'un danger imaginaire que d'un danger réel. Cependant, comme le remarque Maupassant, le danger imaginaire est celui qui épouvante davantage. La perception confuse d'un danger vague impressionne plus que la perception précise d'un danger réel, même si celle-ci peut entraîner parfois des réactions de panique analogues aux réactions engendrées par celle-là.

Le réel est donc d'abord ce qui reste quand les fantasmagories se dissipent. Comme le dit Lucrèce : « le masque est arraché, la réalité demeure [21] ». Encore faut-il, évidemment, que demeure quelque chose. Le réel est peut-être la somme des apparences, des images et des fantômes qui en suggèrent fallacieusement l'existence. C'était déjà en gros la thèse des sceptiques grecs (bien que ceux-ci maintinssent l'hypothèse d'un support matériel des apparences qu'ils

---

20. *La Peur,* in *Contes de la bécasse,* p. 88.
21. *De rerum natura,* III, v. 58.

appelaient l'*hypokeimenon*, support certes impossible à connaître mais dont on ne niait cependant pas l'existence). C'était aussi le cas de leur inspirateur Pyrrhon qui, si l'on en croit Marcel Conche [22], aurait enseigné un phénoménisme pur, excluant la notion d'*hypokeimenon*. La réalité *est* sa propre fantasmagorie, et la seule manière adéquate d'en traiter est de rédiger un « Précis des apparences » : leçon que retiendra Baltasar Gracian pour en développer les conséquences les plus extrêmes. En sorte qu'à vouloir nettoyer le réel des parasites qui le voilent on risque d'anéantir le réel tout court et de jeter l'enfant avec l'eau du bain : comme ces valets majorquins qui nettoient si fort une mappemonde rarissime, endommagée par une encre noire qui s'est malencontreusement répandue sur elle, que s'il ne reste plus trace des taches d'encre, il ne reste plus trace non plus de la mappemonde (comme le raconte George Sand dans un passage drolatique d'*Un hiver à Majorque*). En bref, le réel pourrait consister dans l'ensemble des doubles, et retourner au néant en cas de disparition de ceux-ci. Le double du réel est le seul réel parce qu'il est le seul à être perceptible ; le réel sans double n'est rien. On observe une déduction intellectuelle tout à fait semblable, quoique en un sens inversé c'est-à-dire remontant de la thèse des sceptiques grecs à celle de Pyrrhon, dans deux phrases-clés du film de Jean Marbœuf intitulé *Le Pt'it Curieux* (2003). « La réalité, c'est ce qu'on ne voit pas », déclare d'abord le libraire de la ville où se passe le film, qui vend entre autres des revues de nus et a certainement fait ses classes à l'école du voyeurisme, dont il connaît la triste devise. Mieux, ce qu'il déclare là s'adresse à un gamin – Clément, le « pt'it curieux » – qui passe justement son temps à photographier le réel. Le libraire, un peu aidé par Clément, précisera sa pensée par la suite : « La réalité, c'est ce qui n'existe pas. »

---

22. *Pyrrhon ou l'apparence,* 1973 ; rééd. Presses universitaires de France, coll. « Perspectives critiques », 1994.

Notre apprenti philosophe, le libraire du film de Marbœuf, pourrait ici préciser sa pensée et dire que, si le réel est ce qui n'existe pas, c'est que ce qui est réel n'est jamais perçu (ou alors perçu de manière indirecte ou tardive, souvent beaucoup trop tard pour que cette perception soit utile ou utilisable ; comme il arrive aux victimes des machinations imaginées par Boileau-Narcejac dans leurs romans, qui souvent entrevoient la vérité alors qu'il n'est plus temps de pouvoir en tirer parti). De fait, les arguments généralement énoncés contre la notion de réel ressemblent fort, génie philosophique en moins, aux arguments utilisés par Berkeley dans sa critique de la notion de matière, qu'il considère comme l'illusion majeure de la philosophie. *Esse est percipi*, « être signifie être perçu », répète sous une forme ou sous une autre ce philosophe pour lequel la perception est la marque de ce qui existe, la non-perception la marque de ce qui n'existe pas et ne peut être désigné que par une pseudo-notion, vague et fantomale. Le génie de Berkeley est d'avoir choisi, comme exemple emblématique d'une pseudo-idée ne correspondant à aucune chose réelle, la notion de matière, celle-ci pourtant tenue universellement pour réelle, même de la part des philosophes les plus idéalistes (Aristote, Descartes). Dans les *Trois dialogues entre Hylas et Philonous,* Philonous, qui défend les couleurs de l'idéalisme contre Hylas, lequel ne peut renoncer à la pertinence de la notion de matière, pourchasse l'idée de matière en éliminant chacune des conceptions qu'en propose successivement Hylas, à la manière d'un champion d'échecs qui déjoue toutes les parades et contraint enfin le roi adverse, qui conduit les troupes de la matière, à s'avouer vaincu : car il n'a pu établir que la matière puisse jamais être perceptible ou intelligible.

De manière différente mais assez analogue, ce qu'on a appelé le « réalisme » médiéval, par opposition au nominalisme, consistait à refuser toute réalité aux choses réelles et concrètes pour n'accorder d'existence qu'aux essences et aux idées abstraites. L'arbre n'est pas réel ; seule est réelle l'idée d'arbre. Cette conception du réalisme privait ainsi d'existence toute chose existante, et n'accordait le privilège de la réalité qu'à ce qui était précisément privé de toute espèce de réalité. Ce « réalisme » étrange ne préfigure cependant pas, du moins pas exactement, ce qui allait être la doctrine de Berkeley. Il affirme la seule réalité de ce qui est conçu, alors que Berkeley affirme la seule réalité de ce qui est perçu.

Rien donc de plus ambigu que cette notion de réel, qui se laisse si facilement entendre en des sens diamétralement opposés. Illustration, parmi une infinité d'autres, de cette ambiguïté : séduit par son titre, j'ai récemment fait l'acquisition d'un recueil de poésies d'un auteur persan du XIIIe siècle intitulé *Soleil du Réel*[23]. Enfin quelqu'un à qui le réel ne donne pas la nausée, m'imaginai-je naïvement, croyant découvrir un nouveau recueil d'Omar Khayan alors que j'avais affaire à un réel qui, comme le dit Gérard de Nerval dans *El desdichado*, « porte le soleil noir de la mélancolie ». Le Réel en question était en effet un amalgame d'Idée platonicienne et d'Unité plotinienne, et le Soleil qui l'illumine la faculté d'interrompre tout contact avec le monde sensible. Bref le Soleil du Réel consistait pour son auteur à permettre d'en finir avec toute espèce de réalité, tout comme le réalisme médiéval permettait de tenir pour irréelle la totalité des objets concrets et réels. La première phrase de la présentation du texte par son traducteur aurait dû me mettre sur mes gardes : « Tout commence par la perte. »

À bout d'arguments, j'observerai timidement que ce qui n'est ni perceptible ni concevable ne laisse pas nécessairement d'être. Je sais bien qu'une telle pensée peut autoriser la superstition, la croyance aux esprits et autres fantômes. Mais elle autorise aussi une intuition fulgurante de la réalité, qui selon moi se passe de perceptions et de raisons. Dans un passage de son roman *Le Voyeur*, Alain Robbe-Grillet décrit longuement la digue d'un port, s'attardant sur chaque

---

23. Tr. Christian Jambet, Imprimerie Nationale, 1999.

moellon, sur chaque partie de ciment reliant une pierre à l'autre. Lors d'une émission diffusée par Radio-France, un critique interrogea Robbe-Grillet : pourquoi tant de phrases pour décrire le détail d'une digue qui, outre son manque d'intérêt et d'importance dans l'intrigue du roman, est en plus assez mal visualisée par le lecteur ? Réponse de Robbe-Grillet : si j'ai longuement décrit cette digue, c'est précisément pour montrer qu'elle était indescriptible. Cette digue existe, cependant.

Il en va de même du réel. Celui-ci déborde toujours les descriptions intellectuelles qu'on peut en donner. Il peut les déborder en bien, comme lorsque Mme de Rênal, dans *Le Rouge et le Noir*, découvre que le futur précepteur de ses enfants, loin d'être l'ecclésiastique austère et repoussant qu'elle redoute, se révèle être un jeune et charmant laïc. Il peut malheureusement aussi les déborder en mal. Proust en fait l'amère expérience lorsqu'il apprend de la bouche de Françoise que « mademoiselle Albertine est partie ». L'idée de cette rupture, qui séduisait Proust quelques instants plus tôt, était une *pensée* agréable. Mais le *fait* de cette rupture provoque une souffrance atroce. Ainsi l'avènement du réel déjoue-t-il et prend-il généralement en faute les anticipations qu'on s'en était figurées. C'est pourquoi j'ai suggéré à plusieurs reprises que le réel était la seule chose du monde à laquelle on ne s'habituait jamais.

Sur le double

Si j'ai été insuffisamment explicite sur la définition – ou plutôt l'absence de définition – du réel, je l'ai été tout autant sur ma définition du double, m'exposant ainsi à des confusions que j'aurais évitées bien facilement si j'avais pris la précaution de préciser dès le début que le double hallucinatoire et fondateur d'illusion auquel je pensais était assez différent du double tel qu'il est compris dans ses plus habituelles acceptions. Je m'en suis certes un peu expliqué dans un bref passage[24] qui exclut de ma conception du double, d'une part tout ce qui relève de l'imitation ou de la copie (lesquelles prêtent à des effets non illusoires mais d'ordre plutôt bizarre ou ludique, dont use depuis toujours le théâtre comique), d'autre part tout ce que connote d'inquiétant la perception d'un double dont on sait que l'original se trouve ailleurs, par exemple l'apparition dans le jardin d'une personne qu'on vient de laisser à la maison (le doute sur l'identité engendrant alors des effets qui relèvent plutôt de l'épouvante que du comique). Mais manquait à cette précision une distinction essentielle : entre les doubles de *duplication* et les doubles de *remplacement*. Je m'explique. Sont seulement duplicants les doubles qui singent les modèles mais n'attentent en rien à l'intégrité des originaux dont ils sont les copies : cas des deux espèces de doubles que je viens d'évoquer (encore que la seconde espèce puisse inspirer un doute sur la question de savoir qui est le double, qui le modèle ; mais aucun doute sur le fait qu'il y a de toute façon un double et un modèle). Tout autres sont les doubles de remplacement, qui ont pour fonction d'éliminer l'original en se faisant passer pour lui, par un effet d'alternative qui affirme leur existence par la suppression de leur modèle, telle une cellule organique qui reproduit une cellule en phagocytant cette dernière. Tels aussi aujourd'hui ces altermondialistes dont la rêverie, comme l'indique le mot même d'« altermondialisme », n'a d'autre consistance que l'élimination du monde. L'utilité psychologique du recours au double fantasmatique de remplacement serait nulle si celui-ci n'éliminait pas dans l'opération son double et son dangereux rival, le réel. L'espèce des doubles dont je parle appartient à la race des tueurs, dont la fonction secondaire est de faire miroiter une réalité factice, la fonction première de faire disparaître la réalité réelle : doubles tueurs donc, je veux dire doubles qui tuent deux fois. Le film *Plein soleil* de René Clément, entre plusieurs autres, décrit la victoire

---

24. Cf. ci-dessus, p. 150.

d'un tel double tueur : Tom Ripley (Alain Delon), après avoir effacé Philippe Greenleaf (Maurice Ronet) en endossant les traits de son double, prend également soin d'éliminer l'original en l'assassinant et en faisant disparaître son corps au fond de la Méditerranée. Du moins le croit-il, n'imaginant pas que le corps est resté accroché à la coque du yacht où il a été tué et fera sa réapparition lorsque, à la fin du film, le yacht est hissé en cale sèche [25]. C'est d'ailleurs presque toujours ainsi que les choses se passent et se terminent : le double a beau ensevelir le réel tout le temps qu'il peut, ce dernier n'en finit pas moins par refaire surface, de manière souvent spectaculaire.

Ainsi en va-t-il des trois illustrations que je propose au début de ce livre : légende d'Œdipe dans l'*Œdipe roi* de Sophocle, histoire de Sigismond dans *La vie est un songe* de Calderón, conte arabe [26]. Je m'en tiendrai au seul cas d'Œdipe, dont l'histoire est à l'origine de l'ensemble de ma réflexion sur le double. Je résume une dernière fois cette histoire, pour la pleine intelligence de mon propos. Un oracle a interdit au roi de Thèbes Laïos d'engendrer (en punition d'une faute passée) et annoncé qu'un fils de lui, s'il venait à naître, l'assassinerait et épouserait sa mère Jocaste (épouse de Laïos). Né par « accident », Œdipe sera abandonné aux loups par ses parents mais finalement adopté par les souverains de Corinthe, qui sont sans héritier. Apprenant à son tour l'oracle qui pèse sur lui, Œdipe – dont c'est le premier geste fatal – fuit Corinthe et ceux qu'il considère comme ses véritables parents pour se précipiter vers Thèbes où il pense être à l'abri. Sur la route, il croise celui qu'il ne sait pas être son père Laïos, se prend de querelle avec lui et le tue. À l'entrée de Thèbes, il parvient à résoudre l'énigme que lui propose le Sphinx et délivre ainsi la cité

---

25. On trouve une séquence tout à fait analogue à la fin d'un film de François Leterrier, *Projection privée,* que j'ai évoquée dans *Le Réel* (p. 128).
26. On connaît des centaines de versions de ce conte, dont plusieurs versions juives, qui a fourni son argument à la pièce de Jacques Deval, *Ce soir à Samarcande.*

de ce monstre qui dévorait les voyageurs. En récompense de quoi il se voit offrir le royaume de Thèbes et le mariage avec la reine Jocaste, veuve du défunt roi Laïos. Ainsi s'accomplissent l'oracle et le destin d'Œdipe ; mais semble-t-il – semble-t-il seulement – par une voie rusée et détournée, en raison du nombre de coïncidences fâcheuses qui en ont favorisé l'événement, et dont la plus troublante est que ce soit l'effort même entrepris par Œdipe pour éviter son destin qui ait coïncidé avec sa réalisation. Cependant ce sentiment qu'Œdipe a été pris dans un piège est parfaitement illusoire. À la réflexion il apparaît que la manière dont procède Œdipe – se précipiter vers ses parents à la faveur d'un malentendu, tuer le premier voyageur qui lui fait obstacle et qui n'est autre que son père, être amené ensuite à en épouser la veuve, sa mère – est la voie la plus *rapide* et la plus *simple* d'accomplissement de l'oracle. On sait qu'un problème de mathématiques admet souvent, tout comme aux échecs, plusieurs solutions possibles qui vont de la plus rapide à la plus longue. On dit que la solution la plus courte est aussi la plus élégante. Pour donner raison à l'oracle Œdipe a trouvé, quoique à son insu et en faisant, croit-il, tout ce qu'il peut pour le contrer, la manière la plus élégante et la plus expéditive.

Sans doute l'imagination d'une autre version plus vraisemblable de la manière dont Œdipe pourrait accomplir la prédiction de l'oracle, version que j'assimile au double, ne néantise-t-elle pas la version réelle, et d'ailleurs plus plausible, rapportée par la mythologie grecque et la pièce de Sophocle. Mais elle ne tend pas moins à la disqualifier, présentant la version réelle comme le résultat d'un piège qui n'aurait pas dû être tendu, en laissant entrevoir d'autres versions apparemment plus crédibles ou plus simples de l'accomplissement du drame. Or, je le répète, il n'est aucune version qui soit aussi plausible que celle de la légende ; il est en fait *impossible* d'imaginer une autre version des faits qui ne soit pas moins directe et moins simple que celle de la légende. Comme je l'écrivais au début du livre : « si la parole de l'oracle peut être dite "oblique"[27], la voie par laquelle Œdipe réalise son destin est en revanche la voie droite par excellence : il n'est passé par aucun détour, et c'est peut-être justement là ce qu'on appelle le "tour" du destin – d'aller droit au but, de ne pas s'attarder en chemin, de tomber pile sur soi-même ».

Autrement dit, et je n'y reviendrai plus : ce qui arrive à Œdipe est ce qui arrive à tout le monde, un exemple parfait de *tout ce qui se passe dans la réalité*. Penser qu'Œdipe a été piégé par le destin, lequel aurait en quelque sorte « triché » avec le réel, relève de l'hallucination, c'est-à-dire de la perception pathologique de faits ou d'objets qui n'existent pas. Telle la perception, autour d'un fait unique et seul réel, d'une myriade de doubles possibles (qu'on appellerait aujourd'hui des « solutions alternatives »).

Pour en revenir à la distinction proposée plus haut entre le double de duplication et le double de remplacement, je maintiens donc que, si le double qui se contente de dupliquer, comme le double du quiproquo ou le double inquiétant, a une fonction qui n'est ni hallucinatoire ni illusoire et ne remet pas en cause l'intégrité de l'original qu'il copie, il en va tout autrement du double fantasmatique qui implique une élimination de l'original qu'il tue, ou essaye de tuer, en prétendant se substituer à lui. Tuer est sans doute un terme excessif : il serait plus vrai de dire que le double fantasmatique se contente généralement de jeter un voile sur le réel, tel celui dont Suzanne, dans une scène célèbre du *Mariage de Figaro*, couvre précipitamment le fauteuil sur lequel est assis Chérubin, afin de dissimuler aux yeux du comte Almaviva la présence du page. Il arrive parfois que le stratagème tienne un certain temps. Mais il n'est souvent que d'un effet bref, n'accordant alors qu'un court répit aux imminentes retrouvailles avec la réalité.

---

27. Apollon, dont la prédiction a scellé le destin d'Œdipe, était surnommé l'*Oblique* (« Loxias ») en raison de l'ambiguïté de ses oracles.

TABLE

AVANT-PROPOS 7

I. – LE RÉEL ET SON DOUBLE 9

   Introduction 11
   1. L'illusion oraculaire : l'événement et son double 19
   2. L'illusion métaphysique : le monde et son double 38
   3. L'illusion psychologique : l'homme et son double 55
      « Je est un autre » 55
      De la bêtise 67
      L'abandon du double et le retour à soi 69
   Épilogue 78

II. – POST-SCRIPTUM AU CHAPITRE PRÉCÉDENT 83

   1. Note brève sur la sottise 85
   2. Le fétiche volé ou l'original introuvable ... 89

III. – RETOUR SUR LA QUESTION DU DOUBLE 97

   1. Le détournement du réel 99
   2. L'être et le double 118

IV. – MIRAGES 125

INTRODUCTION 127

1. PROPOS D'OUTRE-MONDE 129
2. ICI ET AILLEURS 152
   - *Ici rien* 152
   - *Intérieurs romantiques* 158
   - *L'endroit du réel* 165
   - *Aux frontières d'ici et d'ailleurs : le lieu de la peur* 169
3. VISIONS DE L'ABSENCE 178
   - *L'état de manque* 178
   - *Images de l'absence* 187
   - *La nostalgie du présent* 193

V. – LE PRINCIPE DE CRUAUTÉ 199

INTRODUCTION 201

1. LE PRINCIPE DE RÉALITÉ SUFFISANTE 202
2. LE PRINCIPE D'INCERTITUDE 221
3. APPENDICES 234
   - *L'inobservance du réel* 234
   - *L'attrait du vide* 244

VI. – PRINCIPES DE SAGESSE ET DE FOLIE . 251

1. DE L'EXISTENCE 253
2. DE LA FOLIE (L'EXISTENCE DÉPLACÉE) 289
3. DE LA CRAPULE (L'EXISTENCE DÉDOUBLÉE) 305

VII. – LE DÉMON DE L'IDENTITÉ 309

VIII. – LE RÉGIME DES PASSIONS 353

IX. – IMPRESSIONS FUGITIVES 377

TABLE

1. Prologue	379
2. L'ombre	388
Le corps sans ombre	389
L'ombre sans corps	395
3. Le reflet	404
Le corps sans reflet	404
Le reflet sans corps	409
Appendice	412
4. L'écho	415
5. Épilogue	425
X. – FANTASMAGORIES	**427**
Avant-propos	429
1. Les reproductions du réel	431
La photographie	431
La reproduction sonore et la peinture	453
2. Éclaircissements	462
Sur le réel	462
Sur le double	466

RÉFÉRENCES

Cet ouvrage reprend l'ensemble des écrits de Clément Rosset sur le réel :

I. LE RÉEL ET SON DOUBLE, *texte intégral du* Réel et son double, *nouvelle édition revue et augmentée, Gallimard, 1984* – II. POST-SCRIPTUM AU CHAPITRE PRÉCÉDENT, *extrait du* Réel, traité de l'idiotie, *Minuit, 1977* – III. RETOUR SUR LA QUESTION DU DOUBLE, *extrait de* L'Objet singulier, *nouvelle édition augmentée, Minuit, 1985* – IV. MIRAGES, *extraits du* Philosophe et les sortilèges, *Minuit, 1985* – V. LE PRINCIPE DE CRUAUTÉ, *extraits du* Principe de cruauté, *Minuit, 1988* – VI. PRINCIPES DE SAGESSE ET DE FOLIE, *extrait de* Principes de sagesse et de folie, *Minuit, 1991* – VII. LE DÉMON DE L'IDENTITÉ, *extrait du* Démon de la tautologie, *Minuit, 1997* – VIII. LE RÉGIME DES PASSIONS, *extrait du* Régime des passions, *Minuit, 2001* – IX. IMPRESSIONS FUGITIVES, *texte intégral de* Impressions fugitives, *Minuit, 2004* – X. FANTASMAGORIES, *texte intégral de* Fantasmagories, *Minuit, 2006*.

CET OUVRAGE A ÉTÉ ACHEVÉ D'IMPRIMER LE
SEPT JANVIER DEUX MILLE HUIT DANS LES
ATELIERS DE NORMANDIE ROTO IMPRESSION S.A.S.
À LONRAI (61250) (FRANCE)
N° D'ÉDITEUR : 4447
N° D'IMPRIMEUR : 071710

Dépôt légal : février 2008

« PARADOXE »

Pierre Bayard, Le Paradoxe du menteur. Sur Laclos.
Pierre Bayard, Maupassant, juste avant Freud.
Pierre Bayard, Le Hors-sujet. Proust et la digression.
Pierre Bayard, Qui a tué Roger Ackroyd ?
Pierre Bayard, Comment améliorer les œuvres ratées ?
Pierre Bayard, Enquête sur Hamlet. Le Dialogue de sourds.
Pierre Bayard, Peut-on appliquer la littérature à la psychanalyse ?
Pierre Bayard, Demain est écrit.
Pierre Bayard, Comment parler des livres que l'on n'a pas lus ?
Pierre Bayard, L'Affaire du chien des Baskerville.
Bernard Cerquiglini, L'Accent du souvenir.
Bernard Cerquiglini, Une langue orpheline.
Jean-Louis Chrétien, Promesses furtives.
Jean-Louis Chrétien, La Joie spacieuse. Essai sur la dilatation.
Gilles Deleuze, Critique et Clinique.
Gilles Deleuze, L'Île déserte. Textes et entretiens 1953-1974.
Gilles Deleuze, Deux régimes de fous. Textes et entretiens 1975-1995.
Georges Didi-Huberman, Phasmes. Essais sur l'apparition.
Georges Didi-Huberman, L'Image survivante. Histoire de l'art et temps des fantômes selon Aby Warburg.
Georges Didi-Huberman, Images malgré tout.
Georges Didi-Huberman, Gestes d'air et de pierre. Corps, parole, souffle, image.
Georges Didi-Huberman, Le Danseur des solitudes.
Georges Didi-Huberman, La Ressemblance par contact. Archéologie, anachronisme et modernité de l'empreinte.
Pascal Engel, La Dispute. Une introduction à la philosophie analytique.
Stéphane Ferret, Le Bateau de Thésée. Le Problème de l'identité à travers le temps.
Jean-Marc Ghitti, La Parole et le lieu. Topique de l'inspiration.
Evelyne Grossman, La Défiguration. Artaud, Beckett, Michaux.
Evelyne Grossman, L'Angoisse de penser.
Jean-François Hamel, Revenances de l'histoire. Répétition, narrativité, modernité.

Nathalie Heinich, DU PEINTRE À L'ARTISTE. Artisans et académiciens à l'âge classique.
Nathalie Heinich, LE TRIPLE JEU DE L'ART CONTEMPORAIN. Sociologie des arts plastiques.
Nathalie Heinich, CE QUE L'ART FAIT À LA SOCIOLOGIE.
David Lapoujade, FICTIONS DU PRAGMATISME. William et Henry James.
Ali Magoudi, LA LETTRE FANTÔME.
Serge Margel, LE TOMBEAU DU DIEU ARTISAN, précédé de AVANCES par Jacques Derrida.
Richard Marienstras, SHAKESPEARE AU XXIe SIÈCLE. Petite introduction aux tragédies.
William Marx, L'ADIEU À LA LITTÉRATURE.
Clément Rosset, LE DÉMON DE LA TAUTOLOGIE, suivi de CINQ PETITES PIÈCES MORALES.
Clément Rosset, LE RÉGIME DES PASSIONS et autres textes.
Clément Rosset, IMPRESSIONS FUGITIVES. L'ombre, le reflet, l'écho.
Clément Rosset, FANTASMAGORIES, ruivi de LE RÉEL, L'IMAGINAIRE et L'ILLUSOIRE.
Clément Rosset, LA NUIT DE MAI.
Peter Szendy, ÉCOUTE. Une histoire de nos oreilles, précédé de ASCOLTANDO par Jean-Luc Nancy.
Peter Szendy, MEMBRES FANTÔMES. Des corps musiciens.
Peter Szendy, LES PROPHÉTIES DU TEXTE-LÉVIATHAN. Lire selon Melville.
Peter Szendy, SUR ÉCOUTE. Esthétique de l'espionnage.
Michel Thévoz, L'ESTHÉTIQUE DU SUICIDE.
Antoinette Weber-Caflish, CHACUN SON DÉPEUPLEUR. Sur Samuel Beckett.
Bertrand Westphal, LA GÉOCRITIQUE. Réel, fiction, espace.
Edgar Zilsel, LE GÉNIE. Histoire d'une notion de l'Antiquité à la Renaissance.